Olga Sava

Dualismus der Einkunftsarten

GABLER EDITION WISSENSCHAFT

Olga Sava

Dualismus der Einkunftsarten

Ansätze zur Steuerreformdiskussion aus betriebswirtschaftlicher Sicht

Mit einem Geleitwort von Prof. Dr. Volker Breithecker

Deutscher Universitäts-Verlag

Bibliografische Information Der Deutschen Nationalbibliothek
Die Deutsche Nationalbibliothek verzeichnet diese Publikation in der Deutschen Nationalbibliografie; detaillierte bibliografische Daten sind im Internet über <http://dnb.d-nb.de> abrufbar.

Dissertation Universität Duisburg-Essen, Campus Duisburg 2007

1. Auflage Oktober 2007

Lektorat: Frauke Schindler / Sabine Schöller

Der Deutsche Universitäts-Verlag ist ein Unternehmen von Springer Science+Business Media.
www.duv.de

Umschlaggestaltung: Regine Zimmer, Dipl.-Designerin, Frankfurt/Main
Gedruckt auf säurefreiem und chlorfrei gebleichtem Papier
Printed in Germany

ISBN 978-3-8350-0941-7

Geleitwort

Der Dualismus der Einkunftsarten, die steuerlich ungleiche Behandlung von Gewinn- und Überschusseinkunftsarten, ist die wesentliche Begründung für tatsächliche oder subjektiv empfundene steuerliche Ungerechtigkeiten bei der Besteuerung natürlicher Personen. Olga Sava setzt sich wissenschaftlich aus betriebswirtschaftlicher Sicht mit diesem Thema auseinander. Sie klärt, warum unser heutiges Einkommensteuersystem so aussieht wie es ist, auf der Grundlage welcher Besteuerungsgrundsätze welche Ziele aus juristischer und betriebswirtschaftlicher Sichtweise mit einer von vielen (politischen und wissenschaftlichen) Seiten geforderten Steuerreform erreicht werden sollen und welche Maßnahmen zur Zielerreichung ergriffen werden können. Obwohl die Diskussion um den Dualismus der Einkunftsarten keineswegs neu ist, ist sie aus betriebswirtschaftlicher Sicht noch nicht so geführt worden, dass brauchbare und für die Steuerreformdiskussion belebende Ergebnisse erreicht werden können. Hier betritt die vorliegende Arbeit Neuland. Für die Unternehmensteuerreform 2008 kommt die Arbeit leider zu spät, treten doch hier die Unterschiede zwischen den Gewinn- und Überschusseinkunftsarten noch stärker hervor. Insofern konnte zumindest kurzfristig die Hoffnung von Olga Sava, „dass die Ausführungen dieser Arbeit .. einen wesentlichen Beitrag zur Steuerreformdiskussion aus betriebswirtschaftlicher Sicht leisten können“ (S. 204), nicht erfüllt werden.

Die umfassenden Analysen der Verfasserin münden in zahlreiche Vorschläge zur Umgestaltung des materiellen Steuerrechts, so in die Forderung nach einer einheitlichen an Zahlungsgrößen orientierten Einkunftsermittlungsmethode über alle Einkunftsarten. Um der Volatilität einer liquiditätsorientierten Bemessungsgrundlage entgegenzuwirken, bedarf es einer besonderen Tarifgestaltung zur Abmilderung der Progression, wobei Olga Sava einen modifizierten proportionalen Tarif präferiert. Fundierte Vorschläge erarbeitet Frau Sava auch für die Verlustbehandlung, den sukzessiven Übergang einer derzeitigen zur liquiditätsorientierten Rechnungslegung, zur umfassenden Veräußerungs- und zur Scheingewinnbesteuerung.

Die Arbeit ist sowohl auf hohem wissenschaftlichem Niveau abgefasst als auch mit detaillierten, konkreten Problemlösungshinweisen für die praktische Umsetzung versehen. Wichtige Hinweise für nie endende Steuerreformüberlegungen können dieser Arbeit entnommen werden, so dass sie einen wichtigen und hilfreichen Beitrag zur Politikberatung liefert. Entsprechend hoch sollte die Aufnahme und Politik und Wissenschaft sein.

Prof. Dr. Volker Breithecker

Vorwort

Die Betriebswirtschaftliche Steuerlehre umfasst neben der Steuerwirkungs- und Steuergestaltungslehre ein weiteres Teilgebiet, die Normative Betriebswirtschaftliche Steuerlehre. Innerhalb der Normativen Betriebswirtschaftlichen Steuerlehre werden betriebswirtschaftliche Erkenntnisse bei der kritischen Würdigung und Gestaltung der Steuernormen umgesetzt. An dieser Stelle setzt die vorliegende Arbeit an. Sie versucht, die betriebswirtschaftlichen Grundsätze festzulegen, die bei der Kritik des Dualismus der Einkunftsarten und bei der Unterbreitung der Vorschläge de lege ferenda herangezogen werden. Diese Arbeit soll nicht nur viele Inkonsistenzen des geltenden Steuerrechts aufzeigen, sondern auch einen Beitrag dazu leisten, eine Vorgehensweise für eine umfassende betriebswirtschaftliche Untersuchung zu entwickeln.

Die vorliegende Arbeit ist während meiner Zeit als wissenschaftliche Mitarbeiterin am Lehrstuhl für Betriebswirtschaftliche Steuerlehre des Department of Accounting and Finance der Universität Duisburg-Essen, Campus Duisburg entstanden. Die Arbeit ist im Wintersemester 2006/2007 als Dissertation von der Mercator School of Management – Fachbereich Betriebswirtschaft – angenommen worden.

Um die Herausforderungen eines Promotionsvorhabens zu bewältigen, bedarf es eines entsprechenden Freiraums und eines wissenschaftlich anregenden und motivierenden Umfeldes. Beides hat mir mein akademischer Lehrer, Prof. Dr. Volker Breithecker, in hohem Maße geboten. Seine fachlichen und menschlichen Qualitäten und seine eigene Produktivität erzeugten eine Arbeitsatmosphäre, die angenehm und anspornend zugleich war. Dafür bin ich ihm aufrichtig dankbar. Mein Dank gilt weiterhin Frau Prof. Dr. Annette G. Köhler für die Übernahme des Zweitgutachtens.

Eine entscheidende Bereicherung erfuhr die Arbeit durch fachliche Diskussionen und unzählige wichtige Fragen und Anregungen von Frau Prof. Dr. Ute Schmiel. Dafür bedanke ich mich bei ihr ganz herzlich. Mein Dankeschön richte ich auch an meine Kolleginnen, Kollegen und die studentischen Hilfskräfte am Lehrstuhl für Betriebswirtschaftliche Steuerlehre sowie meine Freunde für die Hilfsbereitschaft und Unterstützung in fachlicher und persönlicher Hinsicht.

Nicht zuletzt schulde ich ganz besonderen Dank meinen Ehemann, Peter Sava. Er gab mir in schwieriger Zeit den nötigen Rückhalt und meiner Arbeit einen Sinn. Widmen möchte ich dieses Buch schließlich meinen Eltern, die durch ihre vorbehaltlose Unterstützung in jeder Hinsicht meinen beruflichen Werdegang ermöglichten.

Olga Sava

Inhaltsverzeichnis

Abbildungsverzeichnis

Abkürzungsverzeichnis

Abs.	Absatz
AEAO	Anwendungserlass zur Abgabenordnung
AfA	Absetzung für Abnutzung
AHGB	Allgemeines Handelsgesetzbuch
AktG	Aktiengesetz
AO	Abgabenordnung
Art.	Artikel
BB	Betriebs-Berater (Zeitschrift)
BFH	Bundesfinanzhof
BFH/NV	Sammlung amtlich nicht veröffentlichter Entscheidungen des Bundesfinanzhofs (Zeitschrift)
BFuP	Betriebswirtschaftliche Forschung und Praxis (Zeitschrift)
BGBl.	Bundesgesetzblatt (Zeitschrift)
BilReG	Bilanzrechtsreformgesetz
BMF	Bundesministerium der Finanzen
BpO	Betriebsprüfungsordnung
BStBl.	Bundessteuerblatt (Zeitschrift)
BVerfG	Bundesverfassungsgericht
BVerfGE	Entscheidungen des Bundesverfassungsgerichts (Zeitschrift)
bzw.	beziehungsweise
CDU	Christlich-Demokratische Union
CSU	Christlich-Soziale Union
DAX	Deutscher Aktienindex
DB	Der Betrieb (Zeitschrift)
d.h.	das heißt
DStJG	Deutsche Steuerjuristische Gesellschaft
DStR	Deutsches Steuerrecht (Zeitschrift)
DSWR	Datenverarbeitung, Steuer, Wirtschaft, Recht (Zeitschrift)
DStZ	Deutsche Steuerzeitung (Zeitschrift)
E	Entwurf
EFG	Entscheidungen der Finanzgerichte (Zeitschrift)
EG	Europäische Gemeinschaften
ErbStH	Erbschaftsteuerhinweise
EStDV	Einkommensteuer-Durchführungsverordnung
EStG	Einkommensteuergesetz
EStGB	Einkommensteuergesetzbuch
EStH	Einkommensteuerhinweise
EStR	Einkommensteuerrichtlinien

EStRG	Einkommensteuerreformgesetz
EU	Europäische Union
EURLUmsG	Richtlinien-Umsetzungsgesetz
f.	folgende
ff.	fortfolgende
FA	Finanzarchiv (Zeitschrift)
FG	Finanzgericht
Fn.	Fußnote(n)
FR	Finanz-Rundschau (Zeitschrift)
GE	Geldeinheit(en)
GeldEntwG	Gesetz über die Berücksichtigung der Geldentwertung
gem.	gemäß
GewStG	Gewerbesteuergesetz
GewStR	Gewerbesteuerrichtlinien
GG	Grundgesetz
GmbH	Gesellschaft mit beschränkter Haftung
GmbHG	Gesetz betreffend die Gesellschaften mit beschränkter Haftung
GmbHR	GmbH-Rundschau (Zeitschrift)
GrEStG	Grunderwerbsteuergesetz
H	Hinweis
HGB	Handelsgesetzbuch
Hrsg.	Herausgeber
IAS	International Accounting Standards
i.d.R.	in der Regel
IFD	Initiative Finanzstandort Deutschland
IFRS	International Financial Reporting Standards
IStR	Internationales Steuerrecht (Zeitschrift)
i.V.m.	in Verbindung mit
IWB	Internationale Wirtschaftsbriefe (Zeitschrift)
KMU	Kleine und mittlere Unternehmen
KStG	Körperschaftsteuergesetz
KWG	Kreditwesengesetz
Mio.	Million(en)
m.w.N.	mit weiteren Nachweisen
NJW	Neue Juristische Wochenschrift (Zeitschrift)
Nr.	Nummer(n)

ÖEStG	Österreichisches Einkommensteuergesetz
ÖStRefG	Österreichisches Steuerreformgesetz
ÖVfGH	Österreichischer Verfassungsgerichtshof
OFD	Oberfinanzdirektion
OHG	Offene Handelsgesellschaft
PrEStG	Preußisches Einkommensteuergesetz
PrUmsG	Gesetz zur Umsetzung der Protokollerklärung der Bundesregierung zur Vermittlungsempfehlung zum Steuervergünstigungsabbaugesetz
PublG	Publizitätsgesetz
R	Richtlinie
RAO	Reichsabgabenordnung
REStG	Reichseinkommensteuergesetz
RFH	Reichsfinanzhof
RGBl.	Reichsgesetzblatt (Zeitschrift)
RStBl.	Reichssteuerblatt (Zeitschrift)
Rz.	Randziffer(n)
S.	Seite(n)
sog.	sogenannt(e)
Sp.	Spalte(n)
SPD	Sozialdemokratische Partei Deutschland
StÄndG	Steueränderungsgesetz
StB	Der Steuerberater (Zeitschrift)
Stbg	Die Steuerberatung (Zeitschrift)
StEhrlG	Gesetz zur Förderung der Steuerehrlichkeit
StEntlG	Steuerentlastungsgesetz
StGEG	Gesetz zur Eindämmung missbräuchlicher Gestaltungen
StRefG	Steuerreformgesetz
StSenkG	Steuersenkungsgesetz
StSpEG	Gesetz zum Einstieg in ein steuerliches Sofortprogramm
StuB	Steuer und Bilanzen (Zeitschrift)
StuW	Steuer und Wirtschaft (Zeitschrift)
StVergAbG	Steuervergünstigungsabbaugesetz
u.a.	und andere
u.s.w.	und so weiter
UmwStG	Umwandlungssteuergesetz
UntStRG	Unternehmenssteuerreformgesetz
USA	United States of America
u.U.	unter Umständen

v.	von
WiSt	Wirtschaftswissenschaftliches Studium (Zeitschrift)
WPg	Die Wirtschaftsprüfung (Zeitschrift)
z.B.	zum Beispiel
ZfB	Zeitschrift für Betriebswirtschaft
ZfbF	Zeitschrift für betriebswirtschaftliche Forschung
ZfhF	Zeitschrift für handelswissenschaftliche Forschung
ZfKE	Zeitschrift für KMU und Entrepreneurship
Zfwu	Zeitschrift für Wirtschafts- und Unternehmensethik
Ziff.	Ziffer(n)
ZGR	Zeitschrift für Unternehmens- und Gesellschaftsrecht
ZRP	Zeitschrift für Rechtspolitik
zugl.	zugleich
ZWS	Zeitschrift für Wirtschafts- und Sozialwissenschaften

1 Einleitung

„Das Messen mit zweierlei Maß [verletzt] den Gleichheitssatz ... und [ist] folglich ungerecht“[1]. Diese Kritik richtet sich gegen den das deutsche Einkommensteuerrecht prägenden Dualismus der Einkunftsarten, d.h. die unterschiedliche steuerliche Behandlung von Gewinn- und Überschusseinkunftsarten.[2] Seit seiner Entstehung vor über einhundert Jahren haben Generationen von Kritikern darin eine Verletzung des Gleichheitssatzes gesehen und eine Überwindung des Dualismus der Einkunftsarten gefordert.[3] Trotz dieser Forderung hat der Gesetzgeber bis heute am bestehenden dualen Zustand des Einkommensteuerrechts festgehalten.

Nach einer kurzen Pause hat die Diskussion um den Dualismus der Einkunftsarten Anfang des einundzwanzigsten Jahrhunderts einen neuen Anstoß erfahren. Ausgelöst wurde diese Entwicklung durch die Absicht der Bundesregierung im Jahr 2002, alle Veräußerungsgewinne im Privatvermögen der Besteuerung zu unterwerfen.[4] Die Entscheidung des Bundesverfassungsgerichts aus dem Jahr 2004 bezüglich des Vollzugsdefizits bei privaten Wertpapiergeschäften und der daraus resultierenden Verfassungswidrigkeit der betroffenen materiellen Norm hat die langjährige Diskussion um den Dualismus der Einkunftsarten weiter verstärkt.[5] Die Reformideen für die Besteuerung privater Veräußerungsgewinne weisen seitdem eine starke Anziehungskraft auf. Auch im Unternehmenssteuerreformgesetz 2008 findet sich eine Neuregelung zur Besteuerung von Kapitalerträgen und privaten Veräußerungsgewinnen.[6]

Daneben lässt eine weiter fortschreitende Internationalisierung der Rechnungslegung die Frage nach der Zukunft der steuerlichen Gewinnermittlung ertönen.[7] Eine eventuelle Aufgabe der Maßgeblichkeit der kaufmännischen Grundsätze ordnungsmäßi-

---

1 *Tipke* (2003a), S. 720.

2 Zum Begriff des Dualismus der Einkunftsarten siehe ausführlich Kapitel 2.1.

3 Siehe z.B. *Schanz (*1896), S. 44; *Brendel* (1931), S. 68; *Altorfer* (1959), S. 168 ff.; *Schmölders* (1960), S. 84; *Tipke* (1971), S. 9 ff.; *Ebnet* (1978), S. 102; *Lang* (1981a), S. 56 f.; *Merkenich* (1982), S. 45 f.; *Jehner* (1988), S. 267 f.; *Weber-Grellet* (1998), S. 1349, und *Tipke* (2001), S. 218.

4 Siehe *StVergAbG-E 2002*, S. 3 ff.

5 Siehe *BVerfG* (2004), S. 56 ff. Siehe zu dieser Entscheidung des Bundesverfassungsgerichts ausführlich Kapitel 4.1.2.2.

6 Siehe *UntStRG 2008*, S. 7 f.

7 Die Titel der zahlreichen Publikationen zu diesem Thema verdeutlichen diese Entwicklung. So untersucht z.B. *Euler* (1998), „Steuerbilanzielle Konsequenzen der internationalisierten Rechnungslegung“; *Treptow* (1999), „Konsequenzen der Internationalisierung für die Steuerbilanz“; *Herzig* (2000), „Internationalisierung der Rechnungslegung und steuerliche Gewinnermittlung“, oder *Herzig/Bär* (2003), „Zukunft der steuerlichen Gewinnermittlung im Licht des europäischen Bilanzrechts“.

ger Buchführung würde dann eine Neugestaltung der steuerlichen Gewinnermittlung erfordern, was den Dualismus der Einkunftsarten im Wesentlichen beeinflussen könnte.

Die überwiegend kritischen Stimmen gegen den Dualismus der Einkunftsarten stammen dabei aus dem Lager juristischer Fachvertreter. Betriebswirtschaftliche Untersuchungen findet man im Schrifttum nur vereinzelt.[8] Zwar wirken sich zahlreiche Reformvorschläge betriebswirtschaftlicher Fachvertreter zur Umgestaltung des deutschen Steuerrechts indirekt auch auf die unterschiedliche steuerliche Behandlung von Gewinn- und Überschusseinkunftsarten aus. Das Phänomen des Dualismus der Einkunftsarten wurde aber aus betriebswirtschaftlicher Sicht noch nicht gezielt erforscht. Diese Arbeit soll dem vorliegenden wissenschaftlichen Defizit entgegenwirken, indem der Dualismus der Einkunftsarten vor dem Hintergrund der Normativen Betriebswirtschaftlichen Steuerlehre in seinen aktuellen Entwicklungen systematisch untersucht wird. Die Normative Betriebswirtschaftliche Steuerlehre hat als eine Aufgabe der Betriebswirtschaftlichen Steuerlehre das Ziel, unter Verwendung der Ergebnisse der Steuerwirkungs-[9] und Steuergestaltungslehre[10] Kritik an den bestehenden steuerrechtlichen Regelungen (de lege lata) mit Hilfe der betriebswirtschaftlichen Methoden zu üben und damit bei der Schaffung der Vorschläge eines zukünftigen, an betriebswirtschaftlichen Grundsätzen orientierten Steuerrechts (de lege ferenda) mitzuwirken.[11]

Obwohl die Normative Betriebswirtschaftliche Steuerlehre als eine Aufgabe der Betriebswirtschaftlichen Steuerlehre in der wissenschaftlichen Gemeinschaft umfassend anerkannt ist, unterscheiden sich die steuerrechtskritischen Positionen in ihrer inhaltlichen Ausgestaltung.[12] Diese Unterschiede sind unter anderem darauf zurückzuführen, dass differierende betriebswirtschaftliche Zielsetzungen steuerlicher Rechtskritik zugrunde gelegt werden. Um eine effiziente Steuerreformdiskussion zu ermöglichen, müssen diese verfolgten betriebswirtschaftlichen Ziele sowie ihre jeweilige Relevanz expliziert werden. Werden mehrere betriebswirtschaftliche Zielsetzungen für Steuer-

---

[8] So z.B. bei *Döring* (1977); *Wagner, F.* (1997a); *Wagner, F.* (2002b); *Schneider* (2002), S. 282 ff.; *Watrin/Lühn* (2003b), und *Siegel* (2006).

[9] Die Betriebswirtschaftliche Steuerwirkungslehre ist die erste Aufgabe der Betriebswirtschaftlichen Steuerlehre. Im Rahmen dieser Aufgabe werden die Einflüsse der Besteuerung auf das betriebliche Geschehen analysiert. Siehe statt vieler *Haberstock/Breithecker* (2005), S. 1.

[10] Die Betriebswirtschaftliche Steuergestaltungslehre als zweite Aufgabe der Betriebswirtschaftlichen Steuerlehre befasst sich mit den Empfehlungen an den Steuerpflichtigen, wie man die betriebswirtschaftlichen Entscheidungen steueroptimal treffen kann. Siehe statt vieler *Haberstock/Breithecker* (2005), S. 1.

[11] Siehe *Haberstock/Breithecker* (2005), S. 2. Im Schrifttum spricht man dabei auch von steuerlicher Rechtskritik. Siehe *Schmiel* (2005a), S. 1.

[12] Siehe mit einigen Beispielen *Schmiel* (2005a), S. 1.

reformvorschläge herangezogen und liegen Zielkonflikte vor, weil z.B. zwei Ziele nicht gleichzeitig erreicht werden können, so ist es wichtig, diese Zielkonflikte offenzulegen.[13]

Ziel dieser Arbeit ist vor dem Hintergrund betriebswirtschaftlicher Zielsetzungen die Rechtfertigung des Dualismus der Einkunftsarten zu überprüfen und die Ansätze zur Steuerreformdiskussion herauszuarbeiten.

Dabei erfolgt in Kapitel 2 zunächst eine *kritische Darstellung des Dualismus der Einkunftsarten*. Sie enthält neben einer Erläuterung und Abgrenzung des Begriffs des Dualismus der Einkunftsarten auch eine systematische Rekonstruktion der im Schrifttum bereits vorhandenen Vorschläge zum Dualismus der Einkunftsarten. Diese Vorgehensweise bezeichnet *Karl Popper* als „rationale Diskussion“. Danach wird „versucht, herauszufinden, was andere über das vorliegende Problem gedacht und gesagt haben: warum es ein Problem für sie war; wie sie es formuliert haben; wie sie es zu lösen versucht haben... Denn wenn wir ignorieren, was andere Leute denken oder gedacht haben, dann muß die rationale Diskussion aufhören, mag auch jeder von uns weiter vergnügt mit sich selbst diskutieren“[14]. In diesem Zusammenhang sind nicht nur Reformüberlegungen von Bedeutung, die direkt aus der Kritik am Dualismus der Einkunftsarten entstanden sind, sondern auch Reformvorschläge, die sich indirekt auf dieses Phänomen auswirken können.[15]

Das anschließende Kapitel 3 befasst sich mit der *Festlegung der Besteuerungsgrundsätze*, die nach einer kurzen Auseinandersetzung mit dem Begriff der Werturteilsfreiheit hypothetisch erfolgt. Dabei werden zunächst aus der historischen Entstehung des Dualismus der Einkunftsarten die steuerpolitischen Ideale des Gesetzgebers abgeleitet und kritisch hinterfragt. In einem weiteren Schritt werden die möglichen Besteuerungsgrundsätze der Wissenschaft analysiert. Trotz der herausgestellten betriebswirtschaftlichen Sicht dieser Untersuchung sollen die juristischen Zielsetzungen nicht ganz unberücksichtigt bleiben, denn die Besteuerung ist das einzige Gebiet, in dem viele Interdependenzen zwischen der juristischen und betriebswirtschaftlichen Sichtweise bestehen.[16] Daher werden die juristischen Zielsetzungen auf ihre Eignung aus betriebswirtschaftlicher Sicht überprüft. Der Darstellung der Besteuerungsgrundsätze der Wissenschaft folgt immer eine Begründung für eine Über-

---

[13] Siehe *Wilk* (2006), S. 247.

[14] *Popper* (2005), S. XXI.

[15] Aus diesem Grund handelt es sich hierbei um keine Deskription, sondern um eine Rekonstruktion der Reformvorschläge, denn die jeweiligen Fachvertreter nehmen zum Dualismus der Einkunftsarten nicht immer explizit Stellung. Siehe zur Abgrenzung der Rekonstruktion und der Deskription *Schmiel* (2005a), S. 55.

[16] Siehe *Siegel* (2000b), S. 257, der deshalb zum gegenseitigen Verständnis zwischen Juristen und Ökonomen auffordert.

nahme bzw. eine Ablehnung des jeweiligen Besteuerungsgrundsatzes für die weitere Untersuchung. Die festgelegten Besteuerungsgrundsätze werden anschließend hinsichtlich ihrer Beziehungen untereinander untersucht und die möglichen Zielkonflikte offengelegt.

Die *Anwendung der Besteuerungsgrundsätze auf geltendes Recht und Vorschläge de lege ferenda* ist Gegenstand des Kapitels 4. Dabei werden die in Kapitel 3 festgelegten Besteuerungsgrundsätze zunächst zur kritischen Würdigung des Dualismus der Einkunftsarten selbst herangezogen. Anschließend wird untersucht, ob die in Kapitel 2 rekonstruierten Reformvorschläge notwendig, und wenn ja, geeignet sind, um das geltende Steuerrecht vor dem Hintergrund der festgelegten Besteuerungsgrundsätze zu reformieren.

Der Hauptteil der vorliegenden Arbeit schließt mit dem *Vorschlag zur Besteuerung von Gewinn- und Überschusseinkunftsarten* in Kapitel 5 ab. Dabei soll es sich um keinen Reformvorschlag zu einer konkreten Ausgestaltung der steuerlichen Normen handeln. Diese Aufgabe soll dem Gesetzgeber überlassen werden. Vielmehr werden in Kapitel 5 die möglichen Reformrichtungen in Bezug auf den Dualismus der Einkunftsarten aufgezeigt. Der Herleitung der Ansätze zur Besteuerung von Gewinn- und Überschusseinkunftsarten wird insbesondere die kritische Auseinandersetzung mit den bereits vorhandenen Vorschlägen de lege ferenda zugrunde gelegt. Denn diese Vorgehensweise führt eher zum Erkenntnisfortschritt als „das Erstellen eines ‚revolutionären' Gegenentwurfs, der Einzelheiten bereits vorhandenen Wissens vernachlässigt“[17].

---

[17] *Schmiel* (2005a), S. 5.

2 Kritische Darstellung des Dualismus der Einkunftsarten

2.1 Begriff des Dualismus der Einkunftsarten

2.1.1 Gewinn- versus Überschusseinkunftsarten

Das deutsche Einkommensteuerrecht kennt folgende sieben Einkunftsarten:[18]

- Einkünfte aus Land- und Forstwirtschaft,
- Einkünfte aus Gewerbebetrieb,
- Einkünfte aus selbständiger Arbeit,
- Einkünfte aus nichtselbständiger Arbeit,
- Einkünfte aus Kapitalvermögen,
- Einkünfte aus Vermietung und Verpachtung und
- sonstige Einkünfte.

Im Rahmen der ersten drei Einkunftsarten wird der Gewinn ermittelt,[19] so dass sich für diese Einkunftsarten der Begriff *Gewinneinkunftsarten* eingebürgert hat. Bei den anderen Einkunftsarten regelt der Gesetzgeber die Ermittlung des Überschusses.[20] Aus diesem Grund werden diese Einkunftsarten als *Überschusseinkunftsarten* bezeichnet.

Die Differenzierung der zu ermittelnden Größe (Gewinn bzw. Überschuss) ist jedoch nicht nur eine terminologische, sondern hat weitgehende materielle Konsequenzen. So sieht der Gesetzgeber für die Gewinn- und Überschussermittlung grundsätzlich unterschiedliche Methoden vor. Demzufolge stehen den Gewinn- und Überschusseinkunftsarten unterschiedliche Einkunftsermittlungsmethoden[21] zur Verfügung.[22]

Darüber hinaus differiert die Besteuerung von Veräußerungsgewinnen bei Gewinn- und Überschusseinkunftsarten. Die Unterschiede in der Besteuerung lassen sich durch die Zuordnung der Wirtschaftsgüter zum Betriebs- bzw. Privatvermögen begründen. Betriebsvermögen liegt vor, wenn Wirtschaftsgüter zur Erzielung der Gewinneinkunftsarten eingesetzt werden. Zum Privatvermögen gehören dagegen Wirt-

---

18 Siehe § 2 Abs. 1 EStG.

19 Siehe § 2 Abs. 2 Nr. 1 EStG.

20 Siehe § 2 Abs. 2 Nr. 2 EStG.

21 Der Begriff der *Einkunftsermittlung* wird im Rahmen dieser Untersuchung als Oberbegriff für die Gewinn- und Überschussermittlung verwendet.

22 Die Ausnahmen werden in Kapitel 2.1.2 vorgestellt.

schaftsgüter, mit denen Überschusseinkunftsarten erwirtschaftet werden.[23] Die Gewinne aus der Veräußerung der Vermögensgegenstände des Betriebsvermögens unterliegen grundsätzlich der Besteuerung. Die Veräußerungsgewinne im Privatvermögen sind dagegen grundsätzlich steuerfrei.[24]

Die unterschiedliche steuerliche Behandlung der Gewinn- und Überschusseinkunftsarten wird im Schrifttum allgemein als *Dualismus der Einkunftsarten* bezeichnet.[25] Der *Dualismus der Einkunftsarten* bezieht sich dementsprechend insbesondere auf differierende Einkunftsermittlungsmethoden (*Dualismus der Einkunftsermittlung*) und Unterschiede in der Besteuerung der Veräußerungsgewinne (*Dualismus der Veräußerungsgewinnbesteuerung*). Darüber hinaus gibt es auch andere Aspekte, die den Dualismus der Einkunftsarten kennzeichnen. Auf die unterschiedlichen Aspekte des Dualismus der Einkunftsarten wird im Folgenden eingegangen.

2.1.2 Dualismus der Einkunftsermittlung

Das deutsche Einkommensteuerrecht sieht für die Ermittlung der steuerpflichtigen Einkünfte unterschiedliche Methoden vor. Im Rahmen der *Gewinneinkunftsarten* werden die Gewinne durch folgende Rechnungen erfasst.

- Buchführungspflichtige sowie freiwillig Bücher führende Land- und Forstwirte und Freiberufler ermitteln ihren Gewinn nach § 4 Abs. 1 EStG durch den *allgemeinen Betriebsvermögensvergleich.*[26]
- Für buchführungspflichtige und freiwillig Bücher führende Gewerbetreibende kommt § 5 Abs. 1 EStG zur Anwendung, der für die Ermittlung des Gewinns die Maßgeblichkeit der handelsrechtlichen Grundsätze ordnungsmäßiger Buchfüh-

---

23 Zum Privatvermögen werden im Schrifttum auch Wirtschaftsgüter gezählt, die nicht zur Einkunftserzielung eingesetzt werden, sondern die alleine der Privatsphäre des Steuerpflichtigen zuzurechnen sind. Sie stellen i.d.R. Gebrauchsgüter des Steuerpflichtigen dar. Siehe z.B. *Weber-Grellet* (2006a), § 23 EStG, Rz. 12.

24 Zu den Ausnahmen von dieser grundsätzlichen Behandlung siehe Kapitel 2.1.3.

25 Siehe z.B. *Lang* (1981a), S. 219, oder *Breithecker/Schmiel* (2003), S. 50. Der Oberbegriff *Dualismus* wird im Steuerrecht aber auch für andere Sachverhalte verwendet. So spricht man im Zusammenhang mit der unterschiedlichen steuerlichen Behandlung von Rechtsformen vom *Dualismus der Unternehmensbesteuerung*. Siehe *Schreiber, U./Spengel* (2006), S. 275. Daneben ist im Schrifttum auch der Begriff *Dualismus der Einkommensteuer/Körperschaftsteuer* anzutreffen. Siehe *Tipke* (2000b), S. 313.

26 Den Begriff des *allgemeinen Betriebsvermögensvergleichs* verwenden z.B. *Drysch/Weber* (2003), S. 11, da § 4 Abs. 1 EStG die *allgemeinen Grundsätze* für die Gewinnermittlung nach § 2 Abs. 2 Nr. 1 EStG kodifiziert. So auch *Crezelius* (1994b), S. 125, und *Heinicke* (2006), § 4 EStG, Rz. 1. *Strunk/Kaminski* (2001), S. 12, sprechen in diesem Zusammenhang ohne Begründung von *unvollständigem* Betriebsvermögensvergleich.

rung vorschreibt. Dabei spricht man von *besonderem Betriebsvermögensvergleich.*[27]

- Bei den Steuerpflichtigen, die nicht zur Führung von Büchern verpflichtet sind und keine Bücher führen, wird der Gewinn mit Hilfe der *Einnahmenüberschussrechnung* nach § 4 Abs. 3 EStG ermittelt.
- Nicht buchführungspflichtige Land- und Forstwirte können unter bestimmten Voraussetzungen die *Gewinnermittlung nach Durchschnittssätzen* gem. § 13a EStG durchführen.
- Soweit die Finanzverwaltung die Besteuerungsgrundlagen nicht berechnen kann, erfolgt gem. § 162 AO die *Gewinnermittlung durch Schätzung*, die ebenfalls als Gewinnermittlungsmethode angesehen wird.
- Zuletzt ist noch die *Gewinnermittlung nach der im Betrieb geführten Tonnage* bei Handelsschiffen im internationalen Verkehr gem. § 5a EStG zu erwähnen.

Die letzten drei Methoden sollen im Rahmen dieser Arbeit vollständig unberücksichtigt bleiben. Die Gewinnermittlung nach Durchschnittssätzen hat aufgrund ihres engen Anwendbarkeitsbereichs und ihres vom Gesetzgeber zugedachten Subventionscharakters für die weiteren Ausführungen keine Bedeutung. Auch die Tonnagebesteuerung betrifft nur einen sehr engen Personenkreis und bleibt somit außer Betracht. Das gleiche gilt für die Gewinnermittlung durch Schätzung, die einen unverzichtbaren Notbehelf der Finanzverwaltung darstellt.[28]

Die Ermittlung des Gewinns erfolgt beim *allgemeinen* sowie auch beim *besonderen Betriebsvermögensvergleich* nach demselben Ansatz, indem das Betriebsvermögen am Schluss eines Wirtschaftsjahres dem Betriebsvermögen am Schluss des vorangegangenen Wirtschaftsjahres gegenübergestellt wird.[29] § 5 Abs. 1 Satz 1 EStG regelt ausdrücklich, dass das Betriebsvermögen nach den Grundsätzen ordnungsmäßiger Buchführung auszuweisen ist, wodurch der Maßgeblichkeitsgrundsatz begründet wird.

Nach dem Maßgeblichkeitsgrundsatz ist in der Steuerbilanz zu aktivieren, was handelsrechtlich (an Vermögensgegenständen und Rechnungsabgrenzungsposten) aktiviert werden muss, und zu passivieren, was handelsrechtlich (an Verbindlichkeiten und Rechnungsabgrenzungsposten) passiviert werden muss. Hingegen ist nicht zu

---

[27] So z.B. *Drysch/Weber* (2003), S. 11. Dieser Begriff resultiert aus der Tatsache, dass § 5 EStG *Sondervorschriften* bezüglich der Gewinnermittlung von Gewerbetreibenden enthält. *Strunk/Kaminski* (2001), S. 12, bezeichnen die Gewinnermittlung nach § 5 Abs. 1 EStG dagegen als *vollständigen* Betriebsvermögensvergleich.

[28] So *Schneider* (1984a), S. 421.

[29] Siehe § 4 Abs. 1 Satz 1 EStG, und der Verweis auf diese Vorschrift in § 5 Abs. 1 Satz 1 EStG.

aktivieren, was handelsrechtlich nicht aktiviert werden darf, und nicht zu passivieren, was handelsrechtlich nicht passiviert werden darf. Die handelsrechtlichen Aktivierungs- und Passivierungswahlrechte führen dagegen nicht zu steuerlichen Wahlrechten. Vielmehr führt ein handelsrechtliches Aktivierungswahlrecht zu einer steuerlichen Aktivierungspflicht, während ein handelsrechtliches Passivierungswahlrecht für die Steuerbilanz ein Passivierungsverbot begründet.[30] Räumen das Handelsrecht sowie das Steuerrecht Wahlrechte hinsichtlich eines bestimmten Postens ein, so sind diese Wahlrechte in beiden Bilanzen übereinstimmend auszuüben.[31] Soweit sich allerdings aus dem Steuerrecht spezielle Regelungen ergeben, gehen diese für die Ermittlung des steuerlichen Gewinns vor.[32] Die Bewertung der Bilanzposten in der Steuerbilanz bestimmt sich primär nach § 6 EStG.[33] Soweit die ertragsteuerlichen Bewertungsvorschriften lückenhaft sind, gelten die handelsrechtlichen Bewertungsvorschriften.[34]

Für die gem. § 4 Abs. 1 EStG bilanzierenden Steuerpflichtigen gilt der Maßgeblichkeitsgrundsatz dagegen nicht. Laut § 141 Abs. 1 Satz 2 AO gelten für sie bestimmte Vorschriften des Handelsgesetzbuches, die jedoch nicht alle Grundsätze ordnungsmäßiger Buchführung umfassen.[35] Dementsprechend kann es zu Unterschieden bei der Gewinnermittlung gem. § 4 Abs. 1 EStG und § 5 Abs. 1 EStG kommen.[36] Da jedoch im Rahmen dieser Arbeit nicht die einzelnen Vorschriften, sondern die grundlegenden Prinzipien von Interesse sind, können diese Unterschiede vernachlässigt werden. Im Folgenden wird deshalb von der Identität der beiden Möglichkeiten der Gewinnermittlung ausgegangen.

---

30 Zu dieser Auslegung des § 5 Abs. 1 Satz 1 EStG siehe *BFH* (1969a), S. 293 f.

31 Siehe § 5 Abs. 1 Satz 2 EStG. Man spricht in diesem Zusammenhang von der umgekehrten Maßgeblichkeit.

32 Zu solchen Durchbrechungen des Maßgeblichkeitsgrundsatzes siehe z.B. § 5 Abs. 3 EStG.

33 Siehe den Bewertungsvorbehalt in § 5 Abs. 6 EStG.

34 Siehe z.B. *BFH* (1989c), S. 699, m.w.N.; *Schreiber, J.* (2003), § 5 EStG, Rz. 187c, m.w.N., und *Weber-Grellet* (2006a), § 5 EStG, Rz. 35.

35 Dieses Verständnis wird im Schrifttum jedoch vereinzelt angezweifelt. Es wird die Auffassung vertreten, dass auch der Betriebsvermögensvergleich gem. § 4 Abs. 1 EStG auf allen Grundsätzen ordnungsmäßiger Buchführung basiert. So *Kanzler* (1999b), vor §§ 4-7 EStG, Rz. 24, und wohl auch *Crezelius* (2006), § 5 EStG, Rz. 1.

36 Siehe *Heinicke* (2006), § 4 EStG, Rz. 10. Ein Unterschied besteht z.B. bei der Vornahme der Teilwertabschreibung, die für die Vermögensgegenstände des Anlagevermögens bei voraussichtlich dauernder Wertminderung gem. § 253 Abs. 2 Satz 3 HGB in der Handelsbilanz und über den Maßgeblichkeitsgrundsatz auch in der Steuerbilanz eine Verpflichtung darstellt. Bei den Steuerpflichtigen, die nach § 4 Abs. 1 EStG bilanzieren, bleibt es jedoch bei dem Wahlrecht gem. § 6 Abs. 1 Nr. 1 Satz 2 EStG. So *Drysch/Weber* (2003), S. 16, und *Schneeloch* (2003), S. 260, mit weiteren Beispielen.

Die inhaltliche Ausgestaltung des Vermögensvergleichs knüpft also an die *materiellen*[37] Grundsätze ordnungsmäßiger Buchführung an. Aus diesem Grund werden diese auch als *Grundsätze ordnungsmäßiger Bilanzierung* bezeichneten materiellen Normen im Folgenden kurz dargestellt. Die Reihenfolge ergibt sich dabei zunächst aus § 252 Abs. 1 HGB, anschließend werden andere wesentliche Grundsätze ordnungsmäßiger Bilanzierung erörtert.

Nach dem *Prinzip der Bilanzidentität* müssen die „Wertansätze in der Eröffnungsbilanz des Geschäftsjahrs .. mit denen der Schlußbilanz des vorhergehenden Geschäftsjahrs übereinstimmen“[38]. In der logischen Sekunde zwischen dem Ende des alten und dem Beginn eines neuen Wirtschaftsjahres darf somit weder eine Änderung im Bestand noch in der Bewertung der zu bilanzierenden Vermögensgegenstände erfolgen.[39]

Das *Prinzip der Unternehmensfortführung* besagt, dass bei der Bewertung „von der Fortführung der Unternehmenstätigkeit auszugehen ist, sofern dem nicht tatsächliche oder rechtliche Gegebenheiten entgegenstehen“[40]. Die Fortführungsprämisse hat z.B. zur Folge, dass Vermögensgegenstände nicht mit Zerschlagungs- und Liquidationswerten und Schulden nicht mit Ablösebeträgen, sondern mit Fortführungswerten aktiviert bzw. passiviert werden.[41] Aufgrund der Fortführungsprämisse ergibt sich für die Gewinnermittlung das *Prinzip wirtschaftlicher Betrachtungsweise*. Nicht nur Sachen und Rechte, sondern auch wirtschaftliche Vorteile sind demnach zu erfassen. Entsprechend dem Prinzip wirtschaftlicher Betrachtungsweise werden wirtschaftliche Lasten passiviert.[42] Für die Bilanzierung ist außerdem nicht das juristische, sondern das wirtschaftliche Eigentum bei der Zurechnung von Vermögensgegenständen zu beachten.[43]

---

[37] Generell werden im Schrifttum formelle und materielle Grundsätze ordnungsmäßiger Buchführung unterschieden. So z.B. *Schneider* (1997), S. 88.

[38] § 252 Abs. 1 Nr. 1 HGB.

[39] Siehe z.B. *Leffson* (1987), S. 225; *Breithecker/Schmiel* (2003), S. 98, und *Schneeloch* (2003), S. 213.

[40] § 252 Abs. 1 Nr. 2 HGB.

[41] Siehe hierzu z.B. *Leffson* (1987), S. 76 f. und 187, sowie *Ballwieser* (1999), Rz. 58. Der Grundsatz der Unternehmensfortführung beschränkt sich jedoch nicht auf die Bewertung, sondern erstreckt sich auch auf die Definition der Vermögensgegenstände und Verbindlichkeiten. Siehe *Breithecker/ Schmiel* (2003), S. 91 f., m.w.N.

[42] Siehe statt vieler *Moxter* (2003), S. 15 f.

[43] Dies ergibt sich implizit aus § 246 Abs. 1 Satz 2 HGB, wonach „Vermögensgegenstände, die unter Eigentumsvorbehalt erworben oder an Dritte für eigene oder fremde Verbindlichkeiten verpfändet oder in anderer Weise als Sicherheit übertragen worden sind, .. in die Bilanz des Sicherungsgebers aufzunehmen“ sind.

Das *Prinzip der Einzelbewertung* besagt, dass „Vermögensgegenstände und Schulden .. zum Abschlußstichtag einzeln zu bewerten“[44] sind. Das Vermögen ergibt sich demzufolge nicht aus dem Nutzen, der mit dem gesamten Unternehmen in Zukunft erzielt wird, sondern aus der Summe einzelner Vermögensgegenstände abzüglich der Verbindlichkeiten.[45]

Nach § 252 Abs. 1 Nr. 4 HGB ist das in der Bilanz auszuweisende Vermögen vorsichtig zu bewerten *(Vorsichtsprinzip)*. Das bedeutet, dass das Vermögen im Zweifel niedrig anzusetzen ist.[46] Da das Vorsichtsprinzip zu allgemein formuliert ist,[47] wird es durch das Realisationsprinzip und das Imparitätsprinzip konkretisiert.[48]

Das *Realisationsprinzip* besagt, dass Gewinne erst dann zu erfassen sind, wenn sie realisiert sind.[49] Der Realisationszeitpunkt setzt einen Umsatzakt voraus. Das ist der Zeitpunkt, zu dem die Leistung erbracht wurde. Dazu ist nicht notwendig, dass bereits eine Einzahlung eingetreten ist. Erfolgt bis dahin noch keine Zahlung der Leistung, so entspricht der Realisationszeitpunkt dem Zeitpunkt der Forderungsentstehung.[50]

Die bis zum Abschlussstichtag vorhersehbaren Risiken und Verluste sind zu berücksichtigen, auch wenn sie noch nicht realisiert worden sind.[51] Gewinne und Verluste sind dementsprechend imparitätisch zu behandeln, woraus der Terminus *Imparitätsprinzip* resultiert. Das Imparitätsprinzip führt nur zum Ausweis entstandener Verluste aus tatsächlich eingeleiteten Einzelgeschäften. Nicht durch Einzelgeschäfte belegte allgemeine Verlusterwartungen müssen dagegen unberücksichtigt bleiben.[52]

---

44 § 252 Abs. 1 Nr. 3 HGB. Ausnahmen von der Einzelbewertung ergeben sich aus Vereinfachungsgründen gem. § 240 Abs. 3 und 4 sowie § 256 HGB.

45 Siehe z.B. *Ballwieser* (1999), Rz. 50 f., und ausführlich *Moxter* (2003), S. 23 ff.

46 Siehe z.B. *Moxter* (2003), S. 33.

47 Siehe zur Problematik des allgemeinen Vorsichtsprinzips *Moxter* (2003), S. 37 ff.

48 Im Schrifttum wird jedoch die Meinung vertreten, dass das Vorsichtsprinzip mehr als das Realisations- und Imparitätsprinzip zur Konsequenz hat. Zur Beachtung des allgemeinen Vorsichtsprinzips kommt es z.B. bei der Schätzung der Nutzungsdauer des abnutzbaren Anlagevermögens sowie bei der Wahl der Abschreibungsmethode. Siehe *Schneider* (1997), S. 106; *Ballwieser* (1999), Rz. 20, und *Moxter* (2003), S. 35 f.

49 Siehe § 252 Abs. 1 Nr. 4 Halbsatz 2 HGB. Eine Konkretisierung des Realisationsprinzips stellt das Anschaffungskostenprinzip dar, wonach Vermögensgegenstände maximal mit ihren (fortgeführten) Anschaffungs- oder Herstellungskosten aktiviert werden dürfen. Siehe § 253 Abs. 1 Satz 1 HGB.

50 Siehe zu dem Inhalt und den Zwecken des Realisationsprinzips ausführlich *Leffson* (1987), S. 247 ff.; *Ballwieser* (1999), Rz. 25 ff., und *Moxter* (2003), S. 41 ff.

51 Siehe § 252 Abs. 1 Nr. 4 Halbsatz 1 HGB.

52 Siehe z.B. *Leffson* (1987), S. 339 ff.; *Ballwieser* (1999), Rz. 36 ff.; *Moxter* (2003), S. 55 ff., und *Schneeloch* (2003), S. 215.

Eine Ausprägung des Imparitätsprinzips stellt das *Niederstwertprinzip* dar. Demnach ist bei einer Wertminderung der Vermögensgegenstände grundsätzlich der niedrigere Wert anzusetzen.[53]

Das *Periodisierungsprinzip* besagt, dass „Aufwendungen und Erträge des Geschäftsjahres .. unabhängig von den Zeitpunkten der entsprechenden Zahlungen ... zu berücksichtigen"[54] sind. Aufwendungen und Erträge sind also grundsätzlich den Perioden zuzurechnen, zu denen sie wirtschaftlich gehören. Das Periodisierungsprinzip beinhaltet insbesondere, dass Forderungen und Verbindlichkeiten bei ihrer Entstehung zu erfassen sowie Rückstellungen und Rechnungsabgrenzungsposten zu bilden sind. Es besagt ferner, dass Anschaffungs- und Herstellungskosten von Vermögensgegenständen des abnutzbaren Anlagevermögens durch Abschreibungen gewinnmindernd zu berücksichtigen sind.[55] Das Periodisierungsprinzip steht damit dem Zufluss- und Abflussprinzip entgegen.

Nach dem *Prinzip der Bewertungsstetigkeit* sollen bisher angewandte Bewertungsmethoden beibehalten werden.[56] Dieses Prinzip gilt jedoch nur so lange, bis vorrangige Grundsätze eine abweichende Behandlung erfordern. In diesen Fällen ist dann eine Durchbrechung des Prinzips der Bewertungsstetigkeit erlaubt.

Das *Objektivierungsprinzip* verlangt, das Ermessen des Bewertenden bei der Gewinnermittlung einzuschränken bzw. auszuschließen. Das bedeutet, dass nur ausreichend greifbare werthaltige und selbständig bewertbare Vermögensbestandteile zu aktivieren sind. Verbindlichkeiten dürfen grundsätzlich nur passiviert werden, wenn eine wirtschaftliche Außenverpflichtung gegenüber Dritten vorhanden ist oder mit objektivierter Mindestwahrscheinlichkeit eintreten wird.[57]

Das *Stichtagsprinzip* besagt, dass für die Gewinnermittlung nur bis zum Bilanzstichtag eingetretene Ereignisse relevant sind.[58] Darüber hinaus dürfen auch die Geschäftsvorgänge, die bereits am Bilanzstichtag begründet waren und zwischen dem

---

[53] Siehe § 253 Abs. 1 bis 3 HGB.

[54] § 252 Abs. 1 Nr. 5 HGB.

[55] So auch *Schneeloch* (2003), S. 216 f.

[56] Siehe § 252 Abs. 1 Nr. 6 HGB. Siehe zu diesem Prinzip z.B. *Leffson* (1987), S. 432 ff.; *Ballwieser* (1999), Rz. 65 ff., und *Moxter* (2003), S. 140 f.

[57] Siehe hierzu *Breithecker/Schmiel* (2003), S. 96 f., m.w.N. Ausdruck des Objektivierungsprinzips ist z.B. § 248 Abs. 2 HGB, wonach die Aktivierung selbsterstellten immateriellen Anlagevermögens verboten ist.

[58] Der Ausdruck des Stichtagsprinzips ist § 242 Abs. 1 Satz 1 HGB.

Bilanzstichtag und der Bilanzaufstellung bekannt werden (sog. wertaufhellende Tatsachen), berücksichtigt werden.[59]

Nach dem *Prinzip der nominellen Kapitalerhaltung* gilt als Gewinn der Betrag, um den das Nominalkapital am Periodenende das am Periodenanfang vorhandene Nominalkapital übersteigt. Die Folge des Prinzips der nominellen Kapitalerhaltung ist, dass die Abschreibungen auf die Vermögensgegenstände maximal nach den ursprünglichen Anschaffungs- oder Herstellungskosten zu bemessen sind.[60] Die Preissteigerungen von eingesetzten Vermögensgegenständen sowie allgemeine Geldwertänderungen haben dagegen keine Bedeutung.[61]

Es bleibt festzuhalten, dass der Betriebsvermögensvergleich aufgrund des Maßgeblichkeitsgrundsatzes i.d.R. den obigen Grundsätzen ordnungsmäßiger Bilanzierung folgt. Allerdings ergeben sich aus bestimmten zwingenden steuerlichen Vorschriften einige Abweichungen. Diese Abweichungen betreffen jedoch nicht die Grundsätze im Ganzen, sondern einzelne gesetzliche Regelungen innerhalb der Grundsätze. So ist z.B. eine Bildung der Rückstellungen für drohende Verluste aus schwebenden Geschäften nicht erlaubt,[62] was jedoch nicht bedeutet, dass das Vorsichtsprinzip nicht gilt. Auch das Verbot einer Teilwertabschreibung bei Vermögensgegenständen des Umlaufvermögens im Fall einer voraussichtlich vorübergehenden Wertminderung in der Steuerbilanz,[63] während in der Handelsbilanz eine Verpflichtung dafür besteht,[64] verwirft nicht das allgemeine Niederstwertprinzip. Da im Rahmen dieser Untersuchung die obersten Grundsätze und nicht die einzelnen Vorschriften von besonderem Interesse sind, wird an dieser Stelle auf die Darstellung weiterer Durchbrechungen verzichtet.[65]

Neben dem Betriebsvermögensvergleich kommt bei Gewinneinkunftsarten auch die Einnahmenüberschussrechnung gem. § 4 Abs. 3 EStG in Betracht. Der Gewinn ist

---

59 Dieses sog. Wertaufhellungsprinzip kommt in § 252 Abs. 1 Nr. 4 Halbsatz 2 HGB zum Ausdruck. Siehe zu diesem Prinzip *Ballwieser* (1999), Rz. 64, und *Breithecker/Schmiel* (2003), S. 99 f.

60 Siehe § 253 Abs. 1 Satz 1 HGB.

61 Siehe *Breithecker/Schmiel* (2003), S. 100 f. Zur Problematik der nominellen Kapitalerhaltung siehe *Leffson* (1987), S. 459 ff., und weiter unten Kapitel 2.2.2.3.

62 Siehe § 5 Abs. 4a EStG.

63 Siehe § 6 Abs. 1 Nr. 2 EStG.

64 Siehe § 253 Abs. 3 Satz 1 HGB.

65 Siehe zu den Durchbrechungen des Maßgeblichkeitsprinzips z.B. *Hauser/Meurer* (1998), S. 271 ff.; *Hennrichs* (1999), S. 142 und 151; *Weber-Grellet* (1999), S. 2662 ff.; *Erle* (2000), S. 182 ff.; *Herzig* (2000), S. 109 f.; *Schulze-Osterloh* (2000), S. 598 ff.; *Drüen* (2001), S. 997 f.; *Kußmaul/ Klein* (2001), S. 546 f., und *Breithecker/Schmiel* (2003), S. 123 ff.

demnach der „Überschuss der Betriebseinnahmen über die Betriebsausgaben“[66]. Betriebseinnahmen sind gesetzlich nicht definiert. Die Definition von Betriebseinnahmen ist durch die Rechtsprechung des Bundesfinanzhofs entstanden. Danach sind „Betriebseinnahmen alle Zugänge in Geld und Geldeswert, die durch den Betrieb veranlasst sind und dem Steuerpflichtigen im Rahmen seines Betriebes zufließen“[67]. Betriebsausgaben sind gem. § 4 Abs. 4 EStG „die Aufwendungen, die durch den Betrieb veranlasst sind“.

Im Gegensatz zum Betriebsvermögensvergleich ist bei der Einnahmenüberschussrechnung grundsätzlich § 11 EStG anzuwenden,[68] der das Zufluss- und Abflussprinzip kodifiziert. Danach sind Einnahmen innerhalb des Kalenderjahres bezogen, in dem sie zugeflossen sind.[69] Der Zufluss der Einnahmen liegt vor, sobald der Empfänger über das Geld oder die geldwerten Vermögensgegenstände wirtschaftlich verfügen kann. Ausgaben sind für das Kalenderjahr abzusetzen, in dem sie geleistet worden sind.[70] Unerheblich sind i.d.R. die Fälligkeit und der Zeitraum, für den die Leistung erfolgt.

Grundsätzlich stimmt die Einnahmenüberschussrechnung mit der Einkunftsermittlungsmethode bei *Überschusseinkunftsarten* überein, da für diese Einkunftsermittlungsmethode ebenfalls § 11 EStG zur Anwendung kommt. Bei Überschusseinkunftsarten werden Einkünfte als Überschuss der Einnahmen über die Werbungskosten ermittelt.[71] *„Einnahmen sind alle Güter, die in Geld oder Geldeswert bestehen und dem Steuerpflichtigen im Rahmen“*[72] der Überschusseinkunftsarten zufließen. *„Werbungskosten sind Aufwendungen zur Erwerbung, Sicherung und Erhaltung der Einnahmen.“*[73] Diese Einkunftsermittlungsmethode wird im Folgenden als Überschussrechnung bezeichnet.

---

66 Dieser Wortlaut des Gesetzes verdeutlicht, dass keine konsequente Verwendung der Begriffe durch den Gesetzgeber erfolgt. Trotz der vorgenommenen Abgrenzung des Gewinns und des Überschusses in § 2 Abs. 2 EStG werden diese Begriffe nach Belieben verwendet. Ein weiteres Beispiel ist § 23 Abs. 3 Satz 1 EStG, der zwar zur Überschusseinkunftsart zählt, der Gesetzgeber jedoch vom *Gewinn* aus privaten Veräußerungsgeschäften spricht.

67 *BFH* (1963), S. 184.

68 Siehe *Wacker* (2000), § 4 EStG, Rz. 30; *Schneeloch* (2003), S. 207; *Crezelius* (2006), § 4 EStG, Rz. 111, und *Heinicke* (2006), § 4 EStG, Rz. 4.

69 Siehe § 11 Abs. 1 Satz 1 EStG.

70 Siehe § 11 Abs. 2 Satz 1 EStG.

71 Siehe § 2 Abs. 2 EStG.

72 § 8 Abs. 1 EStG.

73 § 9 Abs. 1 Satz 1 EStG.

Das Zufluss- und Abflussprinzip ist jedoch sowohl bei der Einnahmenüberschussrechnung als auch bei der Überschussrechnung mit einigen Ausnahmen versehen. Die wesentlichen Ausnahmen werden im Folgenden dargestellt.

- Bezogen auf den Zeitpunkt der Erfassung werden regelmäßig wiederkehrende (Betriebs-)Einnahmen dem Kalenderjahr zugeordnet, zu dem sie wirtschaftlich gehören, auch wenn sie kurze Zeit vor Beginn oder kurze Zeit nach Beendigung dieses Kalenderjahres zugeflossen sind.[74] Entsprechendes gilt auch für Betriebsausgaben bzw. Werbungskosten.[75]
- Die (Betriebs-)Einnahmen, die auf einer Nutzungsüberlassung von mehr als fünf Jahren beruhen, *können* auf den Zeitraum gleichmäßig verteilt werden, für den die Vorauszahlung geleistet wird. Werden Betriebsausgaben bzw. Werbungskosten für eine Nutzungsüberlassung von mehr als fünf Jahren im Voraus geleistet, *sind* sie auf den Zeitraum zu verteilen, für den die Vorauszahlung erfolgt.[76]
- Eine weitere Ausnahme betrifft die Erfassung von Anschaffungs- bzw. Herstellungskosten für abnutzbare Wirtschaftsgüter. Die Anschaffungs- bzw. Herstellungskosten solcher Wirtschaftsgüter des betrieblichen Anlagevermögens[77] sowie des Privatvermögens[78] sind nicht im Zeitpunkt des Abflusses, sondern zeitanteilig in Form von Absetzungen für Abnutzung zu verrechnen. Ausgenommen hiervon sind geringwertige Wirtschaftsgüter, die im Wirtschaftsjahr der Anschaffung bzw. Herstellung vollständig abgeschrieben werden können.[79]
- Die Anschaffungs- bzw. Herstellungskosten von nicht abnutzbaren Wirtschaftsgütern des betrieblichen Anlagevermögens[80] sowie des Privatvermögens[81] werden nicht im Zeitpunkt der Anschaffung bzw. Herstellung, sondern erst im Zeitpunkt der Veräußerung dieser Wirtschaftgüter als Betriebsausgaben bzw. Werbungskosten erfasst. Der Veräußerungspreis stellt dann eine (Betriebs-)Einnahme dar.
- Eine Kreditaufnahme zur Finanzierung der Wirtschaftsgüter, die der Einkunftserzielung dienen sollen, wird nicht als (Betriebs-)Einnahme qualifiziert. Daher blei-

---

74 Siehe § 11 Abs. 1 Satz 2 EStG. Als kurze Zeit gilt ein Zeitraum von zehn Tagen, wobei es auf die Fälligkeit der Einnahme/Ausgabe nicht ankommt. Siehe *BFH* (1986a), S. 17; *BFH* (1999b), S. 121 ff., und H 11 EStH.

75 Siehe § 11 Abs. 2 Satz 2 EStG i.V.m. § 11 Abs. 1 Satz 2 EStG.

76 Siehe § 11 Abs. 1 Satz 3 und Abs. 2 Satz 3 EStG. Diese Vorschriften wurden durch das *EURLUmsG 2004,* S. 3311, in § 11 EStG eingeführt.

77 Siehe § 4 Abs. 3 Satz 3 EStG.

78 Siehe § 9 Abs. 1 Nr. 7 Satz 1 EStG.

79 Siehe § 6 Abs. 2 Satz 1 EStG, auf den auch § 9 Abs. 1 Nr. 7 Satz 2 verweist.

80 Siehe § 4 Abs. 3 Satz 4 EStG.

81 Dies ergibt sich, soweit die Gewinne aus der Veräußerung der Wirtschaftsgüter bei Überschusseinkunftsarten steuerpflichtig sind, implizit aus § 17 Abs. 2 Satz 1 EStG und § 23 Abs. 3 Satz 1 EStG, die die Ermittlung des Veräußerungsgewinns kodifizieren.

ben auch die Tilgungen des Kredits unberücksichtigt. Lediglich die daraus entstandenen Schuldzinsen mindern als Betriebsausgaben bzw. Werbungskosten die steuerpflichtigen Einkünfte. Entsprechendes gilt für die Darlehensvergabe. Lediglich die erhaltenen Zinsen wirken sich auf die Höhe der Einkünfte aus.[82]

Es lässt sich festhalten, dass die Durchbrechungen des Zufluss- und Abflussprinzips bei der Überschussrechnung und der Einnahmenüberschussrechnung weitgehend übereinstimmen.[83] Ob jedoch diese Einkunftsermittlungsmethoden identisch sind, soll im Folgenden untersucht werden.

Die unterschiedliche gesetzliche Definition von Werbungskosten und Betriebsausgaben, die früher als ein wesentlicher Unterschied zwischen der Überschussrechnung und der Einnahmenüberschussrechnung angesehen wurde, hat keine Bedeutung mehr. Trotz der finalen Begriffsbestimmung bei Werbungskosten herrscht heute die einhellige Auffassung, dass Werbungskosten in gleicher Weise wie Betriebsausgaben[84] nach dem Veranlassungsprinzip, also kausal abzugrenzen sind.[85]

Zu den Unterschieden zwischen der Überschussrechnung und der Einnahmenüberschussrechnung kommt es jedoch bei *abnutzbaren* Wirtschaftsgütern, wenn sie im Rahmen der Einnahmenüberschussrechnung dem *Umlaufvermögen* zugeordnet werden.[86] Die Anschaffungs- bzw. Herstellungskosten der abnutzbaren Wirtschaftsgüter werden im Rahmen der Überschussrechnung zeitanteilig durch Absetzungen für Abnutzung erfasst. Dagegen lassen sich die Anschaffungs- bzw. Herstellungskosten der abnutzbaren Wirtschaftsgüter, die bei der Einnahmenüberschussrechnung zum Umlaufvermögen gehören, grundsätzlich im Zeitpunkt der Anschaffung bzw. Herstellung gewinnmindernd verrechnen. Eine Ausnahme davon stellen seit dem Inkrafttreten des *Gesetzes zur Eindämmung missbräuchlicher Steuergestaltungen*[87] die Anschaffungs- bzw. Herstellungskosten eines Gebäudes dar, die nicht mehr sofort, sondern erst im Zeitpunkt der Veräußerung berücksichtigt werden.[88]

---

[82] Siehe § 9 Abs. 1 Satz 3 Nr. 1 EStG in Bezug auf die Überschussrechnung, und *BFH* (1969b), S. 44 f., für die Einnahmenüberschussrechnung.

[83] Bezogen auf die Überschusseinkunftsarten enthält § 11 Abs. 1 Satz 4 EStG durch den Verweis auf § 38 Abs. 1 Satz 2 und 3 EStG noch eine weitere Ausnahme. Danach wird der laufende Arbeitslohn unabhängig vom tatsächlichen Zufluss mit Beendigung des Lohnzahlungszeitraumes der Besteuerung unterworfen.

[84] Siehe zur Definition der Betriebsausgaben bereits oben S. 12.

[85] Siehe z.B. *BFH* (1962), S. 192; *Bauer* (1974), S. 79 f.; *BFH* (1977), S. 109; *BFH* (1990a), S. 424; *Tipke* (1990), S. 247 f., und *Kruse* (1997), S. 416 ff.

[86] Allgemein resultiert dieser Unterschied aus der Tatsache, dass im Gegensatz zum Privatvermögen das Betriebsvermögen nach dem Anlage- bzw. Umlaufvermögen differenziert wird.

[87] Siehe *StGEG 2006*, S. 1095.

[88] Siehe § 4 Abs. 3 Satz 4 EStG.

Seit dem Inkrafttreten des *Gesetzes zur Eindämmung missbräuchlicher Steuergestaltungen*[89] besteht jedoch kein Unterschied mehr zwischen der Einnahmenüberschussrechnung (Umlaufvermögen) und der Überschussrechnung bei der Erfassung der Anschaffungskosten von *nicht abnutzbaren* Wirtschaftsgütern, wie z.B. Anteilen an Kapitalgesellschaften, Wertpapieren und Grund und Boden. Die Anschaffungskosten von diesen Wirtschaftsgütern des Umlaufvermögens dürfen im Rahmen der Einnahmenüberschussrechnung nun nicht mehr im Zeitpunkt der Anschaffung, sondern erst im Zeitpunkt der Veräußerung gewinnmindernd erfasst werden.[90] Die Unterschiede in der Verrechnung der Anschaffungs- bzw. Herstellungskosten von Wirtschaftsgütern bei der Überschussrechnung und der Einnahmenüberschussrechnung verdeutlicht folgende Abbildung.

<table>
<tr><th colspan="2" rowspan="2"></th><th rowspan="2">Überschuss-rechnung</th><th colspan="2">Einnahmenüberschussrechnung</th></tr>
<tr><th>Anlage-vermögen</th><th>Umlauf-vermögen</th></tr>
<tr><td colspan="2">Nicht abnutzbare Wirtschaftsgüter</td><td colspan="3">Verrechnung im Zeitpunkt der Veräußerung</td></tr>
<tr><td rowspan="2">Abnutzbare Wirtschafts-güter</td><td>Gebäude</td><td colspan="2" rowspan="2">Zeitanteilige Verrechnung</td><td>Verrechnung im Zeitpunkt der Veräußerung</td></tr>
<tr><td>Andere Wirt-schaftsgüter</td><td>Verrechnung im Zeitpunkt der Anschaffung</td></tr>
</table>

Abbildung 1: Unterschiede in der Verrechnung von Anschaffungs- bzw. Herstellungskosten bei der Überschussrechnung und der Einnahmenüberschussrechnung

Die Unterschiede zwischen den beiden Einkunftsermittlungsmethoden ergeben sich weiterhin aus der Höhe der möglichen Absetzungen für Abnutzung bei abnutzbaren beweglichen Wirtschaftsgütern. Für abnutzbare (un-)bewegliche Wirtschaftsgüter des Privatvermögens kann nur eine lineare Absetzung für Abnutzung in Anspruch genommen werden, die dann die Höhe der mit diesen Wirtschaftsgütern erzielten Einkünfte mindert.[91] Die abnutzbaren beweglichen Wirtschaftsgüter des betrieblichen Anlagevermögens können sowohl linear als auch degressiv bzw. leistungsbezogen abgeschrieben werden.[92] Auch ein Wechsel von der degressiven zur linearen Abset-

89 Siehe noch einmal *StGEG 2006*, S. 1095.

90 Siehe § 4 Abs. 3 Satz 4 EStG.

91 Obwohl der Verweis des § 9 Abs. 1 Satz 3 Nr. 7 EStG nicht die einzelnen Abschreibungsvorschriften anspricht, ist eine degressive Abschreibung des § 7 Abs. 2 EStG für die Vermögensgegenstände des Privatvermögens nicht vorgesehen. Die degressive Abschreibung gilt nämlich nur für das Anlagevermögen, das bei den Überschusseinkünften nicht existiert. Siehe *Drenseck* (2006), § 9 EStG, Rz. 176.

92 Siehe § 7 Abs. 1 Satz 1 und Satz 6 EStG und § 7 Abs. 2 Satz 1 EStG.

zung für Abnutzung ist möglich.[93] Ein weiterer Unterschied zwischen der Einnahmenüberschussrechnung (Anlagevermögen) und der Überschussrechnung aufgrund der Abschreibungsmodalitäten bei den Gebäuden existiert heute nicht mehr. Denn die Möglichkeit einer degressiven Absetzung für Abnutzung bei den Gebäuden, die nach dem 1. Januar 2006 hergestellt bzw. angeschafft wurden und fremden Wohnzwecken dienen, wurde kürzlich abgeschafft.[94]

Die Ergebnisse aus den beiden Methoden der Einkunftsermittlung unterscheiden sich im Wesentlichen dadurch, dass im Rahmen der Einnahmenüberschussrechnung grundsätzlich auch die Veräußerungsgewinne erfasst werden, während der Überschuss der Einnahmen über die Werbungskosten i.d.R. keinen Veräußerungsgewinn enthält. Da jedoch die unterschiedliche Behandlung der Veräußerungsgewinne bei Gewinn- und Überschusseinkunftsarten den *Dualismus der Veräußerungsgewinnbesteuerung*[95] darstellt, wird dieser Aspekt bei der Betrachtung des Dualismus der Einkunftsermittlung ausgelassen.

Im Ergebnis bleibt festzuhalten, dass sich die Überschussrechnung und die Einnahmenüberschussrechnung als Einkunftsermittlungsmethoden in Bezug auf die Verrechnung der Anschaffungs- bzw. Herstellungskosten sowie die Abschreibungsmethoden bei abnutzbaren Wirtschaftsgütern unterscheiden. Diese Unterschiede stellen jedoch keine grundlegende Abweichung in der Einkunftsermittlungskonzeption dar und führen meines Erachtens nicht zum *Dualismus der Einkunftsermittlung.*[96]

Der *Dualismus der Einkunftsermittlung* liegt dagegen vor, wenn Steuerpflichtige, die ihre *Gewinn*ermittlung mit Hilfe des Betriebsvermögensvergleichs durchführen, Steuerpflichtigen mit Überschusseinkünften gegenübergestellt werden. Außerdem ist der Dualismus der Einkunftsermittlung gegeben, wenn die Gewinnermittlung auf einer Seite mittels Betriebsvermögensvergleich und auf der anderen Seite mittels Einnahmenüberschussrechnung erfolgt. So wird im Rahmen der Einnahmenüberschussrechnung bei einem Wareneinkauf der Kaufpreis als Betriebsausgabe angesetzt. Der Zufluss der Ware in einen Warenbestand wird nicht aufgezeichnet. Dementsprechend wird beim Warenverkauf der vereinnahmte Kaufpreis als Betriebseinnahme gebucht. Forderungen, Schulden, Rückstellungen und Teilwertabschreibungen haben bei der Einnahmenüberschussrechnung keine Bedeutung, weil nur der Geldzu-

---

93 Siehe § 7 Abs. 3 Satz 1 EStG. Der Übergang von der linearen zur degressiven Abschreibung ist dagegen unzulässig. Siehe § 7 Abs. 3 Satz 3 EStG.

94 Die Abschaffung dieser Regelung erfolgte durch das *StSpEG 2005*, S. 3682.

95 Siehe hierzu Kapitel 2.1.3.

96 Dies bedeutet jedoch nicht, dass die oben genannten Unterschiede in dieser Arbeit vernachlässigt werden. Sie werden lediglich in die Definition des Dualismus der Einkunftsermittlung nicht einbezogen.

fluss durch die Erfüllung der Forderung als Betriebseinnahme und der Geldabfluss durch die Tilgung der Schuld und die Leistung des zurückgestellten Aufwandes als Betriebsausgabe angesetzt werden.[97]

Demzufolge stellt der Dualismus der Einkunftsermittlung nicht nur auf die Gewinn- und Überschusseinkunftsarten ab, sondern bedeutet das Nebeneinander von differierenden Einkunftsermittlungsmethoden, dem Betriebsvermögensvergleich und der (Einnahmen-)Überschussrechnung.

2.1.3 Dualismus der Veräußerungsgewinnbesteuerung

Neben den unterschiedlichen Einkunftsermittlungsmethoden sind Gewinn- und Überschusseinkunftsarten durch die differierende Besteuerung von Veräußerungsgewinnen geprägt, die auf eine Abgrenzung zwischen dem Betriebs- und dem Privatvermögen zurückzuführen ist.

Der Grundsatz der steuerlichen Behandlung von Veräußerungsgewinnen lautet: *Veräußerungsgewinne im Betriebsvermögen sind steuerpflichtig, Veräußerungsgewinne im Privatvermögen sind steuerfrei.* Von diesem Grundsatz der steuerlichen Behandlung gibt es im geltenden Steuerrecht einige Ausnahmen. Unter Ausnahmen werden hier die Steuernormen verstanden, die die Steuerfreiheit bzw. -pflicht umkehren. Die steuerlichen Vorschriften, die z.B. eine Ermäßigung bei der Besteuerung der steuerpflichtigen Veräußerungsgewinne vorsehen, werden hier nicht zu den Ausnahmen gezählt, da die Steuerpflicht hier weiterhin bestehen bleibt.[98] Nach der obigen Definition gehören zu den Ausnahmen §§ 23 und 17 EStG, welche die Steuerpflicht der Veräußerungsgewinne im Privatvermögen kodifizieren. Bevor auf die beiden Ausnahmevorschriften eingegangen wird, soll die steuerliche Behandlung der Veräußerungsgewinne in der folgenden Abbildung noch einmal verdeutlicht werden.

---

[97] So auch *Lang* (1981a), S. 453 f., und *Heinicke* (2006), § 4 EStG, Rz. 371.

[98] So unterliegen z.B. Gewinne aus der Veräußerung einer Beteilung an einer Kapitalgesellschaft im Betriebsvermögen einer natürlichen Person gem. § 3 Nr. 40a EStG i.V.m. § 3c Abs. 2 EStG dem Halbeinkünfteverfahren. Die Steuerpflicht dieser Veräußerungsgewinne bleibt jedoch weiterhin bestehen. § 6b EStG erlaubt z.B. bei der Veräußerung bestimmter Anlagegüter im Betriebsvermögen die stillen Reserven auf die neu angeschafften Wirtschaftsgüter zu übertragen, was jedoch nicht zur endgültigen steuerlichen Freistellung, sondern zur zeitlichen Verlagerung der Besteuerung führt. Auch der Freibetrag gem. § 16 Abs. 4 EStG und die ermäßigten Tarife gem. § 34 EStG bei der Veräußerung eines Betriebs, Teilbetriebs oder Mitunternehmeranteils bewirken lediglich eine steuerliche Begünstigung und keine vollständige Freistellung der erwirtschafteten Veräußerungsgewinne.

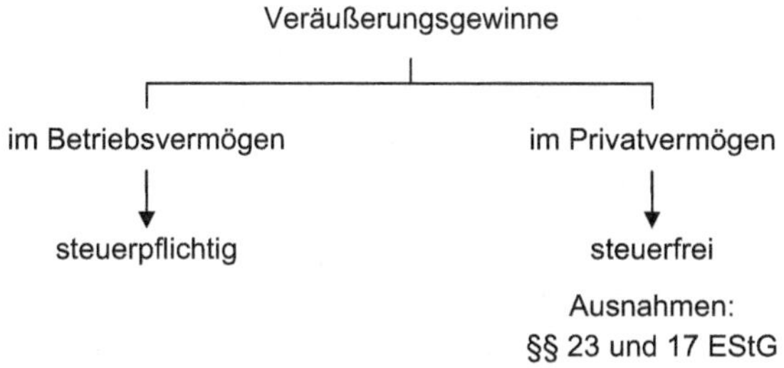

Abbildung 2: Steuerliche Behandlung von Veräußerungsgewinnen

§ 23 EStG als erste Ausnahme von der Steuerfreiheit der Veräußerungsgewinne im Privatvermögen erfasst die realisierten Werterhöhungen von Wirtschaftsgütern des Privatvermögens innerhalb einer bestimmten Frist nach der Anschaffung (Spekulationsfrist) als *sonstige Einkünfte*.[99] Darunter fallen in erster Linie die Gewinne aus der Veräußerung von Grundstücken und Wertpapieren. Die allgemeine Formulierung des Gesetzgebers: „Private Veräußerungsgeschäfte ... sind ... Veräußerungsgeschäfte bei anderen Wirtschaftsgütern, insbesondere bei Wertpapieren“[100] deutet darauf hin, dass auch Veräußerungsgewinne aus Vermögensgegenständen des privaten Gebrauchs innerhalb der Spekulationsfrist einer Besteuerung unterliegen.[101] Die Besteuerung erfolgt nur, wenn der erzielte Veräußerungsgewinn mindestens 512 Euro beträgt.

Die Spekulationsfrist bei (bebauten und unbebauten) Grundstücken und grundstücksgleichen Rechten beträgt zehn Jahre.[102] Wird z.B. ein Grundstück innerhalb von zehn Jahren nach seiner Anschaffung veräußert, so unterliegt der Veräußerungsgewinn der Besteuerung. Ausnahme von dieser Steuerpflicht stellt die Veräußerung von selbst genutztem Wohneigentum dar.[103]

---

[99] Die Spekulationsfrist übernimmt dabei die Funktion, die (subjektiv geprägte) Spekulationsabsicht zu objektivieren. Die Spekulationsabsicht wird also angenommen, wenn die Spekulationsfrist nicht eingehalten wird.

[100] § 23 Abs. 1 Nr. 2 EStG.

[101] Siehe *Weber-Grellet* (2006a), § 23 EStG, Rz. 12. Die für die Besteuerung erforderliche Überschusserzielungsabsicht wird bei der Veräußerung von Gebrauchsgegenständen innerhalb der Spekulationsfrist bejaht. Lediglich in Bezug auf die i.d.R. verlustbringende Veräußerung eines Jahreswagens hat sich die *OFD Hannover* (2001), S. 785, geäußert und ausgeführt, dass eine solche Veräußerung innerhalb der Spekulationsfrist steuerlich nicht zu berücksichtigen ist, da hier keine Überschusserzielungsabsicht vorliegt.

[102] Siehe § 23 Abs. 1 Nr. 1 Satz 1 EStG. Mit dem *StEntlG 1999/2000/2002*, S. 312, wurde die Spekulationsfrist von bis dahin zwei Jahren auf zehn Jahre rückwirkend verlängert.

[103] Siehe § 23 Abs. 1 Nr. 1 Satz 3 EStG. Diese Ausnahme betrifft natürlich nur die bebauten Grundstücke, da ein unbebautes Bauland auch bei der Freizeitnutzung nicht den Wohnzwecken dient. So *Weber-Grellet* (2006a), § 23 EStG, Rz. 18.

Bei Wertpapieren und anderen Wirtschaftsgütern hat der Gesetzgeber eine Spekulationsfrist von einem Jahr vorgesehen.[104] Eine steuerschädliche Veräußerung von Wertpapieren und anderen Wirtschaftsgütern liegt dementsprechend vor, wenn die Spekulationsfrist von einem Jahr nicht eingehalten wird.[105] In Bezug auf die Veräußerung von Wertpapieren hat jedoch das Bundesverfassungsgericht § 23 Abs. 1 Nr. 2 EStG für die Veranlagungszeiträume 1997 und 1998 aufgrund des Vollzugsdefizits für verfassungswidrig erklärt.[106] Der Gesetzgeber wurde aufgefordert, das bestehende Vollzugsdefizit in diesem Bereich zu beseitigen.

Die Spekulationsfrist von einem Jahr wird zur Überprüfung der steuerlichen Konsequenzen auch bei Termingeschäften herangezogen.[107] Termingeschäfte sind die Geschäfte, die ein Recht auf Zahlung eines Geldbetrages oder einen sonstigen Vorteil, wie z.B. die Lieferung von Wertpapieren, einräumen.[108] Der Tatbestand der Veräußerung wird in diesem Fall durch die Beendigung des Rechts auf einen Differenzausgleich ersetzt. Der Zeitraum zwischen dem Erwerb und der Beendigung von Rechten ist demzufolge von entscheidender Bedeutung.

Neben der Besteuerung der Veräußerungsgewinne im Privatvermögen innerhalb der Spekulationsfrist werden auch Gewinne aus den Veräußerungsgeschäften erfasst, bei denen die Veräußerung der Wirtschaftsgüter früher als der Erwerb erfolgt,[109] da hier die Spekulationsabsicht immer bejaht werden kann.

Da Veräußerungsgewinne im Privatvermögen der Besteuerung unterliegen, werden auch Veräußerungsverluste steuermindernd berücksichtigt. Allerdings enthält § 23 Abs. 3 Satz 8 und 9 EStG eine Verlustverrechnungsbeschränkung. So dürfen diese Veräußerungsverluste nur mit Gewinnen aus privaten Veräußerungsgeschäften verrechnet werden, und zwar im Jahr der Erzielung der Veräußerungsverluste bzw. in dem unmittelbar vorangegangenen Veranlagungszeitraum oder in den folgenden Veranlagungszeiträumen.

---

104 Siehe § 23 Abs. 1 Nr. 2 Satz 1 EStG. Durch das Steuerentlastungsgesetz 1999/2000/2002 erfolgte eine Verlängerung der Spekulationsfrist von sechs Monaten auf ein Jahr. Siehe *StEntlG 1999/2000/2002*, S. 312.

105 Die Gewinne aus der Veräußerung der Anteile an einer Kapitalgesellschaft unterliegen außerdem dem Halbeinkünfteverfahren. Siehe § 3 Nr. 40j EStG i.V.m. § 3c Abs. 2 EStG. Insoweit besteht kein Unterschied zu den Gewinnen aus der Veräußerung der Anteile an einer Kapitalgesellschaft im Betriebsvermögen. Siehe hierzu bereits Fn. 98, S. 18.

106 Siehe *BVerfG* (2004), S. 56 ff. Siehe hierzu ausführlich Kapitel 4.1.2.2.

107 Siehe § 23 Abs. 1 Nr. 4 EStG.

108 Siehe *Weber-Grellet* (2006a), § 23 EStG, Rz. 29.

109 Siehe § 23 Abs. 1 Nr. 3 EStG.

§ 17 EStG als zweite Ausnahme von der Steuerfreiheit der Veräußerungsgewinne im Privatvermögen unterwirft Gewinne aus der Veräußerung von Anteilen an einer Kapitalgesellschaft im Privatvermögen der Besteuerung. Von der Steuerpflicht sind jedoch nur die Beteiligungen betroffen, die mindestens 1 % betragen und innerhalb der letzten fünf Jahre vor der Veräußerung (unmittelbar oder mittelbar) bestanden haben. *Innerhalb der letzten fünf Jahre* bedeutet, dass eine Beteiligung nicht fünf Jahre lang, sondern zu irgendeinem Zeitpunkt innerhalb dieses Zeitraums (nicht notwendig noch bei der Veräußerung) bestanden haben muss.

Sind die obigen Voraussetzungen erfüllt, unterliegen die Veräußerungsgewinne der Besteuerung nach dem Halbeinkünfteverfahren.[110] Außerdem kann der Freibetrag nach § 17 Abs. 3 EStG in Anspruch genommen werden.[111] Die Verrechnung von Verlusten aus der Veräußerung einer relevanten Beteiligung ist zwar möglich, wird jedoch durch § 17 Abs. 2 Satz 4 EStG beschränkt.

Die Besonderheit des § 17 EStG besteht darin, dass die Veräußerungsgewinne zu den Einkünften aus Gewerbebetrieb zählen.[112] Da es sich hierbei (lediglich) um eine Fiktion der gewerblichen Einkünfte handelt, bleibt es trotz der Gewinneinkunftsart bei Privatvermögen. Die Veräußerungsgewinne unterliegen auch nicht der Gewerbesteuer.[113]

2.1.4 Andere Aspekte und Eingrenzung des Begriffs „Dualismus der Einkunftsarten"

Neben den unterschiedlichen Einkunftsermittlungsmethoden und differierenden Konsequenzen bei der Veräußerungsgewinnbesteuerung existieren weitere Unterschiede bei den Einkunftsarten. Dazu gehören beispielsweise folgende Aspekte:

– Steuerermäßigungen in unterschiedlichem Umfang

  Steuerermäßigungen ergeben sich durch Inanspruchnahme von einkunftsartenspezifischen Freibeträgen bzw. Freigrenzen. So besteht bei Einkünften aus Kapitalvermögen z.B. die Möglichkeit, diese durch den Sparer-Freibetrag in Höhe von

---

110 Siehe § 3 Nr. 40c EStG i.V.m. § 3c Abs. 2 EStG.

111 Ob und in welcher Höhe der Freibetrag gewährt wird, bestimmt sich nach dem Verhältnis des Nennwerts der veräußerten Anteile zum Nennkapital der Kapitalgesellschaft. Wird z.B. eine 100 %ige Beteiligung an einer Kapitalgesellschaft im Privatvermögen veräußert, beträgt der Freibetrag 9.060 Euro. Dieser Freibetrag bzw. der entsprechende Teil hiervon ermäßigt sich laut § 17 Abs. 3 Satz 2 EStG „um den Betrag, um den der Veräußerungsgewinn den Teil von 36.100 Euro übersteigt, der dem veräußerten Anteil an der Kapitalgesellschaft entspricht".

112 Zur historischen Begründung dieser Zuordnung siehe Kapitel 3.2.1.3.

113 Siehe R 39 Abs. 1 Nr. 2 GewStR.

750 Euro zu mindern.[114] Eine Freigrenze in Höhe von 512 Euro findet sich z.B. bei sonstigen Einkünften nach § 23 Abs. 3 Satz 6 EStG.

– Tarifunterschiede

  Trotz eines einheitlichen, progressiv ausgestalteten Einkommensteuertarifs als Ausdruck einer *synthetischen Einkommensteuer*[115] können sich Tarifunterschiede in Form von einkunftsartenspezifischen Ausnahmesteuersätzen ergeben. In diesem Zusammenhang ist z.B. § 34 EStG zu nennen, der eine Tarifermäßigung für außerordentliche Einkünfte ermöglicht.[116]

– Sondersteuern für bestimmte Einkunftsarten

  Bei den Sondersteuern handelt es sich im Wesentlichen um die Gewerbesteuer, die regelmäßig anfällt, wenn Einkünfte aus Gewerbebetrieb erwirtschaftet werden.[117] Somit werden Einkünfte aus Gewerbebetrieb zweifach belastet, zum einen mit der Einkommensteuer bzw. Körperschaftsteuer als Personensteuer und zum anderen mit der Gewerbesteuer als Objektsteuer.

– Unterschiedliche Steuererhebung

  Auch Verfahren der Steuererhebung differieren bei unterschiedlichen Einkunftsarten. So werden Einkünfte aus nichtselbständiger Arbeit bereits an der Quelle mit der Lohnsteuer besteuert. Quellensteuern (Kapitalertragsteuer und ihre besondere Form der Zinsabschlagsteuer) sind auch bei bestimmten Einkünften aus Kapitalvermögen bekannt. Im Bereich anderer Einkunftsarten erfolgt die Steuererhebung durch eine Veranlagung der Steuerpflichtigen.[118]

Im Folgenden wird unter dem *Dualismus der Einkunftsarten* die unterschiedliche Behandlung von Gewinn- und Überschusseinkunftsarten in Bezug auf die Einkunftsermittlungsmethoden und die Veräußerungsgewinnbesteuerung verstanden. Andere Aspekte der unterschiedlichen steuerlichen Behandlung werden hingegen vernachlässigt, da es sich hierbei weniger um die Besonderheiten der Gewinn- bzw. Überschusseinkunftsarten, sondern vielmehr um Unterschiede bei den einzelnen Einkunftsarten handelt. Die folgende Abbildung fasst die bereits dargestellten steuerlichen Konsequenzen bei Gewinn- und Überschusseinkunftsarten bezüglich der Einkunftsermittlung und Veräußerungsgewinnbesteuerung zusammen.

---

[114] Siehe § 20 Abs. 4 EStG.

[115] Siehe zum Begriff der *synthetischen* Einkommensteuer z.B. *Lang* (2005b), Rz. 1.

[116] Siehe hierzu bereits Fn. 98, S. 18.

[117] Siehe § 2 Abs. 1 Satz 2 GewStG.

[118] Im Unternehmenssteuerreformgesetz 2008 hat die Große Koalition jedoch eine Abgeltungssteuer auf Kapitalerträge vorgesehen, welche die strukturelle Reform der Unternehmensbesteuerung begleiten und zum 1. Januar 2009 in Kraft treten soll. Siehe *UntStRG 2008*, S. 7 f.

Einkunftsart	Regelfall	Ausnahmefall
Gewinn-einkunftsarten	- Vermögensvergleich - Besteuerung der Veräußerungsgewinne	- Einnahmenüberschussrechnung
Überschuss-einkunftsarten	- Überschussrechnung - Steuerfreistellung der Veräußerungsgewinne	- Besteuerung gem. §§ 23 und 17 EStG

Abbildung 3: Zusammenfassung der steuerlichen Konsequenzen bei Gewinn- und Überschuss-einkunftsarten

Die unterschiedliche Behandlung der Gewinn- und Überschusseinkunftsarten und somit der *Dualismus der Einkunftsarten* ist demzufolge nur im Regelfall gegeben. Aus diesem Grund werden sich die folgenden Überlegungen auf den Regelfall beschränken. Die Ausnahmen von der grundsätzlichen Behandlung der Gewinn- und Überschusseinkunftsarten werden nur insoweit in die Untersuchung einbezogen, als deren Betrachtung für die Argumentation notwendig sein wird.

Ebenso wie die Gewerbesteuer soll im Rahmen dieser Untersuchung auch die Problematik im Zusammenhang mit der Körperschaftsteuer ausgelassen werden. D.h. die Problematik der möglichen Doppelbelastung der von einer Kapitalgesellschaft erwirtschafteten Gewinne auf der Ebene der Gesellschaft und ihrer Gesellschafter soll hier nicht weiter thematisiert werden. Kapitalgesellschaften, die immer eine Gewinneinkunftsart, und zwar Einkünfte aus Gewerbebetrieb,[119] erwirtschaften und ihre Einkünfte mit Hilfe des Betriebsvermögensvergleichs gem. § 5 Abs. 1 EStG ermitteln, sind kein Gegenstand dieser Untersuchung. Vielmehr wird hier auf die Steuersubjekte der Einkommensteuer abgestellt. Demzufolge werden im Zusammenhang mit einer Kapitalgesellschaft nur deren einkommensteuerpflichtige Gesellschafter betrachtet. Aus Vereinfachungsgründen wird bei der Veräußerungsgewinnbesteuerung nur eine entgeltliche Veräußerung thematisiert. Die steuerliche Behandlung von Wirtschaftsgütern bei Änderung der Nutzung ist kein Gegenstand dieser Untersuchung.[120]

---

[119] Eine Kapitalgesellschaft ist gem. § 2 Abs. 2 Satz 1 GewStG ein Gewerbebetrieb kraft Rechtsform.

[120] Dabei bleibt sowohl der Transfer innerhalb verschiedener Einkunftsarten als auch der Transfer aus dem Bereich der Einkunftserzielung in den der Einkommensverwendung, also die Entnahme, außer Betracht. Außerdem werden die erbschaft- und schenkungsteuerrelevanten Vorgänge sowie Vorgänge, die unter das Umwandlungssteuergesetz fallen, nicht berücksichtigt.

2.2 Vorschläge zur Überwindung des Dualismus der Einkunftsarten

2.2.1 Einkunftsermittlung

Die Vorschläge zur Überwindung des Dualismus der Einkunftsermittlung sind sehr vielfältig. Nicht alle Vorschläge sind jedoch ursprünglich aus der Kritik am Dualismus der Einkunftsarten entstanden. Die steuerliche Gewinnermittlung wird vor dem Hintergrund des ihr zugrunde liegenden Maßgeblichkeitsgrundsatzes seit langer Zeit heftig kritisiert.[121] Die kritische Auseinandersetzung mit dem Maßgeblichkeitsgrundsatz wird in vielen Fällen als Anlass gesehen, die steuerliche Gewinnermittlung neu zu überdenken, was auch den Dualismus der Einkunftsarten beeinflussen kann. Denn die Aufgabe des Maßgeblichkeitsprinzips würde bedeuten, dass die steuerliche Gewinnermittlung insgesamt zu überprüfen wäre.[122] Die Gegner des Maßgeblichkeitsgrundsatzes sehen mit der Loslösung der steuerlichen Gewinnermittlung vom Handelsrecht die Chance einer selbständigen und neu ausgestalteten Gewinnermittlung.[123]

Die Internationalisierung der Rechnungslegung hat diese Tendenz sogar verstärkt.[124] So wurden mit der EG-Verordnung vom 19. Juli 2002[125] kapitalmarktorientierte Unternehmen verpflichtet, ihren Konzernabschluss nach den internationalen Rechnungslegungsvorschriften aufzustellen. Den Mitgliedsstaaten wurde zunächst ein Wahlrecht eingeräumt, den Anwendungsbereich der internationalen Rechnungslegungsvorschriften auf andere Abschlüsse zu erweitern.[126]

---

[121] Auf die Darstellung der kontroversen Diskussion über die Beibehaltung bzw. Abschaffung des Maßgeblichkeitsgrundsatzes sei hier verzichtet, denn sie führt im Rahmen der hier untersuchten Thematik zu keinem Erkenntnisfortschritt. Folgende im höchsten Maße verkürzte Aufzählung der wissenschaftlichen Beiträge verdeutlicht die Intensität der Auseinandersetzung mit dieser Problematik im Schrifttum. Siehe *Döllerer* (1971); *Gail* (1971); *Bareis* (1972); *Gail* (1972); *Maassen* (1972); *Paulick* (1972); *Knepper* (1987); *Crezelius* (1994a); *Robisch/Treisch* (1997); *Hauser/ Meurer* (1998); *Sigloch* (2000) und *Drüen* (2001).

[122] So z.B. *Robisch/Treisch* (1997), S. 169, oder *Lang u.a.* (2005), Rz. 401. Die Reformüberlegungen zur Abschaffung des Maßgeblichkeitsgrundsatzes und zur Verselbständigung der steuerbilanziellen Gewinnermittlung – jedoch ohne materielle Modifizierung – würden das geltende Recht nicht ändern und werden hier deshalb nicht betrachtet. Siehe zu solchen Reformüberlegungen z.B. *BMF* (1971), S. 430; *Lang* (1993), S. 279; *Weber-Grellet* (1994b), S. 291; *Weber-Grellet* (1997), S. 391, und *Herzig* (2000), S. 118 f.

[123] So *Hennrichs* (1999), S. 152 f.; *Weber-Grellet* (1999), S. 2666, und *Dziadkowski* (2001), S. 14 f.

[124] Siehe *Wagner, F.* (1998a), S. 2077; *Kahle* (2002), S. 183 ff.; *Wagner, F./Schwenk* (2003), S. 378; *Herzig/Hausen* (2004), S. 1; *Lang u.a.* (2005), Rz. 403, und *Sigloch* (2004), S. 219. Die zahlreichen bisherigen Befürworter des Maßgeblichkeitsgrundsatzes sind, so *Wagner, F.* (2002a), S. 1886, aus diesem Grund bereits „ins Lager seiner Gegner überlaufen".

[125] Siehe *EG-Verordnung 2002,* Nr. L 243/1 ff.

[126] Siehe ebenda. Kritisch hierzu *Zeitler* (2003), S. 1530 ff.

Das Bilanzrechtsreformgesetz vom 4. Dezember 2004 hat sich mit der Übernahme der Regelungen der EG-Verordnung beschäftigt und bezüglich der eingeräumten Wahlrechte Folgendes vorgesehen. Nicht kapitalmarktorientierte Kapitalgesellschaften können ihren Konzernabschluss nach den internationalen Vorschriften aufstellen.[127] Große (kapitalmarktorientierte und nicht kapitalmarktorientierte) Kapitalgesellschaften haben das Wahlrecht, auch einen Einzelabschluss nach den internationalen Rechnungslegungsstandards zu erstellen.[128] Dieser freiwillige Einzelabschluss nach den internationalen Rechnungslegungsvorschriften soll dabei Informationszwecken dienen. Die Verpflichtung zur Erstellung des Einzelabschlusses nach den deutschen Grundsätzen der ordnungsmäßigen Buchführung bleibt (zunächst) weiterhin bestehen.[129]

Es ist jedoch nicht auszuschließen, dass der Einzelabschluss nach den internationalen Rechnungslegungsvorschriften auch die kleinen und mittelständischen Unternehmen betreffen könnte.[130] Einige Fachvertreter gehen sogar von einer Verpflichtung zur Aufstellung eines Einzelabschlusses nach den internationalen Vorschriften aus.[131] Finden die internationalen Rechnungslegungsstandards den Eingang in den Einzelabschluss, so kann die Maßgeblichkeit nach überwiegender Meinung bereits aus verfassungsrechtlichen Gründen nicht beibehalten werden, denn die Regeln eines privaten Gremiums lassen sich mit dem Demokratie- und Rechtsstaatsprinzip nicht vereinbaren.[132] Die Aufgabe der Maßgeblichkeit wird durch die Internationalisierung der Rechnungslegung demzufolge bekräftigt.

Des Weiteren wird eine Reform der Einkunftsermittlung für notwendig erachtet, um Entscheidungsneutralität und die damit verbundene Effizienz der Besteuerung zu

---

[127] Siehe Art. 1 Nr. 20 *BilReG 2004*. Diese Regelung wurde in § 315a Abs. 3 HGB übernommen.

[128] Siehe Art. 1 Nr. 29 *BilReG 2004*, der heute in § 325 Abs. 2a HGB kodifiziert ist.

[129] Siehe *Dücker* (2004), S. 143 f.; *Hüttche* (2004), S. 1189, und *Herzig/Gellrich/Jensen-Nissen* (2005), S. 90.

[130] So auch *Hüttche* (2004), S. 1192, und *Herzig* (2005), S. 235.

[131] Siehe *Dücker* (2004), S. 244, und *Kümpel* (2004), S. 240.

[132] Siehe *Herzig* (2000), S. 118; *Kahle* (2002), S. 188; *Wagner, F.* (2002a), S. 1888; *Herzig* (2005), S. 235, und *Lang u.a.* (2005), Rz. 402 f. Der Frage, ob die internationalen Rechnungslegungsvorschriften aus materiellrechtlichen Gründen für die steuerliche Gewinnermittlung geeignet sein können, wenn diesen Regeln der Charakter von Recht verliehen wird, soll in dieser Untersuchung nicht nachgegangen werden. Denn diese Einkunftsermittlungsmethode betrifft ausschließlich die bilanzierenden Steuerpflichtigen, die Problematik des Dualismus der Einkunftsermittlung wird dadurch nicht tangiert. Siehe zur Diskussion, ob sich die internationalen Rechnungslegungsvorschriften für ein eigenständiges Steuerbilanzrecht eignen, z.B. *Eberhartinger* (2000), S. 251 ff.; *Kahle* (2002), S. 179 ff.; *Spengel* (2003a), S. 32 ff.; *Herzig* (2005); *Herzig/Gellrich/Jensen-Nissen* (2005), S. 91, und *Spengel* (2006), S. 681 ff. Siehe zum Vorschlag, die internationalen Rechnungslegungsstandards als „Starting point", jedoch ohne formelle Anknüpfung, der steuerlichen Gewinnermittlung zugrunde zu legen, *Stiftung Marktwirtschaft* (2006), S. 31 ff.

erreichen. Steuerliche Entscheidungsneutralität bedeutet, dass die Besteuerung keine Anpassungshandlungen der Wirtschaftssubjekte hervorruft, wodurch aus einzelwirtschaftlicher Sicht Planungskosten vermieden werden können. Aus gesamtwirtschaftlicher Sicht wird Allokationseffizienz erreicht, da gesellschaftliche Kosten eines steuermindernden Verhaltens nicht entstehen.[133]

Zu den Vorschlägen, die den Dualismus der Einkunftsermittlung betreffen, gehört zum einen die Möglichkeit einer *Annäherung der bestehenden Einkunftsermittlungsmethoden*. Zum anderen wird eine Vereinheitlichung der beiden Einkunftsermittlungsmethoden vorgeschlagen. Diese kann durch eine bereits bestehende Methode zur Einkunftsermittlung erfolgen. Dabei beschränken sich die Reformüberlegungen auf die *Überschussrechnung*, wie sie bereits im geltenden Steuerrecht existiert.[134] Der Vermögensvergleich als einheitliche Einkunftsermittlungsmethode wird lediglich aus Vollständigkeitsgründen in der Literatur erwähnt und aufgrund seiner fehlenden Praktikabilität bei Privatleuten sofort abgelehnt.[135] Zunehmend ist auch eine Loslösung der Fachvertreter von den im geltenden Steuerrecht vorhandenen Einkunftsermittlungsmethoden zu konstatieren. Alternative Methoden der Einkunftsermittlung rücken dabei in den Vordergrund. Insbesondere im betriebswirtschaftlichen Schrifttum werden die *Cash-Flow-Rechnung* und das Konzept *des ökonomischen Gewinns* diskutiert. Die Konzeption des *ökonomischen Gewinns*, der als Zins auf den Ertragswert des Vermögens am Ende der Vorperiode verstanden wird,[136] eignet sich nicht für die Ermittlung der Einkünfte aus nichtselbständiger Arbeit und daher nicht als einheitliche Einkunftsermittlungsmethode.[137] Der Umsetzung dieser Konzeption soll deshalb die *Dual Income Tax* Rechnung tragen. Im Folgenden werden die existierenden Vorschläge, die den Dualismus der Einkunftsermittlung beeinflussen, systematisch dargestellt.

---

[133] Siehe zu dieser Zielsetzung ausführlich Kapitel 3.3.2.1.

[134] Es wird hier und im Folgenden von der Überschussrechnung gesprochen, auch wenn die Reformvorschläge vereinzelt auf die Einnahmenüberschussrechnung abzielen. Dies ist dann der Fall, wenn bei den Reformüberlegungen nicht die Überwindung des Dualismus der Einkunftsermittlung, sondern eine andere Zielsetzung im Vordergrund steht. Da die Überschussrechnung und die Einnahmenüberschussrechnung im Wesentlichen übereinstimmen, ergeben sich dadurch keine bedeutenden steuerlichen Konsequenzen. Siehe zu den Unterschieden zwischen der Überschussrechnung und der Einnahmenüberschussrechnung noch einmal Kapitel 2.1.2.

[135] Die dem Vermögensvergleich zugrunde liegende Buchführung kann den privaten Steuerpflichtigen nicht zugemutet werden. Siehe *Heibel* (1981), S. 19; *Merkenich* (1982), S. 138; *Wagner, F.* (1997a), S. 520; *Wagner, F.* (1999b), S. 1523; *Tipke* (2000b), S. 314; *Elicker* (2002), S. 230; *Schreiber, U.* (2002), S. 108; *Tipke* (2002), S. 164, und *Spengel* (2006), S. 681.

[136] Siehe *Schneider* (2002), S. 107.

[137] Siehe zum Inhalt und zu weiteren Problemen der Konzeption des ökonomischen Gewinns Kapitel 2.2.1.3 und 4.2.1.3.

2.2.1.1 Annäherung der Einkunftsermittlungsmethoden

Die Kritik an den unterschiedlichen Einkunftsermittlungsmethoden hat sich in der vorgeschlagenen Annäherung der Einkunftsermittlungsmethoden durch die Modifizierung der steuerbilanziellen Gewinnermittlung niedergeschlagen. Der Betriebsvermögensvergleich soll dabei nahe an die Überschussrechnung herangeführt werden.[138]

Der Karlsruher Entwurf zur Reform des Einkommensteuergesetzes von *Paul Kirchhof* enthält solche Regelungen zur Annäherung des Vermögensvergleichs an die private Überschussrechnung.[139] Dass *Paul Kirchhof* (lediglich) eine Annäherung der Einkunftsermittlungsmethoden anstrebt, ist jedoch insoweit nicht nachvollziehbar, als der Entwurf gleichzeitig auf die Aufzählung von unterschiedlichen Einkunftsarten verzichtet und eine einheitliche Einkunftsart einführt.

Nach *Paul Kirchhof* sind nur Einkünfte aus erwerbswirtschaftlichem Handeln zu besteuern.[140] Einkünfte aus erwerbswirtschaftlichem Handeln entstehen durch den Einsatz von Arbeit oder Kapital, die darauf angelegt und geeignet sind, Überschüsse oder Gewinne zu erzielen. Dieser einzige Grundtatbestand stelle nach Auffassung von *Paul Kirchhof* sicher, dass alle Einkünfte gleich belastet werden.[141] Wie jedoch aus alleiniger begrifflicher Reduktion auf eine Einkunftsart ohne Vereinheitlichung ihrer materiellen Ausgestaltung eine Gleichstellung aller Einkunftsarten resultieren soll, ist nicht nachvollziehbar.[142] Die Schaffung eines einheitlichen Einkünftetatbestandes ohne materielle Anpassung würde lediglich das Problem seiner Auslegung von der Steuergesetzgebung auf die Rechtsprechung verlagern.[143]

---

[138] Dabei beziehen sich die Reformvorschläge sowohl auf die Überschussrechnung als auch auf die Einnahmenüberschussrechnung. Eine sprachliche Differenzierung wird hier jedoch, wie bereits in Fn. 134, S. 26, ausgeführt wurde, unterlassen. Soweit materielle Unterschiede von Bedeutung sein sollen, wird auf sie eingegangen.

[139] In seinem aktuelleren Einkommensteuergesetzbuch (EStGB) spricht *Paul Kirchhof* nicht mehr von der Annäherung der Einkunftsermittlungsmethoden. Vielmehr führt er aus, dass der Gewinn durch eine Steuerbilanz zu ermitteln ist, die den Regeln eines eigenständigen Steuerbilanzrechts folgt, während der Überschuss die Differenz zwischen den Erwerbseinnahmen und Erwerbsausgaben darstellt. Siehe *Kirchhof* (2003), § 3 Abs. 2 und 3 EStGB. Da das Ziel der neuen Steuerbilanz eine periodengerechte Besteuerung sein soll, bei der möglichst wenige und möglichst niedrige stille Reserven entstehen (so *Kirchhof* (2006), S. 72), kann man davon ausgehen, dass dies auch eine Annäherung der Einkunftsermittlungsmethoden hervorrufen wird. Da jedoch das eigenständige Bilanzsteuergesetzbuch noch nicht veröffentlicht wurde, kann diese Annäherung noch nicht konkretisiert werden, so dass hier die Regelungen des Karlsruher Entwurfs untersucht werden.

[140] Siehe *Kirchhof u.a.* (2001), § 2 Abs. 1 Karlsruher Entwurf, und *Kirchhof* (2003), § 2 Abs. 2 EStGB.

[141] Siehe *Kirchhof* (2001), S. 914; *Kirchhof* (2002), S. 12, und *Kirchhof* (2006), S. 71.

[142] Ähnlich auch *Wagner, F.* (2001), S. 362.

[143] So *Stapperfend* (2005), S. 79. Ähnlich auch *Sigloch* (1998), S. 115, der eine Reduktion der Einkunftsarten weder für geboten noch für zweckmäßig hält.

Der Karlsruher Entwurf schränkt den heutigen Vermögensvergleich in der Hinsicht ein, dass die Bildung von Rechnungsabgrenzungsposten verboten wird.[144] Von allen Rückstellungen sind lediglich Rückstellungen für ungewisse Verbindlichkeiten zulässig.[145] Teilwertabschreibungen dürfen nicht vorgenommen werden.[146] Auch Abschreibungen für außergewöhnliche wirtschaftliche Abnutzungen entfallen.[147] Für planmäßige Abschreibungen wurde nur die lineare Methode vorgesehen.[148] Nach der Annäherung des Karlsruher Entwurfs fallen die Unterschiede zwischen dem Vermögensvergleich und der Überschussrechnung geringer aus. Sie konzentrieren sich im Kern auf die im Rahmen des Vermögensvergleichs vorzunehmende Aktivierung von Wirtschaftsgütern des Umlaufvermögens (einschließlich des Ausweises von Forderungen aus Lieferungen und Leistungen) sowie die Passivierung von Verbindlichkeiten und Rückstellungen für ungewisse Verbindlichkeiten.[149]

Für eine Annäherung der Einkunftsermittlungsmethoden haben sich auch vereinzelt Literaturstimmen ausgesprochen.[150] Danach soll die Periodisierung der Zahlungen beim Vermögensvergleich eingeschränkt werden. Der Gewinnausweis soll an das Vorliegen von Einzahlungen gebunden werden, da für die Steuerzahlungen Liquidität erforderlich ist. Im Vorratsvermögen sollen Bewertungsvereinfachungen vorgenommen werden. Vermögensgegenstände des Anlagevermögens sind planmäßig abzuschreiben. Eine Vorwegnahme von Verlusten durch Teilwertabschreibungen oder Drohverlustrückstellungen findet nicht statt. Rückstellungen und Rechnungsabgrenzungsposten sollen insgesamt entfallen.[151]

Darüber hinaus gibt es im Schrifttum Vorschläge zur Annäherung der Einkunftsermittlungsmethoden, die die geltende Überschussrechnung in dem Sinne modifizieren, dass sich diese Methode auch für alle Gewinneinkunftsarten eignet.[152] Dazu ge-

---

144 Siehe *Kirchhof u.a.* (2001), § 11 Abs. 2 Karlsruher Entwurf.

145 Siehe *Kirchhof u.a.* (2001), § 11 Abs. 3 Karlsruher Entwurf.

146 Dies ergibt sich implizit aus § 12 Karlsruher Entwurf. Siehe *Kirchhof u.a.* (2001), Begründung zu § 12 (Bewertung des Erwerbsvermögens).

147 Dies resultiert aus § 7 Karlsruher Entwurf, der lediglich die lineare Abschreibungsmethode sowie die Abschreibungen für außergewöhnliche technische Abnutzung für zulässig erklärt. Siehe *Kirchhof u.a.* (2001), Begründung zu § 7 (Absetzung für Abnutzung).

148 Siehe *Kirchhof u.a.* (2001), § 7 Abs. 1 und § 12 Abs. 1 Karlsruher Entwurf.

149 So *Scheffler* (2001), S. 912. Zu beachten ist jedoch, dass der Unterschied zwischen dem Vermögensvergleich und der *Einnahmenüberschussrechnung* aufgrund der Änderung im *StGEG 2006*, S. 1095, geringer ausfällt, da die Anschaffungskosten *bestimmter* Vermögensgegenstände des Umlaufvermögens im Zeitpunkt der Anschaffung nicht gewinnmindernd in die Einnahmenüberschussrechnung eingehen. Siehe hierzu bereits oben S. 15 f.

150 Siehe *Schreiber, U.* (2002), S. 108, und *Spengel* (2003b), S. 307.

151 Siehe *Schreiber, U.* (2002), S. 108 f., und *Spengel* (2003b), S. 307 ff.

152 Siehe *Herzig/Hausen* (2004), S. 6 ff., und bereits früher *Wachter* (1965), S. 114.

hört z.B. die Einbeziehung von Bestandsveränderungen im Vorratsvermögen, um Schwankungen der Bemessungsgrundlage, die insbesondere bei Unternehmen mit langfristigen Fertigungsaufträgen, wie z.B. in der Baubranche und im produzierenden Gewerbe, entstehen, zu beseitigen.[153] Außerdem sollen die erhaltenen Anzahlungen im gleichen Umfang wie die hiermit in Beziehung stehenden Vorräte abweichend vom Zufluss- und Abflussprinzip erfasst werden.[154] Daneben sollen auch bestimmte Rückstellungen einbezogen werden. Dabei handelt es sich um Rückstellungen im Zusammenhang mit bestimmten Verpflichtungen, wie z.B. Abbruch- oder Entfernungsverpflichtungen von Betriebsgebäuden und -anlagen, Rekultivierungs- und Auffüllungsverpflichtungen nach Ausbeutung großer Geländeflächen. Da die Ausgaben aus den oben genannten Verpflichtungen regelmäßig kurz vor der Betriebsbeendigung anfallen und außerordentlich hoch sind, entstehen am Ende der Totalperiode hohe Verluste, die aufgrund der geltenden Verlustverrechnungsbeschränkung u.U. nicht berücksichtigt werden können. Eine weitere Modifikation der Überschussrechnung bezieht sich auf die Behandlung eines Disagios. Dabei soll in Höhe des vereinbarten Disagios ein aktiver Rechnungsabgrenzungsposten gebildet werden, um die Manipulation der steuerlichen Bemessungsgrundlage durch eine entsprechende Ausgestaltung des Kreditvertrages zu vermeiden.[155]

Trotz der unterschiedlichen materiellen Ausgestaltung der obigen Reformvorschläge liegen ihnen gleiche steuerliche Zielsetzungen zugrunde. So soll durch eine Annäherung der Einkunftsermittlungsmethoden die Besteuerung nach der Leistungsfähigkeit besser verwirklicht und die Gleichmäßigkeit der Besteuerung erreicht werden.[156] Außerdem werden für alle Annäherungsvorschläge auch Vereinfachungsgründe angeführt.[157]

---

[153] So *Herzig/Hausen* (2004), S. 6, und *Herzig* (2005), S. 233.

[154] Siehe *Herzig/Hausen* (2004), S. 8, und *Herzig* (2005), S. 233.

[155] Siehe *Herzig/Hausen* (2004), S. 8 ff., und *Herzig* (2005), S. 233 f.

[156] So *Kirchhof u.a.* (2001), Begründung zu § 11 (Ansatz des Erwerbsvermögens); *Schreiber, U.* (2002), S. 108, und *Herzig* (2005), S. 212 und 233. Was jedoch unter dem Grundsatz der Besteuerung nach der Leistungsfähigkeit verstanden wird, lässt sich im Zusammenhang mit den obigen Vorschlägen nicht erkennen. Siehe zum Begriff der Leistungsfähigkeit ausführlich Kapitel 3.3.3.2.

[157] Siehe *Schreiber, U.* (2002), S. 108, und *Herzig* (2005), S. 212 und 233.

2.2.1.2 Einheitliche Einkunftsermittlungsmethode

2.2.1.2.1 Überschussrechnung

Die Überschussrechnung[158] als einheitliche Einkunftsermittlungsmethode für alle Einkunftsarten wird seit langer Zeit insbesondere im juristischen Schrifttum kontrovers diskutiert.[159] Zur materiellen Ausgestaltung dieser Einkunftsermittlungsmethode findet man jedoch keine Hinweise, da es sich hierbei um eine bereits existierende und bekannte Methode handelt.

Durch die Überschussrechnung als einheitliche Einkunftsermittlungsmethode soll eine ausnahmslose Gleichbehandlung aller Einkunftsarten und somit die Gleichmäßigkeit der Besteuerung erreicht werden.[160] Außerdem wäre dadurch vor allem die Leistungsfähigkeit der Besteuerung besser verwirklicht.[161] Diesem Argument liegt die Auffassung zugrunde, dass der Zu- und Abfluss von liquiden Mitteln ein geeigneter Indikator der Leistungsfähigkeit darstellt.[162] Mit der Überschussrechnung wäre darüber hinaus eine Objektivierung der Gewinnermittlung gewährleistet, denn der Überschuss ist eine Größe, die von Bewertungen und Einschätzungen weitgehend unabhängig ist.[163]

---

158 Der Begriff der Überschussrechnung wird im Schrifttum nicht einheitlich verwendet. Häufig verstehen die Fachvertreter darunter eine zahlungsorientierte Cash-Flow-Rechnung (siehe zur Cash-Flow-Rechnung Kapitel 2.2.1.2.2). So sprechen z.B. *Sigloch* (1987), S. 174, und *Hennrichs* (1999), S. 152 f., von der Überschussrechnung, meinen damit jedoch die Cash-Flow-Rechnung. Nur vereinzelt weisen die Verfasser darauf hin, dass sich ihre Aussagen auf eine „rein" zahlungsbasierte Überschussrechnung (also Cash-Flow-Rechnung) beziehen. So z.B. *Ehrhardt-Rauch* (2001), S. 423, oder *Herbst* (2003), S. 1012. Anzutreffen im Schrifttum sind auch die Ausführungen, welche die Auffassung des Verfassers überhaupt nicht erkennen lassen. So bei *Lauth* (2000), S. 1371 f.

159 Siehe *Weber-Grellet* (1998), S. 1348 ff.; *Weber-Grellet* (1999), S. 2666; *Tipke* (2002), S. 164, und *Tipke* (2003a), S. 861 ff. Von den betriebswirtschaftlichen Fachvertretern hat sich *Franz W. Wagner* in seinen früheren Veröffentlichungen für die Überschussrechnung ausgesprochen. Siehe *Wagner, F.* (1997a), S. 520, und *Wagner, F.* (1998a), S. 2077. Später beziehen sich seine Reformüberlegungen nur auf die Cash-Flow-Rechnung. Siehe hierzu Kapitel 2.2.1.2.2.

160 Siehe *Weber-Grellet* (1998), S. 1348, und *Eberhartinger* (2000), S. 389.

161 So z.B. *Kanzler* (1998), S. 247; *Weber-Grellet* (1998), S. 1348; *Tipke* (2001), S. 219 f.; *Tipke* (2002), S. 164, und *Tipke* (2003a), S. 861.

162 Siehe *Weber-Grellet* (1998), S. 1348; *Tipke* (2000b), S. 314, und *Tipke* (2001), S. 220. Zu beachten ist jedoch, dass die Überschussrechnung keine reine Zahlungsrechnung ist. Siehe hierzu bereits Kapitel 2.1.2.

163 So *Weber-Grellet* (1998), S. 1348.

Weiterhin wird der Überschussrechnung höchste Einfachheit zuerkannt.[164] Durch diese einheitliche Einkunftsermittlungsmethode würden Bilanzierungsprobleme des Vermögensvergleichs, wie z.B. zweifelhafte Fragen der Bilanzierung und Bewertung, entfallen. Die Personalkosten in der Finanzverwaltung, bei den Gerichten und in der Steuerberatung würden dadurch sinken.[165]

Die betriebswirtschaftlichen Vertreter versuchen bei ihrer Begründung für diese Einkunftsermittlungsmethode, die ökonomische Vorteilhaftigkeit der Überschussrechnung im Gegensatz zum Vermögensvergleich zu beweisen. Das Argument von *Franz W. Wagner* basiert z.B. auf der Überlegung, dass lediglich durch die Überschussrechnung die notwendigen Investitionsanreize hervorgerufen werden.[166] „Die ökonomischen Wirkungen auf Investition und Beschäftigung, die von einer solchen Maßnahme ausgehen, können als beachtlich angesehen werden".[167] Dagegen lassen bestimmte Komponenten des Vermögensvergleichs, wie z.B. Rückstellungen und Teilwertabschreibungen, keine Investitionsanreize entstehen, so dass eine Investitionsförderung mit Hilfe dieser steuerbilanziellen Maßnahmen ausbleibt.[168] Aus diesem Grund werden die steuerbilanziellen Maßnahmen und somit der Vermögensvergleich als untauglich angesehen. Die Überschussrechnung ist demzufolge besser geeignet, die gewünschten ökonomischen Folgen herbeizuführen.

2.2.1.2.2 Cash-Flow-Rechnung

Neben der bereits im deutschen Steuerrecht vorhandenen Überschussrechnung als einheitliche Einkunftsermittlungsmethode wird zunehmend im betriebswirtschaftlichen, finanzwissenschaftlichen und auch juristischen Schrifttum eine „rein" zahlungsorientierte Rechnung (Cash-Flow-Rechnung) diskutiert.[169] Dabei werden ledig-

---

164 Siehe *Wagner, F.* (1997a), S. 520; *Weber-Grellet* (1998), S. 1349; *Hennrichs* (1999), S. 153; *Dziadkowski* (2000), S. 400; *Eberhartinger* (2000), S. 388 f.; *Tipke* (2002), S. 164; *Tipke* (2003a), S. 862 f., und *Wagner, F.* (2005a), S. 106 f.

165 Siehe *Tipke* (2002), S. 164.

166 Siehe *Wagner, F.* (1997a), S. 521, und *Wagner, F.* (1998a), S. 2075 ff.

167 *Wagner, F.* (1998a), S. 2077.

168 Siehe *Wagner, F.* (1998a), S. 2076, der dieser Aussage zunächst die empirischen Untersuchungen von *Wittmann, F.* (1986), S. 320 ff., zugrunde legt. Später greift *Franz W. Wagner* zur Unterstützung seiner Aussage auf die empirischen Befunde in der unveröffentlichten Diplomarbeit von *Schwenk* (1998), und anschließend in der Dissertation von *Schwenk* (2003), die im Jahr 2001 abgeschlossen wurde, zurück. Siehe *Wagner, F.* (2000c), S. 199 f., und *Wagner, F.* (2002a), S. 1892.

169 Siehe z.B. *Sinn* (1985), insbesondere S. 125 ff., und 279 ff.; *Mitschke* (1988), S. 129 f.; *Feldhoff* (1989), S. 53 ff.; *Bach* (1993); *Bach* (1999), S. 85 ff.; *Hennrichs* (1999), S. 153; *Wagner, F.* (1999b), S. 1523; *Tipke* (2000b), S. 313 f.; *Ehrhardt-Rauch* (2001); *Kußmaul/Klein* (2001), S. 550; *Elicker* (2002), S. 233, und *Herbst* (2003), S. 1012. Als Erster hat sich *Dieter Schneider* für die

lich Ein- und Auszahlungen eines Steuerpflichtigen erfasst. Im Gegensatz zur Überschussrechnung erhöht jede Einzahlung – mit Ausnahme der Einlagen – die steuerliche Bemessungsgrundlage. Jede getätigte Auszahlung – ausgenommen der Entnahmen – mindert die steuerliche Bemessungsgrundlage in voller Höhe.

Die Ausgestaltung der Cash-Flow-Rechnung kann sich zum einen nur auf realwirtschaftliche Zahlungsströme beziehen, indem Sachinvestitionen unmittelbar im Zeitpunkt ihres Zahlungsmittelabflusses von der Bemessungsgrundlage abgezogen werden.[170] Dies wird häufig als „Sofortabschreibung"[171] bezeichnet. Es ist jedoch auch denkbar, dass zusätzlich finanzwirtschaftliche Zahlungsströme einbezogen werden.[172] Damit sind die Einnahmen aus Zinserträgen und Tilgungen von Krediten sowie die Aufnahme von Krediten steuerpflichtig, während sich Zinsauszahlungen, Tilgungen von aufgenommenen Krediten sowie die Kreditvergabe steuermindernd auswirken.[173] Die Umsetzung der real- und finanzwirtschaftlichen Cash-Flow-Steuer kann auch in Form einer Netto-Ausschüttungssteuer erfolgen. Diese Netto-Ausschüttungssteuer erfasst nicht unmittelbar real- und finanzwirtschaftliche Zahlungsüberschüsse. Vielmehr besteuert sie den Zahlungsverkehr zwischen dem Betrieb und seinen Eignern. Dabei werden sämtliche Entnahmen, Kapitalherabsetzungen und Gewinnausschüttungen zugunsten der Eigner des Betriebs abzüglich der von diesen getätigten Einlagen und Kapitalerhöhungen erfasst.[174]

Cash-Flow-Rechnung zur Ermittlung der steuerlichen Bemessungsgrundlage ausgesprochen. Siehe *Schneider* (1971a); *Schneider* (1983a), und *Schneider* (1985a), S. 31. Als die Literatur mit erheblicher Verspätung auf seinen Vorschlag zurückkam, hat sich *Dieter Schneider*, für viele überraschend, von seiner früheren Position ausdrücklich abgewendet. Siehe *Schneider* (1987), S. 696 ff.; *Schneider* (1989a); *Schneider* (1999a), und *Schneider* (2000a). Im Übrigen wurde bereits in den sechziger Jahren in betriebswirtschaftlichen Studien auf die Eignung der Cash-Flow- bzw. Kapitalflussrechnung für Zwecke der Besteuerung aufmerksam gemacht. Siehe *Busse von Colbe* (1966), S. 112 ff., und *Eisenführ* (1967), S. 155 ff.

170 So erstmals *Brown* (1948). Durch die Beschränkung auf realwirtschaftliche Zahlungsüberschüsse spricht man im finanzwissenschaftlichen Schrifttum häufig von der R-Basis-Cash-Flow-Steuer. Siehe z.B. *Bach* (1999), S. 93. *Kay/King* (1978), S. 199 ff., stellten erstmals die Einführung einer Besteuerung auf R-Basis als konkreten Reformvorschlag für das britische Steuersystem vor.

171 *Schneider* (1987), S. 696. Der Begriff der Sofortabschreibung ist zumindest bilanzrechtlich nicht korrekt. Denn die Sofortabschreibung bedeutet die Aufwandsverrechnung eines aktivierten Betrages für eine abnutzbare Anlage im Zeitpunkt des Zugangs. Bei der Cash-Flow-Rechnung wird zum einen keine Aktivierung vorgenommen, zum anderen mindern alle Investitionsausgaben (abnutzbare Anlagen, Grundstücke, Finanzanlagen, Vorräte u.s.w.) die steuerliche Bemessungsgrundlage. So *Schneider* (1989b), S. 14.

172 Dies wird insbesondere vor dem Hintergrund der Problematik der realwirtschaftlichen Cash-Flow-Rechnung bei Kreditinstituten diskutiert. Der Hauptvertreter der real- und finanzwirtschaftlichen Cash-Flow-Rechnung ist das *Meade Committee* (1978), S. 227 ff.

173 In diesem Zusammenhang spricht man im finanzwissenschaftlichen Schrifttum von der (R+F)-Basis-Cash-Flow-Steuer. Siehe z.B. *Bach* (1999), S. 94.

174 Siehe *Bach* (1993), S. 60 f., der diese Netto-Ausschüttungssteuer als S-Basis-Cash-Flow-Steuer bezeichnet. Einen konkreten Reformvorschlag zur *Gewinnermittlung* auf Basis der Ausschüttungssteuer für das deutsche Steuersystem hat *Mitschke* (2004), Rz. 116 ff., vorgestellt.

Neben diesen rechentechnischen Varianten der Cash-Flow-Rechnung hat *Hans-Werner Sinn* ein Mischsystem vorgeschlagen, um im größeren Umfang Elemente der gegenwärtigen Unternehmensbesteuerung beizubehalten.[175] Danach soll die realwirtschaftliche Cash-Flow-Rechnung derart ergänzt werden, dass Zinszahlungen die steuerliche Bemessungsgrundlage mindern, während Zinserträge diese erhöhen.

Demzufolge gibt es unterschiedliche Ausgestaltungen der Cash-Flow-Rechnung, die sich im Umfang der zu berücksichtigenden Zahlungen sowie in der Methode der Ermittlung unterscheiden.[176] Im Rahmen der Diskussion um die Cash-Flow-Rechnung als einheitliche Einkunftsermittlungsmethode für Gewinn- und Überschusseinkunftsarten wurde zwar keine konkrete Ausgestaltung der Cash-Flow-Rechnung herausgestellt, jedoch gingen ihre Befürworter von einer direkten Methode der steuerlichen Einkunftsermittlung aus.[177] Aus diesem Grund werden im Folgenden alle Varianten der Cash-Flow-Rechnung außer der Netto-Ausschüttungssteuer betrachtet.

Allen Ausgestaltungen der Cash-Flow-Rechnung ist gemeinsam, dass ihnen im Schrifttum die Praktikabilität der Besteuerung zugesprochen wird.[178] Die „rein" zahlungsorientierte Rechentechnik ermöglicht im Gegensatz zur ertragsteuerlichen Gewinnermittlung den Verzicht auf Ansatz- und Bewertungsvorschriften. Unbestimmte und streitanfällige Periodisierungsregelungen werden vermieden. *Jochen Sigloch* geht sogar noch einen Schritt weiter und spricht davon, dass „die für eine steuerliche Erfolgsmessung erwünschten Merkmale der Praktikabilität, Nachprüfbarkeit, Allgemeinheit und Gleichmäßigkeit in hohem Maße erfüllt sind"[179].

Weiterhin soll durch die Cash-Flow-Rechnung Entscheidungsneutralität der Besteuerung erreicht werden.[180] Allerdings setzt die Cash-Flow-Rechnung zur Erreichung der Entscheidungsneutralität der Besteuerung eine Steuerfreiheit von Zinseinzahlun-

---

175 Siehe *Sinn* (1985), S. 300 ff. Er betont, dass andere Vorschläge „so weit .. von der Praxis der existierenden Steuergesetzgebung [entfernt sind], daß man den Reformvorschlägen auf absehbare Zeit keine besonderen Chancen zubilligen kann, realisiert zu werden". *Sinn* (1985), S. 300.

176 So auch *Sigloch* (1990), S. 237.

177 So z.B. *Hennrichs* (1999), S. 153; *Ehrhardt-Rauch* (2001), S. 427; *Kußmaul/Klein* (2001), S. 550, und *Herbst* (2003), S. 1012.

178 So *Sinn* (1985), insbesondere S. 300; *Feldhoff* (1989), S. 53; *Wagner, F.* (1989), S. 272; *Bach* (1999), S. 105; *Hennrichs* (1999), S. 153; *Tipke* (2000b), S. 314; *Ehrhardt-Rauch* (2001), S. 427; *Kußmaul/Klein* (2001), S. 550; *Herzig/Bär* (2003), S. 6; *Kruschwitz/Schneider/Husmann* (2003b), S. 397; *Dorenkamp* (2004), S. 146 f.; *Küpper* (2004), S. 113, und *Wagner, F.* (2005a), S. 102.

179 *Sigloch* (1987), S. 174. Zur Praktikabilität der Cash-Flow-Rechnung hat sich *Jochen Sigloch* auch in seinen späteren Veröffentlichungen geäußert. Siehe z.B. *Sigloch* (2004), S. 221.

180 Siehe *Sigloch* (1987), S. 174 f.; *Feldhoff* (1989), S. 53; *Wagner, F.* (1989), S. 271 ff.; *Sigloch* (1990), S. 237; *Wagner, F./Schwinger* (1991), S. 497 ff.; *Kruschwitz/Schneider/Husmann* (2003b), S. 397, und *Küpper* (2004), S. 113 und 118 ff.

gen[181] und einen sofortigen und unbegrenzten Verlustausgleich voraus.[182] Außerdem muss der Steuersatz während des gesamten Planungszeitraums konstant und proportional bleiben, damit die Rangordnung von Handlungsalternativen nicht von der Höhe der Steuersätze abhängt.[183] Wenn die Cash-Flow-Rechnung „für alle Handlungsalternativen in gleicher Weise angewandt würde, so ist schon ohne Modellanalyse erkennbar, dass sich die Rangordnung von Alternativen durch die Besteuerung nicht ändern kann, weil der Fiskus an jeder Einzahlung partizipiert und zu jeder Auszahlung etwas beisteuert“[184]. Die Entscheidungsneutralität der Cash-Flow-Rechnung wird demzufolge damit begründet, dass von den periodischen Einzahlungen alle investiven Auszahlungen sofort abzugsfähig sind und letztendlich nur der konsumfähige Betrag besteuert wird.[185] Aus diesem Grund stammen die meisten Befürworter der Cash-Flow-Besteuerung aus dem Lager der Konsumorientierung.

Ein drittes Argument für die Cash-Flow-Rechnung bezieht sich auf konjunkturpolitische Einflussmöglichkeiten der Steuerpolitik. Eine am Zahlungsfluss orientierte Steuer reagiert danach viel schneller auf die Konjunktur als eine von der geltenden steuerlichen Gewinnermittlung abhängige Steuer. Sie erlaubt daher unmittelbar wirksame steuerpolitische Eingriffe, wie z.B. Investitionsförderung.[186] Außerdem vermeidet die Besteuerung auf Grundlage der Cash-Flow-Rechnung die Inflationswirkungen. Eine Scheingewinnbesteuerung[187] aufgrund des Prinzips der nominellen Kapitalerhaltung[188] kann nicht entstehen, da Investitionsauszahlungen sofort verrechnet, statt über längere Zeit abgeschrieben werden.[189]

---

181 Zu beachten ist hier, dass die Voraussetzung der Steuerfreiheit von Zinsen nur im Rahmen der realwirtschaftlichen Cash-Flow-Rechnung erfüllt ist.

182 Alternativ zum sofortigen und unbegrenzten Verlustausgleich wird auch ein zeitlich unbegrenzter und verzinslicher Verlustvortrag diskutiert. Siehe z.B. *Bach* (1999), S. 89. *König/Wosnitza* (2004), S. 159, sind der Auffassung, dass ein unbegrenzter und mit dem Kalkulationszinssatz verzinster Verlustvortrag für ein entscheidungsneutrales Steuersystem genügt. Darüber hinaus reicht für die Entscheidungsneutralität der Besteuerung auch aus, wenn der Barwert der steuerlichen Abschreibungen über den Planungshorizont genau der Anschaffungsauszahlung entspricht. Eine „Sofortabschreibung“ ist zwar hinreichend, aber nicht notwendig. Siehe *König/Wosnitza* (2004), S. 158.

183 Siehe z.B. *Schneider* (1992), S. 229 f.; *Bach* (1999), S. 87, und *König/Wosnitza* (2004), S. 157.

184 *Wagner, F.* (1989), S. 271.

185 Siehe *Wagner, F.* (1989), S. 271.

186 Siehe *Herbst* (2003), S. 1012. So auch *Tipke* (2000b), S. 314, und *Tipke* (2002), S. 165, dessen Ausführungen jedoch sehr unsystematisch sind, da er die Vorteile der Überschussrechnung und der Cash-Flow-Rechnung vermischt.

187 Zum Begriff des Scheingewinns siehe *Grotherr* (1987), S. 51 f., und weiter unten Kapitel 2.2.2.3.

188 Siehe zum Prinzip der nominellen Kapitalerhaltung bereits oben S. 12.

189 Siehe *Bach* (1999), S. 116.

2.2.1.3 Dual Income Tax

Im Zusammenhang mit dem Dualismus der Einkunftsermittlung verdient noch eine weitere Reformüberlegung im Rahmen dieser Untersuchung eine besondere Beachtung. Dabei handelt es sich um den Vorschlag von *Franz W. Wagner*, bei den mit Hilfe der unterschiedlichen Methoden ermittelten Einkünften durch eine Tarifdifferenzierung steuerliche Belastungsgleichheit und somit Gleichmäßigkeit der Besteuerung herzustellen.[190] Dabei greift *Franz W. Wagner* die grundsätzliche Funktionsweise der Dual Income Tax auf, die bereits seit mehreren Jahren in den skandinavischen Ländern praktiziert wird.[191]

Die Dual Income Tax unterscheidet zwischen dem Kapital- und Arbeitseinkommen und wendet auf diese *Einkommen*sarten unterschiedliche Tarife an. Das Arbeitseinkommen unterliegt einem progressiven Tarif, das Kapitaleinkommen wird dagegen einem niedrigeren proportionalen Tarif unterworfen.[192] Arbeitseinkommen wird durch den Einsatz der Arbeitskraft erzielt, wie das heute bei Einkünften aus nichtselbständiger Arbeit der Fall ist. Kapitaleinkommen lässt sich durch den Einsatz von Kapital erwirtschaften. Die notwendige Tarifdifferenzierung zwischen dem Kapital- und Arbeitseinkommen soll auf der Grundlage einer idealen steuerlichen Bemessungsgrundlage erfolgen. Eine solche ideale Bemessungsgrundlage stellt nach *Franz W. Wagner ökonomischer Gewinn* dar.[193]

Der *ökonomische Gewinn* wird aus der Bedingung der Investitionsneutralität der Besteuerung abgeleitet. Investitionsneutralität der Besteuerung wird dann als gegeben angesehen, wenn ein Steuersystem bzw. eine bestimmte Steuernorm Investitionsentscheidungen der Wirtschaftssubjekte nicht beeinflusst, d.h. die Rangfolge zweier beliebiger Investitionen nicht ändert.[194] Für die Überprüfung eines eventuellen Ausweichverhaltens eines Steuerpflichtigen in Bezug auf Investitionsentscheidungen

---

[190] Siehe *Wagner, F.* (2000b), S. 431 ff.

[191] Die Dual Income Tax bildet seit Anfang der neunziger Jahre die Grundlage für die Steuersysteme von Finnland, Norwegen und Schweden. So *Sørensen* (1994), S. 57; *Mutén* (1996), S. 8 ff., und *Schreiber U./Finkenzeller/Rüggeberg* (2004), S. 2767. Erstmals wurde die Dual Income *Tax* im Jahre 1987 in Dänemark eingeführt. Freilich war Dänemark auch Vorreiter bei der Abschaffung der Dual Income Tax im Jahre 1993. Siehe *Sørensen* (1994), S. 60 f.

[192] Siehe *Sørensen* (1994), S. 58, und *Sørensen* (2001), S. 1 f. Berücksichtigt man, dass Norwegen und Schweden (und bis vor kurzem auch Finnland) neben der Einkommensteuer eine Vermögensteuer haben, sind diese Länder nicht als Vorbild geeignet. Denn dort wird das Kapitaleinkommen zwar durch die Dual Income Tax begünstigt, gleichzeitig aber mit der Vermögensteuer zusätzlich belastet. So *Homburg* (2005a), S. 2382 f.

[193] Siehe *Wagner, F.* (2000b), S. 436.

[194] Siehe hierzu ausführlich Kapitel 3.3.2.1.1.

wird ein Kriterium benötigt. Dafür bietet sich der Kapitalwert der zu betrachtenden Investitionen an.[195]

Für die Formulierung der Neutralitätsbedingung sind die Ausdrücke für den Kapitalwert *ohne* und *mit* Berücksichtigung der Besteuerung notwendig. Unter der Annahme, dass A_t die Auszahlungen, E_t die Einzahlungen einer Realinvestition in Periode t bei insgesamt n-Perioden darstellen und eine alternative Finanzanlage sich zum Kapitalmarktzins i in jeder Periode verzinst, ergibt sich folgender Kapitalwert ohne Berücksichtigung von Steuern.

$$(1) \qquad C = -A_0 + \sum_{t=1}^{n} \frac{(E_t - A_t)}{(1+i)^t}$$

Die Steuerauszahlungen ergeben sich aus der Multiplikation der Steuerbemessungsgrundlage *(BG_t)* in Periode t mit dem Steuersatz s. Es wird unterstellt, dass der Steuersatz linear und im Zeitablauf konstant ist. Er wird für Realinvestitionen durch den Steuersatz s_r und für Finanzinvestitionen durch den Steuersatz s_f beschrieben. Der Kapitalwert nach Berücksichtigung der Besteuerung stellt sich wie folgt dar:[196]

$$(2) \qquad C^s = -A_0 + \sum_{t=1}^{n} \frac{(E_t - A_t - s_r \cdot BG_t)}{(1+i \cdot (1-s_f))^t}$$

Investitionsneutralität der Besteuerung ist gegeben, wenn

$$(3) \qquad C^s = C$$

gilt. Setzt man (1) und (2) in (3) ein und formt man entsprechend um,[197] so erhält man die Neutralitätsbedingung (4).[198]

$$(4) \qquad \sum_{t=1}^{n} \frac{BG_t}{(1+i \cdot (1-s))^t} = i \cdot \sum_{t=1}^{n} \frac{EW_{t-1}}{(1+i \cdot (1-s))^t} \quad ,$$

mit: EW_{t-1} = Ertragswert der Periode t-1.

Die Investitionsneutralität ist dementsprechend dann gegeben, wenn der Barwert der steuerlichen Bemessungsgrundlage dem Barwert der Produkte aus Kalkulationszins-

---

195 So *Wagner, F./Wissel* (1995), S. 65.

196 In Anlehnung an *Kruschwitz/Schneider/Husmann* (2003a), S. 329.

197 Siehe zu den mathematischen Umformungen *Georgi* (1994), S. 33.

198 Dabei wird unterstellt, dass der Steuersatz für die Realinvestition dem Steuersatz für die Finanzinvestition entspricht.

fuß und Ertragswert am Anfang der jeweiligen Periode entspricht. Diese Bedingung der Investitionsneutralität ist insofern vom Steuersatz abhängig, als der Steuersatz über den Kalkulationszinsfuß in die Formel eingeht. Soll die Neutralität unabhängig vom Steuersatz generell gültig sein, so muss die Bedingung noch strenger formuliert werden. An die Stelle einer Summengleichheit tritt die Gleichheit der einzelnen Summenglieder:[199]

(5) $$BG_t = i \cdot EW_{t-1}, \quad \text{mit: } t = 1, \ldots, n.$$

Die so ermittelte Steuerbemessungsgrundlage, die sich als Zins auf den Ertragswert des Vermögens am Ende der Vorperiode interpretieren lässt,[200] wird als *ökonomischer Gewinn*[201] bezeichnet.[202]

Bei der Festlegung der Tarifdifferenzierung im Rahmen der Dual Income Tax wird von *Franz W. Wagner* implizit unterstellt, dass die Bemessungsgrundlage bei der Ermittlung des Kapitaleinkommens mit Hilfe des Vermögensvergleichs dem *ökonomischen Gewinn* entspricht. Die Ermittlung des *ökonomischen Gewinns* beim Arbeitseinkommen ist dagegen nicht möglich, da sich der Ertragswert des Humankapitals nicht bestimmen lässt.[203] Bei der Dual Income Tax handelt es sich demzufolge um eine Methode, das Kapital- und Arbeitseinkommen auf der Grundlage des *ökonomischen Gewinns* mit Hilfe von Tarifen anzugleichen, ohne den *ökonomischen Gewinn* bei dem Arbeitseinkommen selbst zu ermitteln.

Die steuerliche Bemessungsgrundlage beim Arbeitseinkommen wird niedriger ausfallen als *der ökonomische Gewinn*, da das Humankapital nicht einbezogen wird. Aus diesem Grund soll für das Arbeitseinkommen der höhere Steuersatz zur Anwendung kommen. Das konkrete Ausmaß der Tarifdifferenzierung ließe sich jedoch erst dann exakt bestimmen, wenn eine Bewertung des Humankapitals zum Ertragswert möglich wäre. In diesem Fall könnte jedoch die Bemessungsgrundlage selbst ermittelt werden und die Tarifdifferenzierung wäre somit überflüssig. Aus diesem Grund wird angenommen, dass die Existenz des Humankapitals mit einer stetigen Steigerung

---

199 Siehe *Georgi* (1994), S. 38 f.

200 Siehe *Schneider* (2002), S. 107.

201 Siehe statt vieler *Elschen/Hüchtebrock* (1983), S. 271, m.w.N. Für den ökonomischen Gewinn verwendet *Dieter Schneider* auch den Begriff des *kapitaltheoretischen Gewinns*, da diese Größe aus einem Modell mit Kapitalmarkt im Konkurrenzgleichgewicht abgeleitet wird. Siehe *Schneider* (1992), S. 219.

202 Das Modell des ökonomischen Gewinns geht auf die Arbeiten von *Paul A. Samuelson* und *Sven-Erik Johansson* aus den sechziger Jahren zurück. Siehe *Samuelson* (1964) und *Johansson* (1969).

203 Siehe *Wagner, F.* (1989), S. 268; *Wagner, F.* (1998b), S. 65; *Wagner, F.* (2000b), S. 436, und *Wagner, F.* (2003), S. 378.

der zukünftigen Einzahlungen aus dem Arbeitseinsatz (Lohnzahlungen) einhergeht, die jedoch ebenfalls zu schätzen ist.[204]

Trotz der Unmöglichkeit einer genauen Tarifdifferenzierung der Dual Income Tax erachtet *Franz W. Wagner* diese als geeignet, die „durch den Dualismus der Einkunftsermittlung entstehende Ungleichheit der Steuerbelastung wieder rückgängig“[205] zu machen. Die Notwendigkeit der Tarifdifferenzierung zwischen dem Arbeits- und Kapitaleinkommen überzeugt ihn, obwohl er selbst die Gleichstellung der Bemessungsgrundlage des Kapitaleinkommens nach dem Vermögensvergleich und des ökonomischen Gewinns als problematisch erachtet.[206] Außerdem ist die Höhe der Tarifdifferenzierung seiner Meinung nach ohnehin individuell verschieden, so dass eine Typisierung unumgänglich erscheint.[207]

Das Nebeneinander der unterschiedlichen steuerlichen Tarife von Arbeits- und Kapitaleinkommen, die im Schrifttum auch als *Schedulenbesteuerung*[208] bezeichnet wird, hat auch weitere Befürworter gefunden.[209] So hat sich der *Sachverständigenrat* ebenfalls für die Dual Income Tax ausgesprochen.[210] Allerdings wurden vom Sachverständigenrat andere Zielsetzungen als die Vermeidung des Dualismus der Einkunftsarten zugrunde gelegt. Für die Dual Income Tax sprechen vor allem Effizienzüberlegungen, denn sie erhöht die Standortattraktivität vor dem Hintergrund der zunehmenden internationalen Kapitalmobilität. Da das Kapitaleinkommen wesentlich mobiler als das Arbeitseinkommen ist, wäre es folgerichtig, das Kapitaleinkommen mit einem niedrigeren Steuersatz als das Arbeitseinkommen zu besteuern,[211] um im internationalen Wettbewerb bestehen zu können. Daneben kann durch die Dual Income Tax die Entscheidungsneutralität der Besteuerung erreicht werden.[212] Mit der

---

204 Siehe *Wagner, F.* (2000b), S. 436 f.

205 *Wagner, F.* (2000b), S. 436.

206 Siehe bereits *Wagner, F.* (1989), S. 268 und 270.

207 Siehe *Wagner, F.* (2000b), S. 436.

208 Siehe z.B. *Sørensen* (1994), S. 58, und *Wagner, F.* (2000b), S. 432.

209 Im deutschsprachigen Schrifttum findet sich in diesem Zusammenhang häufig der Begriff der *dualen Einkommensteuer.* Siehe z.B. *Schreiber, U.* (2005), oder *Schreiber, U./Finkenzeller/Rüggeberg* (2004).

210 Siehe *Sachverständigenrat* (2003), Ziff. 584 ff. Das vom Sachverständigenrat im Jahr 2003 vorgelegte Modell der dualen Einkommensteuer wurde im Jahr 2005 in Gemeinschaft mit dem Max-Planck-Institut für Geistiges Eigentum, Wettbewerbs- und Steuerrecht und dem Zentrum für Europäische Wirtschaftsforschung modifiziert. Siehe *Sachverständigenrat* (2006), Ziff. 18.

211 Der *Sachverständigenrat* (2006), Ziff. 18, hat demzufolge vorgeschlagen, das Arbeitseinkommen weiterhin dem geltenden progressiven Einkommensteuertarif zu unterwerfen, während auf das Kapitaleinkommen ein niedriger Proportionalsteuersatz von 25 % angewandt werden soll.

212 Siehe *Sachverständigenrat* (2006), Ziff. 19, und *Maiterth/Sureth* (2006), S. 242. Siehe zur Entscheidungsneutralität der Besteuerung weiter unten Kapitel 3.3.2.1.1. Zu beachten ist jedoch, dass

gleichen Begründung erwägt auch der *Wissenschaftliche Beirat* beim Bundesministerium der Finanzen die Dual Income Tax für die Besteuerung des Einkommens.[213]

2.2.2 Veräußerungsgewinnbesteuerung

Nach einer knapp zwanzigjährigen Pause ist die Diskussion um die Besteuerung der Veräußerungsgewinne Anfang des einundzwanzigsten Jahrhunderts neu entfacht, nachdem die Bundesregierung im Entwurf zum Steuervergünstigungsabbaugesetz in 2002[214] einen erneuten Spagat zwischen Steuergerechtigkeit und Steueraufkommen wagte. Im Gegensatz zu den früheren Reformvorschlägen richten sich die aktuellen Reformansätze nicht nur auf die Vermeidung des gleichheitswidrigen Zustandes bei der Besteuerung von privaten und betrieblichen Veräußerungsgewinnen, sondern beschäftigen sich auch mit der Scheingewinnproblematik und den Vollzugsmöglichkeiten bei privater Veräußerungsgewinnbesteuerung.

Scheingewinne[215] entstehen, wenn in die Ermittlung der Veräußerungsgewinne nicht die infolge des Geldwertschwundes erhöhten Wiederbeschaffungskosten, sondern die historischen Anschaffungskosten aufgrund des Nominalwertprinzips eingehen, wie das nach dem geltenden Recht der Fall ist. Der so ermittelte Veräußerungsgewinn besteht dann zum Teil aus dem Scheingewinn, der durch inflationsbedingte Preissteigerungen verursacht wurde. Bei langfristigen Veräußerungen, bei denen die Geldentwertung i.d.R. fortgeschritten ist, kann der Scheingewinnanteil am gesamten Veräußerungsgewinn sehr hoch sein.[216]

Außerdem ergeben sich bei der Besteuerung privater Veräußerungsgewinne Vollzugsdefizite, da man im Privatvermögen in vielen Fällen nicht feststellen kann, ob überhaupt eine Veräußerung stattgefunden hat oder nicht. Dabei beschränken sich die Reformansätze in der Literatur auf die Erfassung von Wertpapiergeschäften. So wurden diese Überlegungen durch die (erwartete) Entscheidung des Bundesverfassungsgerichts vom 9. März 2004 ausgelöst, nach der die Regelung zur Besteuerung

---

sich diese Zielsetzungen auf die Ausgestaltung der Dual Income Tax vom Sachverständigenrat beziehen. Je nach Ausgestaltung der Dual Income Tax können bestimmte Zielsetzungen entfallen oder neue hinzukommen. Auf eine Darstellung unterschiedlicher Ausgestaltungen der Dual Income Tax wird an dieser Stelle verzichtet.

[213] Siehe *Wissenschaftlicher Beirat beim BMF* (2004), S. 11 ff. Der Wissenschaftliche Beirat beim BMF hat sich zwar in erster Linie für eine Flat Tax ausgesprochen, sieht aber in der Dual Income Tax die Möglichkeit, gegenüber dem geltenden Steuerrecht erhebliche Verbesserungen zu erreichen.

[214] Siehe *StVergAbG-E 2002*, S. 3 ff.

[215] Zum Begriff des Scheingewinns siehe *Grotherr* (1987), S. 51 f.

[216] Siehe *Durchlaub* (1993), S. 74, oder *Watrin/Lühn* (2003a), S. 1718.

privater Veräußerungsgewinne aus Wertpapiergeschäften (§ 23 EStG) für die Jahre 1997 und 1998 aufgrund struktureller Vollzugsdefizite als mit dem Grundgesetz unvereinbar erklärt wurde.[217]

Im Hinblick auf diese Problemfelder werden im Folgenden Reformvorschläge zur Veräußerungsgewinnbesteuerung im Privatvermögen rekonstruiert. Allen Vorschlägen zur Vermeidung des Dualismus der Veräußerungsgewinnbesteuerung ist gemeinsam, dass die Besteuerung auch auf die privaten Veräußerungsgewinne ausgeweitet werden soll.[218] Allerdings bestehen unterschiedliche Auffassungen hinsichtlich der Vermögensgegenstände des Privatvermögens, die in die Besteuerung einbezogen werden sollten. Aus diesem Grund wird zunächst auf den Umfang der in die Besteuerung einzubeziehenden Vermögensgegenstände des Privatvermögens eingegangen (Kapitel 2.2.2.1). Im nächsten Schritt werden die Reformvorschläge dargestellt, die neben dem bestimmten Umfang des in die Besteuerung einzubeziehenden Vermögens auch die Notwendigkeit der Spekulationsfristen hervorheben (Kapitel 2.2.2.2). Da die Problematik der Scheingewinnbesteuerung (Kapitel 2.2.2.3) und der Erfassung von Wertpapiergeschäften (Kapitel 2.2.2.4) zum Teil unabhängig vom Umfang der in die Besteuerung einzubeziehenden Vermögensgegenstände sowie von einer (Nicht-)Beibehaltung der Spekulationsfristen in der Literatur diskutiert werden, werden die Vorschläge zur Lösung dieser Probleme separiert und anschließend rekonstruiert.

2.2.2.1 Umfang der Steuerpflicht

Wie bereits oben erwähnt wurde, enthielt der Entwurf zum Steuervergünstigungsabbaugesetz neue Regelungen zur Veräußerungsgewinnbesteuerung. Der Referentenentwurf sah vor, private Veräußerungsgewinne unabhängig von Spekulationsfristen der Besteuerung zu unterwerfen.[219] Schwierigkeiten bei der Erfassung der Gewinne

---

[217] Siehe *BVerfG* (2004), S. 56 ff. Weitergehende Ausführungen zu diesem Urteil des Bundesverfassungsgerichts enthält Kapitel 4.1.2.2.

[218] Der im Schrifttum vereinzelt vorgetragenen Kritik betriebswirtschaftlicher Vertreter an der Besteuerung der Veräußerungsgewinne aus Kapitalgesellschaftsanteilen wird im Folgenden keine Beachtung geschenkt. Denn zum einen wird diese Kritik vor dem Hintergrund des alten Körperschaftsteuersystems (Anrechnungsverfahrens) begründet, zum anderen resultieren daraus keine expliziten Vorschläge zur Besteuerung dieser Veräußerungsgewinne, sondern Vorschläge zur Neugestaltung des Körperschaftsteuersystems. Siehe z.B. *König/Wosnitza* (2000). Auch die jüngste Untersuchung der Besteuerung der Veräußerungsgewinne aus Kapitalgesellschaftsanteilen von *Theodor Siegel* führt zu keinem Vorschlag bezüglich der Veräußerungsgewinnbesteuerung, sondern zu den Reformüberlegungen bei der Dividendenbesteuerung. Siehe *Siegel* (2006), S. 317.

[219] Siehe *StVergAbG-E 2002*, S. 6. Die Besteuerung sollte nach diesem Reformvorschlag durch eine Quellensteuer von 15 % erfolgen. Da in diesem Kapitel lediglich der Umfang der steuerpflichtigen Einkünfte und nicht die Besteuerungstechniken interessieren, wird auf diese Besonderheit in Kapitel 2.2.2.4 eingegangen.

aus der Veräußerung aller Wirtschaftsgüter sollten durch eine Begrenzung des Steuerobjekts vermieden werden. So sollten neben den Veräußerungsgewinnen aus nicht selbst genutzten Immobilien, Wertpapieren, Termingeschäften und Fondsanteilen auch Gewinne aus der Veräußerung aller anderen Wirtschaftsgüter, die nicht den „Gegenständen täglichen Gebrauchs"[220] zuzuordnen sind, wie z.B. Kunstwerke und Antiquitäten, der Besteuerung unterliegen. Ausgenommen von der Besteuerung bleiben somit die Gewinne aus der Veräußerung von Gegenständen des täglichen Gebrauchs und zu eigenen Wohnzwecken genutzten Grundstücken.

Diese Formulierung des Steuergesetzgebers deutet auf die Befolgung der *Markteinkommenstheorie*[221] hin.[222] Die ersten Berührungspunkte mit der Markteinkommenstheorie finden sich bereits bei *Wilhelm Roscher*.[223] Seitdem hat diese Theorie in Deutschland viele Anhänger gefunden.[224] Demnach werden lediglich die Einkünfte, die durch eine Teilnahme am Markt mit der Absicht der Einkunftserzielung erwirtschaftet werden („privates Erwerbsvermögen"[225]), steuerlich erfasst. Den Vermögensgegenständen täglichen Gebrauchs („privates Konsumvermögen"[226]), die veräußert werden, fehlt es dagegen an der Einkunftserzielungsabsicht, so dass die Besteuerung ausbleiben soll. Eine Anknüpfung an Marktvorgänge vereinfacht die Steuererhebung, weil Einkünfte durch die Marktöffnung nicht mehr unter den Schutz der Privatsphäre fallen und bei Marktvorgängen typischerweise Unterlagen erstellt werden, die dann für die Beweissicherung und Erfolgsmessung auch für die Besteuerung verwendet werden können.[227]

Mit der Ausweitung der Steuerpflicht bei privaten Veräußerungsgeschäften durch das Steuervergünstigungsabbaugesetz sollte laut dessen Begründung ein Schritt in Richtung einer gleichmäßigen und gerechten Besteuerung erfolgen, die auch den Prakti-

---

220 *StVergAbG-E 2002*, S. 5.

221 Die Bezeichnung „Markteinkommenstheorie" geht auf *Lang* (1981b), S. 230, zurück.

222 So *Reutershan* (2003), S. 1031.

223 Siehe *Roscher* (1858), S. 228 ff. Kritisch zur Auffassung, dass *Wilhelm Roscher* als Vorläufer der Markteinkommenstheorie angesehen werden kann, äußert sich *Hundsdoerfer* (2002), S. 71 f.

224 Die Markteinkommenstheorie vertreten z.B. *Ruppe* (1979), S. 16; *Lang* (1981a), S. 18 f., 30, 56 und 169 f.; *Lang* (1981b), S. 229 f.; *Kirchhof* (1988), S. F 20 ff.; *Biergans/Stockinger* (1982), S. 5 f., und *Best, M.* (1991), S. 151 ff.

225 Diesen Begriff verwendet z.B. *Reutershan* (2003), S. 1031.

226 *Reutershan* (2003), S. 1031.

227 Siehe *Lang* (2005a), Rz. 33. Die Formulierung von *Paul Kirchhof* im Karlsruher Entwurf, dass sich die Steuerpflicht der Einkünfte aus der Veräußerung von Privatvermögen „aus Praktikabilitätsgründen und zum Schutz der privaten Lebenssphäre auf bestimmte, marktoffenbare Veräußerungsvorgänge" beschränken soll, deutet ebenfalls auf die Befolgung der Markteinkommenstheorie hin. Siehe *Kirchhof u.a.* (2001), Begründung zu § 2 (Gegenstand der Besteuerung), dort auch das wörtliche Zitat.

kabilitätsanforderungen entspricht.[228] Diese Reformüberlegung war jedoch zu diesem Zeitpunkt nicht neu, sondern bestand im Schrifttum schon seit vielen Jahren.[229]

In der Literatur finden sich auch Vorschläge, die eine weitergehende Einschränkung des Steuerobjekts aufweisen. So zählen einige Fachvertreter hochwertige Vermögensgegenstände, wie z.B. Kunstwerke, Antiquitäten und wertvollen Schmuck, zu Gegenständen der privaten Lebensführung, da für deren Erwerb i.d.R. persönliche Präferenzen ausschlaggebend sind.[230] Die Folge dieser Qualifikation ist, dass die daraus resultierenden Veräußerungsgewinne steuerfrei bleiben.

Zum gleichen Umfang der in die Besteuerung einzubeziehenden Vermögensgegenstände führt auch der folgende Reformvorschlag in der Literatur.[231] Danach sollen lediglich Gewinne aus der Veräußerung der Vermögensgegenstände des Privatvermögens, die zuvor zur Erzielung der Überschusseinkünfte eingesetzt wurden, der Besteuerung unterworfen werden. Zu solchen Vermögensgegenständen gehören z.B. Arbeitsmittel, die zur Erzielung von Einkünften aus nichtselbständiger Arbeit benötigt werden, Grundstücke, die zur Nutzung im Rahmen der Einkünfte aus Vermietung und Verpachtung überlassen werden, sowie Wertpapiere, die zu Einkünften aus Kapitalvermögen führen können. Durch die Erzielung der genannten Einkünfte wurden diese Vermögensgegenstände bereits den Finanzbehörden offengelegt, nicht zuletzt auch im Interesse des Steuerpflichtigen selbst, der z.B. Abschreibungen oder abzugsfähige Aufwendungen geltend machte. Die Erfassungsschwierigkeiten bezüglich der Veräußerungsgewinne existieren demzufolge nicht mehr.[232]

Für eine noch weiterreichende Begrenzung des Umfangs der in die Besteuerung einzubeziehenden Vermögensgegenstände des Privatvermögens plädiert *Klaus Tipke*.[233] Er betont zwar, dass der Gleichheitssatz nach Art. 3 GG eine vollständige Besteuerung *aller* privaten Veräußerungsgewinne erfordert, jedoch „technische Gründe, technische Unmöglichkeiten, Unzumutbarkeiten und Unverhältnismäßigkeiten“[234]

---

[228] Siehe *StVergAbG-E 2002*, S. 38 f. Der Vorschlag der Bundesregierung zur Besteuerung privater Veräußerungsgewinne rief allerdings lauten Widerstand der parlamentarischen Opposition sowie der Aktionärs- und Immobilienlobbyisten hervor. Die vorgesehenen Regelungen hinsichtlich der Veräußerungsgewinnbesteuerung wurden im Verlaufe des Gesetzgebungsverfahrens durch den Vermittlungsausschuss ersatzlos gestrichen und fanden keine Berücksichtigung mehr im Katalog der geplanten Maßnahmen.

[229] Siehe z.B. *Ebnet* (1978), S. 107 f.

[230] So *Merkenich* (1982), S. 56, und *Reimer* (2001), S. 136 f.

[231] Siehe *Söhn* (1988), S. 347, und *Durchlaub* (1993), S. 35 f.

[232] So *Söhn* (1988), S. 347.

[233] Siehe *Tipke* (1971), S. 10 f., und *Tipke* (1973), S. 399.

[234] *Tipke* (1973), S. 399.

bestimmte Ausnahmen veranlassen. Seiner Ansicht nach steht jedoch nichts im Wege, mindestens Gewinne aus Wertpapier- und Grundstücksveräußerungen über einen erheblich längeren Zeitraum[235] hinweg zu erfassen. Ein ähnlicher Vorschlag stammt aus dem Gutachten der *Steuerreformkommission*[236] im Jahre 1971. Die *Steuerreformkommission* hat die Schwierigkeiten bei der Erfassung aller Veräußerungsvorgänge im Privatvermögen für unüberwindbar erklärt und die Besteuerung der Veräußerungsgewinne auf Grundstücke und Wertpapiere innerhalb bestimmter Spekulationsfristen beschränkt.[237]

2.2.2.2 Besteuerung innerhalb der Spekulationsfristen

Wie bereits im obigen Kapitel erwähnt wurde, legt sowohl der Reformvorschlag von *Klaus Tipke* als auch der der *Steuerreformkommission* Spekulationsfristen zugrunde. *Klaus Tipke* plädiert dabei für eine Verlängerung der Spekulationsfristen bei Wertpapieren und Grundstücken.[238] Die *Steuerreformkommission* erwägt dagegen eine Verlängerung der Spekulationsfrist lediglich bei der Grundstücksveräußerung. Bei der Besteuerung der Veräußerungsgewinne aus Wertpapiergeschäften soll nach Auffassung der *Steuerreformkommission* die ursprüngliche Spekulationsfrist beibehalten werden.[239] Zu beachten ist hier, dass die Spekulationsfristen zum Zeitpunkt dieser Vorschläge deutlich unter den heutigen Spekulationsfristen lagen. So betrug die Spekulationsfrist bei Wertpapieren sechs Monate, bei Grundstücken zwei Jahre. Während *Klaus Tipke* eine Verlängerung der Spekulationsfristen nicht konkretisierte, ging die *Steuerreformkommission* von einer achtjährigen Spekulationsfrist bei Grundstücken aus.[240]

Die Besteuerung innerhalb der Spekulationsfristen wird von *Klaus Tipke* mit einer dadurch erreichten Praktikabilität bei der Erfassung privater Veräußerungsgewinne

---

[235] Da die Problematik der Spekulationsfristen ausgelagert wurde, siehe hierzu ausführlich das folgende Kapitel 2.2.2.2.

[236] Die *Steuerreformkommission* wurde Ende 1968 von dem damaligen Bundesminister der Finanzen, *Franz Josef Strauß*, berufen und erhielt den Auftrag, ein Gutachten zur Vorbereitung einer umfassenden Steuerreform auszuarbeiten.

[237] Siehe *BMF* (1971), S. 87.

[238] Siehe noch einmal *Tipke* (1971), S. 11, und *Tipke* (1973), S. 399.

[239] Siehe *BMF* (1971), S. 85.

[240] Trotz der Tatsache, dass die Spekulationsfristen nach dem Vorschlag der *Steuerreformkommission* unter den heutigen Spekulationsfristen liegen, ist eine Auseinandersetzung mit dieser Reformüberlegung hier aus folgenden Gründen bedeutsam. Zum einen sind die Argumente der *Steuerreformkommission* für eine Besteuerung innerhalb der Spekulationsfristen von besonderem Interesse. Zum anderen soll dieser Vorschlag für alle Reformüberlegungen zur Verlängerung der Spekulationsfristen stehen, so dass seine spätere kritische Würdigung (siehe Kapitel 4.2.2.2) auf ähnliche Überlegungen übertragen werden kann.

begründet.[241] Die *Steuerreformkommission* rechtfertigt eine Verlängerung der Spekulationsfrist auf acht Jahre bei der Grundstücksveräußerung anstelle einer vollständigen Besteuerung entsprechender Veräußerungsgewinne folgendermaßen. Zum einen würden bei Privatpersonen Probleme bei der Ermittlung von Anschaffungskosten aufgrund der unzumutbaren Aufbewahrungspflichten für Belege bei einem längeren Zeitraum entstehen.[242] „Es ist .. nicht angängig, für die Aufbewahrung dieser Papiere Fristen vorzuschreiben, die die Aufbewahrungsfristen bei Kaufleuten für Bücher, Inventare und Bilanzen überschreiten“[243], so die *Steuerreformkommission*. Zum anderen würde eine umfassende, von den Spekulationsfristen unabhängige, Besteuerung privater Veräußerungsgewinne aus Grundstücksgeschäften zu einer weiteren Beeinträchtigung der bereits teilweise eingeschränkten Mobilität dieser Wirtschaftsgüter führen. Die Veräußerungsgewinnbesteuerung würde die Eigentümer von Grundstücken vom Verkauf abhalten, was die Erstarrung des Grundstücksverkehrs zur Folge hätte.[244] Diese Kritik gegen eine weitgehende Besteuerung der Veräußerungsgewinne aus privaten Grundstücks- und auch Wertpapiergeschäften wurde auch im Schrifttum vorgetragen. In diesem Zusammenhang spricht man vom sog. „Lock-in-Effekt“[245], der durch die Besteuerung ausgelöst wird.[246]

Eine Beibehaltung der Spekulationsfrist von sechs Monaten bei Wertpapieren lässt sich nach Ansicht der *Steuerreformkommission* damit begründen, dass eine längerfristige Erfassung der Veräußerungsgewinne *erfahrungsgemäß* zu schwer überwindbaren praktischen Schwierigkeiten führen würde. „Es erscheint nicht ratsam, Vorschriften zu erweitern, deren Einhaltung nicht durchgesetzt werden könnte“[247], so die *Steuerreformkommission*.

---

241 Siehe *Tipke* (1971), S. 399, und *Tipke* (1973), S. 11.

242 Siehe *BMF* (1971), S. 72 f. und 84.

243 *BMF* (1971), S. 84.

244 Siehe *BMF* (1971), S. 84.

245 *Schneider* (1976), S. 197. Der „Lock-in-Effekt“ wird dabei nicht nur im Zusammenhang mit der steuerlichen Behandlung privater Veräußerungsgewinne diskutiert. Auf dem „Lock-in-Effekt“ baut auch die politische Begründung des § 6b EStG auf. Siehe *Begründung zum EStRG 1975*, S. 250 f. § 6b EStG erlaubt bei einer Reinvestition im Betriebsvermögen stille Reserven vom veräußerten Wirtschaftsgut auf ein neu erworbenes Wirtschaftsgut zu übertragen.

246 Siehe *Holt/Shelton* (1962); *Döring* (1977), S. 180 ff.; *Wagner, F./Dirrigl* (1980), S. 42 ff.; *Naust* (1983), S. 119 ff.; *Pöllath* (1998), S. 2034, und *Herbst* (2003), S. 1011.

247 *BMF* (1971), S. 85.

2.2.2.3 Vermeidung der Scheingewinnbesteuerung

In der Literaturdiskussion um die „richtige“ steuerliche Behandlung von privaten Veräußerungsgewinnen findet die Problematik der Besteuerung von Scheingewinnen eine besondere Berücksichtigung.[248] Nach der einhelligen Auffassung im Schrifttum lässt sich die Besteuerung von inflationären Scheingewinnen aufgrund des Nominalwertprinzips nicht mit dem Grundsatz der Besteuerung nach der Leistungsfähigkeit vereinbaren.[249] Die aus der Geldentwertung resultierenden Gewinne erhöhen nicht die Leistungsfähigkeit eines Steuerpflichtigen. Außerdem ist mit der inflationsbedingten Scheingewinnbesteuerung die als „kalte Progression“ bezeichnete erhöhte Steuerbelastung verbunden.[250] So wird durch inflationäre Scheingewinne die Bemessungsgrundlage eines Steuerpflichtigen erhöht und in eine höhere Progressionsstufe verlagert. Dies führt zu einer höheren Steuerbelastung auch anderer Einkünfte dieses Steuerpflichtigen trotz seiner unveränderten Leistungsfähigkeit. Gegen die Besteuerung von inflationären Scheingewinnen spricht außerdem, dass eine Finanzierung von Ersatzinvestitionen erschwert wird, woraus sich allokative Verzerrungen ergeben.[251]

In seinem Vorschlag zur Vermeidung der Scheingewinnbesteuerung differenziert *Hans-Joachim Kanzler* zwischen langfristigen und kurzfristigen Veräußerungsgewinnen.[252] Für langfristige Anlagen wäre dabei ein Inflationsausgleich zur Vermeidung der Scheingewinnbesteuerung notwendig. Dieser könnte zum einen durch einen geringeren Pauschalsteuersatz,[253] zum anderen durch einen verminderten Ansatz des Veräußerungsgewinns erfolgen. Wie die gesetzliche Regelung zum geringen Pauschalsteuersatz ausgestaltet sein könnte, wird von *Hans-Joachim Kanzler* nicht ausgeführt. In Bezug auf den verminderten Ansatz des Gewinns knüpft *Hans-Joachim Kanzler* an den sog. „taper relief“ in Großbritannien an, wonach sich der steuerpflich-

---

[248] Siehe *Döring* (1977), S. 264 ff.; *Lang* (1981a), S. 176 ff.; *Durchlaub* (1993), S. 72 ff.; *Reimer* (2001), S. 58 ff.; *Herbst* (2003), S. 1012; *Kanzler* (2003), S. 10; *Reutershan* (2003), S. 1033 f., und *Watrin/Lühn* (2003b), S. 169 ff.

[249] Siehe z.B. *Lang* (1981a), S. 176 f.; *Merkenich* (1982), S. 70 ff., m.w.N.; *Naust* (1983), S. 249; *Kirchhof* (1988), S. F 37 ff.; *Durchlaub* (1993), S. 84 f. und 105 f.; *Rützel* (1995), S. 124 f.; *Schmidt, K.* (1995), S. 45; *Reimer* (2001), S. 59; *Herbst* (2003), S. 1010; *Reutershan* (2003), S. 1033; *Watrin/Lühn* (2003b), S. 171, und *Wenger* (2003), S. 183.

[250] Siehe *Neumark* (1970), S. 53 f.; *Wagner, F.* (1976), S. 229; *Durchlaub* (1993), S. 80 ff., und *Reimer* (2001), S. 59 f.

[251] So *Kruschwitz/Schneider/Husmann* (2003b), S. 394 f.

[252] Siehe *Kanzler* (2003), S. 10.

[253] Diese Vorgehensweise wird z.B. in den USA angewandt. Siehe zur Besteuerung der Veräußerungsgewinne in den USA *Reimer* (2001), S. 111 ff.; *Watrin/Lühn* (2003a), S. 1729 f., und *Jacobsen/Stange* (2005), insbesondere S. 16 ff.

tige Teil des Veräußerungsgewinns mit zunehmender Besitzdauer vermindert.[254] Ob er die genaue Ausgestaltung aus Großbritannien, wonach der Veräußerungsgewinn ab einer Haltedauer von drei Jahren jährlich um 5 % bis zu maximal 40 % gekürzt wird,[255] übernehmen möchte, wird aus seinen Ausführungen jedoch nicht klar. *Monika Reimer* hält eine „blinde“ Übernahme dieser Regelungen in das deutsche Steuerrecht für nicht sinnvoll. Angesichts der für Deutschland gegenwärtig relevanten Inflationsrate von durchschnittlich 1 bis 2 % würde sich ein Abschlag von zunächst 6 % (ab einer Haltedauer von drei Jahren) mit einer nachfolgenden jährlichen Steigerung um jeweils zwei Prozentpunkte anbieten. Der maximal mögliche Abschlag von 40 % wird jedoch ohne weitere Begründung übernommen.[256]

Auch andere Fachvertreter halten bestimmte Maßnahmen zur Vermeidung einer inflationären Scheingewinnbesteuerung für notwendig. Die Gegner der pauschalierten Vergünstigungen erachten eine Aufzinsung der Anschaffungskosten bei der Ermittlung des Veräußerungsgewinns als beste und zielgenaue Methode der Inflationsbereinigung.[257] Die Befürworter der Pauschalierungsmaßnahmen halten dagegen eine vollständige Freistellung von langfristigen Veräußerungsgewinnen für angemessen.[258] Denn zum einen bestünden diese Gewinne überwiegend aus inflationären Scheingewinnen und zum anderen wäre eine genaue Inflationsanpassung sehr unpraktikabel.[259]

Im Zusammenhang mit der Inflationsanpassung privater Veräußerungsgewinne stellt sich im Schrifttum außerdem die Frage, ob auch betriebliche Veräußerungsgewinne von der Inflation betroffen sind. Einige Literaturstimmen plädieren dabei für eine Infla-

---

254 Siehe *Kanzler* (2003), S. 10.

255 So *Bublitz* (2003), S. 380. Siehe zur Besteuerung der Veräußerungsgewinne in Großbritannien ausführlich *Reimer* (2001), S. 92 ff.; *Bublitz* (2003), S. 377 ff., und *Watrin/Lühn* (2003a), S. 1727 f.

256 Siehe *Reimer* (2001), S. 154.

257 Siehe *Herbst* (2003), S. 1012, und *Lang u.a.* (2005), Rz. 425. Damit wendet sich *Joachim Lang* von seiner früheren Auffassung ab, die Inflationsbereinigung durch schrittweise Verminderung des Veräußerungsgewinns zu gestalten. Siehe *Lang* (1981a), S. 516, und *Lang* (1987), S. 24. Die Aufzinsung der Anschaffungskosten bei der Ermittlung des Veräußerungsgewinns findet neben dem verminderten Gewinnansatz und ermäßigten Steuersatz in Frankreich Anwendung. Ab einer Haltedauer von 22 Jahren werden die Veräußerungsgewinne vollständig freigestellt. Siehe zur Besteuerung der Veräußerungsgewinne in Frankreich zusammenfassend *Watrin/Lühn* (2003a), S. 1726 f., m.w.N. Die Aufzinsung der Anschaffungskosten erfolgte auch bis 1998 auf der Grundlage der Einzelhandelspreise in Großbritannien. Siehe *Bublitz* (2003), S. 380.

258 Siehe *Durchlaub* (1993), S. 111 ff. Ähnlich *Watrin/Lühn* (2003a), S. 1732, und *Watrin/Lühn* (2003b), S. 173. Nach *Thomas Durchlaub* sind auch die kurzfristigen Veräußerungsgewinne im Privatvermögen, die i.d.R. von der Inflation nicht betroffen sind, von der Besteuerung freizustellen. Dies ergibt sich aus der Überlegung, dass die kurzfristigen Geschäfte mit der Spekulation und somit mit der Lotterie gleichzusetzen sind, bei der es am Totalgewinn – über das Ganze betrachtet – fehlt, und diese Einkünfte deshalb zu vernachlässigen sind. Siehe *Durchlaub* (1993), S. 132.

259 So *Durchlaub* (1993), S. 111.

tionsbereinigung sowohl für private als auch für betriebliche Veräußerungsgewinne, da das Problem der Besteuerung von inflationären Scheingewinnen kein spezielles Problem privater Veräußerungsgeschäfte darstellt, sondern auch betriebliche Veräußerungsgeschäfte umfasst.[260]

Im Schrifttum gibt es jedoch auch konträre Auffassungen hinsichtlich der Scheingewinnproblematik im Betriebsvermögen. Danach bestehen große Unterschiede in der Wirkung der Inflation im betrieblichen und privaten Bereich.[261] Nach Ansicht von *Thomas Durchlaub* bedienen sich die bilanzierenden Steuerpflichtigen bei ihren Anschaffungen überwiegend der Fremdfinanzierung. Bei der Veräußerung eines fremdfinanzierten Wirtschaftsgutes käme es zwar bei der Geldentwertung zu Scheingewinnen, allerdings würden diese durch die auf der Passivseite entstandenen Schuldnergewinne ausgeglichen. Steuerliche Ungerechtigkeiten durch die Besteuerung von Scheingewinnen lägen deshalb bei diesen Steuerpflichtigen nicht vor. Eine ganz andere Situation stelle sich bei privaten Steuerpflichtigen dar. Sie hätten keine Möglichkeit, Scheingewinne mit Schuldnergewinnen auf der Verbindlichkeitsseite auszugleichen. Aus diesem Grund wäre das Problem der Scheingewinnbesteuerung lediglich im privaten Bereich von Bedeutung.[262]

Eine weniger strenge Auffassung zu den Unterschieden hinsichtlich der Scheingewinnproblematik bei privaten und betrieblichen Veräußerungsgewinnen vertritt jedoch *Monika Reimer*. Sie ist der Meinung, dass ein Ausgleich von Scheingewinnen mit Schuldnergewinnen im Bereich der Überschusseinkünfte regelmäßig nur in einem eingeschränkten Umfang stattfindet. Zwar würden Immobilien häufig fremdfinanziert, „das Grundvermögen zeichnet sich jedoch bei Privatpersonen i.d.R. durch eine lange Haltedauer aus, so dass das Problem der Scheingewinnbesteuerung im Vergleich zur Nichterfassung der Schuldnergewinne in den Vordergrund tritt“[263]. Beim Wertpapiervermögen überwiege regelmäßig die Eigenfinanzierung, was zur Problematik der Scheingewinnbesteuerung führe.[264] Im Ergebnis bliebe eine Vermeidung der Scheingewinnbesteuerung im privaten Bereich erforderlich, während auf die Eliminierung der Scheingewinne im betrieblichen Bereich verzichtet werden könnte.

---

260 Siehe *Lang* (1981a), S. 516; *Lang* (1987), S. 24, und *Kanzler* (2003), S. 10.

261 Siehe *Durchlaub* (1993), S. 103 f., und *Reimer* (2001), S. 154 f.

262 Siehe *Durchlaub* (1993), S. 103 ff.

263 *Reimer* (2001), S. 59.

264 So *Reimer* (2001), S. 59.

2.2.2.4 Erfassung von privaten Wertpapiergeschäften

Unabhängig davon, ob man die Besteuerung von Wertpapiergeschäften durch Spekulationsfristen beschränkt und ob bzw. wie man die Scheingewinnproblematik löst, wird im Schrifttum die Frage nach der Erfassung von privaten Veräußerungsgeschäften aufgeworfen. Die in jüngerer Vergangenheit immer lauter gewordenen Literaturstimmen[265] für die Besteuerung privater Veräußerungsgewinne beschäftigen sich verstärkt mit den Möglichkeiten der praktischen Erfassung von Wertpapiergeschäften. Diese Tendenz wurde entweder in Erwartung der Entscheidung des Bundesverfassungsgerichts oder nach seinem Urteil hinsichtlich der Veräußerungsgewinnbesteuerung bei Wertpapieren ausgelöst.

Dabei lassen sich Vorschläge zur Erfassung von Wertpapiergeschäften folgendermaßen systematisieren. Zum einen wird eine Quellensteuer erwogen, wie man sie bereits z.B. bei Einkünften aus nichtselbständiger Arbeit (Lohnsteuer) und Einkünften aus Kapitalvermögen (Kapitalertragsteuer) kennt.[266] Nach dem Entwurf des Steuervergünstigungsabbaugesetzes sollte eine solche Quellensteuer mit einem Steuersatz von 15 % für private Veräußerungsgewinne eingeführt werden.[267] *Paul Kirchhof* spricht sich in seinem Einkommensteuergesetzbuch ebenfalls für einen Quellensteuerabzug aus, beschränkt diesen jedoch ausdrücklich auf die Veräußerungsgewinne aus börsennotierten Wertpapieren, die i.d.R. über ein Kreditinstitut erworben und wieder veräußert werden.[268] Der *Sachverständigenrat* erwägt im Rahmen der dualen Einkommensteuer eine „Abgeltungssteuer mit einer Veranlagungsoption“ von 25 % auf die Veräußerungsgewinne aus im Depot eines Kreditinstituts liegenden Wertpapieren.[269]

Die Verpflichtung, eine Quellensteuer abzuführen, wird dann die Depotbank treffen, wodurch das Problem der Nichtdeklaration durch den Steuerpflichtigen selbst ausgeschaltet werden sollte. Der Besteuerung mittels Quellenabzug wird also der Vorteil zugesprochen, die Nichtdeklaration der Einkünfte zu beseitigen, was eine Steigerung der Steuergerechtigkeit zur Folge hätte.[270] Darüber hinaus wird als weitere positive

---

[265] Siehe *Reimer* (2001), S. 163 ff.; *Herbst* (2003), S. 1012, und *Reutershan* (2003), S. 1028 ff.

[266] So *Goez* (1993), S. 118.

[267] Siehe *StVergAbG-E 2002*, S. 6, und bereits oben Fn. 219, S. 40.

[268] Siehe *Kirchhof* (2003), § 17 Abs. 1 Satz 1 EStGB. Die nicht börsennotierten Anteile sowie Anteile, die ohne die Beteiligung eines Entrichtungspflichtigen veräußert werden, unterliegen dagegen der Veranlagungsbesteuerung.

[269] So *Sachverständigenrat* (2006), Ziff. 73 und 351 ff.

[270] Siehe hierzu z.B. *Goez* (1993), S. 117 f., m.w.N., und *Wagner, F.* (2005a), S. 105.

Auswirkung der Quellenbesteuerung ihre Praktikabilität, d.h. die vereinfachte und steuergünstige Steuererhebung, genannt.[271]

Neben dem vorläufigen Quellenabzug mit anschließender Veranlagung kann eine Quellensteuer auch als Abgeltungssteuer ausgestaltet werden.[272] Im Schrifttum wurde eine solche Abgeltungssteuer von 17 % als Kapitalabgeltungssteuer vorgeschlagen.[273] Auch die Große Koalition hat in ihrem Unternehmenssteuerreformgesetz eine Abgeltungssteuer auf private Veräußerungsgewinne aus Wertpapiergeschäften von 25 % vorgesehen.[274]

Im Zusammenhang mit einer Abgeltungssteuer wurde auch diskutiert, alle Veräußerungsgewinne aus Wertpapiergeschäften, sowohl im privaten als auch im betrieblichen Bereich, einer solchen Abgeltungssteuer zu unterwerfen.[275] Der Reformvorschlag von *Hans-Joachim Kanzler* geht sogar noch weiter und unterwirft alle Veräußerungsgewinne und nicht nur Veräußerungsgewinne aus Wertpapiergeschäften einer Abgeltungssteuer.[276] Diesem Vorschlag einer besonderen Veräußerungsgewinnbesteuerung wurde das angelsächsische Vorbild der „capital gains tax" zugrunde gelegt.[277]

Neben bzw. anstatt der Einführung einer Quellen- bzw. Abgeltungssteuer bestünde auch die Möglichkeit einer Kontrollmitteilungspflicht der Depotbanken über die Veräußerungsgeschäfte mit Wertpapieren an die Finanzämter.[278] Diese Möglichkeit hatte der Gesetzgeber im Entwurf zum Steuervergünstigungsabbaugesetz neben der Quellensteuer vorgesehen.[279] Dadurch könnten die Finanzämter, ohne dass sie selbständig die steuerbaren Sachverhalte ermitteln müssen, Angaben der Steuerpflichtigen umfassend und genau kontrollieren. Depotbanken wären z.B. verpflichtet, durch eine jährliche Übersendung einer Liste aller Depotvorgänge der Bankkunden steuerlich relevante Informationen weiterzugeben.[280]

---

271 Siehe *Goez* (1993), S. 120.

272 Siehe zu diesem Vorschlag *Suhrbier-Hahn* (2003), S. 360 f., und *Schenk/Brusch* (2005), S. 1254 und 1257.

273 So *Schenk/Brusch* (2005), S. 1254 und 1257.

274 Siehe *UntStRG 2008*, S. 7 f.

275 Siehe *Raupach* (2002), S. 17, und *Kanzler* (2003), S. 9 f.

276 Siehe *Kanzler* (2003), S. 9 f.

277 Dabei warnt *Hans-Joachim Kanzler* jedoch davor, konkrete Vorschriften zu übernehmen. Er knüpft lediglich an die „capital gains tax" tragenden Grundsätze an. Siehe *Kanzler* (2003), S. 10.

278 Siehe *Reimer* (2001), S. 166 f.; *Herbst* (2003), S. 1012, und *Reutershan* (2003), S. 1032.

279 Siehe *StVergAbG-E 2002*, S. 5 f. und 14.

280 So *Reimer* (2001), S. 166 f., und *Reutershan* (2003), S. 1032.

Als eine weitere Möglichkeit der Erfassung von Wertpapiergeschäften wurde im Schrifttum die Einführung der Buchführungspflicht für Private mit der daraus resultierenden Möglichkeit einer Außenprüfung erwogen.[281] Da diese Alternative jedoch sofort als nicht praxisgerecht abgelehnt wurde, wird sie hier auch nicht weiter thematisiert.

---

[281] So *Suhrbier-Hahn* (2003), S. 360.

3 Festlegung der Besteuerungsgrundsätze

3.1 Vorgehensweise

Als Referenzmaßstab zur Beurteilung eines bestehenden Steuersystems und auch zur Bewertung von Steuerreformvorschlägen gelten Besteuerungsgrundsätze bzw. -ideale.[282] In mangelnder Berücksichtigung dieser Grundsätze wird im Wesentlichen die zentrale Ursache für Fehlentwicklungen und fehlende Systematik im Steuersystem gesehen.[283] Die Offenlegung der Besteuerungsideale dient dabei der Eingrenzung und der Transparenz des Untersuchungsfeldes.[284] Um den Dualismus der Einkunftsarten und die Reformvorschläge zu seiner Überwindung beurteilen zu können, sind somit solche Besteuerungsideale unerlässlich.

Es stellt sich jedoch die Frage, wie diese obersten Besteuerungsgrundsätze festgelegt werden sollen. *Günter Wöhe* setzt z.B. die Auswahl und die Konkretisierung von Besteuerungsgrundsätzen einer mit Allgemeinverbindlichkeitsanspruch erfolgten Bewertung gleich. Er verbindet somit die Festlegung der Besteuerungsideale mit der Werturteilsproblematik in der Betriebswirtschaftlichen Steuerlehre. Seiner Ansicht nach sind Besteuerungsgrundsätze dann werturteilsfrei, wenn sie tatsächlich vorhanden, d.h. im Grundgesetz bzw. in amtlichen Begründungen der Steuergesetze niedergelegt sind. Eine Kritik der steuerlichen Normen soll dann lediglich Aussagen über ihre Zweckmäßigkeit enthalten. Es sind also Urteile darüber abzugeben, ob das geltende Steuersystem das vom Gesetzgeber gesetzte Ziel erreichen kann bzw. welche Gesetzesänderungen hierfür notwendig sind.[285] Werturteile liegen nach Auffassung von *Günter Wöhe* dann vor, wenn Ziele des Gesetzgebers konkretisiert oder solche Ziele vom Wissenschaftler selbst vorgetragen werden.[286]

Dieser Auffassung von *Günter Wöhe* zur Werturteilsfreiheit kann hier nicht gefolgt werden, denn seine Beschränkung auf die Überprüfung der Zweckmäßigkeit von Steuernormen entzieht der Betriebswirtschaftlichen Steuerlehre überhaupt ihre Aufgabe der Rechtskritik. In Übereinstimmung mit der Ansicht von *Ute Schmiel*[287] wird

---

282 Siehe *Horváth* (1975), S. 36, oder *Scheer* (1998), S. 155.

283 So auch *Scheer* (1998), S. 155.

284 Siehe *Hundsdoerfer* (2002), S. 13.

285 Siehe *Wöhe* (1983), S. 11 ff. Bereits 1959 äußert sich *Günter Wöhe* zum Postulat der Werturteilsfreiheit in der Betriebswirtschaftslehre [siehe *Wöhe* (1959)] und appliziert seine Auffassung später auf die Betriebswirtschaftliche Steuerlehre.

286 Siehe *Wöhe* (1983), S. 12 und 17.

287 Dabei qualifiziert *Ute Schmiel* die Werturteilsfreiheit nach *Max Weber* und *Hans Albert* als Referenzpunkt für die Betriebswirtschaftliche Steuerlehre. Siehe *Schmiel* (2005a), S. 146. *Max Weber* gilt als Begründer des Werturteilsfreiheitsprinzips in der Wissenschaft. Seine Ideen wurden von

hier die Meinung vertreten, dass eine hypothetische – d.h. ohne Allgemeinverbindlichkeitsanspruch – Zugrundelegung der Besteuerungsgrundsätze werturteilsfrei ist.[288] Eine Auswahl bestimmter Ziele durch den Wissenschaftler, unabhängig davon, ob er durch die Rechtsordnung vorgegebene bzw. von anderen Wissenschaftlern vorgeschlagene Ziele übernimmt oder diese selbst formuliert, ist ein zulässiges *Werturteil des Metabereichs*. Die Werturteile des Metabereichs stellen Regeln des wissenschaftlichen Arbeitens dar, wie z.B. Festlegung des Erkenntnisgegenstandes und der Forschungsmethoden, und fallen nicht unter das Postulat der Werturteilsfreiheit. Das gleiche gilt für die *Werturteile des Objektbereichs*, die dann vorliegen, wenn im täglichen Leben bestimmte Wertaussagen getätigt oder Werthandlungen ausgeführt werden. Als Untersuchungsobjekt im Rahmen einer Erfahrungswissenschaft stellen sie Tatsachen und keine Werturteile dar, die vom Postulat der Werturteilsfreiheit erfasst werden. Das Postulat der Werturteilsfreiheit bezieht sich nur auf die *Werturteile der Objektsprache*, die von Wissenschaftlern im Rahmen der Sozialwissenschaften vorgetragen werden. Ein Werturteil der Objektsprache liegt z.B. dann vor, wenn eine Zielsetzung mit dem Anspruch einer allgemeinen Geltung gefordert wird.[289]

Ausgehend von diesem Verständnis der Werturteilsfreiheit sollen im Folgenden die Besteuerungsgrundsätze hypothetisch zugrunde gelegt werden. Aber auch eine hypothetische Zugrundelegung der Besteuerungsgrundsätze (Werturteil des Metabereichs) sollte nicht willkürlich erfolgen,[290] sondern bedarf einer wissenschaftlichen Erörterung.[291] Denn nur eine explizite Offenlegung der Begründung für die Wahl eines Besteuerungsgrundsatzes ermöglicht eine kritische Auseinandersetzung der Wissenschaft mit den gewählten Besteuerungsgrundsätzen. „Die Kritik wird aber nur dann fruchtbar sein, wenn wir unser Problem so klar wie nur irgend möglich formuliert und unsere Lösung in eine hinreichend definitive Form gebracht haben; das heißt eben, in eine Form, die kritisch diskutiert werden kann.“[292]

Demzufolge werden zunächst die von der Rechtsordnung vorgegebenen Zielsetzungen im Hinblick auf den Dualismus der Einkunftsarten rekonstruiert und auf die kriti-

Hans Albert operationalisiert. *Ute Schmiel* hat auch aufgezeigt, dass die Auffassungen von Fachvertretern der Betriebswirtschaftlichen Steuerlehre nicht mit dem Postulat der Werturteilsfreiheit nach *Max Weber* und *Hans Albert* übereinstimmen. Siehe *Schmiel* (2005a), S. 146, und *Schmiel* (2005b), S. 541. Aus diesem Grund bleiben hier die Auffassungen anderer Fachvertreter der Betriebswirtschaftlichen Steuerlehre unbeachtet.

288 Siehe *Schmiel* (2005b), S. 535.

289 Siehe zu dieser Differenzierung der Werturteile *Albert* (1992), S. 87 ff., und *Albert* (2000), S. 47 f.

290 Die Willkürlichkeit von Werturteilen des Metabereichs hat bereits *Steinmann u.a.* (1975), S. 25 ff., kritisiert.

291 Siehe *Schmiel* (2005a), S. 158 f.

292 *Popper* (2005), S. XX.

schen Gegenargumente überprüft (Kapitel 3.2). Da der Dualismus der Einkunftsarten durch mehrere Gesetze herbeigeführt wurde, sind die amtlichen Begründungen entsprechender Gesetze von entscheidender Bedeutung. Vor dem Hintergrund, dass diesen Gesetzen unterschiedliche finanzwissenschaftliche Einkommenstheorien zugrunde liegen, die auch die Begründungsrichtungen beeinflussen, werden die finanzwissenschaftlichen Einkommenstheorien kurz erörtert. Anschließend wird der Nachweis erbracht, dass die vom historischen Gesetzgeber vorgegebenen Besteuerungsgrundsätze zur Beurteilung des Dualismus der Einkunftsarten nicht geeignet sind.

Im nächsten Schritt werden die von der Wissenschaft vorgetragenen Besteuerungsgrundsätze systematisch rekonstruiert und ebenfalls einer kritischen Prüfung unterzogen (Kapitel 3.3). Aus der kritischen Auseinandersetzung wird nicht nur eine begründete Entscheidung für oder gegen diese Besteuerungsgrundsätze, sondern auch für eine Auswahl anderer Ziele getroffen.

3.2 Steuerpolitische Ideale des Gesetzgebers

3.2.1 Historische Rekonstruktion gesetzgeberischer Zielsetzungen

Der Dualismus der Einkunftsarten, der im neunzehnten Jahrhundert seinen Ursprung hat, ist aus der Suche nach dem „richtigen" Einkommensbegriff entstanden.[293] Diese Entwicklung wurde insbesondere von zwei grundlegenden Einkommenstheorien, der Quellen- und der Reinvermögenszugangstheorie, geprägt.[294]

Als bedeutendster Verfechter der *Quellentheorie* wird im Schrifttum *Bernhard Fuisting* angesehen.[295] Nach *Bernhard Fuisting* ist Einkommen der Ertrag aus dauern-

---

[293] Die zum Anfang des neunzehnten Jahrhunderts erfolgte Umorientierung der einzelstaatlichen Steuersysteme von Verbrauch- und Umsatzsteuern zur Einkommensteuer war der Auslöser zur Auslegung des Einkommensbegriffs. Siehe *Biergans/Stockinger* (1982), S. 2. Zur Entwicklung der preußischen Staatsbesteuerung zum Anfang des neunzehnten Jahrhunderts siehe ausführlich *Wagner, A.* (1891).

[294] Andere im neunzehnten Jahrhundert existierende Auffassungen zum Einkommensbegriff haben dagegen keine große Bedeutung erlangt. Dazu gehört z.B. die Auffassungen von *Fulda* (1827), S. 151 ff.; *Hermann* (1832), S. 297 ff.; *Stein, von* (1852), S. 318 ff.; *Roscher* (1858), S. 279 ff.; *Schmoller* (1863), S. 52 ff., und *Meyer* (1887), S. 77 ff.

[295] Siehe *Moll, W.* (1911), S. 37; *Popitz* (1926), S. 413; *Balzer* (1929), S. 5; *Tipke* (1973), S. 393; *Bauer* (1974), S. 24; *Lang* (1981a), S. 36 f.; *Merkenich* (1982), S. 21; *Koniarski* (1984), Fn. 1, S. 69; *Durchlaub* (1993), S. 44, und *Uhländer* (1996a), S. 73. Die theoretischen Grundlagen der Quellentheorie wurden jedoch schon früher bei *Neumann* (1889), S. 203 ff., und *Wagner, A.* (1892), S. 405 ff., gelegt.

den Quellen.[296] Die Wertänderungen im Zustand einer Quelle, die „nicht in ihrer bestimmungsmäßigen Verwendung zur Ertragserzielung ihren Ursprung haben“[297], stellen keinen Ertrag und somit kein Einkommen dar. Diese Wertänderungen berühren alleine das Vermögen.[298]

Die von *Georg Schanz* konkretisierte *Reinvermögenszugangstheorie* behandelt das Einkommen als „Reinvermögenszugang eines bestimmten Zeitabschnitts inkl. der Nutzungen und geldwerten Leistungen Dritter“[299]. *Georg Schanz* zählt zum Einkommen nicht nur den Ertrag aus dauernden Quellen, sondern auch alle Wertänderungen des Vermögens (der Quelle) selbst.[300]

Die beiden Einkommenstheorien haben im unterschiedlichen Maße die gesetzgeberischen Entscheidungen der damaligen Zeit beeinflusst, die ihrerseits den heutigen Dualismus der Einkunftsarten induziert haben. Die historische Entwicklung reicht dabei im Wesentlichen vom Preußischen Einkommensteuergesetz von 1891[301] über das Reichseinkommensteuergesetz von 1920 bis zum Reichseinkommensteuergesetz von 1925. Im Folgenden wird deshalb ein kurzer Überblick über die historische Entwicklung gegeben, der jedoch keine abschließende Darstellung der einzelnen gesetzlichen Vorschriften, sondern eine systematische Rekonstruktion der Zielsetzungen des Gesetzgebers in Bezug auf den Dualismus der Einkunftsarten enthalten soll.

3.2.1.1 Preußisches Einkommensteuergesetz von 1891

Das Preußische Einkommensteuergesetz von 1891 (PrEStG 1891) war das Resultat der *Miquel*schen Steuerreform, die eine gerechte, „insbesondere der Leistungsfähig-

---

[296] Siehe *Fuisting* (1902), S. 110.

[297] *Fuisting* (1902), S. 147.

[298] Siehe *Fuisting* (1902), S. 147.

[299] *Schanz* (1896), S. 23.

[300] Siehe *Schanz* (1896), S. 24.

[301] Die Auseinandersetzung mit der Einkommensbesteuerung der übrigen deutschen (Bundes-)Staaten (Sachsen, Baden, Hessen, Bayern, Württemberg, Anhalt, Oldenburg und andere) und Hansestädte (Bremen, Lübeck und Hamburg) wird hier dagegen ausbleiben. Die überragende Rolle des Preußischen Einkommensteuergesetzes von 1891 für die Einkommensbesteuerung und insbesondere die Entwicklung des Einkommensbegriffes in Deutschland rechtfertigt meines Erachtens die Beschränkung der Betrachtung auf das Preußische Einkommensteuergesetz von 1891. Zur Einkommensbesteuerung der deutschen (Bundes-)Staaten und Hansestädte und insbesondere zum Vergleich ihrer Gesetze mit dem Preußischen Einkommensteuergesetz siehe *Moll, W.* (1911), S. 46 ff.; *Popitz* (1926), S. 443 ff.; *Balzer* (1929), S. 22 ff., und *Brendel* (1931), S. 14 ff.

keit der Steuerpflichtigen in höherem Maße entsprechende"[302] Verteilung der Steuerlast unter den Steuerpflichtigen zum Ziel hatte. Was der Gesetzgeber jedoch unter Leistungsfähigkeit verstand, wurde nicht ausgeführt.[303] Der Terminus der Leistungsfähigkeit war zu der Zeit der Verabschiedung des PrEStG 1891 zwar nicht neu und spielte bereits in der steuerpolitischen Diskussion des deutschen Sprachraums im neunzehnten Jahrhundert eine große Rolle.[304] Allerdings gab es damals – wie heute – keine einheitliche Meinung über den Inhalt der Leistungsfähigkeit.[305]

Das PrEStG 1891 war nach allgemeiner Auffassung durch die von der Finanzwissenschaft entwickelte Quellentheorie geprägt.[306] Das Einkommen wurde im PrEStG 1891 als Summe der Einkünfte aus vier Einkommensquellen definiert.[307] Dazu gehörten Kapitalvermögen, Grundvermögen[308], Handel und Gewerbe sowie gewinnbringende Betätigungen, wie selbständige und nichtselbständige Tätigkeit. Diese Aufzählung knüpfte an volkswirtschaftliche Produktionsfaktoren (Kapital, Grund und Boden sowie Arbeit und Unternehmungsgewinn) an[309] und war nach dem Gesetzeswortlaut abschließend. Als regelmäßige Einkunftsermittlungsmethode galt die Überschussrechnung, wonach vom Rohertrag der genannten Einkunftsquellen die Betriebsausgaben/Werbungskosten abzuziehen waren.[310]

Angesichts der oben genannten Regelungen des PrEStG 1891 ist der starke Einfluss der Quellentheorie ersichtlich, die sich allerdings nicht gänzlich durchsetzen konnte.

---

302 Verhandlungen des Hauses der Abgeordneten, 17. Legislaturperiode, III. Session, 1890/91, Drucksache 5, Anlage I, S. 213, zitiert in *Wagner, A.* (1891), Fn. 1, S. 111 f.

303 Das verwundert, insbesondere vor dem Hintergrund der Tatsache, dass der Begriff der Leistungsfähigkeit sogar in das Gesetz übernommen wurde. So erlaubte § 19 PrEStG 1891 „besondere, die Leistungsfähigkeit der Steuerpflichtigen wesentlich beeinträchtigende wirtschaftliche Verhältnisse", wie außergewöhnliche Belastungen durch z.B. Unterhalt und Erziehung von Kindern oder andauernde Krankheit, zu berücksichtigen.

304 Wo der Begriff *Leistungsfähigkeit* zuerst im (deutschsprachigen) wissenschaftlichen Schrifttum zu finden war, haben *Dieter Pohmer* und *Gisela Jurke* untersucht. Ihnen ist jedoch nicht gelungen, festzustellen, wo sein Ursprung liegt. Sie konnten lediglich erforschen, dass der Begriff der Leistungsfähigkeit Mitte des neunzehnten Jahrhunderts auftauchte und zu diesem Zeitpunkt schon mit einer gewissen Selbstverständlichkeit verwendet wurde. Siehe *Pohmer/Jurke* (1984), S. 450 ff., m.w.N.

305 Siehe zu den unterschiedlichen Auffassungen der Konkretisierung der Leistungsfähigkeit Kapitel 3.3.3.2.

306 Siehe z.B. *Balzer* (1929), S. 5; *Brendel* (1931), S. 19; *Bauer* (1974), S. 24; *Durchlaub* (1993), S. 44, und *Icking* (1993), S. 31.

307 Siehe § 7 PrEStG 1891.

308 Die Einkünfte aus Grundvermögen umfassten damals die heutigen Einkünfte aus Land- und Forstwirtschaft sowie aus Vermietung und Verpachtung.

309 Siehe *Moll, W.* (1911), S. 37 f.

310 Siehe § 9 PrEStG 1891.

Dies bestätigt die Vorschrift, nach der die Handelsbücher führenden Steuerpflichtigen den Gewinn nach den Grundsätzen, die durch das Allgemeine Handelsgesetzbuch 1861 (AHGB 1861) vorgeschrieben waren, zu ermitteln hatten.[311] In dieser gesetzlichen Regelung, die auf Veranlassung der betroffenen Steuerpflichtigen, welche „müde waren, zwei verschiedene Jahresrechnungen aufzustellen"[312], eingeführt wurde, liegt der Ursprung des Dualismus der Einkunftsarten. Denn das durch den Vermögensvergleich nach handelsrechtlichen Grundsätzen ermittelte Einkommen umfasste auch Wertänderungen des Vermögens und entsprach daher der Reinvermögenszugangstheorie.

Die dadurch entstandene Ungleichbehandlung zwischen einem Privatmann, bei dem die Wertänderungen des Vermögens nicht erfasst wurden, und einem Kaufmann, der aufgrund des Vermögensvergleichs die Wertänderungen des Vermögens der Besteuerung unterwerfen musste, wurde von *Georg Schanz* sofort erkannt und kritisiert.[313] Diese Ungleichbehandlung war jedoch dann nicht gegeben, wenn es sich um Spekulationsgewinne handelte, denn diese wurden auch schon nach PrEStG 1891 beim Privatmann der Besteuerung unterworfen, was eine weitere Durchbrechung der Quellentheorie darstellte.[314] Unter Spekulationsgewinnen verstand man die Gewinne aus der mit Spekulationsabsicht vorgenommenen Veräußerung von Grundstücken, Wertpapieren, Forderungen u.s.w. nach Abzug der Verluste aus artgleichen Geschäften. Das Vorliegen der Spekulationsabsicht konnte nach den Umständen des Einzelfalls durch die Einbeziehung mehrerer Entscheidungskriterien, wie der Beschaffenheit des veräußerten Wertgegenstandes, der Verhältnisse, unter welchen Erwerb und Veräußerung stattfanden, der Dauer des Besitzes u.s.w., beurteilt werden.[315] Als Grund für die Besteuerung privater Spekulationsgewinne wurde der star-

---

311 Siehe § 14 PrEStG 1891.

312 *Barth* (1955), S. 198. Diese Begründung deutet darauf hin, dass Kaufleute bereits bis dahin zwei unterschiedliche Rechnungen aufstellen mussten. Die Prüfung der Vorgeschichte zum PrEStG 1891 bestätigt diese Vermutung. Die bis dahin existierende Klassen- und klassifizierte Einkommensteuer von 1851 sah für alle Steuerpflichtigen eine Überschussrechnung vor. Siehe §§ 28-30 Klassen-EStG 1851. Das in 1861 in Kraft getretene AHGB verlangte jedoch erstmals die Aufstellung einer Bilanz für Kaufleute, die dann zwei Rechnungen anfertigen mussten, die eine (Überschussrechnung), die für die Steuer maßgebend war, und eine andere (Bilanz), die die Grundsätze ordnungsmäßiger kaufmännischer Buchführung berücksichtigte.

313 Siehe *Schanz* (1896), S. 44.

314 Siehe § 12 PrEStG 1891, der die Spekulationsgewinne den Einkünften aus Kapitalvermögen zuschreibt. § 8 PrEStG 1891 nennt dagegen die nicht steuerpflichtigen außerordentlichen Einkünfte, zu denen auch die Veräußerungsgewinne ohne Spekulationsabsicht zählten. Aus der Sicht der das PrEStG 1891 prägenden Quellentheorie sind jedoch diese gesetzlichen Vorschriften nicht konsequent. Folgerichtig wäre es meines Erachtens die Steuerfreiheit der Veräußerungsgewinne als Regelfall festzulegen und die Besteuerung der Spekulationsgewinne als Ausnahme zu behandeln.

315 Siehe hierzu *Ausführungsanweisung* (1891), Art. 9. Die Literaturstimmen haben jedoch schwere Bedenken bezüglich dieser sehr subjektiv geprägten Kriterien geäußert und den Erfolg dieser Vor-

ke Anstieg der Grundstücksspekulationen als einziger finanzieller Quelle vieler Steuerpflichtiger angeführt, die durch die Nichtbesteuerung besser gestellt wurden als andere Steuerpflichtige.[316] Demzufolge sollte diese Regelung dem Ziel der *Miquel*schen Steuerreform, eine gerechte Verteilung der Steuerlast nach der Leistungsfähigkeit der Steuerpflichtigen herbeizuführen, Rechnung tragen. Daneben wurden im Schrifttum auch fiskalische Motive für die Besteuerung privater Spekulationsgewinne angesprochen.[317]

Die Zielsetzungen des historischen Gesetzgebers bei dem PrEStG 1891, die dem Dualismus der Einkunftsarten zugrunde liegen, lassen sich also in Bezug auf die Einkunftsermittlung und Veräußerungsgewinnbesteuerung folgendermaßen zusammenfassen.

Der Dualismus der *Einkunftsermittlung* wurde lediglich aus Vereinfachungsgründen in das Gesetz übernommen. Allerdings wurde damals nicht in Frage gestellt, ob überhaupt das, was aus Vereinfachungsgründen deklariert wird, den Zwecken der Besteuerung entspricht.[318] Der preußische Gesetzgeber hat in keiner Weise zu den Zielsetzungen der handelsrechtlichen und steuerlichen Gewinnermittlung Stellung genommen.[319]

Der Dualismus der *Veräußerungsgewinnbesteuerung* resultierte ursprünglich aus den unterschiedlichen Einkunftsermittlungsmethoden, denn die kaufmännische Gewinnermittlung umfasste auch Veräußerungsgewinne. Durch die Besteuerung privater Spekulationsgewinne sollte neben fiskalischen Motiven vor allem eine gerechte Verteilung der Steuerlast nach der Leistungsfähigkeit der Steuerpflichtigen erfolgen.

---

schrift in Frage gestellt. Siehe *Wagner, A.* (1891), S. 212 f.; *Schanz* (1896), S. 55 f., und *Fuisting* (1902), S. 156.

316 Siehe Verhandlungen des Hauses der Abgeordneten, 17. Legislaturperiode, III. Session, 1890/91, Drucksache 5, S. 817, zitiert in *Schanz* (1896), S. 47.

317 So auch *Brendel* (1931), S. 19. Anderer Auffassung sind *Pohmer/Jurke* (1984), S. 457, und *Icking* (1993), S. 48, die die Möglichkeit, Spekulationsverluste über Spekulationsgewinne hinaus auch von positiven Erträgen anderer Quellen abzuziehen, als ein Indiz gegen die fiskalischen Motive ansehen. Meines Erachtens sprechen jedoch mehr Gründe dafür, dass der Gesetzgeber diese Möglichkeit der umfassenden Verlustverrechnung übersehen hat oder nicht von der großen Anzahl der Spekulationsgeschäfte mit einem Verlust ausgegangen ist. Später hat der Gesetzgeber diese Problematik erkannt und diesen Zustand im Jahr 1921 behoben. Siehe hierzu Kapitel 3.2.1.2.

318 So auch *Zimmermann* (2001), S. 809.

319 Lediglich im Königreich Sachsen, in dem bereits 1874 die Übernahme der kaufmännischen Grundsätze in die steuerliche Gewinnermittlung geregelt wurde, erkannte ein Parlamentsabgeordneter, dass mit dieser Vorschrift eine inhaltliche Änderung in der steuerlichen Gewinnermittlung herbeigeführt wurde und der Fiskus dadurch zu kurz kam. Siehe *Gensel* (1874), Sp. 1462 f.

3.2.1.2 Reichseinkommensteuergesetz von 1920

Die Quellentheorie wurde im Weiteren durch das Reichseinkommensteuergesetz von 1920 (REStG 1920)[320], welches das PrEStG 1891 ablöste, abgeschwächt. Der Gesetzgeber erkannte die zahlreichen Nachteile der Quellentheorie in Zeiten finanzieller Not und sah diese vor dem Hintergrund der wirtschaftlichen Entwicklung im Lande als zu eng an.[321] Diese wirtschaftliche Entwicklung bestand darin, dass immer mehr Steuerpflichtige ihr Einkommen nicht nur aus dauernden Quellen bezogen. Vielmehr wurde in der inflationären Nachkriegszeit im großen Umfang hochwertiges und wertstabiles Privatvermögen, z.B. Schmuck oder Sammlungen, erworben und später mit hohen Gewinnen wieder veräußert.[322]

Trotz der in der amtlichen Begründung[323] zum REStG 1920 erklärten Befolgung der Reinvermögenszugangstheorie übernahm der Gesetzgeber den Einkommensbegriff von *Georg Schanz* nicht. Stattdessen wurde das Einkommen als Gesamtbetrag der in Geld oder Geldeswert bestehenden Einkünfte nach Abzug der Werbungskosten definiert.[324] Diese abweichende Definition des Einkommens war laut Begründung unvermeidbar, da die Ermittlung des Einkommens nach der Reinvermögenszugangstheorie die Buchführung voraussetzte, diese jedoch dem Privatmann nicht zuzumuten war.[325]

Die Definition des Einkommens in § 4 REStG 1920 zeigt, dass weiterhin als regelmäßige Einkunftsermittlungsmethode die Überschussrechnung galt. In der Begründung wurde diesbezüglich ausgeführt, dass die Überschussrechnung beibehalten

---

320 Das REStG 1920 war das Resultat der Neuordnung der steuerlichen Zuständigkeiten des Reichs und der Einzelstaaten. Die einzelstaatliche und kommunale Besteuerung wurde nun durch eine einheitliche Erfassung des Einkommens durch das Reich ersetzt. Die Vereinheitlichung der Besteuerung wurde somit als Anlass für die Erweiterung des Einkommensbegriffs gesehen und durch die *Erzberger*sche Finanzreform 1919/1920 umgesetzt. Siehe *Popitz* (1926), S. 446, und *Kellner* (1928), S. 30 f. Da jedoch das REStG 1920 ein Opfer der Inflation wurde, kamen in sehr kurzen Zeitabständen viele Novellierungen hinzu, so dass dieses Gesetz kaum eine praktische Wirksamkeit erlangte. Siehe *Begründung zum REStG 1925*, S. 19; *Bauer* (1974), S. 30, und *Icking* (1993), S. 54. Zur Anpassung des REStG 1920 an die Inflation siehe *Hensel* (1924), S. 10 ff.; *Popitz* (1926), S. 447 ff.; *Strutz* (1927a), S. 153 ff., und *Strutz* (1927b), S. 9 ff. und 234 ff. Bei der Weiterentwicklung des Dualismus der Einkunftsarten spielt das REStG 1920 jedoch eine große Rolle.

321 Siehe *Begründung zum REStG 1920*, S. 595 f.

322 So *Lang* (1981a), S. 40, der diese vom Gesetzgeber angesprochene wirtschaftliche Entwicklung konkretisiert.

323 Siehe *Begründung zum REStG 1920*, S. 595.

324 Siehe § 4 REStG 1920.

325 Siehe hierzu und zu anderen Einwänden gegen den *Schanz*schen Einkommensbegriff *Begründung zum REStG 1920*, S. 597 f.

wurde, „da in einer Zeit, in der an sich schon hohe Anforderungen an den einzelnen Steuerpflichtigen gestellt werden ..., ohne zwingende Gründe nicht von alten eingebürgerten Gebräuchen abgewichen werden darf, um nicht Verwirrung und Unsicherheit in den beteiligten Kreisen hervorzurufen“[326].

Bei Kaufleuten war jedoch das Einkommen ausnahmsweise, wie schon im PrEStG 1891, mit Hilfe der kaufmännischen Grundsätze zu ermitteln. Laut Begründung zum REStG 1920 stellte die kaufmännische Bilanz die „relativ sicherste Grundlage“[327] der Einkunftsermittlung dar. Diese Sicherheit wurde nach Ansicht des Gesetzgebers dadurch herbeigeführt, dass die Kontrolle „bei ordnungsmäßiger Aufstellung von Inventuren, Bilanzen und Gewinn- und Verlustrechnungen ... am ehesten gegeben“[328] war. Der Staat erhielt dabei die Sicherheit, dass seine Steuerforderung nicht durch überhöhte Abschreibungen gemindert wurde. Von der kaufmännischen Gewinnermittlung durfte laut Gesetzesbegründung nur dann abgewichen werden, wenn dadurch die Interessen Dritter, wie z.B. der Kreditgeber oder des Staates, nicht beeinträchtigt wurden.[329]

Neben der Einkunftsermittlung nach den handelsbilanziellen Grundsätzen verankerten §§ 32 und 33 REStG 1920 eine weitere Ausnahme in Bezug auf die Ermittlungsmethoden. Bei selbst bewirtschaftetem Grundbesitz bzw. dem Betrieb eines Gewerbes[330] war der land- und forstwirtschaftliche Betriebsgewinn bzw. Geschäftsgewinn unabhängig von der Kaufmannseigenschaft durch den Vermögensvergleich zu bestimmen.[331] Als Rechtfertigung führte der Gesetzgeber aus, dass eine einfache Einnahmen- und Ausgabenrechnung bei Gewerbetreibenden und Land- und Forstwirten unbefriedigende Ergebnisse hervorrufen kann, da bei ihnen Einnahmen und

---

326 *Begründung zum REStG 1920*, S. 598 f.

327 *Begründung zum REStG 1920*, S. 627.

328 *Begründung zum REStG 1920*, S. 627. Zu Recht sieht *Jan Icking* die Rechtfertigungsrichtung als nicht konsequent an. Denn die Befolgung der Reinvermögenszugangstheorie setzt den Vermögensvergleich voraus, wodurch obige Rechtfertigung nicht erforderlich erscheint. Siehe *Icking* (1993), S. 65 f. Der Begründung hätte in diesem Zusammenhang die weitere Anwendung der Überschussrechnung bedurft.

329 Siehe *Begründung zum REStG 1920*, S. 627.

330 Hier war der Betrieb eines Gewerbes gemeint, das kein Handelsgewerbe ist. Denn sind die Voraussetzungen für ein Handelsgewerbe (ein nach Art und Umfang in kaufmännischer Weise eingerichteter Geschäftsbetrieb gem. § 1 Abs. 2 HGB) nicht erfüllt und erfolgt keine Eintragung des Gewerbes ins Handelsregister, liegt kein Kaufmann vor.

331 Nach §§ 32 und 33 REStG 1920 musste ein „Vergleich der Betriebseinnahmen und der Betriebsausgaben unter Berücksichtigung des Unterschieds in dem Stande und Werte der Erzeugnisse, Waren und Vorräte des Betriebs sowie des beweglichen Anlagekapitals am Schlusse des Geschäftsjahres gegenüber deren Stande und Werte am Anfang desselben“ durchgeführt werden. Da der so festgestellte Gewinn vom Gewinn nach kaufmännischen Grundsätzen erheblich abwich, kann man von insgesamt drei Einkunftsermittlungsmethoden im REStG 1920 sprechen.

die dazu gehörigen Ausgaben in unterschiedlichen Perioden anfallen können. Soweit also die in einer früheren Periode angeschafften Erzeugnisse, Vorräte u.s.w. später veräußert wurden, lagen im Veräußerungszeitpunkt Einnahmen, nicht aber die dazu gehörigen Ausgaben vor. Die „richtige" Periodisierung bei der Einnahmen- und Ausgabenrechnung war dadurch nicht gewährleistet.[332]

Neben dem allgemeinen Einkommensbegriff wurden die Einkommensquellen in § 5 REStG 1920 weiter fortgeführt, deren Aufzählung jedoch nicht mehr abschließend, sondern beispielhaft war.[333] Außerdem wurde eine weitere Quelle „sonstige Einnahmen, ohne Rücksicht darauf, ob es sich um einmalige oder wiederkehrende Einkünfte handelt oder aus welchem rechtlichen oder tatsächlichen Grunde sie den Steuerpflichtigen zugeflossen sind"[334], eingeführt. Diese neue Quelle galt als Auffangtatbestand für alle Einkünfte, die nicht zu den ersten vier gehörten.[335] Durch diese beiden Neuerungen im REStG 1920 hat die Quelleneinteilung ihre materielle Bedeutung verloren und war lediglich als Hilfsmittel zur Umsetzung der Einkommensdefinition aufgefasst.[336] Eine Abkehr von der Quellentheorie wird damit noch einmal deutlich.

Der Abwendung von der Quellentheorie an einer Stelle des Gesetzes stand jedoch deren Weiterführung an einer anderen Stelle entgegen. § 12 REStG 1920 kodifizierte, was zu den nicht steuerpflichtigen Einnahmen gehört, und enthielt in Nr. 12 die Gewinne aus der Veräußerung privater Vermögensgegenstände, die nicht mit der Absicht der Wiederveräußerung erworben wurden.[337] Der Gesetzgeber erkannte, dass die Vorschrift nicht mit der verfolgten Reinvermögenszugangstheorie vereinbar war, und begründete diese mit Erfassungsschwierigkeiten und Belästigungen der Steuerpflichtigen, die mit der Besteuerung aller Veräußerungsgewinne verbunden wären.[338]

Mit der Besteuerung privater Spekulationsgewinne wurde auch die Abzugsfähigkeit von Veräußerungsverlusten über Spekulationsgewinne hinaus aus dem PrEStG

---

332 Siehe *Begründung zum REStG 1920*, S. 622.

333 Siehe *Begründung zum REStG 1920*, S. 614.

334 § 5 REStG 1920.

335 Siehe *Hensel* (1924), S. 97. Zu sonstigen Einnahmen zählten beispielsweise Leibrenten, Zuschüsse und sonstige Vorteile, Entschädigungen, Lotteriegewinne sowie die durch einzelne Veräußerungsgeschäfte erzielten Gewinne. Siehe § 11 REStG 1920. Die Aufzählung der sonstigen Einnahmen im Gesetz war auf keinen Fall erschöpfend, was durch die Formulierung *„gehören insbesondere"* verdeutlicht wird. So auch *Begründung zum REStG 1920*, S. 614.

336 Siehe *Balzer* (1929), S. 32, und *Icking* (1993), S. 61.

337 Bei Grundstücken wurde als alternative Voraussetzung zur Wiederveräußerungsabsicht die Zehnjahresfrist genannt, die der Objektivierung der Spekulationsabsicht diente. Siehe § 12 Nr. 13 REStG 1920.

338 Siehe *Begründung zum REStG 1920*, S. 616 f.

1891 übernommen. Es wurde jedoch erkannt, dass diese Regelung die Möglichkeit eröffnete, bei den Gegenständen des Gebrauchsvermögens, die häufig einer Wertminderung durch Nutzung unterlagen, Veräußerungsverluste gezielt zu realisieren und damit eine Minderung des steuerpflichtigen Einkommens herbeizuführen.[339] Eine von den zahlreichen Novellierungen des REStG 1920 wirkte diesem Problem mit einer Regelung entgegen, nach der die Spekulationsverluste nur bis zur Höhe der Spekulationsgewinne zum Abzug zugelassen wurden.[340]

Es lässt sich festhalten, dass der Gesetzgeber im REStG 1920 den im PrEStG 1891 entstandenen Dualismus der Einkunftsarten beibehalten hat. Die wesentlichen Argumente dafür betreffen sowohl die Einkunftsermittlung als auch die Veräußerungsgewinnbesteuerung.

Hinsichtlich des Dualismus der *Einkunftsermittlung* finden sich im REStG 1920 vor allem Gründe für den Vermögensvergleich als Gewinnermittlungsmethode. Die Beibehaltung des Vermögensvergleichs rechtfertigt zum einen die Tatsache, dass diese Einkunftsermittlungsmethode eine sichere Grundlage der Gewinnermittlung bei Kaufleuten darstellt. Zum anderen lässt sich mit dem Vermögensvergleich eine genauere Periodisierung von Einnahmen und Ausgaben bei Gewerbetreibenden und Land- und Forstwirten als mit der Überschussrechnung herbeiführen. Die Überschussrechnung wird bei den übrigen Steuerpflichtigen aus Vereinfachungsgründen beibehalten.

Was den Dualismus der *Veräußerungsgewinnbesteuerung* anbelangt, äußert sich der Gesetzgeber nur zur Steuerfreistellung der nicht gewerbsmäßigen und nicht zu Spekulationszwecken vorgenommenen Veräußerung bestimmter Wirtschaftsgüter. Diese Regelung hat zum Ziel, die Erfassungsschwierigkeiten, die im Falle der Besteuerung auftreten würden, zu vermeiden.

3.2.1.3 Reichseinkommensteuergesetz von 1925

Das REStG 1920 wurde im Rahmen der *Popitz*schen Steuerreform durch das Reichseinkommensteuergesetz von 1925 (REStG 1925) ersetzt. Diese umfassende Steuerreform war aufgrund der vorläufigen wirtschaftlichen Stabilisierung in Deutsch-

---

[339] Siehe *Balzer* (1929), S. 51 f. Das gleiche Problem bestand bei Lotteriegewinnen, was dazu führte, dass diese durch § 11 REStG 1920 als steuerfrei erklärt wurden. Denn die Besteuerung von Lotteriegewinnen hätte zur Folge, dass auch Lotterieeinsätze als Werbungskosten abzuziehen wären. Da Lotterieeinsätze i.d.R. höher waren als Lotteriegewinne und deren Nichtabzugsfähigkeit eine Ungleichbehandlung zwischen Gewinnen und Verlusten hervorgerufen hätte, wurde auf die Besteuerung der Lotteriegewinne gänzlich verzichtet. Siehe hierzu *Balzer* (1929), S. 37.

[340] Siehe *StÄndG 1921*, S. 314.

land unabdingbar geworden. Außerdem bot sie die Möglichkeit, die Erfahrungen der Einkommensbesteuerung der letzten Jahrzehnte in Deutschland umzusetzen.[341]

Im REStG 1925 verzichtete der Gesetzgeber, wie der amtlichen Begründung[342] zu entnehmen ist, auf die Befolgung einer der existierenden finanzwissenschaftlichen Einkommenstheorien. Er erkannte aus den Erfahrungen der letzten Jahre, dass keine der beiden Theorien ausnahmslos verwirklicht werden konnte, und strebte einen an den Belangen der praktischen Besteuerung orientierten, pragmatischen Einkommensbegriff an.[343]

Der Gesetzgeber kehrte zur *abschließenden* Aufzählung der Einkunftsquellen als materielle Grundlage des Einkommensbegriffs zurück, wobei der vorhandene Katalog im Interesse einer besseren Systematik ausgeweitet wurde.[344] Die *Einkünfte aus Grundbesitz* wurden in diesem Zusammenhang in die Einkünfte aus Land- und Forstwirtschaft und Vermietung und Verpachtung, die *Einkünfte aus Arbeit* in solche aus selbständiger und nichtselbständiger Arbeit und die *sonstigen Einnahmen* in wiederkehrende Bezüge und sonstige Leistungsgewinne aufgeteilt.[345]

Diese Ausgestaltung des Einkommensbegriffs wurde damals von einigen Literaturstimmen als „Rückkehr des Einkommensteuerrechts zur Quellentheorie"[346] aufgefasst. Die Durchbrechungen der Quellentheorie an anderen Stellen des Gesetzes galten nach dieser Auffassung als notwendige Anpassungen an praktische Bedürfnisse.[347]

---

[341] Siehe *Begründung zum REStG 1925*, S. 20, auch *Brendel* (1931), S. 26.

[342] Siehe *Begründung zum REStG 1925,* S. 21 f.

[343] Damit wollte der Gesetzgeber die früher durch die allgemeine Definition des Einkommens entstandenen Unsicherheiten und Rechtsstreitigkeiten verhindern, denn der wirtschaftliche Begriff des Einkommens war laut Begründung nicht für ein Steuergesetz geeignet. Um ein Steuergesetz durchführbar zu gestalten und eine gleichmäßige Behandlung aller Steuerpflichtigen herzustellen, mussten die zu besteuernden Sachverhalte eindeutig definiert werden. Siehe *Begründung zum REStG 1925*, S. 22.

[344] Siehe *Begründung zum REStG 1925*, S. 22 und 39.

[345] Siehe *Begründung zum REStG 1925*, S. 39 f.

[346] *Balzer* (1929), S. 66. Die gleiche Auffassung vertrat auch *Strutz* (1927b), S. 324. Anderer Meinung war *Kellner* (1928), S. 34, der in diesem Gesetz eine Weiterführung der Reinvermögenszugangstheorie sah. Solch unterschiedliche Meinungen lagen deshalb vor, weil der Einkommensbegriff trotz seiner pragmatischen Ausgestaltung immer noch von den finanzwissenschaftlichen Einkommenstheorien beeinflusst war. Je nachdem, welche Richtung bei einer Vorschrift stärker einschlug, bedeutete dies für die Befürworter der Quellen- bzw. Reinvermögenszugangstheorie die Befolgung entsprechender Theorie. Siehe *Icking* (1993), S. 87.

[347] Siehe *Balzer* (1929), S. 69.

Zur Durchbrechung der Quellentheorie kam es z.B. bei der Einkunftsermittlung, da neben der Überschussrechnung weiterhin der Vermögensvergleich zugelassen war.[348] Im Gegensatz zum REStG 1920 war er jedoch nicht als Ausnahme zur Überschussrechnung, sondern als gleichrangige Einkunftsermittlungsmethode qualifiziert.[349] Erst mit dieser Regelung wurde nach Ansicht einiger Literaturstimmen der eigentliche *Dualismus der Einkunftsarten* geschaffen.[350] Diese Auffassung lässt sich auch nachvollziehen, da der Gesetzgeber hier erstmals versuchte, den ursprünglich aus den Praktikabilitätserwägungen entstandenen Dualismus der Einkunftsermittlung materiell zu rechtfertigen.

Die Begründung des Gesetzgebers beruhte auf dem Zusammenhang zwischen dem Wesen der Einkunftsarten und den Methoden der Einkunftsermittlung. Bei *Gewinneinkunftsarten* komme es – so die Begründung[351] – auf den Einsatz von Vermögen an, das für die Einkunftserzielung unentbehrlich sei.[352] Die Veränderungen des eingesetzten Vermögens dürften deshalb bei diesen Einkunftsarten nicht unberücksichtigt bleiben. Bei *Überschusseinkunftsarten* gäbe es entweder gar kein Vermögen, wie bei Einkünften aus nichtselbständiger Arbeit, oder es komme nicht auf die Veränderungen der Vermögensgegenstände, wie z.B. bei Einkünften aus Vermietung und Verpachtung, an, sondern auf die Erträge, die aus diesen resultieren. Das Einkommen bei diesen Einkunftsarten sei deshalb der „Überschuss der Einnahmen über die Ausgaben“[353].

Außerdem hat der Gesetzgeber erkannt, dass die Zugrundelegung der Grundsätze ordnungsmäßiger Buchführung für die steuerliche Gewinnermittlung bei Kaufleuten

---

348 Siehe § 7 Abs. 2 REStG 1925.

349 Der Vermögensvergleich nach den kaufmännischen Grundsätzen wurde zu einer „den Umfang des steuerbaren Einkommens“ bestimmenden materiellen Methode. Siehe *Begründung zum REStG 1925*, S. 46, dort auch das wörtliche Zitat.

350 Siehe z.B. *Best, M.* (1991), S. 127, oder *Icking* (1993), S. 97.

351 Siehe *Begründung zum REStG 1925*, S. 40.

352 Diese Begründung bezog sich nicht nur auf (bilanzierungs- und nichtbilanzierungspflichtige) Gewerbetreibende und Land- und Forstwirte, die schon durch REStG 1920 zum Vermögensvergleich verpflichtet waren, sondern auch auf Selbständige, die ihren Gewinn nun gem. § 12 Satz 1 REStG 1925 auch mit Hilfe des Betriebsvermögensvergleichs ermitteln konnten. Die Gesetzesbegründung bestätigt jedoch, dass es diesbezüglich wohl keine einheitliche Meinung gab. „Bei sonstiger selbständiger“, so heißt es in der *Begründung zum REStG 1925*, S. 40 f., „insbesondere der freien Berufstätigkeit, könnte man zweifeln“, ob ein dieser Tätigkeit gewidmetes Vermögen vorliegt. „Berücksichtigt man aber, daß für den Rechtsanwalt z.B. ein umfangreiches Büro mit Inventar, ein Bankkonto mit einer Buchführung über Vorschüsse und fremde Gelder, für den Arzt eine erhebliche Zahl von Instrumenten, häufig auch größere Apparate oder gar eine Klinik ... erforderlich sind, ... so muß man diese Gruppe von Steuerpflichtigen der Landwirtschaft und den Gewerbetreibenden gleichstellen.“

353 § 7 Abs. 2 Nr. 2 REStG 1925.

einen großen Spielraum gewährt.[354] Um diesen Spielraum einzuschränken, wurden im REStG 1925 spezielle Vorschriften eingeführt, die im Wesentlichen die Bewertung betrafen.[355] Aufgrund dessen musste regelmäßig die Handelsbilanz für steuerliche Zwecke weitgehend korrigiert werden.[356] Der ursprüngliche Gedanke, bei Kaufleuten aus Praktikabilitätsgründen auf die Handelsbilanz abzustellen, wurde also nicht mehr verwirklicht.

Dass sich der Gesetzgeber an einer anderen Stelle des REStG 1925 weiterhin vom Praktikabilitätsgedanken leiten ließ, bestätigt die Regelung zu Spekulationsgewinnen. Diese unterlagen zwar weiterhin der Besteuerung, jetzt als sonstige Leistungsgewinne[357], die Spekulationsabsicht wurde jedoch durch die Spekulationsfristen von zwei Jahren bei Grundstücken und drei Monaten bei anderen Vermögensgegenständen (insbesondere Wertpapieren) objektiviert.[358] Eine weitere Regelung[359], wonach den Steuerpflichtigen eine Beweismöglichkeit gegen die Spekulationsabsicht zur Verfügung stand, machte allerdings die herbeigeführte Vereinfachung zunichte.[360] Trotz der Erfahrung, dass die Besteuerung der Spekulationsgewinne zu keinen finanziellen Vorteilen für den Fiskus[361] führte, hielt der Gesetzgeber an dieser Vorschrift weiterhin fest. Als Rechtfertigung traten dabei politische Erwägungen in den Vordergrund.[362]

---

[354] Siehe *Begründung zum REStG 1925*, S. 46.

[355] Siehe hierzu z.B. §§ 19 und 20 REStG 1925. Auf die Darstellung dieser Spezialvorschriften soll hier verzichtet werden, da sie bei dem Herausarbeiten der gesetzgeberischen Zielsetzungen keine weitere Erkenntnis bringen.

[356] So z.B. *Strutz* (1927b), S. 398; *Balzer* (1929), S. 88, und mit einigen Beispielen *Kellner* (1928), S. 51 ff.

[357] Siehe § 6 Abs. 1 Nr. 8 i.V.m. § 42 REStG 1925.

[358] Siehe § 42 Abs. 1 Nr. 1 Buchstaben a und b REStG 1925.

[359] Es handelt sich hier um § 42 Abs. 2 Nr. 3 REStG 1925.

[360] Die Steuerpflichtigen konnten bei kurzer Besitzdauer den Nachweis erbringen, dass kein Spekulationsgeschäft getätigt wurde. Bei Übersteigen der Besitzdauer wurde dagegen unwiderlegbar angenommen, dass kein Spekulationsgeschäft vorlag. Demzufolge war diese Regelung zugunsten des Steuerpflichtigen und zuungunsten des Fiskus ausgestaltet. So auch *Brendel* (1931), S. 34 f.

[361] Diesbezüglich hat sich später *Georg Strutz* im Hinblick auf das PrEStG 1891 geäußert. „Wäre man im preußischen Finanzministerium", so *Strutz* (1927b), S. 713, "[die Besteuerung der Spekulationsgewinne], deren finanzieller Erfolg ... im Verhältnis zu der (kostspieligen) Arbeit [der Steuerbehörden] ... gering war, ... recht gerne wieder losgeworden. Man sagte sich aber, dass ein dahingehender Vorschlag äußerst unpopulär war und daher im Landtage kaum durchzusetzen sein würde." Die finanzielle Bedeutungslosigkeit der Besteuerung der Spekulationsgewinne von 1925 bis 1928 zeigt *Fritz Brendel* unter Heranziehung statistischer Angaben. Siehe *Brendel* (1931), S. 71 f.

[362] Der Staatssekretär *Johannes Popitz* führte im Steuerausschuss aus, dass unter den politischen Verhältnissen in Deutschland auf die Besteuerung der Spekulationsgewinne nicht verzichtet werden kann. Außerdem wies er darauf hin, dass man nicht auf die Erfahrungen im Ausland zurückgreifen kann, da diese Frage auch im Ausland sehr unterschiedlich behandelt wird. Siehe Bericht des 6. Ausschusses des Reichstags 1925, zitiert in *Brendel* (1931), Fn. 6, S. 28. In den Niederlanden, Belgien und Frankreich wurden z.B. damals die gelegentlichen Spekulationsgewinne außerhalb des Gewerbebetriebs steuerfrei gestellt. Die gleichen Regelungen existierten auch in England

Neben der Besteuerung der Spekulationsgewinne ließ der Gesetzgeber eine Vorschrift einführen, welche die Gewinne aus der Veräußerung einer wesentlichen[363] Beteiligung an einer Kapitalgesellschaft im Privatvermögen unabhängig von der Spekulationsabsicht für steuerpflichtig erklärte.[364] Diese Steuernorm hatte einerseits eine Gleichstellung der Mitunternehmer mit den wesentlich beteiligten Gesellschaftern einer Kapitalgesellschaft zum Ziel.[365] Andererseits wollte der Gesetzgeber verhindern, dass Personengesellschaften ohne Aufdeckung stiller Reserven in Kapitalgesellschaften umgewandelt und dann die neuen Anteile steuerfrei veräußert werden.[366]

Zusammenfassend lässt sich festhalten, dass das REStG 1925 sowohl neue steuerliche Regelungen als auch neue Zielsetzungen des Gesetzgebers bei den weiter fortgeführten Vorschriften mit sich brachte. Den Dualismus der *Einkunftsermittlung* begründet der Gesetzgeber mit dem Ziel, die Besonderheiten der Einkunftsarten, und zwar die (fehlende) Bedeutung des Vermögens, mit Hilfe der unterschiedlichen Einkunftsermittlungsmethoden zum Ausdruck zu bringen. In Bezug auf die *Veräußerungsgewinnbesteuerung* lassen sich politische Erwägungen bei den Spekulationsgewinnen sowie besondere Zielsetzungen bei den Gewinnen aus den wesentlichen Beteiligungen an Kapitalgesellschaften herausstellen.

3.2.1.4 Weitere historische Entwicklung des Dualismus der Einkunftsarten

Das das REStG 1925 ersetzende Einkommensteuergesetz von 1934 (EStG 1934) brachte nur unwesentliche Änderungen mit sich, wie z.B. eine Reduzierung der Einkunftsarten von acht auf sieben, indem die wiederkehrenden Bezüge und sonstigen Leistungsgewinne zu den sonstigen Einkünften zusammengefasst wurden. Der Einkommensbegriff und die Teilung der Einkunftsarten in Gewinn- und Überschussein-

und Italien. In Norwegen, Dänemark und Österreich unterlagen die Spekulationsgewinne dagegen der Besteuerung. Auch das EStG von Polen folgte seinem Vorbild, dem PrEStG 1891, und enthielt eine Regelung zur Besteuerung der gelegentlichen Spekulationsgewinne. Siehe *Popitz* (1926), S. 452 ff.; *Strutz* (1927a), S. 55 ff. und 198 ff., sowie *Brendel* (1931), S. 75 ff.

363 Unter einer wesentlichen Beteiligung wurde damals eine Beteilung von mindestens 25 % innerhalb der letzten zehn Jahre verstanden. Siehe § 30 Abs. 3 Satz 2 REStG 1925.

364 Siehe § 30 Abs. 3 Satz 2 REStG 1925.

365 Das erklärt auch, warum diese Veräußerungsgewinne zu den Einkünften aus Gewerbebetrieb, wie es bei der Veräußerung von Mitunternehmeranteilen der Fall ist, zugerechnet wurden. Siehe § 30 Abs. 3 Satz 2 REStG 1925.

366 Siehe *Begründung zum REStG 1925*, S. 56.

künfte wurden beibehalten.[367] Auch an der unterschiedlichen Besteuerung der Veräußerungsgewinne hat sich nichts geändert.[368]

Der Dualismus der Einkunftsarten blieb damit auch nach der Steuerreform im Jahre 1934 bestehen. Die Begründung zum EStG 1934 enthielt jedoch keine Rechtfertigung für die Beibehaltung des Dualismus der Einkunftsarten.[369] Der Gesetzgeber formulierte lediglich eine übergeordnete Zielsetzung, wonach „ein System der Einkommensbesteuerung zu schaffen [ist], das unter Verwendung der brauchbaren Teile des alten Einkommensteuerrechts den wirtschaftspolitischen und bevölkerungspolitischen Anforderungen genügt, die vom nationalsozialistischen Standpunkt aus für die Einkommensbesteuerung zu stellen sind“[370]. Der einmalige allgemeine Charakter dieser Zielsetzung ohne Bezug zum Dualismus der Einkunftsarten sowie die unpräzise Formulierung des Gesetzgebers machen dieses übergeordnete Ziel völlig unbrauchbar.

Von Bedeutung sind an dieser Stelle lediglich weitere Begründungen des Gesetzgebers hinsichtlich der Besteuerung der Veräußerungsgewinne aus einer wesentlichen Beteiligung an einer Kapitalgesellschaft, die in der Gesetzesbegründung zum Einkommensteuergesetz von 1975 zum Ausdruck kamen. Zum einen wurde diese Regelung damit gerechtfertigt, dass die Erfassung aller privaten Veräußerungsgewinne technisch nicht durchführbar wäre, so dass man sich auf die Erfassung leicht feststellbarer und nachprüfbarer Veräußerungsgewinne von meist erheblichem Umfang beschränken müsste. Zum anderen argumentierte der Gesetzgeber mit der notwendigen Abschöpfung der vollen Leistungsfähigkeit der Steuerpflichtigen mit entsprechenden Veräußerungsgewinnen.[371]

Es lässt sich zusammenfassen, dass die historische Entwicklung des Dualismus der Einkunftsarten mit dem REStG 1925 weitgehend abgeschlossen war. Die späteren Gesetze brachten keine wesentlichen materiellen Änderungen des Dualismus der Einkunftsarten mit sich. Lediglich neue Begründungen des Gesetzgebers zur Be-

---

367 Siehe *Begründung zum EStG 1934*, S. 34 f.

368 Siehe § 22 i.V.m. § 23 EStG 1934, der sich lediglich durch eine redaktionelle Anpassung vom § 41 i.V.m. § 42 REStG 1925 unterschieden hat.

369 Diese Haltung des Gesetzgebers ist auch nachvollziehbar, da seitens des Schrifttums nur vereinzelt Kritik, und zwar nur gegen die Veräußerungsgewinnbesteuerung, geübt wurde. Siehe hierzu *Brendel* (1931), S. 67 ff. Die kritischen Stimmen richteten sich zu diesem Zeitpunkt meistens gegen die reine Quellen- und/oder Reinvermögenszugangstheorie, wie z.B. bei *Popitz* (1926), S. 415 ff.; *Kellner* (1928), S. 21 ff.; *Balzer* (1929), S. 91 ff., und *Moll, B.* (1930), S. 458 ff., was aber den Dualismus der Einkunftsarten, der die beiden finanzwissenschaftlichen Einkommenstheorien vereinte, eher positiv beeinflusste.

370 *Begründung zum EStG 1934*, S. 33.

371 Siehe *Begründung zum EStRG 1975*, S. 263.

steuerung der Veräußerungsgewinne aus wesentlichen Kapitalgesellschaftsbeteiligungen sind in Bezug auf den Dualismus der Einkunftsarten diskussionswürdig.

3.2.2 Problematik der gesetzgeberischen Zielsetzungen

Nach dem Herausarbeiten der gesetzgeberischen Zielsetzungen im vorangegangenen Kapitel stellt sich nun die Frage, ob diese als Kriterien zur Beurteilung des Dualismus der Einkunftsarten geeignet sind. Dies ist nicht selbstverständlich, da sich der Gesetzgeber sehr häufig einer unpräzisen Formulierung der Zielsetzung bedient, die dann als Beurteilungsmaßstab nicht brauchbar ist und zunächst konkretisiert werden muss.[372] Darüber hinaus ist es angesichts der über einhundertjährigen Geschichte des Dualismus der Einkunftsarten im deutschen Einkommensteuergesetz nicht unproblematisch, die Ziele des Gesetzgebers als Beurteilungskriterien „blind" zu übernehmen. Bei der Beurteilung der historischen Besteuerungsgrundsätze sind neben den Verhältnissen im Zeitpunkt der Gesetzgebung vielmehr die seit Erlass des Gesetzes eingetretene Entwicklung der wirtschaftlichen Verhältnisse zu berücksichtigen.[373] Im Folgenden werden die in Kapitel 3.2.1 herausgestellten gesetzgeberischen Zielsetzungen vor dem Hintergrund dieser Probleme, und zwar für die beiden Aspekte des Dualismus der Einkunftsarten, die Einkunftsermittlung und die Veräußerungsgewinnbesteuerung, untersucht.

3.2.2.1 Zielsetzungen in Bezug auf die Einkunftsermittlungsmethoden

Das erste Ziel des Gesetzgebers bezüglich der *Einkunftsermittlung* bestand in der Vereinfachung der Anknüpfung steuerlicher Gewinnermittlung an die Grundsätze ordnungsmäßiger Buchführung. Aufgrund der fehlenden materiellen Begründung ist davon auszugehen, dem Gesetzgeber sei bewusst gewesen, dass das Ergebnis der Handelsbilanz nicht die – was auch immer der Gesetzgeber darunter verstand – „richtige" steuerliche Bemessungsgrundlage darstellt.[374] Das Vereinfachungsargu-

---

372 Siehe *Wagner, F.* (1974), S. 398, und *Elschen* (1988), S. 6.

373 Siehe *Horváth* (1975), S. 68.

374 So auch *Zimmermann* (2001), S. 809. Auch zahlreiche Literaturstimmen vertreten die Ansicht, dass das Ergebnis der Handelsbilanz nicht für steuerliche Zwecke geeignet ist. Siehe z.B. *Bühler/Scherpf* (1971), S. 146 ff.; *Jacobs* (1971), S. 7 und 29 ff.; *Bareis* (1972), S. 500 ff., und *Paulick* (1972), S. 283 und 289. Diese Auffassung lag ebenfalls Anfang 1971 dem Gutachten der damaligen *Steuerreformkommission* zugrunde. Siehe *BMF* (1971), S. 428 ff. Der erste Referentenentwurf eines EStG 1974 [zum Inhalt des unveröffentlichten Referentenentwurfs des EStG 1974 siehe *Klotz* (1972) und *Rau* (1974)], der eine weitgehende Verselbständigung der Steuerbilanz vorsah, wurde jedoch nicht umgesetzt, was zum weitgehenden Erstarren der Diskussion führte. So auch *Robisch/Treisch* (1997), S. 159 f. Zu den Argumenten, warum die selbständige Steuerbilanz nicht beschlossen wurde, siehe *Begründung zum EStRG 1975*, S. 223. Seit Mitte der achtziger Jahre ist

ment konnte deshalb nur so lange für den Vermögensvergleich als zweite Einkunftsermittlungsmethode sprechen, wie die Steuersätze noch sehr niedrig im Verhältnis zu den Kosten der Erstellung einer eigenen steuerlichen Rechnung waren,[375] so dass die Abweichungen der handelsbilanziellen Ergebnisse von der steuerlichen Bemessungsgrundlage tolerierbar waren. Hohe Steuersätze und die aufgrund der computergestützten Datenerfassung relativ niedrigen Dokumentationskosten heutiger Zeit lassen dieses Argument jedoch fallen.[376]

Darüber hinaus lässt die heutige Praxis selbst dem Vereinfachungsgedanken keine „Überlebenschance" mehr, da Kaufleute aufgrund der Durchbrechungen[377] des Maßgeblichkeitsprinzips ohnehin in den meisten Fällen de facto zwei Rechenwerke, die Handels- und die Steuerbilanz, aufzustellen haben.[378] Die ersten von der Handelsbilanz abweichenden steuerbilanziellen Regelungen wurden 1925 verabschiedet. Der Gesetzgeber hat bereits zu diesem frühen Zeitpunkt erkannt, dass die Grundsätze ordnungsmäßiger Buchführung für steuerliche Zwecke einen großen Spielraum gewähren und somit einzuschränken sind, was dem Vereinfachungsgedanken widersprach.[379] Die heutige Tendenz zur Aufstellung unterschiedlicher Rechenwerke wird durch die Internationalisierung der Rechnungslegung verstärkt. Denn große Kapitalgesellschaften haben die Möglichkeit, einen freiwilligen Einzelabschluss nach den internationalen Rechnungslegungsvorschriften neben dem verpflichtenden Einzelabschluss nach den handelsrechtlichen Grundsätzen ordnungsmäßiger Buchführung zu erstellen, der die Grundlage für die steuerliche Gewinnermittlung darstellt.[380]

---

jedoch wieder das Aufleben der Diskussion zu verzeichnen. Siehe *Schneider* (1983c), S. 141 ff.; *Wetzel* (1984), S. 172; *Rombach* (1988); *Weber-Grellet* (1994a), S. 33; *Weber-Grellet* (1994b), S. 289; *Weber-Grellet* (1997), S. 391; *Weber-Grellet* (1999), S. 2661; *Lauth* (2000), S. 1367 f., und *Schneider* (2003), S. 666 f.

375 Siehe *Wagner, F.* (1989), S. 269. Der Stufentarif des PrEStG 1891 variierte in Abhängigkeit von der Einkommenshöhe zwischen 0,6 % und 4 %. Siehe *Popitz* (1926), S. 441. Dagegen bemessen sich der heutige Eingangssteuersatz auf 15 % und der Spitzensteuersatz auf 42 %.

376 So auch *Wagner, F.* (1989), S. 269; *Weber-Grellet* (1998), S. 1349; *Hennrichs* (1999), S. 144; *Erle* (2000), S. 182; *Euler* (2000), S. 195; *Lauth* (2000), S. 1368; *Zimmermann* (2001), S. 809, und ferner *Dziadkowski* (2001), S. 11.

377 Siehe zu den Durchbrechungen des Maßgeblichkeitsprinzips bereits S. 12.

378 So auch *Schneider* (1999b), S. 107; *Weber-Grellet* (1999), S. 2659; *Kußmaul/Klein* (2001), S. 546, und *Kümpel* (2004), S. 241.

379 Siehe hierzu bereits Kapitel 3.2.1.3.

380 Zwar wurde die Erstellung mehrerer Einzelabschlüsse bereits vor dem Bilanzrechtsreformgesetz vom 4. Dezember 2004 im Schrifttum kritisiert. Siehe *Niehus* (2001), S. 742. Ungeachtet dieser Kritik kodifiziert das Gesetz ein Wahlrecht zur Ausweitung der internationalen Rechnungslegungsvorschriften auf die Einzelabschlüsse großer Kapitalgesellschaften. Siehe bereits oben S. 25, und noch einmal Art. 1 Nr. 29 *BilReG 2004.*

Nach Ansicht einiger Literaturstimmen kann jedoch der Vereinfachungszweck alleine die mehr als einhundertjährige Praxis der Zugrundelegung der handelsbilanziellen Grundsätze für steuerliche Ziele nicht rechtfertigen.[381] Diese gehen von der Zweckidentität der Handels- und Steuerbilanz und somit von identischen Ermittlungsverfahren aus.[382] Danach ist die *vorsichtige*[383] Gewinnermittlung, die aus dem Gläubigerschutzgedanken resultiert,[384] auch zur Erfüllung des Postulats der Besteuerung nach der Leistungsfähigkeit notwendig, da diese die Gleichstellung des Fiskus mit dem Aktionär ermöglicht.[385] Dieser auf *Georg Döllerer*[386] zurückgehende „Stiller-Teilhaber-Ansatz" basiert auf der Vorstellung des „Unternehmens an sich"[387], wonach die Kapitaleigner eher als „lästige Gesellschafter" und nicht als Prinzipale eines Unternehmens verstanden werden. Diese Auffassung stellt jedoch eine Konkretisierung der gesetzgeberischen Zielsetzung dar, so dass ihre Zugrundelegung keine Übernahme der Ziele des Gesetzgebers bedeuten würde.[388]

Auch die „richtige" Periodisierung als offiziell vom Gesetzgeber aufgeführte Zielsetzung für den Vermögensvergleich als Gewinnermittlungsmethode überzeugt nicht. Zum einen hat der Gesetzgeber nicht explizit ausgeführt, was unter „richtiger" Perio-

---

381 Siehe *Hauser/Meurer* (1998), S. 269.

382 Siehe *Döllerer* (1971), S. 1334 f.; *Gail* (1971), S. 322 f.; *Gail* (1972), S. 494 f.; *Maassen* (1972), S. 149, und später *Knepper* (1987), S. 689; *Krumnow* (1994), S. 693; *Söffing* (1995), S. 658 f.; *Hauser/Meurer* (1998), S. 269 f., und *Treptow* (1999), S. 2 f.

383 Es handelt sich hierbei um die Gewinnermittlung nach dem Vorsichtsprinzip. Siehe zum Vorsichtsprinzip bereits oben Kapitel 2.1.2.

384 Eine positive Korrelation zwischen dem Vorsichtsprinzip und dem Gläubigerschutz wird im Schrifttum zwar mehrheitlich, jedoch nicht einheitlich bejaht. Bereits *Eugen Schmalenbach* vertrat die Auffassung, dass die durch die vorsichtige Gewinnermittlung gelegten stillen Reserven, die bei schlechter Ertragslage aufgelöst werden, die Gläubiger über eine Verschlechterung der Ertragslage täuschen. Siehe *Schmalenbach* (1962), S. 32 f. Auch *Dieter Schneider* verfolgt die Ansicht, dass der Gläubigerschutz nicht durch die Ausschüttungsbegrenzung, sondern durch die Information der Anteilseigner zu erreichen ist. Siehe *Schneider* (1995), S. 120. *Kümpel* (2004), S. 241, äußert sich vorsichtig, dass das Verhältnis zwischen dem Vorsichtsprinzip und dem Gläubigerschutz anhand der unternehmensindividuellen Situation zu beurteilen ist.

385 Der Ausschüttungsverzicht des Aktionärs aufgrund der vorsichtigen Gewinnermittlung hat nach dieser Ansicht der Fiskus durch einen Steuerverzicht zu honorieren. Es darf nicht zu einer Bevorrechtigung des Fiskus gegenüber den Interessen der Anteilseigner kommen. Siehe hierzu *Döllerer* (1971), S. 1334.

386 Siehe *Döllerer* (1971), S. 1333 ff.

387 Der Begriff des *Unternehmens an sich* geht auf *Haussmann* (1927) zurück, der ihn in seinem Aufsatz „Die Aktiengesellschaft als „Unternehmen an sich" zuerst erwähnte. Die Grundüberlegungen dieser Vorstellung des Unternehmens wurden jedoch bereits bei *Rathenau* (1917) gelegt. Dieses Unternehmensverständnis, das von der Entpersönlichung und Objektivierung des Unternehmens ausging, war vor allem zwischen 1920 und 1940 stark verbreitet. Siehe zur Entwicklung der Vorstellung des „Unternehmens an sich" ausführlich *Riechers* (1996).

388 Außerdem wird diese Auffassung auch im Schrifttum heftig kritisiert. Siehe *Wagner, F.* (1998b), S. 58; *Wagner, F.* (2002a), S. 1885, und *Wagner, F.* (2002b), S. 77.

disierung zu verstehen ist. Der damalige Vermögensvergleich, der als „Vorbild" der „richtigen" Periodisierung galt, hat zwischenzeitlich zahlreiche Änderungen erfahren, so dass dieses Argument nicht auf die heutige Gewinnermittlung übertragen werden kann. Zum anderen wachsen im Schrifttum seit langem Zweifel, ob die Periodisierungsregeln des Handelsrechts, die dem Vermögensvergleich zugrunde liegen, für die steuerliche „periodengerechte" Gewinnermittlung geeignet sind, also die „richtige" steuerliche Periodisierung überhaupt existiert. Nach Auffassung von *Franz W. Wagner* ist die Prognosemöglichkeit der Aktionäre und Gläubiger aus der handelsrechtlichen Gewinnermittlung,[389] die sich durch die Glättung der Zahlungen ergibt, bei der steuerlichen Gewinnermittlung nicht erforderlich.[390] Der Fiskus hat keinen Informationsbedarf hinsichtlich der zukünftigen Unternehmenswerte oder Haftungsmasse, da er keine entsprechenden Entscheidungen zu treffen hat.[391]

Auch das Ziel der Sicherstellung der Deklaration bei der Zugrundelegung der handelsrechtlichen Grundsätze für steuerliche Zwecke, das dem REStG 1920 zugrunde lag, lässt sich heute schwer nachvollziehen.[392] Manipulationen der steuerlichen Bemessungsgrundlage werden nicht durch die handelsrechtliche Prüfung, sondern durch die Kontrolle der ordnungsmäßigen Buchführung, Bilanzierung und Bewertung, die fast ausschließlich durch die Betriebsprüfung für steuerliche Zwecke erfolgt, vermieden.[393] Nach Auffassung von *Peter Bareis* wird durch die Überwachung seitens der Finanzverwaltung vielmehr die Einhaltung der handelsrechtlichen Regeln sichergestellt.[394]

---

[389] Die Aktionäre benötigen nach *Franz W. Wagner* zukunftsbezogene Informationen, um die Wertentwicklung der Kapitalanlagen prognostizieren, die Gläubiger, um Haftungsmasse hinsichtlich der zu erwartenden Zugriffe Dritter beurteilen zu können. Siehe hierzu *Wagner, F.* (2002a), S. 1888. Zu beachten ist jedoch, dass diese Auffassung von der Information und nicht von der Ausschüttungsbegrenzung als oberes Prinzip der materiellen Grundsätze ordnungsmäßiger Buchführung ausgeht. Zu den unterschiedlichen Auffassungen in Bezug auf das obere Prinzip der materiellen Grundsätze ordnungsmäßiger Buchführung und zu ihren Begründungen siehe ausführlich *Breithecker/Schmiel* (2003), S. 84 ff.

[390] Siehe *Wagner, F.* (1994), S. 1193; *Wagner, F.* (1998a), S. 2076; *Wagner, F.* (1998b), S. 64, und *Wagner, F.* (2002a), S. 1888.

[391] So *Wagner, F.* (2002a), S. 1888, und ähnlich *Schneider* (2003), S. 666 f.

[392] Anderer Auffassung ist *Hennrichs* (1999), S. 144 f., der dem historischen Gesetzgeber hinsichtlich dieser Zielsetzung zustimmt.

[393] So auch *Bareis* (1972), S. 502; *Crezelius* (1994a), S. 691, und *Söffing* (1995), S. 654. Die Prüfungspflicht der handelsrechtlichen Gewinnermittlung besteht lediglich für große und mittelgroße Kapitalgesellschaften (§ 316 HGB) und Kapitalgesellschaften & Co (§ 316 HGB i.V.m. § 264a Abs. 1 HGB) sowie für andere Unternehmen bestimmter Größe (§ 6 PublG). Zwar knüpft die Häufigkeit der steuerlichen Betriebsprüfung ebenfalls an die Größe des Unternehmens an, eine *Beschränkung* auf bestimmte Rechtsformen oder Größen der Unternehmen liegt jedoch nicht vor. Siehe hierzu weiter unten S. 195.

[394] Siehe *Bareis* (1972), S. 502.

Einige Autoren sehen in der Anknüpfung der steuerlichen Gewinnermittlung an die Grundsätze ordnungsmäßiger Buchführung nicht nur den Schutz des Fiskus vor der willkürlichen Festsetzung des Einkommens, sondern auch den Schutz der Steuerpflichtigen vor politischen Eingriffen[395] in die steuerliche Gewinnermittlung.[396] Dieser Ansicht, die als „Beißkorbtheorie"[397] bezeichnet wird, kann erwidert werden, dass das Steuerrecht bereits durch das Grundgesetz geschützt ist und der Schutz durch das Handelsrecht somit nicht erforderlich ist.[398] Außerdem haben die Steuernormänderungen[399] in der Vergangenheit gezeigt, dass die Grenzen des Handelsrechts bei den Steuerreformen ignoriert werden.[400]

Mit dem REStG 1925 kam eine neue Begründung des Gesetzgebers bezüglich der bestehenden unterschiedlichen Einkunftsermittlungsmethoden bei Gewinn- und Überschusseinkunftsarten hinzu. Das fehlende Vermögen soll danach die Überschussrechnung als Einkunftsermittlungsmethode bei den Überschusseinkunftsarten rechtfertigen. Dass z.B. bei Einkünften aus Vermietung und Verpachtung Vermögen existiert, hat der Gesetzgeber nicht leugnen können. Er hat vielmehr seine Rechtfertigung in diesem Fall dahingehend ausgeweitet, dass die Wertänderungen dieses Vermögens keine Rolle spielen und deshalb die Überschussrechnung beizubehalten ist. Dass dadurch jedoch ein Widerspruch entsteht, da die *Wertänderungen des Vermögens* bei Einkünften aus Vermietung und Verpachtung im Rahmen der Spekulationsgewinne explizit erfasst werden, hat der Gesetzgeber übersehen. Derselbe Einwand gilt auch für Einkünfte aus Kapitalvermögen, die in die Gesetzesbegründung gar nicht einbezogen wurden. Dieser wird sogar noch durch die Tatsache verstärkt, dass die Wertänderungen einer wesentlichen Beteiligung an einer Kapitalgesellschaft auch unabhängig von der Spekulationsabsicht die steuerliche Bemessungsgrundlage erhöhen.

Die früher noch zutreffende Aussage des Gesetzgebers, dass bei Einkünften aus nichtselbständiger Arbeit kein Vermögen vorhanden ist, überzeugt heute nicht mehr. Denn die Existenz des Vermögens bei allen Überschusseinkünften wird seit mehreren Jahren im Schrifttum kontrovers diskutiert. Viele Literaturstimmen bejahen

---

395 Dabei handelt es sich um die Durchsetzung der haushalts-, regional- oder sozialpolitischen Ziele. Siehe *Söffing* (1995), S. 655.

396 Siehe *Döllerer* (1971), S. 1333; *Paulick* (1972), S. 290; *Beisse* (1994), S. 23; *Söffing* (1995), S. 655, und *Kussmaul/Klein* (2001), S. 550.

397 Dieser Begriff findet sich bei *Wagner, F.* (1998b), S. 57.

398 Siehe *Bareis* (1972), S. 502; *Weber-Grellet* (1994b), S. 290, und *Weber-Grellet* (1997), S. 389.

399 Es handelt sich hier um die Steueränderungen durch das Steuerentlastungsgesetz 1999/2000/2002, die zur Durchbrechung des Maßgeblichkeitsgrundsatzes führten. Siehe zu den heutigen Durchbrechungen des Maßgeblichkeitsgrundsatzes bereits oben S. 12.

400 So auch *Erle* (2000), S. 190, und *Lauth* (2000), S. 1369.

– wenn auch mit unterschiedlichen rechtlichen Konsequenzen – das Einkunftserzielungsvermögen bei allen Überschusseinkünften, unter anderem auch bei Einkünften aus nichtselbständiger Arbeit.[401] Die Begründung des Gesetzgebers ist in diesem Fall nicht mehr zeitgemäß.

Damit steht fest, dass aufgrund der seit dem Zeitpunkt der Gesetzgebung eingetretenen Wandlung der wirtschaftlichen und rechtlichen Verhältnisse die historischen Zwecke des Gesetzgebers hinsichtlich der differierenden Einkunftsermittlungsmethoden realitätsfremd sind. Ebenso ist die Standfestigkeit der unpräzise konturierten steuerpolitischen Ideale aufgrund der Entwicklungen in der Wissenschaft nicht mehr gegeben. So besteht z.B. im Schrifttum hinsichtlich der Zweckidentität der Handels- und Steuerbilanz keine Einigkeit, die aus dem unterschiedlichen Verständnis der Leistungsfähigkeit[402] bzw. des „vollen" Gewinns resultiert. Als Ergebnis lässt sich somit festhalten, dass die Besteuerungsgrundsätze, die der historische Gesetzgeber dem Dualismus der *Einkunftsermittlung* zugrunde gelegt hat, für dessen Beurteilung ungeeignet und deshalb abzulehnen sind.

3.2.2.2 Zielsetzungen in Bezug auf die Veräußerungsgewinnbesteuerung

Betrachtet man die unterschiedliche steuerliche Behandlung der *Veräußerungsgewinne* bei Gewinn- und Überschusseinkunftsarten, ist festzuhalten, dass diese ursprünglich aus unterschiedlichen Einkunftsermittlungsmethoden resultierte. In der Gesetzesbegründung zum PrEStG 1891 wurde eine gerechte Verteilung der Steuerlast nach der Leistungsfähigkeit der Steuerpflichtigen als Motiv für die steuerliche Erfassung der Spekulationsgewinne genannt. Das Ziel der gerechten Verteilung der Steuerlast nach der Leistungsfähigkeit lässt sich jedoch nur dann verwirklichen, wenn man die Leistungsfähigkeit eines Steuerpflichtigen erfassen kann. Der Gesetzgeber unterlässt allerdings eine Konkretisierung des Begriffs der Leistungsfähigkeit,

---

401 So z.B. *Lang* (1981a), S. 56; *Wassermeyer* (1982), S. 558; *Jüptner* (1989), S. 112; *Alt* (1994a), S. 110 ff.; *Alt* (1994b), S. 147; *Crezelius* (1994a), S. 202 f.; *Krüger* (1995), S. 129 ff.; *Lang* (2005b), Rz. 253; *Rademacher-Gottwald* (2003), S. 341 ff.; *Rappl* (2003), § 9 EStG, Rz. 590; *Reinhart* (2005), S. 134, und *Drenseck* (2006), § 9 EStG, Rz. 178. Anderer Auffassung sind *Paus* (1983), S. 502; *Schlarb* (1984), Fn. 9, S. 332; *Bornhaupt, von* (1986), S. 1963; *Uhländer* (1996a), S. 110 f.; *Uhländer* (1996b), S. 304; *Bornhaupt, von* (2003), S. 125, und *Thürmer* (2004), § 9 EStG, Rz. 497. Von der Rechtsprechung des Bundesfinanzhofs wurde die Frage hinsichtlich der Existenz von Überschusserzielungsvermögen bisher ausdrücklich offen gelassen. Siehe *BFH* (1982), S. 296; *BFH* (1985a), S. 596 f., und *BFH* (1989a), S. 922.

402 Verwundern können diese Meinungsdifferenzen nicht, da angesichts der Dehnbarkeit des Begriffs der Leistungsfähigkeit verbindliche Deutungen nicht erwartet werden können. Zu Recht hat bereits *Gustav Schmoller* diesbezüglich erklärt: „Die Leistungsfähigkeit .. an sich ist vorerst ein leerer Begriff, mit dem man ohne näheren Inhalt nichts thun kann, man mag ihn drehen und wenden, wie man will. Was der Einzelne zu einem bestimmten Zwecke beitragen könne, darüber gibt es so viele Urtheile, als es Menschen gibt." *Schmoller* (1863), S. 57. Kritisch hierzu *Pezzer* (1991), S. 9 f.

was die Zielsetzung der gerechten Verteilung der Steuerlast nach der Leistungsfähigkeit unbrauchbar macht.

Die dem REStG 1920 zugrunde liegende Rechtfertigung des Gesetzgebers bezog sich auf die Steuerbefreiung der Gewinne aus nicht gewerbsmäßiger und nicht zu Spekulationszwecken vorgenommener Veräußerung bestimmter Wirtschaftsgüter. Das Ziel des Gesetzgebers bestand darin, praktische Probleme bei der Erfassung aller Veräußerungsgewinne zu vermeiden. Die Erfassungsvereinfachung als ein Kriterium zur Steuerbefreiung lässt sich erst dann nachvollziehen, wenn es sich um die Veräußerung bestimmter Wirtschaftsgüter handelt, die nur mittels eines Eingriffs in die Privatsphäre festgestellt werden kann. Dass sich jedoch die Erfassung der Veräußerung bestimmter Wirtschaftsgüter ohne Spekulationsabsicht schwieriger gestalten lässt als die Veräußerung identischer Wirtschaftsgüter mit Spekulationsabsicht, kann nicht überzeugen. Die Spekulationsabsicht des Steuerpflichtigen spielt bei der Erfassung der Veräußerungsgeschäfte keine Rolle.

Die Zielsetzung des Gesetzgebers hinsichtlich der Besteuerung von Veräußerungsgewinnen aus wesentlichen Kapitalgesellschaftsbeteiligungen ist deshalb nicht mehr zeitgemäß, weil die Vorschrift heute eine andere Bedeutung besitzt. So wurde die damalige Beteiligungsquote von 25 % auf 10 %[403] und weiter auf 1 %[404] abgesenkt. Demzufolge lässt sich die Gleichstellung der Gesellschafter einer Kapitalgesellschaft mit den Mitunternehmern nicht mehr rechtfertigen.[405] Denn die Möglichkeit der Gesellschafter einer Kapitalgesellschaft mit einer Beteiligung von mehr als 25 %, die Geschäftsführung zu beeinflussen,[406] die diese Gleichstellung begründen soll, ist bei einer Beteiligungsquote von 1 % nicht mehr gegeben.[407]

Eine weitere Zielsetzung des Gesetzgebers bezogen auf diese Steuernorm bestand in einer Verhinderung der Umgehung der Steuerpflicht durch eine Einbringung der Mitunternehmeranteile in eine Kapitalgesellschaft mit anschließender Veräußerung

---

403 Die Absenkung der Beteiligungsgrenze auf 10 % erfolgte durch das Steuerentlastungsgesetz 1999/2000/2002 im Interesse einer einheitlichen Beteiligungsgrenze mit § 9 Nr. 2a GewStG und § 26 Abs. 2 KStG. Siehe *Begründung zum StEntlG 1999/2000/2002*, S. 178.

404 Die Beteiligungsgrenze von 1 % wurde durch das Steuersenkungsgesetz vom 23. Dezember 2000 für Veräußerungsfälle seit 1.1.2001 beschlossen. Siehe *StSenkG 2000*, S. 1435.

405 So auch *Herbst* (2003), S. 1008.

406 Dabei handelt es sich insbesondere um die Befugnisse der Gesellschafter, den Satzungsänderungen zu widersprechen. Diese sog. Sperrminorität resultiert aus der gesetzlich festgelegten Mehrheit für die Satzungsänderungen, die mindestens 75 % der abgegebenen Stimmen umfassen soll. Siehe § 53 Abs. 2 GmbHG, und § 179 Abs. 2 AktG.

407 Zwar kann im Gesellschaftsvertrag eine höhere Stimmenmehrheit vereinbart werden, es ist jedoch eher selten, dass diese auf 99 % der abgegebenen Stimmen festgelegt wird. Denn in diesem Fall könnte jeder Gesellschafter, der gerade eine über 1 % liegende Beteiligung hält, die Satzungsänderungen blockieren, was von anderen Gesellschaftern nicht erwünscht ist.

der Kapitalgesellschaftsanteile. Dieses Ziel ist auch überholt, da es sich dabei um Anteile handelt, die heute unter § 22 UmwStG fallen und somit steuerverhaftet bleiben.[408]

Die angesprochenen Zwecke des Gesetzgebers wurden Jahrzehnte später durch weitere Zielsetzungen ergänzt, die aus der Begründung zum EStG 1975 stammen, ohne dass die Vorschrift selbst geändert wurde. So erhöhen die Gewinne aus der Veräußerung einer wesentlichen Beteiligung an einer Kapitalgesellschaft die Leistungsfähigkeit eines Steuerpflichtigen, die mit dieser Vorschrift erfasst wird.[409] Auch hier geht der Gesetzgeber jedoch nicht auf die Konkretisierung des Begriffs der Leistungsfähigkeit ein. Diese Tatsache gibt den Anlass, der Zielsetzung des Gesetzgebers entgegenzusetzen, dass auch die Gewinne aus der Veräußerung einer nicht wesentlichen Beteiligung an einer Kapitalgesellschaft die Leistungsfähigkeit des Steuerpflichtigen erhöhen und somit steuerlicher Erfassung bedürfen.[410] Das Argument des Gesetzgebers, die Erfassung aller privaten Veräußerungsgewinne wäre technisch nicht durchführbar, so dass man sich auf die Erfassung leicht feststellbarer und nachprüfbarer Veräußerungsgewinne von meist erheblichem Umfang beschränken müsste, überzeugt heute bei einer Beteiligungsquote von 1 % nicht mehr.

Die obigen Ausführungen verdeutlichen, dass auch die steuerpolitischen Ideale des Gesetzgebers hinsichtlich der unterschiedlichen Behandlung der Veräußerungsgewinne aus heutiger Sicht überholt sind. Hinzu kommt jedoch noch ein weiteres Problem. Das betrifft die Zielsetzung der Besteuerung nach der Leistungsfähigkeit, die vom Gesetzgeber nicht definiert wurde. Die fehlende Offenbarung des gesetzgeberischen Verständnisses der Leistungsfähigkeit erfordert eine inhaltliche Interpretation dieses Begriffs, die jeder Wissenschaftler selbst vornehmen muss. Von der Übernahme der Zielsetzungen des historischen Gesetzgebers kann man deshalb nicht mehr sprechen.

---

408 So auch *Icking* (1993), S. 113 f., oder *Wolff-Diepenbrock* (1994), S. 879.

409 Siehe noch einmal Kapitel 3.2.1.4.

410 So auch *Wolff-Diepenbrock* (1994), S. 884, und *Friauf* (1995), S. 10.

3.3 Steuerpolitische Ideale der Wissenschaft

3.3.1 Vorgehensweise

Nach der Rekonstruktion und der anschließenden Ablehnung der vom historischen Gesetzgeber vorgegebenen Besteuerungsgrundsätze stellt sich nun die Frage, welche Besteuerungsgrundsätze bisher von der Wissenschaft vorgetragen wurden. Ausgehend vom Verständnis der Werturteilsfreiheit, dass eine Übernahme der von der Wissenschaft vorgeschlagenen Ziele ein zulässiges Werturteil des Metabereichs darstellt, werden in diesem Kapitel zunächst die in der Wissenschaft diskutierten Besteuerungsgrundsätze systematisch rekonstruiert. Im nächsten Schritt werden sie – wenn notwendig – einer kritischen Prüfung unterzogen, um zu einer begründeten Entscheidung für oder gegen diese Besteuerungsgrundsätze zu kommen.

Eine Auseinandersetzung mit dem heutigen betriebswirtschaftlichen Schrifttum offenbart dabei zwei Hauptrichtungen der Besteuerungsgrundsätze, eine effizienzorientierte und eine gerechtigkeitsorientierte.[411] Auch historisch gesehen lässt die jahrhundertlange Diskussion über steuerpolitische Ideale eine zyklische Entwicklung erkennen, nach der entweder effizienzorientierte oder gerechtigkeitsorientierte Leitbilder überwiegen.[412]

Zu einem effizienzorientierten Leitbild der Besteuerung gehört der Grundsatz steuerlicher Effizienz, der insbesondere von betriebswirtschaftlicher[413] und finanzwissenschaftlicher[414] Seite propagiert wird. *Steuerliche Effizienz* als Besteuerungsgrundsatz wird deshalb in Kapitel 3.3.2 thematisiert. Zu einem gerechtigkeitsorientierten Leitbild der Besteuerung, das insbesondere im juristischen[415] und zunehmend im betriebs-

---

[411] *Wagner, F.* (2004), S. 238, spricht in diesem Zusammenhang von „wirkungsorientierten“ und „wertungsorientierten“ Besteuerungsgrundsätzen. Diese Termini sind meines Erachtens jedoch unbefriedigend, da auch bei der Zugrundelegung der wirkungsorientierten Leitlinien der Steuerrechtskritik Wertungen unabdingbar sind. So auch *Siegel* (2000a), S. 738, indem er ausführt, dass „jede Begründung für ein Steuersystem einer Wertung“ entspringt. Deshalb ist auch der Vorwurf von *Franz W. Wagner* gegenüber der Steuerrechtswissenschaft, dass sich ihre *wertungsorientierte* Forschung bislang zum Entwurf von Steuersystemen als entbehrlich erwiesen hat, zu beanstanden. Siehe *Wagner, F.* (2005b), S. 628.

[412] Siehe zur historischen Rekonstruktion der Besteuerungsgrundsätze *Scheer* (1998), S. 168.

[413] Siehe *Wagner, F.* (1989), S. 263 ff.; *Schwinger* (1992), S. 7 ff.; *Wissel* (1997), S. 38 ff.; *Kiesewetter* (1999), S. 5 ff.; *Schneider* (2002), S. 103, und *Wagner, F./Schwenk* (2003), S. 378 ff.

[414] Siehe z.B. *Rose, M.* (1994), S. 238 ff., und *Liesenfeld* (2004), S. 93 ff.

[415] Siehe z.B. *Lang* (1981a), insbesondere S. 13 ff.; *Birk* (1983); *Kirchhof* (1985); *Pezzer* (1991), S. 7 ff.; *Weber-Grellet* (1999), S. 2661; *Tipke* (2000a), S. 479 ff.; *Elicker* (2002), S. 218 ff., und *Mellinghoff* (2005), S. 177 ff.

wirtschaftlichen[416] Schrifttum herausgestellt wird, zählt die Zielsetzung der Besteuerung nach der Leistungsfähigkeit,[417] die den übergeordneten Grundsatz der Gleichmäßigkeit der Besteuerung konkretisieren soll. Der Besteuerungsgrundsatz der *Gleichmäßigkeit der Besteuerung* ist Gegenstand des Kapitels 3.3.3.

Neben der Gleichmäßigkeit und Effizienz der Besteuerung als Grundvorstellungen haben sich Ökonomen seit jeher Gedanken über die Steuererhebung bzw. Steuertechnik gemacht. Denn die praktische Umsetzung bestimmter Steuernormen ist für ihren materiellen Inhalt von entscheidender Bedeutung.[418] Bereits *Adam Smith* hat gefordert, dass die Steuererhebung möglichst wenig Kosten verursachen soll.[419] Der Grundsatz der Praktikabilität der Besteuerung wird in Kapitel 3.3.4 untersucht.

Darüber hinaus ist in diesem Zusammenhang von Bedeutung, in welcher Beziehung die noch abzuleitenden Steuerideale zueinander stehen. Mögliche Interdependenzen können z.B. die Beurteilung der Steuernormen wesentlich vereinfachen. Die vorliegenden Konflikte zwischen den Besteuerungsgrundsätzen machen dagegen deren parallele und vollständige Erfüllung unmöglich. Die *Beziehung der Besteuerungsgrundsätze untereinander* wird anschließend in Kapitel 3.3.5 erläutert.

3.3.2 Steuerliche Effizienz

Steuerliche Effizienz als effizienzorientierter Besteuerungsgrundsatz wird im Schrifttum unterschiedlich konkretisiert. Im Folgenden werden diese unterschiedlichen Auf-

---

416 Siehe *Wosnitza/Treisch* (1999); *Schneider* (2002), S. 231 ff.; *Herzig* (2005), S. 212, und *Schmiel* (2005a), S. 178 ff.

417 In Abhängigkeit davon, ob sich die juristischen, finanzwissenschaftlichen oder betriebswirtschaftlichen Fachvertreter mit dem Grundsatz der Besteuerung nach der Leistungsfähigkeit befassen, liegen im Schrifttum unterschiedliche Bezeichnungen dieses Grundsatzes vor. So spricht man in diesem Zusammenhang von der *subjektiven, steuerlichen, finanziellen* oder *wirtschaftlichen* Leistungsfähigkeit. Die unterschiedlichen Bezeichnungen bringen jedoch keine inhaltliche Konkretisierung mit sich. So auch *Schneider* (1994), S. 22 f. Im Rahmen dieser Untersuchung wird allerdings auf die Verwendung der Begriffe *individuelle, steuerliche* und *finanzielle* Leistungsfähigkeit verzichtet und im Folgenden von der wirtschaftlichen Leistungsfähigkeit gesprochen. Der Begriff der *individuellen* Leistungsfähigkeit wird in Übereinstimmung mit der Ansicht von *Schneider* (2002), S. 237, abgelehnt, da sich die Leistungsfähigkeit immer nur auf die einzelnen Personen und nicht auf ein Kollektiv bezieht. Der Begriff der *steuerlichen* Leistungsfähigkeit ist meines Erachtens deshalb zu beanstanden, weil dadurch die Nähe zum geltenden Steuerrecht vermutet werden könnte, die jedoch bei der Konkretisierung dieses Begriffs gemieden werden muss. Die Bezeichnung *finanzielle* Leistungsfähigkeit wird abgelehnt, da sie auf eine Konkretisierung in Richtung der Zahlungsfähigkeit hindeutet.

418 So auch *Tipke* (2000a), S. 348 und 359.

419 Siehe *Smith* (1789), S. 704 f.

fassungen zur steuerlichen Effizienz näher beleuchtet und einer kritischen Würdigung unterworfen.

Steuerliche Effizienz als Leitlinie steuerlicher Rechtskritik ist nach *Franz W. Wagner* Entscheidungsneutralität der Besteuerung, die er mit der Allokationseffizienz gleichsetzt. Dieser Besteuerungsgrundsatz basiert auf der Annahme der Effizienz der marktwirtschaftlichen Ordnung, die durch die Besteuerung nicht gestört werden darf.[420] Nach Auffassung von *Franz W. Wagner* handelt es sich bei der Entscheidungsneutralität um ein rein ökonomisches Konstrukt, das „völlig unabhängig davon [ist] .., was jemand aus anderen Quellen schöpfend als eine ‚gerechte' Art der Besteuerung ansehen mag"[421] und somit den gerechtigkeitsorientierten Besteuerungsgrundsätzen vorzuziehen ist. Der Grundsatz der Entscheidungsneutralität der Besteuerung und Allokationseffizienz ist Gegenstand des Kapitels 3.3.2.1.

Kommt die Entscheidungsneutralität der Besteuerung als Leitidee einer grundlegenden Reform des Steuerrechts nicht zum Tragen, besteht die Zielsetzung steuerlicher Rechtskritik in der Erzielung erwünschter Steuerwirkungen. Diesem von *Franz W. Wagner* in seinen jüngeren Veröffentlichungen herausgestellten Besteuerungsgrundsatz liegt die Annahme zugrunde, dass keine Allokationseffizienz gegeben und eine Korrektur des Marktversagens notwendig ist.[422] Werden erwünschte Steuerwirkungen realisiert, so kann Allokationsineffizienz vermieden, also *steuerliche Effizienz* erreicht werden. Auf diese Konkretisierung der steuerlichen Effizienz wird in Kapitel 3.3.2.2 eingegangen.

Eine weitere Möglichkeit der Konkretisierung *steuerlicher Effizienz* stammt von *Dieter Schneider*. Danach gilt die Effizienz der Besteuerung dann als verwirklicht, wenn eine „Vermeidung nachgewiesener, fallbezogener Entscheidungsverzerrungen"[423] erfolgt. Mit dieser – seiner Auffassung nach – „weniger anspruchsvolle[n] Forderung" hat sich *Dieter Schneider* von seiner früheren Auffassung der Herstellung der Entscheidungsneutralität abgewandt.[424] Heute distanziert er sich zum Teil auch von der Effizienz der Besteuerung als „Vermeidung nachgewiesener, fallbezogener Entscheidungsverzerrungen".[425] Trotz dieser distanzierten Haltung ist das *Schneider*sche Verständnis steuerlicher Effizienz im Rahmen dieser Untersuchung von großem Interesse und wird deshalb in Kapitel 3.3.2.3 behandelt.

---

420 So *Wagner, F.* (1989), S. 263 ff.; *Wagner, F.* (1992), S. 3 ff., und *Wagner, F.* (1995), S. 739 ff.

421 *Wagner, F.* (2005b), S. 618.

422 Siehe *Wagner, F.* (2000c), S. 188 ff.; *Wagner, F.* (2002a), S. 1889 ff.; *Wagner, F.* (2002b), S. 80 ff., und *Wagner, F./Schwenk* (2003), S. 378 ff.

423 *Schneider* (2002), S. 103.

424 Siehe *Schneider* (2002), S. 103, dort auch das wörtliche Zitat.

425 Siehe *Schneider* (2006), S. 269 und 272.

Auf der Grundlage der dargestellten Interpretationsmöglichkeiten steuerlicher Effizienz und insbesondere ihrer kritischen Würdigung wird anschließend in Kapitel 3.3.2.4 eine begründete Entscheidung für eine mögliche Konkretisierung des Grundsatzes steuerlicher Effizienz getroffen.

3.3.2.1 Entscheidungsneutralität der Besteuerung und Allokationseffizienz

3.3.2.1.1 Darstellung

Die Entscheidungsneutralität der Besteuerung, die *erstmals* von *Dieter Schneider* als Grundlage aller Überlegungen in der Betriebswirtschaftlichen Steuerwirkungslehre erkannt wurde, wird heute von einigen Literaturstimmen als Leitbild der Besteuerung propagiert.[426]

Nach der umfassenden Definition von *Dieter Schneider* wird Entscheidungsneutralität dann erreicht, wenn ein rational handelnder Steuerpflichtiger keine (rechtlich erlaubte)[427] Ausweichhandlungen aufgrund der Besteuerung anstrebt, d.h. seine Entscheidungen nicht modifiziert.[428] Um feststellen zu können, ob bzw. wie ein Wirtschaftssubjekt seine Entscheidungen aufgrund der Besteuerung ändert, werden Vergleichsgrößen festgelegt. Danach werden Entscheidungswirkungen der bestehenden Steuernormen aufgrund der Gegenüberstellung einer Welt *ohne Steuern* und der Situation *nach Steuern* überprüft.[429]

Entscheidungsneutralität der Besteuerung liegt dann vor, wenn Steuerauszahlungen die Vorteilhaftigkeit von Entscheidungsalternativen beim rationalen Verhalten der Wirtschaftssubjekte nicht umkehren. Die Unveränderlichkeit der Messergebnisse[430] von Entscheidungsalternativen nach Steuern kann dabei durchaus auftreten, ist aber

---

[426] Neben *Franz W. Wagner* als bedeutendem Vertreter (siehe Nachweise in Fn. 420, S. 77) wird die Entscheidungsneutralität der Besteuerung z.B. auch von *Schwinger* (1992), S. 7 ff.; *Rose, M.* (1994), S. 238 ff.; *Wissel* (1997), S. 38 ff., und *Kiesewetter* (1999), S. 5 ff., vorgetragen.

[427] Die Begrenzung dieser Definition von *Dieter Schneider* auf die rechtlich zulässigen Ausweichhandlungen wird von *Elschen* (1991), S. 103, kritisiert. Der Auffassung von *Rainer Elschen* ist in der Hinsicht zuzustimmen, dass es bei einer fehlerhaften Steuerdurchsetzung zu unerlaubten Handlungen kommen kann. Allerdings kann es zur illegalen Steuerverkürzung und -hinterziehung auch bei einem entscheidungsneutralen Steuersystem kommen. So auch *Wagner, F.* (1986), S. 45 ff.

[428] Siehe *Schneider* (1992), S. 193. An dieser Stelle wurde die Definition von *Dieter Schneider* trotz seiner Ablehnung der Entscheidungsneutralität als Leitbild der Besteuerung aus dem Grund gewählt, weil auch die Befürworter der Entscheidungsneutralität diese Definition zugrunde legen. So z.B. *Schwinger* (1992), S. 9, oder *Wissel* (1997), S. 39.

[429] Siehe statt vieler *Wagner, F.* (1989), S. 267.

[430] Solche Messergebnisse stellen z.B. Kapitalwerte bei der Prüfung der Vorteilhaftigkeit von Investitionen dar.

nicht notwendig.[431] Das rationale Handeln verlangt, dass die Einflussfaktoren des menschlichen Verhaltens wie „Bequemlichkeit", „subjektives Unvermögen" oder „Handlungszwänge nichtsteuerlicher Natur"[432], die ein unverändertes Entscheidungsverhalten – in voller Kenntnis des Steuerrechts – induzieren können, nicht berücksichtigt werden.[433] Es wird unterstellt, dass die voraussichtliche Veränderung des finanziellen Nutzens immer zum veränderten Entscheidungsverhalten führt.

Entscheidungsneutralität der Besteuerung bedeutet, dass Steuern aufgrund der erwarteten (ex-ante) Einflusslosigkeit erst gar nicht in das Entscheidungskalkül einbezogen werden. Dadurch ergibt sich ein Vorteil aus *einzelwirtschaftlicher Sicht*, da Informationsbeschaffungs- und Planungskosten beim Steuerpflichtigen entfallen.[434] Noch wichtiger ist jedoch die *gesamtwirtschaftliche Allokationseffizienz*[435], die durch die Entscheidungsneutralität der Besteuerung gewährleistet wird.[436] Ohne entscheidungsneutrale Besteuerung würde neben den (unvermeidbaren) Nutzeneinbußen, die sich aus der Einkommensminderung ergeben, ein weiterer Nutzenentgang resultieren, weil sich aufgrund der Steuererhebung auch die Preise der gehandelten Güter verschieben. Denn die Wirtschaftssubjekte werden durch die Preisänderungen Anpassungen bei der Verwendung des Einkommens (Nachfrageanpassungen) vor-

---

431 Siehe *Elschen/Hüchtebrock* (1983), S. 265. Bei der Unveränderlichkeit der Ergebnisse spricht man von einer hinreichenden Bedingung der *Niveauinvarianz*. Niveauinvarianz stellt eine Teilmenge der *Rangfolgeinvarianz* dar, die die Unveränderlichkeit der Rangfolge der Entscheidungsalternativen beschreibt. Siehe *Wagner, F.* (1989), S. 266 f.

432 Dieses und obige Zitate finden sich bei *Rose, G.* (1985a), S. 339.

433 Siehe *Elschen* (1991), S. 104. In diesem Zusammenhang spricht *Franz W. Wagner* von der „faktischen" Neutralität des Steuersystems, die dann gegeben ist, wenn aufgrund der komplizierten und kostspieligen Ermittlung von Steuerwirkungen für alle Handlungsalternativen darauf von vornherein verzichtet wird. „Faktische" Neutralität des Steuersystems ist jedoch nicht erstrebenswert. Siehe *Wagner, F.* (1989), S. 265.

434 Siehe *Wagner, F./Dirrigl* (1980), S. 14; *Bradford* (1986), S. 174 f.; *Wagner, F.* (1986), S. 44; *Wagner, F./Schwinger* (1991), S. 495 f.; *Wagner, F.* (1992), S. 4; *Wagner, F.* (1995), S. 735; *Wagner, F./Wissel* (1995), S. 67; *Hundsdoerfer* (2002), S. 15; *Wagner, F.* (2005a), S. 97, und *Wagner, F.* (2005c), S. 412. Die Vermeidung der Informationskosten würde jedoch nach Auffassung von *Gerd Rose* bereits dann erfolgen, wenn die Planbarkeit des Steuerrechts als Leitidee der Besteuerung umgesetzt wäre. Die Forderung nach der Entscheidungsneutralität der Besteuerung wäre in diesem Fall entbehrlich. Siehe *Rose, G.* (1985a), S. 340. Kritisch hierzu *Wagner, F.* (1995), S. 735, der die Vermeidung der Planungskosten nur bei einer *planbaren und neutralen* Steuer sieht. Zur weiteren Kritik siehe *Elschen* (1991), S. 107.

435 Allokationseffizienz wird bei *Franz W. Wagner* implizit als *Pareto-Optimum* verstanden. Zu diesem Ergebnis kommt *Schmiel* (2005a), S. 77. *Pareto-Optimum* bedeutet, dass alle Möglichkeiten eines lohnenden Güteraustausches erschöpft sind. Es ist also dann erreicht, wenn die Nutzensituation eines Individuums nicht mehr verbessert werden kann, ohne dass der Nutzen eines anderen vermindert wird. Siehe *Döring* (1977), S. 182 ff., und *Schmiel* (2005a), S. 174.

436 Siehe *Wagner, F.* (1986), S. 36 und 42; *Sigloch* (1990), S. 230; *Wagner, F.* (1992), S. 4; *Wissel* (1997), S. 40, und *Herzig/Watrin* (2000), S. 379 f.

nehmen, die einen Nutzenverlust bzw. eine steuerliche Zusatzlast[437] induzieren. Ein entscheidungsneutrales Steuersystem lässt diese steuerliche Zusatzlast und somit auch Wohlfahrtsverluste erst gar nicht entstehen und stört deshalb nicht die gesamtwirtschaftliche Allokationseffizienz.[438] Die lediglich aus steuerlichen Gründen veranlassten und somit nicht effizienten Entscheidungen der Steuerpflichtigen werden vermieden.

Da die Besteuerung grundsätzlich alle Lebensbereiche beeinflusst, kann sich die Entscheidungsneutralität der Besteuerung auf viele unterschiedliche Entscheidungen der Wirtschaftssubjekte beziehen.[439] Im Schrifttum werden dabei die Arbeits-Freizeit-Entscheidung[440] und die Konsum-Spar-Entscheidung[441] der Haushalte sowie Entscheidungen bezüglich der Investition[442], Finanzierung[443] und Rechtsform[444] im Un-

---

[437] Zum Begriff der steuerlichen Zusatzlast und ihrer Messung siehe *Homburg* (2005b), S. 158 ff. In diesem Zusammenhang wird im Schrifttum auch der Terminus „excess burden“ verwendet. Siehe ausführlich *Musgrave* (1959), S. 140 ff., und *Rosen* (2005), S. 304 ff.

[438] So auch *Pohmer* (1994), S. 23; *Rose, M.* (1994), S. 233 f.; *Schmidt, K.* (1995), S. 41; *Wagner, F./Wissel* (1995), S. 67; *Hundsdoerfer* (2002), S. 16, und *Kahle* (2002), S. 182.

[439] Siehe hierzu ausführlich *Elschen/Hüchtebrock* (1983), S. 256 ff., sowie *Bradford* (1986), S. 176 ff.

[440] Siehe *Elschen/Hüchtebrock* (1983), S. 258, oder *Liesenfeld* (2004), S. 98 f.

[441] Siehe *Rose, M.* (1994), S. 239 f.; *Wagner, F./Wissel* (1995), S. 67, und *Kiesewetter* (1999), S. 11 ff. In diesem Zusammenhang spricht man auch von Konsumneutralität bzw. intertemporaler Entscheidungsneutralität der Besteuerung. Siehe *Wagner, F./Schwinger* (1991), S. 497; *Wissel* (1997), S. 41; *Schneider* (1999a), S. 2, oder *Liesenfeld* (2004), S. 95.

[442] Siehe *Elschen/Hüchtebrock* (1983), S. 266 ff.; *Wagner, F.* (1989), S. 266 ff.; *Wagner, F./Schwinger* (1991), S. 496; *Rose, M.* (1994), S. 241 ff.; *Wagner, F./Wissel* (1995), S. 67; *Kiesewetter* (1999), S. 15 ff., und *König/Wosnitza* (2004), S. 139 f. Investitionsneutralität der Besteuerung wird von einigen Literaturstimmen auch als intersektorale Entscheidungsneutralität bezeichnet. Siehe z.B. *Wissel* (1997), S. 43, oder *Liesenfeld* (2004), S. 99. Andere Fachvertreter fassen intersektorale Entscheidungsneutralität weiter und verstehen darunter sowohl Investitions- als auch Finanzierungs- und Rechtsformneutralität. Siehe *Kruschwitz/Schneider/Husmann* (2003a), S. 328.

[443] Finanzierungsneutralität der Besteuerung wurde bereits 1970 von *Lutz Fischer* gefordert, der jedoch anders als heute argumentierte. Siehe *Fischer* (1970), S. 313 ff. Die Notwendigkeit der Finanzierungsneutralität der Besteuerung wird jedoch zunehmend von den Literaturstimmen, die lediglich die gesamtwirtschaftliche Allokationseffizienz anstreben, angezweifelt. Denn die Verletzung der Finanzierungsneutralität ist zwar mit Informations- und Planungskosten verbunden, führt aber in einem vollkommenen und vollständigen Kapitalmarkt nicht zur Fehlallokation der Ressourcen, die sich auf die reale Güterallokation bezieht. Die Allokationseffizienz wird nicht verletzt, wenn der Austausch der Finanzierungsformen keinen Einfluss auf die zu finanzierende Realinvestition hat, was bei der Unabhängigkeit der Investitions- und Konsumentscheidungen von der Finanzierungsform gewährleistet ist. Siehe *Schwinger* (1992), S. 13 f.; mit einem Beispiel *Wagner, F.* (1995), S. 744; *Kiesewetter* (1999), S. 18 ff., und *Hundsdoerfer* (2002), S. 18.

[444] Siehe *Jacobs* (1980), S. 710 f.; *Wöhe* (1980), S. 519 f.; *Schreiber, U.* (1987); *Wöhe* (1988), S. 26; *Knobbe-Keuk* (1989), S. 1305 f., und *Jacobs* (2002), S. 99 ff. *Schwinger* (1992), Fn. 3, S. 11, wies auf die Möglichkeit hin, Rechtsformneutralität unter Finanzierungsneutralität zu subsumieren, da die Rechtsform auch die Art der Kapitalaufbringung, die Übernahme von Risiken durch Finanziers und ihre Einflussmöglichkeiten regelt. Ebenso ist es denkbar, Rechtsformneutralität unter Investiti-

ternehmensbereich genannt.[445] Außerdem wird auch die Entscheidungsneutralität zwischen dem privaten und unternehmerischen Bereich gefordert. Dabei handelt es sich um eine Entscheidung für private oder unternehmerische Kapitalanlagen sowie für die Nutzung von Gegenständen für private oder unternehmerische Zwecke.[446] Bei der Überprüfung der Entscheidungsneutralität wird häufig die Investitionsneutralität[447] der Besteuerung herangezogen.

3.3.2.1.2 Kritische Würdigung

Die Formulierung von Bedingungen für die Entscheidungsneutralität der Besteuerung erfolgt im Modell vollkommener und vollständiger Gleichgewichtsmärkte. Ein Markt ist vollkommen, wenn

- eine symmetrische Informationsverteilung,
- eine unendlich hohe Reaktionsgeschwindigkeit,
- fehlende Transaktionskosten sowie
- vollkommene Konkurrenz

vorliegt. Auf einem vollkommenen Markt wird ein Gut zu einem einheitlichen Preis, dem Gleichgewichtspreis, gehandelt. Ein vollständiger Kapitalmarkt ist gegeben, wenn jede beliebige Einheit eines Gutes gehandelt wird.[448]

In dieser neoklassischen Idealwelt haben Wirtschaftssubjekte sichere bzw. ungewisse Erwartungen. Sichere Erwartungen sind dadurch gekennzeichnet, dass in der Zukunft nur ein Umweltzustand möglich ist und dieser auch eintritt. Wirtschaftssubjekte haben ungewisse Erwartungen, wenn ihnen die Menge an Umweltzuständen in der Zukunft und (objektive oder subjektive) Wahrscheinlichkeiten für das Eintreten dieser Umweltzustände bekannt sind.[449] Die Entscheidungsneutralität der Besteuerung als ein Maßstab der Rechtskritik kann dementsprechend nur realisiert werden, wenn die

---

onsneutralität zu fassen, da es sich um unterschiedliche Investitionsmöglichkeiten für Anteilseigner handelt.

[445] Die verschiedenen Entscheidungen im Unternehmensbereich werden auch unter dem allgemeinen Begriff der *Wettbewerbsneutralität* zusammengefasst. So *Neumark* (1970), S. 264, und *Elschen/ Hüchtebrock* (1983), S. 257.

[446] Siehe *Elschen/Hüchtebrock* (1983), S. 258.

[447] Aus der Investitionsneutralität der Besteuerung mit Hilfe des Kapitalwertmodells wird z.B. die entscheidungsneutrale Bemessungsgrundlage *ökonomischer Gewinn* abgeleitet. Siehe hierzu bereits oben Kapitel 2.2.1.3.

[448] Siehe *Schmidt, R./Terberger* (1997), S. 91.

[449] Siehe *Schneider* (2001), S. 370 ff., und *Schneider* (2006), S. 269. Früher definierte *Schneider* (1995), S. 12, Ungewissheit als Teilmenge der Unsicherheit.

neoklassische Idealwelt vorliegt, d.h. der Entscheidungsträger über vollkommene Informationen verfügt.

Stellt man jedoch die reale Welt der neoklassischen Idealwelt gegenüber, lässt sich feststellen, dass Entscheidungen in der Realität unter Unsicherheit getroffen werden. Unsicherheit bedeutet, dass die Menge der zukünftigen Umweltzustände im Entscheidungszeitpunkt nicht bekannt ist; sie verändert sich im Zeitablauf. Außerdem wird die Zukunft wiederum durch Entscheidungen beeinflusst. Es ist somit das Eintreten von nicht ins Entscheidungskalkül einbezogenen Zuständen möglich (ex-post Überraschungen). Auch die Informationsverteilung zwischen den Marktteilnehmern ist in der Realität nicht symmetrisch, sondern durch Informationsvorsprünge einer Gruppe der Marktteilnehmer gegenüber einer anderen gekennzeichnet.[450]

Ein Vergleich der Handlungsalternativen *ohne* Steuern und *nach* Steuern setzt somit folgende drei Prämissen voraus, die in der realen Welt keineswegs erfüllt sind:[451]

- Die Zielgrößen eines Entscheidungsträgers selbst werden durch das Steuerrecht nicht geändert.
- Das Steuerrecht lässt sowohl die Handlungsalternativen als auch die ursprüngliche Mittelausstattung unbeeinflusst.
- Das Steuerrecht verändert nicht das Ausmaß an Rationalität beim menschlichen Handeln.

Die Aufhebung einer der Voraussetzungen des Modells könnte bereits bestimmte Steuerwirkungen hervorrufen und die Handlungsempfehlung entwerten.[452] Die Ableitung der Handlungsempfehlungen aus der Entscheidungsneutralität der Besteuerung vor dem Hintergrund der neoklassischen Idealwelt ist deshalb problematisch, weil dieses Ergebnis nicht auf die reale Welt übertragen werden kann.[453]

Darüber hinaus sind die Bedingungen für ein entscheidungsneutrales Steuersystem im Modell eines vollkommenen Kapitalmarktes in sich inkonsistent, da die Prämissen jegliche steuerlich bedingten Einkommenseffekte bei den Entscheidungen wegdefinieren. Die in der realen Welt vorhandenen Liquiditätsbeschränkungen führen dazu, dass der Kalkulationszinssatz nicht mehr als Zins einer alternativen Finanzanlage interpretiert werden kann, sondern als Rendite eines besten entgangenen Investitionsprojekts. Die steuerliche Behandlung des Kalkulationszinssatzes hängt dann je-

---

450 So *Schneider* (2001), S. 370 ff., und *Schneider* (2006), S. 269.

451 Siehe *Schneider* (2002), S. 98.

452 Siehe *Schneider* (1999a), S. 3; *Schneider* (2000a), S. 422, und *Schneider* (2002), S. 102.

453 So auch *Jacobs* (2004), S. 253. Zu den Entscheidungswirkungen der Besteuerung unter Unsicherheit siehe *Elschen/Hüchtebrock* (1983), S. 275 ff., und *Schneider* (1992), S. 665 ff.

doch von der Wirkung eines erst zu ermittelnden Steuersystems ab[454], wodurch sich ein Zirkelschluss ergibt.

Auch die aus der Entscheidungsneutralität abgeleitete gesamtwirtschaftliche Allokationseffizienz ist zu bezweifeln. Gesamtwirtschaftliche Allokationseffizienz kann nach der Berücksichtigung einer entscheidungsneutralen Besteuerung nur vorliegen, wenn in einer von Steuern freien Welt die Allokation der Ressourcen effizient ist bzw. Allokationseffizienz erreicht werden kann.[455] Die Existenz eines solchen Gleichgewichts setzt jedoch eine Eliminierung von Unsicherheiten, ex-post Überraschungen und Ungleichverteilung des Wissens voraus. Die Aufhebung dieser unrealistischen Prämissen hat zur Konsequenz, dass ein Urteil über die pareto-effiziente Ressourcenallokation nur zufällig mit dem Ergebnis übereinstimmen kann, bei dem kein Individuum aufgrund seiner persönlichen Erwartungen und Zielvorstellungen besser gestellt wird, ohne einen anderen schlechter zu stellen.[456] Da in der Realität Unsicherheiten, expost Überraschungen und Ungleichverteilung des Wissens zu beobachten sind und auch zukünftig bestehen werden, kann davon ausgegangen werden, dass sich keine Tendenz zum Gleichgewicht abzeichnet.[457]

Allerdings betont *Ute Schmiel*, dass die Aussage über die Existenz bzw. Erreichbarkeit der Pareto-Effizienz wie andere *es gibt*-Aussagen nicht falsifizierbar ist.[458] Falsifizierbar wäre laut *Ute Schmiel* nur die Verneinung dieser Aussage, nämlich *es gibt keine effiziente Ressourcenallokation und keine Tendenz zu ihrer Erreichung*, wenn ein allgemeines Gleichgewicht bzw. eine Tendenz zum allgemeinen Gleichgewicht tatsächlich zu beobachten wäre. Da eine solche Beobachtung noch nicht vorliegt, kann die Aussage, *es gibt keine effiziente Ressourcenallokation und keine Tendenz zu ihrer Erreichung*, als vorläufig bewährt angesehen werden. Gegen die Zielsetzung einer allokationseffizienten Besteuerung spricht somit das fehlende „Können".[459]

Darüber hinaus fehlt es nach Auffassung von *Ute Schmiel* „an plausiblen Gründen, die für diese Konzeption sprechen"[460]. Der Wechsel von der geltenden (ineffizienten) zu einer entscheidungsneutralen (effizienten) Besteuerung erhöhe nicht den Nutzen des von dieser Besteuerung betroffenen Individuums, ohne dass der Nutzen einer

---

454 So *König* (1997a), S. 61 f., und *König* (1997b), S. 167 f.

455 Siehe z.B. *Elschen/Hüchtebrock* (1983), S. 254 f.; *Elschen* (1991), S. 109 f., und *Hundsdoerfer* (2002), S. 17.

456 Siehe *Elschen* (1994), S. 209, und *Schmiel* (2005a), S. 172 f.

457 Siehe *Schneider* (2001), S. 458 ff., und *Schneider* (2002), S. 255 f.

458 Siehe *Schmiel* (2005a), S. 172 f., mit einem allgemeinen Verweis auf solche *es gibt*-Aussagen.

459 So *Schmiel* (2005a), S. 173 f.

460 *Schmiel* (2005a), S. 175, im Original teilweise hervorgehoben.

anderen Person verringert würde. So betont *Franz W. Wagner* selbst, dass „jeder Unternehmer gegenüber einer hohen, neutralen Besteuerung eine nach Abzug steuerlicher Informationskosten niedrigere nichtneutrale Steuer vorziehen müßte, wenn er gemäß den Einsichten der entscheidungsorientierten Betriebswirtschaftslehre handelt"[461]. Eine entscheidungsneutrale Besteuerung führt somit zu keinem Effizienzgewinn, sondern verringert nur die Effizienzverluste. Der Besteuerung, die mit der Allokationseffizienz begründet wird, jedoch den Gesamtnutzen der Gesellschaft nicht erhöht, fehlt somit eine Rechtfertigung.[462]

Neben den obigen Grenzen der Entscheidungsneutralität der Besteuerung als Maßstab der Steuerrechtskritik wird ihr Geltungsbereich durch folgende Aussagen eingeschränkt:

- Bestimmte Entscheidungswirkungen der Besteuerung sind vom Steuergesetzgeber gewünscht und werden gezielt eingesetzt.[463]
- In einer dynamischen Umwelt kommt es immer wieder zu neuen Formen der steuerlichen Ausweichhandlungen.[464]
- Auch wenn Entscheidungswirkungen der Besteuerung vom Gesetzgeber erkannt werden, bleibt offen, ob Gegenmaßnahmen durchgesetzt werden können.[465]

3.3.2.2 Realisierung erwünschter Steuerwirkungen

3.3.2.2.1 Darstellung

Weicht die bestehende Wirtschaftsordnung von einer allokationseffizienten Wirtschaftsordnung ab, so sollen nach *Franz W. Wagner*[466] bestimmte Steuerwirkungen das vorliegende Marktversagen korrigieren. Die Allokationsineffizienz kann jedoch nur dann vermieden werden, wenn die beabsichtigten Steuerwirkungen auch tatsächlich eintreten. Die Wahrnehmung der erwünschten Steuerwirkungen lässt sich an den entsprechenden Entscheidungen der Wirtschaftssubjekte feststellen. Dabei wird nicht zwingend auf die Steuerwirkungen abgestellt, die der Gesetzgeber einer

---

[461] *Wagner, F.* (1995), S. 737.

[462] Siehe *Schmiel* (2005a), S. 175 f.

[463] In diesem Fall legt *Franz W. Wagner* eine andere Leitlinie steuerlicher Rechtskritik, und zwar die Erzielung gewünschter Entscheidungswirkungen, zugrunde. Siehe *Wagner, F.* (2000c), S. 192; *Wagner, F.* (2002a), S. 1889, und *Wagner, F.* (2002b), S. 80 ff. Siehe hierzu das folgende Kapitel.

[464] So *Hundsdoerfer* (2002), S. 21.

[465] Siehe *Hundsdoerfer* (2002), S. 21.

[466] Siehe *Wagner, F.* (2000c), S. 191 f.

Steuernorm zugeschrieben hat.[467] Die erwünschten Wirkungen einer Steuernorm können vom Wissenschaftler selbst formuliert werden.[468]

So geht *Franz W. Wagner* davon aus, dass folgende Steuerwirkungen anzustreben sind:[469]

- Begünstigung von Inlandsinvestitionen gegenüber Auslandsinvestitionen,
- Begünstigung von arbeitsplatzschaffenden Realinvestitionen gegenüber Finanzinvestitionen und
- Begünstigung von Investitionsausgaben gegenüber Konsumausgaben.

Die Überprüfung, ob diese erwünschten Steuerwirkungen von den Wirtschaftssubjekten wahrgenommen werden, erfolgt bei *Franz W. Wagner* in Bezug auf die steuerliche Gewinnermittlung mit Hilfe des Vermögensvergleichs. Dabei werden die Elemente betrachtet, die der Vermögensvergleich, jedoch nicht die Überschussrechnung, enthält. Dazu gehören z.B. Rückstellungen, Rechnungsabgrenzungsposten, Teilwertabschreibungen und Bestandsänderungen von Vorräten.

Generell können Steuerwirkungen Gegenstand modelltheoretischer und empirischer Forschung sein.[470] Die Überprüfung der Realisierung einer Steuerwirkung *alleine* durch die Modellbildung, lehnt *Franz W. Wagner* ab, da sie an sehr enge Modellannahmen gebunden ist.[471] So werden z.B. im Kapitalwertmodell als bekanntester Form der Modellbildung in der Investitionsrechnung neben planmäßigen Abschreibungen aus Gründen der Komplexitätsreduktion keine weiteren Elemente des Vermögensvergleichs erfasst. Aus der modelltheoretischen Untersuchung anhand des Kapitalwertmodells lässt sich daher nur die Aussage ableiten, dass Steuerwirkungen einzelner Elemente des Vermögensvergleichs – abgesehen von planmäßigen Abschreibungen – ökonomisch irrelevant sind.[472] Den modelltheoretischen Steuerwirkungen kann deshalb nach *Franz W. Wagner* lediglich die Funktion von Hypothesenlieferanten beigemessen werden.[473]

Für Gestaltungsempfehlungen gegenüber dem Gesetzgeber ist dagegen das tatsächliche Verhalten der Wirtschaftssubjekte maßgeblich. Die Realisierung von Steu-

---

467 So *Wagner, F.* (2002a), S. 1889.

468 Siehe *Wagner, F.* (2000c), S. 191 f.

469 Siehe *Wagner, F.* (2000c), S. 192; *Wagner, F.* (2002a), S. 1889, und *Wagner, F.* (2002b), S. 81.

470 So *Wagner, F.* (2005c), S. 411.

471 Sie ist jedoch trotzdem einem steuerlosen Modell vorzuziehen. So *Wagner, F.* (2004), S. 240.

472 Siehe *Wagner, F.* (2002a), S. 1889 f., und *Wagner, F.* (2002b), S. 82.

473 So *Wagner, F./Schwenk* (2003), S. 377, und *Wagner, F.* (2004), S. 240.

erwirkungen in der Realität muss mit Hilfe empirischer Methoden überprüft werden. Der Gegenstand der empirischen Forschung nach *Franz W. Wagner* ist die Analyse, inwieweit die entscheidungslogischen Modelle von Wirtschaftssubjekten angewandt werden. Die Abweichungen von Modelltheorie und Empirie sind möglich und liegen dann vor, wenn die Modelle in der Realität als zu schwierig, zu teuer oder nicht geeignet angesehen werden. Daneben ist es denkbar, dass sich Wirtschaftssubjekte von illegalem Verhalten leiten lassen.[474]

Die Befragung der DAX 100-Unternehmen,[475] auf die *Franz W. Wagner* bei seinen Ausführungen zurückgreift, hatte zum Ziel, zu überprüfen, ob überhaupt Wirtschaftssubjekte die einzelnen Elemente des Vermögensvergleichs, insbesondere Teilwertabschreibungen und Rückstellungen, in ihre Investitionsentscheidungen einbeziehen. Die Ergebnisse haben gezeigt, dass Rückstellungen und Teilwertabschreibungen bei dem überwiegenden Teil der Befragten nicht in die Investitionsentscheidungen einfließen und daher nicht als Investitionsanreize aufgefasst werden können.[476] Deshalb verfolgt der Fiskus nach *Franz W. Wagner* eine *„unglückliche Strategie"*, indem er durch Rückstellungen und Teilwertabschreibungen auf die Einnahmen verzichtet, jedoch niemanden zu Einsätzen in Form von Investitionen bewegen kann.[477]

Die Realisierung erwünschter Steuerwirkungen als Leitlinie steuerlicher Rechtskritik verleitet *Franz W. Wagner* in Bezug auf den Vermögensvergleich zu folgendem Reformvorschlag: „Da die Antizipation von aus dem Vorsichtsprinzip resultierenden Steuerwirkungen sowohl aufgrund der Modellanalyse als auch aufgrund empirischer Befunde relativ unwahrscheinlich ist, ist davon auszugehen, dass das Vorsichtsprinzip zugunsten einer Verbreitung der Steuerbemessungsgrundlagen zurückgeführt werden kann."[478] In einer späteren Veröffentlichung weist *Franz W. Wagner* jedoch darauf hin, dass den von ihm analysierten empirischen Befunden eine repräsentative Basis fehlt, was zur Abschwächung seiner Aussage führt.[479]

---

474 Siehe *Wagner, F./Schwenk* (2003), S. 377, und insbesondere das Beispiel in Fn. 8, S. 377. Wie jedoch *Franz W. Wagner* mit Hilfe der empirischen Forschung das illegale Verhalten feststellen möchte, ist fraglich.

475 Diese empirische Untersuchung wurde von *Anja Schwenk* durchgeführt. Siehe *Schwenk* (2003).

476 Siehe *Schwenk* (2003), S. 146 ff. und 169 ff., und bereits oben Kapitel 2.2.1.2.1.

477 Siehe *Wagner, F.* (2000c), S. 197 f., dort auch das wörtliche Zitat.

478 *Wagner, F.* (2000c), S. 193.

479 Siehe *Wagner, F.* (2004), S. 245.

3.3.2.2.2 Kritische Würdigung

Eine Steuernorm, die eine bestimmte Steuerwirkung innehat, beeinflusst aus gesamtwirtschaftlicher Sicht durch die Veränderung der relativen (Markt-)Preise die Allokation der Ressourcen. Der Eingriff in den Allokationsprozess ist nur gerechtfertigt, wenn ineffiziente Märkte korrigiert werden.[480] Dieser Leitlinie steuerlicher Rechtskritik liegt also – wie der Entscheidungsneutralität der Besteuerung auch – das Pareto-Optimum als oberste Zielsetzung zugrunde.

Um jedoch mit erwünschten Steuerwirkungen das Marktversagen korrigieren, also Fehlallokation beseitigen zu können, muss man das genaue Ausmaß und die Richtung der Fehlallokation kennen. Ansonsten besteht die Gefahr, dass das Pareto-Optimum nicht erreicht wird und vielmehr höhere Wohlfahrtsverluste entstehen können.[481] Weiterhin fehlen Informationen, welche Instrumente zur Beseitigung der Fehlallokation erforderlich sind und wie diese richtig eingesetzt werden können.[482]

An dieser Stelle sind auch die erwünschten Steuerwirkungen, die durch *Franz W. Wagner* definiert wurden, zu beanstanden. Warum z.B. ausgerechnet eine Begünstigung von Investitionsausgaben gegenüber Konsumausgaben zur Korrektur des Marktversagens geeignet sein soll, wird nicht präzisiert. Auch die Notwendigkeit einer Begünstigung von Realinvestitionen im Vergleich zu Finanzinvestitionen wird von *Franz W. Wagner* nicht wissenschaftlich gestützt. Weiterhin ist fraglich, ob die genannten Verzerrungen der Ressourcenallokation durch Steuern und nicht durch andere Marktmechanismen beseitigt werden sollen.[483]

Die Realisierung erwünschter Steuerwirkungen als Leitidee steuerlicher Rechtskritik setzt voraus, dass Allokationseffizienz erreicht werden kann bzw. eine Tendenz zum Gleichgewicht vorliegt. Da in der Realität Unsicherheiten, ex-post Überraschungen und Ungleichverteilung des Wissens zu beobachten sind und auch zukünftig bestehen werden, ist weder Allokationseffizienz noch eine Tendenz zum Gleichgewicht denkbar.

Darüber hinaus sind die von *Franz W. Wagner* vorgeschlagenen Methoden zu beanstanden, welche die Realisierung erwünschter Steuerwirkungen überprüfen sollen.

---

480 So *Wagner, F.* (1998b), S. 59; *Wagner, F.* (1999a), S. 23, und *Wagner, F.* (2000c), S. 193. Anderer Auffassung ist *Summers* (1987), der die Lenkungssteuern als Möglichkeit zur Erreichung des marktwirtschaftlichen Gleichgewichts ablehnt, jedoch die „Steuerstrafen" befürwortet, die sich gegen „social bads" richten sollen.

481 So *Schwinger* (1992), S. 15.

482 Siehe zu dieser Problematik *Brennan/McGuire* (1975), S. 206 ff.

483 So *Elschen* (1991), S. 109.

Die modelltheoretischen Ergebnisse werden von *Franz W. Wagner* selbst kritisiert, da sie an bestimmte Modellannahmen gebunden sind. Aber auch die empirische Überprüfung der Antizipierung erwünschter Steuerwirkungen ist insbesondere in der *Wagner*schen Interpretation fragwürdig. Denn *Franz W. Wagner* verfolgt mit der empirischen Forschung das Ziel, die Anwendung des Kapitalwertmodells in der Realität zu überprüfen.[484] Damit setzt er implizit voraus, dass das Kapitalwertmodell geeignet ist, um Entscheidungen unter Steuereinfluss in der Realität zu treffen. Die Beobachtung von Steuerwirkungen erfolgt dabei im Lichte dieser investitionstheoretischen Konzeption.[485] Die Eignung des Kapitalwertmodells ist jedoch fragwürdig, weil es nur unter der Prämisse eines vollkommenen und vollständigen Kapitalmarktes, der in der Realität nicht gegeben ist, funktioniert.[486]

Die Empirie stellt bei *Franz W. Wagner* nicht ein Abbild der Wirklichkeit, sondern die Anerkennung von Theorien dar.[487] Warum *Franz W. Wagner* jedoch bei der Analyse der Ergebnisse auf die Antizipierung von Rückstellungen und Teilwertabschreibungen, die nicht im Kapitalwertmodell enthalten sind, eingeht, ist nicht nachvollziehbar. Zur Überprüfung der Steuerwirkungen nach *Wagner*schem Verständnis hätte es gereicht, lediglich planmäßige Abschreibungen, die das Kapitalwertmodell abbildet, zu betrachten. Die Konsequenz, dass Rückstellungen und Teilwertabschreibungen bei Wirtschaftssubjekten keine Steuerwirkungen hervorrufen, verwundert auch nicht, denn diese werden im Kapitalwertmodell auch nicht erfasst. Rückstellungen und Teilwertabschreibungen finden deshalb keine Berücksichtigung in den Investitionsentscheidungen der Wirtschaftssubjekte, weil die Betriebswirtschaftslehre eine solche Berücksichtigung nicht vorschreibt.[488] Dagegen werden planmäßige Abschreibungen deshalb von der Mehrzahl der Befragten in die Investitionsentscheidung einbezogen,[489] da sie auch im theoretischen Kapitalwertmodell abgebildet werden.

---

484 Die empirischen und modelltheoretischen Methoden sind somit nicht losgelöst voneinander zu betrachten, auch wenn *Franz W. Wagner* diese als alternative Forschungsmethoden darstellt.

485 Dabei wird im Schrifttum von der sog. „Theoriebeladenheit der Beobachtung" gesprochen, die besagt, dass die Ergebnisse jeder Beobachtung von der zugrunde liegenden Theorie abhängig sind. Im wissenschaftlichen Kontext existiert demzufolge keine „reine" Beobachtung. Siehe *Popper* (2005), S. 83 ff., und *Schmiel* (2006b), S. 150.

486 Siehe hierzu *Schmiel* (2005a), S. 81 f.

487 So *Schmiel* (2005a), S. 81.

488 Siehe *Schmiel* (2005a), S. 83.

489 So *Schwenk* (2003), S. 153 ff.

3.3.2.3 Vermeidung nachgewiesener, fallbezogener Entscheidungsverzerrungen

3.3.2.3.1 Darstellung

Die *steuerliche Effizienz* im Sinne von *Dieter Schneider*[490] bedeutet die „Vermeidung nachgewiesener, fallbezogener Entscheidungsverzerrungen" durch einzelne Steuerrechtssetzungen. Diese „weniger anspruchsvolle Forderung als Entscheidungsneutralität" wurde aufgrund der ungelösten Probleme, Steuerrechtsetzungen in der realen Welt entscheidungsneutral abzufassen, definiert.[491]

Dieser Leitidee der Steuerrechtskritik liegt das Werturteil einer Wettbewerbsordnung innerhalb der verteilungspolitischen Rahmenbedingungen einer Marktwirtschaft zugrunde.[492] Dieser Maßstab der Steuerrechtskritik lässt sich durch die „Nicht-Verzerrung des Wettbewerbs" und „Nicht-Fehllenkung und -Verschwendung knapper Mittel" begründen.[493] Denn der Wettbewerb lenkt knappe Mittel in ergiebige Verwendungen, ohne dass eine Tendenz zur Erreichung eines allgemeinen Konkurrenzgleichgewichts besteht. Durch die Vermeidung steuerbedingter Verschwendung und Fehlleitung knapper Güter wird der „Kuchen des Volkseinkommens"[494] erweitert, der dann im zweiten Schritt zwischen den Wirtschaftssubjekten gerecht zu verteilen ist.[495]

Um jedoch steuerbedingte Entscheidungsverzerrungen vermeiden zu können, muss zunächst geklärt werden, wann sie vorliegen. Entscheidungsverzerrungen resultieren dabei aus einer Steuervergünstigung bzw. -benachteiligung. Ob und in welcher Höhe Steuervergünstigungen oder -benachteiligungen vorliegen, wird dabei am Modell ei-

---

490 Siehe *Schneider* (1989a), S. 329, und *Schneider* (2002), S. 103. Es sei noch einmal darauf hingewiesen, dass sich *Dieter Schneider* in seiner jüngsten Veröffentlichung von dieser Auffassung distanzierte, allerdings noch keinen neuen Vorschlag zur Konkretisierung *steuerlicher Effizienz* unterbreitete.

491 So *Schneider* (2002), S. 103, dort auch die beiden wörtlichen Zitate.

492 So *Schneider* (1989a), S. 329.

493 Siehe *Schneider* (2002), S. 101, dort auch die beiden wörtlichen Zitate.

494 *Schneider* (1989a), S. 329.

495 Damit legt *Dieter Schneider* die Rangordnung der Besteuerungsgrundsätze fest. Siehe *Schneider* (1989a), S. 329. Später behält *Dieter Schneider* diese Rangordnung jedoch nicht bei, sondern modifiziert sie in der Weise, dass nun die Gerechtigkeit der Besteuerung der steuerlichen Effizienz vorgehe. „Wenn mehrere Gestaltungen der Bemessungsgrundlagen im Hinblick auf ethische Normen für die Verteilungsfolgen der Besteuerung gleich geeignet erscheinen, ist jene Regelung vorzuziehen, die bei vernünftigen Steuerpflichtigen geringere Entscheidungswirkungen auslöst." Siehe *Schneider* (2003), S. 657, dort auch das wörtliche Zitat. Auch in seiner jüngsten Veröffentlichung fordert *Dieter Schneider*, dass die Verteilungsfolgen der Besteuerung und nicht mehr die Entscheidungswirkungen in den Vordergrund zu stellen sind. Siehe *Schneider* (2006), S. 274.

ner entscheidungsneutralen Steuerbemessungsgrundlage im vollkommenen und vollständigen Kapitalmarkt, am *ökonomischen Gewinn*[496], gemessen. Entscheidungsneutralität der Besteuerung ist dabei eine methodologische Vorentscheidung für die Festlegung von Steuerwirkungen und kein Maßstab der Steuerrechtskritik.[497] Sie ist „eine Diagnosehilfe wie ein Augenspiegel, kein Therapiemittel wie eine Brille“[498]. *Ökonomischer Gewinn* stellt demzufolge einen Eichstrich für die Beurteilung von Steuervergünstigungen oder -benachteiligungen dar.[499]

Vereinfachte Modellannahmen bei der Zugrundelegung der Entscheidungsneutralität der Besteuerung sind nach *Dieter Schneider* nicht nur zulässig, sondern geboten. Ohne solche Vereinfachungen ist kein widerspruchsfreier Ausgangspunkt für die weitere Forschung möglich, da Entscheidungsneutralität der Besteuerung keinen empirisch zu beobachtenden Sachverhalt darstellt.[500] Diese Ausführungen deuten darauf hin, dass *Dieter Schneider* die Problematik der Bezugsgröße der Entscheidungsneutralität der Besteuerung erkennt, diese jedoch aus den wissenschaftstheoretischen Gründen hinnimmt.

3.3.2.3.2 Kritische Würdigung

Die Mängel bei der Messung von Entscheidungsverzerrungen am Modell einer entscheidungsneutralen Steuerbemessungsgrundlage resultieren zum einen aus der Prämisse, unter der Entscheidungsneutralität erfüllt ist, nämlich wohlfahrtsökonomischer Allokationseffizienz bzw. einer Tendenz zu ihrer Erreichung. *Dieter Schneider* lehnt jedoch gerade wohlfahrtsökonomische Allokationseffizienz in der realen Welt aufgrund von unsicheren Erwartungen sowie eine Tendenz zu ihrer Erreichung ab.[501] Zum anderen ist die Entscheidungsneutralität des *ökonomischen Gewinns* lediglich im vollkommenen und vollständigen Kapitalmarkt gegeben. Dass der *ökonomische Gewinn* in der realen Welt entscheidungsneutral ist, wäre lediglich ein Zufallsergeb-

---

496 Obwohl *Dieter Schneider* hierfür den Begriff des kapitaltheoretischen Gewinns verwendet (siehe bereits Fn. 201, S. 37), wird hier aus Einheitlichkeitsgründen weiter vom *ökonomischen Gewinn* gesprochen. Wie der ökonomische Gewinn auf Grundlage des Kapitalwertmodells abgeleitet wird, siehe bereits Kapitel 2.2.1.3.

497 Siehe *Schneider* (1992), S. 201; *Schneider* (1999a), S. 3 f.; *Schneider* (1999b), S. 105; *Schneider* (2000a), S. 422, und *Schneider* (2002), S. 99 f.

498 *Schneider* (2002), S. 99.

499 Siehe *Schneider* (1992), S. 241, und *Schneider* (2002), S. 107.

500 So *Schneider* (2002), S. 98 und 100.

501 Siehe noch einmal *Schneider* (2001), S. 452 ff., und *Schneider* (2002), S. 256.

nis.[502] Die Aussage, *ökonomischer Gewinn sei in der realen Welt nicht entscheidungsneutral*, muss deshalb als vorläufig bewährt angesehen werden.

Weiterhin ist die Ermittlung des *ökonomischen Gewinns* in der Realität an Ertragswertschätzungen und somit Zukunftsprognosen gebunden.[503] Ob und – vor allem – in welcher Höhe eine Steuervergünstigung bzw. -benachteiligung vorliegt, lässt sich somit nicht feststellen. Aber auch wenn man den *ökonomischen Gewinn* zumindest bezogen auf zwei Zeitpunkte bestimmt und somit eine Steuerbegünstigung bzw. -benachteiligung des geltenden Steuersystems qualifiziert, bleibt unklar, durch Änderung welcher Steuernormen sich diese Steuerbegünstigung bzw. -benachteiligung vermeiden lässt. In Bezug auf die Ermittlung der steuerlichen Bemessungsgrundlage mit Hilfe des Vermögensvergleichs könnten das z.B. Steuernormen zu Abschreibungsmethoden, zur Rückstellungsbildung oder zur Bewertung der Vorräte sein. Es ist auch eine Kombination aus mehreren Steuernormen denkbar. Es kann daher nicht beurteilt werden, ob eine Steuerreform in Bezug auf einzelne Steuernormen richtige Teilschritte macht, da sie zwar für sich in die falsche Richtung gehen können, jedoch in der Summe zum richtigen Ergebnis führen.[504] Es ist somit fraglich, ob dieser Maßstab zur Erfassung von Entscheidungsverzerrungen geeignet ist.[505]

Die Problematik bei der Konkretisierung steuerlicher Effizienz hat *Dieter Schneider* in seiner jüngsten Veröffentlichung erkannt und herausgestellt. In Bezug auf die Möglichkeit der Festlegung einer entscheidungsneutralen Abschreibung führt er aus: „Die Bemessung planmäßiger Abschreibungen bzw. der AfA verlangt in einer auf Entscheidungen ausgerichteten Betriebswirtschaftslehre einen Blick in die Zukunft. Dieser Ausblick ist meßtheoretisch höchst unerfreulich. Da Planungssicherheit und Ungleichverteilung des Wissens unvermeidbar sind, existiert kein entscheidungsneutraler und sonst wie wirtschaftlich verursachter Abschreibungsverlauf, der rechtssicher auf die Wirklichkeit übertragbar wäre."[506]

502 Ähnlich auch *König* (2004), S. 264 f.

503 Siehe *Wagner, F.* (1989), S. 268, und *Wagner, F./Wissel* (1995), S. 68.

504 So *Wagner, F.* (2000c), S. 190.

505 *Ute Schmiel* lehnt Entscheidungsneutralität zur Erreichung wohlfahrtsökonomischer Allokationseffizienz sowohl als Zielsetzung als auch als Maßstab zur Bestimmung von Entscheidungswirkungen ab. Siehe *Schmiel* (2005a), S. 178.

506 *Schneider* (2006), S. 272.

3.3.2.4 Steuerliche Effizienz als steuerpolitisches Leitbild?

Die im betriebswirtschaftlichen Schrifttum existierenden Vorschläge zur inhaltlichen Ausgestaltung steuerlicher Effizienz als Maßstab der Steuerrechtskritik weisen – wie in den vorigen Kapiteln verdeutlicht wurde – erhebliche Mängel auf. Die Kriterien der *Entscheidungsneutralität der Besteuerung* und *Realisierung erwünschter Steuerwirkungen* sind abzulehnen, da diese Zielsetzungen nur unter der Bedingung einer allokationseffizienten Welt bzw. einer Tendenz zur Allokationseffizienz zu erreichen sind. Die *Vermeidung nachgewiesener, fallbezogener Entscheidungsverzerrungen* als weniger anspruchsvolle Zielsetzung scheitert im Wesentlichen an der Ermittlung dieser Entscheidungsverzerrungen, die ebenfalls eine Tendenz zum allokationseffizienten Zustand voraussetzt. Auch diese Zielsetzung ist deshalb im Rahmen dieser Untersuchung abzulehnen.

Eine inhaltliche Konkretisierung steuerlicher Effizienz unter Zugrundelegung einer allokationseffizienten Welt ist demzufolge nicht möglich. *Steuerliche Effizienz* kann nur ausgehend vom Marktprozessdenken definiert werden.[507] Das bedeutet jedoch nicht, dass auf die Betrachtung einer neoklassischen Modellwelt verzichtet werden soll. Vielmehr ist eine Gegenüberstellung der neoklassischen Modellwelt und der realen Welt sogar unerlässlich. Denn eine solche Vorgehensweise zeigt, welche ökonomischen Sachverhalte in der realen Welt von besonderer Relevanz sind und der steuerlichen Effizienz zugrunde gelegt werden können.[508]

Aus Sicht der neoklassischen Modellwelt, in der Liquiditätsfragen keine Rolle spielen, erscheinen Besteuerungsformen als äquivalent, die zu einem zeitlich unterschiedlichen Liquiditätsentzug führen. Im Gegensatz zur neoklassischen Idealwelt können jedoch in der realen Welt Liquiditätsschwierigkeiten auftreten.[509] Aufgrund möglicher Liquiditätsschwierigkeiten ist es von Bedeutung, ob Steuern aus entsprechenden Liquiditätszuflüssen gezahlt werden können oder nicht. So besteht z.B. ein Unterschied, ob Steuern aus den realisierten Zahlungsüberschüssen zu zahlen sind oder der Ertragswert zum Zeitpunkt der Anfangsausstattung besteuert wird, obwohl noch keine Zahlungen zugeflossen sind.[510] Ebenso ist ein Unterschied zwischen einem unbeschränkt haftenden Gesellschafter einer Personengesellschaft, dem ein steuerpflichtiger Gewinn auch ohne Liquiditätszufluss zugerechnet wird, und einem Gesellschafter einer Kapitalgesellschaft, der keine Haftung übernimmt und erst nach der

---

507 So auch *Elschen* (1994), insbesondere S. 210 ff.

508 Siehe *Schmiel* (2006b), S. 161. *Schneider* (2001), S. 387, spricht in diesem Zusammenhang von einem „Nullpunkt des Wettbewerbs".

509 So *Elschen* (1994), S. 321, und *Schneider* (2004b), S. 303.

510 Siehe *Elschen* (1994), S. 321.

Ausschüttung der Gewinne besteuert wird, zu konstatieren.[511] Eine Besteuerung, die Liquiditätswirkungen vernachlässigt, könnte in der realen Welt zu folgenden Problemen führen.

Verfügt ein Wirtschaftssubjekt über ungenügende Liquidität zum Zeitpunkt der Steuerauszahlung, so muss es sich Liquidität beschaffen. Dies kann auf der Grundlage unterschiedlicher Vertragsbeziehungen erfolgen. Der Steuerpflichtige wird z.B. bestimmte Vermögensgegenstände veräußern oder einen Kredit aufnehmen, um sich Liquidität zu verschaffen. In beiden Fällen würde die Besteuerung zusätzliche Handlungen auslösen, die ohne die Besteuerung nicht erfolgt wären.[512] Aus der Tatsache, dass Steuern Auszahlungen darstellen, resultiert demzufolge eine Steuerwirkung. Diese Steuerwirkung ist hier jedoch nicht als der Einfluss der Besteuerung auf konkrete ökonomische Entscheidungen zu verstehen.[513] „Da die konkreten Umstände, von denen die individuellen Ereignisse abhängen, so zahlreich sind, daß wir sie praktisch nicht alle ermitteln können“[514], lassen sich keine Kausalzusammenhänge über den *konkreten* Einfluss der Besteuerung auf *konkrete* Entscheidungen der Steuerpflichtigen ermitteln. Denn in komplexen Situationen können gerade die außer Acht gelassenen Umstände das Ergebnis herbeigeführt haben.[515]

So würde die Aussage, *wenn die Liquiditätswirkungen der Besteuerung vernachlässigt werden, dann werden Wirtschaftssubjekte bestimmte Vermögensgegenstände veräußern oder einen Kredit aufnehmen, um sich Liquidität zu verschaffen,* bestimmte Einflussfaktoren unberücksichtigt lassen. Zu diesen gehören z.B., dass Wirtschaftssubjekte eine Veräußerung bestimmter Wirtschaftsgüter vornehmen, weil sie sich aus dieser Veräußerung ökonomische Vorteile versprechen, oder dass Wirtschaftssubjekte Kapital aufnehmen, um von den günstigen Konditionen Gebrauch zu machen. Wäre das Verhalten der Wirtschaftssubjekte, wie in der obigen Aussage beschrieben, beobachtbar, würde dies nicht die vorläufige Wahrheit dieser Hypothese bestätigen. Denn ein solches Verhalten könnte durch einen oder mehrere andere Einflussfaktoren zustande kommen. Umgekehrt würde eine zu beobachtende Unterlassung der Beleihung oder Veräußerung die Hypothese nicht (vorläufig) widerlegen.[516]

---

511 Siehe *Schneider* (2002), S. 217, und *Schmiel* (2005a), S. 179 ff.

512 Siehe *Elschen* (1994), S. 193 und 324 f.

513 Siehe zu dieser Definition der Steuerwirkungen *König/Wosnitza* (2004), S. 1 ff.; *Wagner, F.* (2004), S. 239 f., und ferner *Wagner, F.* (2005c), S. 409.

514 *Hayek, von* (1972), S. 25.

515 Siehe *Schmiel* (2005c), S. 28 f., und *Schmiel* (2006a), S. 251 f., die sich an *Hayek, von* (1972), S. 15 ff., anlehnt.

516 In Anlehnung an *Schmiel* (2005c), S. 29.

Vor diesem Hintergrund sind „statt Hypothesen über konkrete Sachverhalte nur *abstrakte* und zugleich *vage* Muster-Hypothesen möglich“[517]. *Der Liquiditätsabfluss durch Steuerzahlungen löst einen Zwang aus, als Anbieter oder Nachfrager auf Arbeits-, Kapital- und Gütermärkten aufzutreten,* wäre dann eine solche Muster-Hypothese.

Akzeptiert man diese Muster-Hypothese als vorläufig bewährt, stellt sich die Frage, wie dieser mögliche Zwang zu beurteilen ist. Unter Zugrundelegung der realen Welt mit Unsicherheit und Ungleichverteilung des Wissens kann dieser Zwang zu Ungerechtigkeiten führen. Da der Steuerpflichtige gezwungen ist, bestimmte Vermögensgegenstände zu veräußern oder einen Kredit aufzunehmen, um sich Liquidität zu verschaffen, wird er auch für ihn unvorteilhafte Verträge eingehen. Er wäre somit im Vergleich zum Gläubiger dieser Verträge benachteiligt. Die Berücksichtigung der Liquiditätswirkungen bei der Besteuerung ließe sich somit mit dem Gerechtigkeitsgrundsatz begründen.

Darüber hinaus versucht *Rainer Elschen* die Verringerung des Zwangs, als Anbieter oder Nachfrager auf Arbeits-, Kapital- und Gütermärkten aufzutreten, unter Zugrundelegung der Wettbewerbsordnung und des Effizienzgedankens zu rechtfertigen. Die Besteuerung soll eine auf dem Markt zustande gekommene Effizienz nicht stören.[518] Markteffizienz liegt vor, wenn ein Tauschakt freiwillig zustande kommt, denn Marktpartner tauschen nur dann freiwillig, wenn sie eine Verbesserung ihrer Lage erwarten. *Dabei bezieht sich diese Markteffizienz nicht auf das allgemeine Konkurrenzgleichgewicht wie in der Wohlfahrtsökonomie, sondern auf jeden einzelnen Tauschakt (marktprozessorientiert).*[519] Lediglich freiwillige Austauschhandlungen der Marktteilnehmer führen zur Markteffizienz, die durch die Besteuerung nicht behindert werden darf. Es ist deshalb vorteilhafter, wenn sich die Besteuerung an Liquiditätswirkungen orientiert.[520]

Dieser Konkretisierung steuerlicher Effizienz von *Rainer Elschen* liegt allerdings nicht die geltende, sondern eine anzustrebende Wirtschaftsordnung zugrunde, denn die

---

[517] *Schmiel* (2005c), S. 29.

[518] Siehe *Elschen* (1994), S. 282. Ähnlich ist auch die Argumentation von *Dieter Schneider*, dass es in einer Welt mit Unsicherheit und Ungleichverteilung des Wissens effizient ist, wenn Entscheidungen über den Markt, also durch den Einzelnen getroffen werden. Siehe *Schneider* (2002), S. 221 und 229.

[519] Siehe *Elschen* (1994), S. 210 f. und 214 f.

[520] Siehe *Elschen* (1994), S. 323. Implizit vertrat diese Auffassung bereits *Smith* (1789), S. 704, der ausführte: „Jede Steuer sollte zu einer Zeit oder auf eine Art und Weise erhoben werden, daß die Zahlung der Abgabe dem Pflichtigen am leichtesten fällt. Ist zum Beispiel eine Steuer auf Grund- oder Hauseigentum fällig, wenn die Renten üblicherweise eingehen, wird sie zu einer Zeit erhoben, die dem Pflichtigen für die Zahlung höchstwahrscheinlich bequem und angenehm ist oder in der er über die nötigen Mittel verfügt.“

Effizienz der Tauschbeziehungen setzt gerechte Marktbedingungen voraus.[521] Damit die Markteffizienz verwirklicht werden kann, müssen alle Faktoren ausgeschaltet werden, die die Freiwilligkeit eines Tauschaktes in der Realität lediglich vortäuschen.[522] Bestimmte Handlungen können dazu führen, dass ein freiwilliger Tauschakt einen Vertragspartner „unfreiwillig" in seinen Interessen beeinträchtigt.[523] Als Quellen der Unfreiwilligkeit können z.B. folgende Handlungen angesehen werden:[524]

- *Eine direkte Ausübung der Marktmacht durch einen Vertragspartner*

  So führen z.B. Unternehmenszusammenschlüsse zur Stärkung der Marktmacht eines Vertragspartners. Die Freiwilligkeit einer Markthandlung mit einem solchen Tauschpartner kommt alleine durch seine Marktstellung zustande.

- *Bewusste Täuschungen eines Marktpartners*

  Liegen bei einer Markthandlung bewusste Täuschungen eines Marktpartners vor, so bezieht sich die Freiwilligkeit bei dieser Markthandlung nicht auf den tatsächlich getauschten, sondern auf den vorgegaukelten Tauschgegenstand.

In der Realität können die obigen Handlungen durch die geltende Rechtsordnung vermindert werden. So sind bestimmte Unternehmenszusammenschlüsse, wie z.B. Kartelle, zum Schutz der übrigen Marktteilnehmer verboten. Rechtlich fixierte Schutzrechte bei Markthandlungen sowie nachträglich verordnete Sanktionen sollen das Täuschungsverhalten zumindest verringern. Allerdings können diese Maßnahmen der geltenden Rechtsordnung die Quellen der Unfreiwilligkeit im Marktprozess nicht vollständig ausschalten. Die Tatsache, dass richterliche Entscheidungen erst bei Streitfällen nach tatsächlich vorgenommenen Markthandlungen gefällt werden, würde zunächst das Zustandekommen dieser Tauschprozesse ermöglichen. Die Markteffizienz im Sinne von *Rainer Elschen* lässt sich in der Realität nicht konstatieren. Steuerliche Effizienz als Nichtbeeinflussung der Markteffizienz kann somit nicht begründet werden.

Neben den Liquiditätswirkungen lassen sich bei der Gegenüberstellung einer allokationseffizienten und der realen Welt Unterschiede in den Risikowirkungen feststellen. In einer allokationseffizienten Welt ist es die Aufgabe des Marktes, „Risikoübernah-

---

[521] Siehe *Schmiel* (2005a), S. 187.

[522] Siehe *Elschen* (1994), S. 215 f.

[523] Dabei handelt es sich jedoch nicht um Beeinträchtigungen, die dadurch entstehen, dass ein Tauschpartner schlechter informiert ist. Eine ungleiche Informationsverteilung stellt ein wesentliches Merkmal des Marktprozesses dar und muss bei den Markthandlungen in Kauf genommen werden. Die Irrtümer bei den Tauschakten werden demzufolge nicht als Quelle des unfreiwilligen Verhaltens angesehen. Siehe *Elschen* (1994), S. 221 ff.

[524] Siehe *Elschen* (1994), S. 215 f.

men in den Preisen zu berücksichtigen"[525]. In der realen Welt mit Unsicherheit und Ungleichverteilung des Wissens ist eine solche Funktion nicht vorhanden. Vernachlässigt die Besteuerung die Risikowirkungen, z.B. durch entsprechende Regelungen zur Verlustverrechnung, so kommt es zu ungerechten Ergebnissen zwischen den Steuerpflichtigen, die unterschiedliche Risiken übernehmen. Auch die Berücksichtigung von Risikowirkungen im Rahmen der Besteuerung kann daher mit dem Gerechtigkeitsgrundsatz begründet werden. Eine Rechtfertigung für die Beachtung von Risikowirkungen im Rahmen der Besteuerung mit dem Argument, dass sonst die Tauschergebnisse auf den Märkten und somit die Markteffizienz beeinträchtigt werden, ist dagegen aufgrund der Zugrundelegung einer nicht existierenden Wirtschaftsordnung abzulehnen.

Als Ergebnis lässt sich festhalten, dass steuerliche Effizienz nur unter Zugrundelegung der realen Welt mit Unsicherheit und Ungleichverteilung des Wissens konkretisiert werden kann. Dabei lässt sich anders als in einer neoklassischen Modellwelt aufgrund der am Markt herrschenden unsicheren Erwartungen und der daraus eventuell resultierenden Fehlentscheidungen sowie der Freiheit der Marktteilnehmer bei der Wahl ihrer persönlichen Ziele ein bestimmtes effizientes Ergebnis nicht feststellen.[526] Unterschiedliche Kenntnisse, Erwartungen, Sachziele und Risikoneigungen der Marktpartner führen zu keinem Ergebnis, das als immer effizient bezeichnet werden kann. Auch *marktprozessorientiert* im Sinne von *Rainer Elschen* kann steuerliche Effizienz nicht definiert werden, denn sie basiert nicht auf einer geltenden, sondern auf einer anzustrebenden Wirtschaftsordnung. *Steuerliche Effizienz* kann daher im Rahmen dieser Untersuchung nicht als Besteuerungsgrundsatz, sondern als methodologische Vorentscheidung *für* die reale Welt mit Unsicherheit und Ungleichverteilung des Wissens, in der Liquiditäts- und Risikowirkungen von besonderer Bedeutung sind, verstanden werden.[527]

---

[525] *Siegel* (2004), S. 203. *Ute Schmiel* erkennt richtigerweise, dass die Aussage von *Theodor Siegel* nur unter der Bedingung eines vollkommenen und vollständigen Kapitalmarktes zutrifft. Siehe *Schmiel* (2005c), S. 32.

[526] Siehe *Elschen* (1994), S. 198 f. So auch zuletzt *Schneider* (2006), S. 272, in Bezug auf einen „effizienten" Abschreibungsverlauf.

[527] Gleichwohl kann Effizienz auch allgemein in dem Sinne verstanden werden, hypothetisch festgelegte Ziele zu erreichen. So *Albert* (2000), S. 72. Dieser Definition wird im Rahmen dieser Untersuchung jedoch nicht gefolgt.

3.3.3 Gleichmäßigkeit der Besteuerung

Die Gleichmäßigkeit der Besteuerung als gerechtigkeitsorientierter Besteuerungsgrundsatz, der aus dem Gleichbehandlungsgebot gem. Art. 3 GG abgeleitet wird,[528] ist dann erreicht, wenn wesentlich Gleiches gleich und wesentlich Ungleiches entsprechend der bestehenden Ungleichheit ungleich behandelt wird.[529] Im betriebswirtschaftlichen Schrifttum wird die Gleichmäßigkeit der Besteuerung insoweit expliziert, als gleiche wirtschaftliche Sachverhalte steuerlich gleich behandelt werden und unterschiedliche wirtschaftliche Sachverhalte eine differierende steuerliche Behandlung erfahren.[530] Wann liegen jedoch gleiche wirtschaftliche Sachverhalte vor? In der Literatur werden relevante wirtschaftliche Sachverhalte mit dem ebenso konkretisierungsbedürftigen Begriff der Leistungsfähigkeit gleichgesetzt. Dabei wird der *Grundsatz horizontaler Leistungsfähigkeit,* d.h. gleiche steuerliche Behandlung gleicher wirtschaftlicher Leistungsfähigkeit, den Gerechtigkeitsaussagen in Bezug auf steuerliche Bemessungsgrundlagen zugrunde gelegt.[531] In Abgrenzung hierzu besagt der *Grundsatz vertikaler Leistungsfähigkeit*, dass Steuerpflichtige mit unterschiedlicher wirtschaftlicher Leistungsfähigkeit auch relativ unterschiedlich besteuert werden müssen. Dieser Grundsatz wird in erster Linie dazu verwendet, bestimmte steuerrechtliche Tarifverläufe und Freibeträge zu rechtfertigen.[532]

Der Unterscheidung der beiden Ausprägungen der wirtschaftlichen Leistungsfähigkeit wird im Schrifttum eine sehr große Bedeutung beigemessen. Eine strikte Trennung der beiden Prinzipien ist zwar nicht unproblematisch, jedoch sehr wichtig, denn eine *gerechte* Tarifgestaltung kann erst nach einer *gerechten* Ermittlung der Bemessungsgrundlage erfolgen. Das Gebot horizontaler Leistungsfähigkeit stellt somit die Grundlage bei den Gerechtigkeitsüberlegungen dar.[533] Da der Dualismus der Einkunftsarten im Wesentlichen die Ausgestaltung der steuerlichen Bemessungsgrund-

---

528 Siehe z.B. *Walz* (1980), S. 155; *Lang* (1981a), S. 99; *Merkenich* (1982), S. 44; *BVerfG* (1982), S. 343 f.; *BVerfG* (1984a), S. 223; *Jehner* (1990), S. 7; *Tipke* (1994), S. 439; *Lang* (1995), S. 402; *Kanzler* (1999a), S. 363; *Drüen* (2003), § 3 AO, Rz. 41 ff. Der Gesetzgeber ist an das Gleichbehandlungsgebot gebunden. Siehe z.B. *BVerfG* (1961), S. 202; *BVerfG* (1969a), S. 310, und *BVerfG* (1976), S. 118 f.

529 Diese Interpretation der Gleichmäßigkeit der Besteuerung ergibt sich aus der Rechtsprechung des Bundesverfassungsgerichts. Siehe *BVerfG* (1951), S. 52; *BVerfG* (1953), S. 135; *BVerfG* (1959), S. 244; *BVerfG* (1964), S. 46, und *BVerfG* (1998), S. 2248.

530 Siehe statt vieler *Schneider* (1971b), S. 327.

531 So z.B. *Schneider* (1978), S. 24 f.; *Koniarski* (1984), S. 27; *Schmidt, K.* (1995), S. 35, und *Eberhartinger* (2000), S. 243.

532 Siehe *Birk* (1983), S. 165 f., oder *Wosnitza/Treisch* (1999), S. 352. Die Eignung des Prinzips vertikaler Leistungsfähigkeit zur Ausgestaltung der steuerlichen Tarife wird allerdings zunehmend bezweifelt. Siehe z.B. *Hundsdoerfer* (2002), S. 25. Ausführlich hierzu siehe weiter unten Kapitel 5.2.

533 So auch *Schneider* (1984b), S. 360.

lagen betrifft, wird das Hauptaugenmerk in dieser Arbeit auf die horizontale Leistungsfähigkeit gelegt.[534]

Die Gleichsetzung wirtschaftlicher Sachverhalte mit der wirtschaftlichen Leistungsfähigkeit[535] bringt allerdings keine Erkenntnis darüber, wann gleiche wirtschaftliche Sachverhalte vorliegen, da für die wirtschaftliche Leistungsfähigkeit kein eindeutiger und einheitlicher Begriffsinhalt existiert.[536] Dies rechtfertigt jedoch nicht den Begriff wirtschaftlicher Leistungsfähigkeit abzulehnen,[537] da das Problem der Nichteindeutigkeit des Begriffsinhalts auch für die meisten anderen Begriffe innerhalb der ökonomischen Theorie, wie Gewinn oder Kapital, gilt.[538] Vielmehr ist eine Konkretisierung des Begriffs der wirtschaftlichen Leistungsfähigkeit erforderlich.

Bevor jedoch die Möglichkeiten einer Explikation der wirtschaftlichen Leistungsfähigkeit aufgezeigt werden und eine begründete Konkretisierung dieses Grundsatzes erfolgt (Kapitel 3.3.3.2), stellt sich die Frage, ob der Grundsatz der Gleichmäßigkeit der Besteuerung betriebswirtschaftlich begründet werden kann. Denn seine Ableitung aus dem Gleichbehandlungsgebot gem. Art. 3 GG macht ihn noch nicht zum betriebswirtschaftlichen Besteuerungsgrundsatz. Dieser Frage wird in Kapitel 3.3.3.1 nachgegangen.

3.3.3.1 Betriebswirtschaftliche Begründung

Neben der Legitimation der Gleichmäßigkeit der Besteuerung mit verfassungsrechtlichen Vorschriften ist auch eine betriebswirtschaftliche Begründung aus dem rationalen und eigennutzorientierten Verhalten der Wirtschaftssubjekte beim Abschluss eines (hypothetischen) Gesellschaftsvertrages möglich.[539] Wirtschaftssubjekte entscheiden dabei unter einem „Schleier der Unwissenheit“, der ursprünglich von *John Rawls* der Überlegung, wie in einer Gesellschaft eine Gerechtigkeitskonzeption bestimmt wird, zugrunde gelegt wurde.[540] Da Wirtschaftssubjekte nicht wissen, ob sie in

---

534 Im Weiteren wird dafür der allgemeine Begriff *wirtschaftlicher Leistungsfähigkeit* verwendet.

535 Siehe *Schneider* (1979), S. 26 f.

536 Zurecht führt *Schneider* (1984b), S. 358, aus, dass die wirtschaftliche Leistungsfähigkeit „lediglich der wohlklingende Schall für ein nicht erläutertes ‚X‘: eine sprachliche Fehlbezeichnung“ ist.

537 So z.B. *Wenger* (2003), S. 182 f.

538 Siehe *Elschen* (1994), S. 185.

539 Diese Argumentation wählt *Dieter Schneider* im Zusammenhang mit der vertikalen Leistungsfähigkeit. Siehe *Schneider* (2002), S. 257 ff. *Ute Schmiel* ist der Ansicht, dass sich diese Argumente auch auf die horizontale Leistungsfähigkeit übertragen lassen. Siehe *Schmiel* (2005a), S. 187.

540 Siehe *Rawls* (1998), S. 89 ff. und 421 ff.

Zukunft zu den Bevorzugten oder den Benachteiligten aus einer ungerechten Besteuerung gehören, werden sie für die Gleichmäßigkeit der Besteuerung votieren.[541]

Nach Auffassung von *Ute Schmiel* lässt sich eine gleichmäßige Besteuerung auch ohne einen „Schleier der Unwissenheit" begründen. Auch wenn Wirtschaftssubjekte ihre eigene Position kennen,[542] ergeben sich aus einer gleichmäßigen Besteuerung Vorteile sowohl für die Bevorzugten als auch für die Benachteiligten. Die Benachteiligten werden sich für eine gleichmäßige Besteuerung entscheiden, denn dadurch würde sich die Steuerzahlung dieser Wirtschaftssubjekte verringern bei den gleich bleibenden Vorteilen aus der Inanspruchnahme des Gemeinwesens. Für die Bevorzugten besteht dann ein Anreiz, für eine gleichmäßige Besteuerung zu votieren, wenn sie die Umgehung der Ungerechtigkeit durch Sachverhaltsgestaltungen der Benachteiligten erwarten. Denn durch Sachverhaltsgestaltungen der Benachteiligten kann es zur Verringerung der Steuereinnahmen und somit zu sinkenden „Einnahmen" aus der Inanspruchnahme des Gemeinwesens kommen. Überwiegt dieser Nachteil den Vorteil aus der Ungerechtigkeit, wäre für die Bevorzugten eine gleichmäßige Besteuerung vorteilhaft.[543]

Diese beiden Ansätze versuchen, die Situationen zu modellieren, in denen gerechte Besteuerung für rational und eigennutzorientiert handelnde Verhandlungspartner mit unterschiedlichen Interessen ein vorteilhaftes Ergebnis sein kann.[544] Rationales und eigennutzorientiertes Handeln bedeutet, dass sich Wirtschaftssubjekte im Sinne der Maximierung ihres Zielerreichungsgrades verhalten.[545] Dabei ist nicht zu bejahen, dass alle Wirtschaftssubjekte immer und überall eigennutzorientiert handeln. Das Verhalten der Individuen kann auch durch altruistische bzw. moralische Motive geprägt sein. Diese fehlende empirische Wahrheit ist nach Auffassung von *Ute Schmiel* jedoch nicht zu beanstanden, da das eigennutzorientierte Handeln keine Tatsachenbehauptung über die Wirklichkeit, sondern eine hypothetische, aber realistische Annahme als methodologische Vereinfachung darstellt.[546] Das Kernproblem des rationalen Verhaltens besteht darin, dass sich in der realen Welt unter Unsicherheit und Ungleichverteilung des Wissens ein objektiver Bewertungsmaßstab rationalen Han-

---

541 Siehe *Schmiel* (2005a), S. 187 f. Kritisch zum „Schleier der Unwissenheit" *Müller* (2000), S. 65 ff. und 185 ff.

542 Dass Wirtschaftssubjekte ihre Position genau kennen werden, ist eher unwahrscheinlich, denn die steuerliche Bemessungsgrundlage setzt sich aus mehreren Elementen zusammen, die auch kompensatorisch wirken können. Deshalb spricht *Ute Schmiel* in diesem Zusammenhang von einer „schleierähnlichen" Situation. Siehe *Schmiel* (2005a), S. 188.

543 Siehe *Schmiel* (2005a), S. 188 f., und *Schmiel* (2006a), S. 253.

544 So *Schmiel* (2005a), S. 189.

545 Siehe *Tietzel* (1985), S. 95.

546 Siehe *Schmiel* (2005a), S. 184, und *Schmiel* (2005d), S. 158. So auch *Schneider* (1995), S. 134 f.

delns nicht ableiten lässt.[547] Zu Recht relativiert *Ute Schmiel* die Aussagekraft der beiden Ansätze, indem sie ausführt: „bei diesen Ansätzen [handelt es sich] um nicht mehr, aber auch nicht weniger, als den Versuch, zusätzlich zu anderen Gründen ‚ökonomische' Argumente zu finden, die für oder gegen horizontale und/oder vertikale Steuergerechtigkeit sprechen"[548].

3.3.3.2 Inhaltliche Konkretisierung wirtschaftlicher Leistungsfähigkeit

Die inhaltliche Konkretisierung wirtschaftlicher Leistungsfähigkeit umfasst mehrere Fragestellungen. Die erste Fragestellung betrifft die Bezugsgrößen, die der Bestimmung wirtschaftlicher Leistungsfähigkeit dienen sollen. Darüber besteht im Schrifttum heute keine Einigkeit. Als Bezugsgrößen wirtschaftlicher Leistungsfähigkeit werden in der Literatur besonders kontrovers Einkommen und Konsum diskutiert.[549] Der Auffassung einiger Fachvertreter[550], auf die Diskussion über „geeignete" Bezugsgrößen wirtschaftlicher Leistungsfähigkeit zu verzichten, da diese „zwangsläufig ins Leere"[551] läuft, wird hier nicht gefolgt. Die begründete Wahl einer bestimmten Bezugsgröße ohne Anspruch allgemeiner Anerkennung stellt nach der hier vertretenen Auffassung ein zulässiges *Werturteil des Metabereichs* dar. Deshalb ist eine „rationale Diskussion"[552], die Argumente für oder gegen eine bestimmte Bezugsgröße wirtschaftlicher Leistungsfähigkeit offenlegt, nicht nur möglich, sondern sehr sinnvoll.[553] Solche Argumente werden im Folgenden herausgestellt.

Ob das Einkommen oder der Konsum als Bezugsgröße wirtschaftlicher Leistungsfähigkeit am besten geeignet ist, richtet sich laut *Dieter Schneider* nach dem Zweck des Wirtschaftens.[554] Nach mehrheitlicher Ansicht ist der Zweck des Wirtschaftens die Bedürfnisbefriedigung.[555] Steuern stellen somit ein persönliches Opfer dar, da die

---

[547] Siehe *Schmiel* (2005a), S. 184, und *Schmiel* (2005d), S. 158.

[548] *Schmiel* (2005a), S. 184, im Original teilweise hervorgehoben.

[549] Siehe z.B. *Schneider* (1978), S. 22 f.; *Koniarski* (1984), S. 38 ff.; *Wagner, F.* (1989), S. 261 ff.; *Schneider* (1994), S. 28 ff.; *Schneider* (1999a), insbesondere S. 6 ff.; *Wagner, F.* (1999a). Das Vermögen als eine weitere Bezugsgröße wirtschaftlicher Leistungsfähigkeit wird im Schrifttum einheitlich abgelehnt. Siehe statt vieler *Schneider* (1979).

[550] So z.B. *Wissel* (1997), S. 53; *Kiesewetter* (1999), S. 21, und *Liesenfeld* (2004), S. 83.

[551] *Liesenfeld* (2004), S. 83.

[552] Siehe zu diesem Begriff bereits oben S. 3.

[553] So auch *Schmiel* (2005a), S. 169, ferner auch *Müller* (2000), S. 185, jedoch in Bezug auf die grundlegenden Normen des gesellschaftlichen Miteinanderlebens.

[554] Siehe *Schneider* (1979), S. 46 f.

[555] Siehe z.B. *Haller* (1981), S. 15 und 42; *Wenger* (1983), S. 211; *Koniarski* (1984), S. 40; *Haller* (1990), S. 31 ff.; *Wissel* (1997), S. 18, und *Kruschwitz/Schneider/Husmann* (2003a), S. 328.

Bedürfnisbefriedigung gemindert wird. Wie soll jedoch Bedürfnisbefriedigung gemessen werden? Einige Fachvertreter sind der Auffassung, dass Bedürfnisbefriedigung mit Hilfe der Konsumausgaben am besten gemessen werden kann.[556] In diesem Fall wäre der Konsum ein geeigneter Indikator wirtschaftlicher Leistungsfähigkeit.

Diese Aussage wäre jedoch voreilig, denn die Höhe der Konsumausgaben stellt keinen zuverlässigen Maßstab für die Bemessung der Bedürfnisbefriedigung dar. Dies lässt sich dadurch begründen, dass die individuellen, nicht konsumtiv orientierten Bedürfnisstrukturen unbeachtet bleiben.[557] So können Individuen mit niedrigen Konsumausgaben ein hohes Maß an Bedürfnisbefriedigung realisieren, wenn ihre Bedürfnisse nicht konsumtiv orientiert sind. Denn „Menschen leben nicht nur, um zu konsumieren, sondern auch, um durch eigene Arbeit ihr Leben sinnvoll zu gestalten."[558] Erfolgt Bedürfnisbefriedigung auch durch Ersparnisbildung eines Steuerpflichtigen, so stellt nicht der konsumierte Teil, sondern das gesamte Einkommen[559] die geeignete Bezugsgröße wirtschaftlicher Leistungsfähigkeit dar.[560]

Der Einwand der Gegner der *Einkommens*besteuerung, dass Sparer stärker belastet werden,[561] ist nicht stichhaltig. Denn ein Wirtschaftssubjekt entscheidet sich dann zugunsten der Ersparnis, wenn der Nutzen aus dieser Ersparnis[562] den Nutzen aus dem Konsum in der laufenden Periode überwiegt. In der Sparperiode ist deshalb seine Bedürfnisbefriedigung nicht kleiner als die des Nichtsparers. Tritt in den folgenden Perioden eine Einkommenssteigerung ein, so ist die Bedürfnisbefriedigung des Sparers höher als die des Nichtsparers, was steuerlich erfasst wird. Liegt dagegen keine Einkommenssteigerung in den zukünftigen Perioden vor,[563] so erfolgt ausschließlich

---

[556] Siehe *Kiesewetter* (1999), S. 21 ff., und *Dorenkamp* (2004), S. 118.

[557] Siehe *Koniarski* (1984), S. 45.

[558] *Schneider* (1999a), S. 6.

[559] Im Allgemeinen wird das Einkommen mit dem in einer Periode gegebenen *potenziellen* und nicht *realisierten* Konsum gleichgesetzt. Siehe *Moxter* (1982), S. 21.

[560] Siehe *Haller* (1981), S. 56 ff., und *Haller* (1990), S. 32. Siehe auch *Mitschke* (1986), S. 462, der aber trotzdem für eine jährlich zu veranlagende Konsumsteuer plädiert. Neben der Konsumsteuer äußert sich *Joachim Mitschke* für die Besteuerung des Vermögens zum Lebensende, wodurch auch die Ersparnisse und somit insgesamt das Lebenseinkommen besteuert werden. Siehe *Mitschke* (1986), S. 461 f.

[561] Siehe z.B. *Pollak* (1990), S. 77; *Lang* (2003), S. 339; *Rose, M.* (1989), S. 192, und *Rose, M.* (1994), S. 239 f.

[562] Der Nutzen aus der Ersparnis liegt z.B. im Vermögenszuwachs und im zu erwartenden höheren Einkommen.

[563] Dies ist der eher seltene Fall einer zeitlichen Konsumverschiebung, ohne das Einkommen zu vergrößern. So auch *Haller* (1981), S. 58 f.

eine steuerliche Belastung der Bedürfnisbefriedigung, indem insgesamt (nur) das Einkommen besteuert wird.[564]

Auch der Zeitpunkt der Konsumausgaben muss nicht zwingend mit dem Zeitpunkt der Bedürfnisbefriedigung identisch sein, denn langlebige Wirtschaftsgüter geben ständig Nutzungen ab, die Bedürfnisse befriedigen.[565] Eine Gleichsetzung der Bedürfnisbefriedigung mit dem Konsum ist demzufolge nicht unproblematisch.

Meines Erachtens sprechen also gewichtige Argumente gegen den Konsum als Indikator wirtschaftlicher Leistungsfähigkeit.[566] Im Rahmen dieser Untersuchung wird deshalb das Einkommen als Bezugsgröße wirtschaftlicher Leistungsfähigkeit zugrunde gelegt.

Wählt man das Einkommen als Bezugsgröße wirtschaftlicher Leistungsfähigkeit, muss des Weiteren geklärt werden, ob gleiche wirtschaftliche Leistungsfähigkeit vorliegt, wenn z.B. ein Angestellter 50.000 Euro Gehalt im Jahr verdient, ein Popsänger 50.000 Euro Honorar und ein Einzelhandelskaufmann 50.000 Euro Gewinn erzielt. Denn all diese Größen stellen das *Einkommen im Sinne des EStG* dar, das jedoch unterschiedlich ermittelt wird. Denn 50.000 Euro als Differenz der Einnahmen und Werbungskosten und 50.000 Euro als Differenz der Betriebseinnahmen und Betriebsausgaben müssen nicht 50.000 Euro als Differenz des End- und Anfangsvermögens entsprechen.[567]

Die Gleichmäßigkeit der Besteuerung, die dadurch gewonnen wird, dass ganz unterschiedliche arithmetische Operationen eine einheitliche Bezeichnung „Einkommen" erhalten und der gleichen steuerlichen Behandlung unterliegen, kann nicht den Anspruch erheben, wirtschaftliche Belastungsgleichheit herbeizuführen.[568] Denn im geltenden Einkommensteuerrecht existiert keine theoretisch fundierte Definition des

---

[564] Diese Argumentation trifft jedoch nur auf eine freiwillige Ersparnisbildung zu. Ist ein Steuerpflichtiger nicht frei hinsichtlich seiner Einkommensverwendung, besteht also ein Marktzwang zur Ersparnis, so bedeutet diese Zwangsersparnis keine Bedürfnisbefriedigung. So bereits *Haller* (1981), S. 60 f. Ähnlich auch *Wosnitza/Treisch* (1999), S. 354. *Heinz Haller* differenziert zwischen Steuerpflichtigen, die neben der Zwangsersparnis auch freiwillige Ersparnis bilden, und Steuerpflichtigen, die lediglich zwangsweise sparen. Während bei den ersten die Besteuerung des Einkommens gerechtfertigt ist, sollte bei den zweiten nach *Heinz Haller* die Ersparnis der Besteuerung entzogen werden. Siehe *Haller* (1981), S. 60 f.

[565] Siehe *Ulbrich* (1975), S. 30 ff., und *Schneider* (1978), S. 27 f.

[566] Zu weiteren Einwendungen gegen den Konsum siehe bereits Kapitel 3.3.2.1.2 zur Kritik der Entscheidungsneutralität, da die Besteuerung des Konsums auch vor dem Hintergrund der Entscheidungsneutralität begründet wird.

[567] Siehe bereits *Schneider* (1971b), S. 327; *Schneider* (1978), S. 28; *Zimmermann* (1978), S. 5, und *Schneider* (2002), S. 282.

[568] So auch *Wagner, F.* (1997a), S. 520.

Einkommens, sondern der pragmatisch ausgestaltete Einkommensbegriff bedient sich vielmehr einer Kasuistik.[569] Außerdem besteht seitens der Steuerpflichtigen die Möglichkeit, die Größe *Einkommen* durch steuerliche Wahlrechte selbst zu beeinflussen.[570] Deshalb erscheint es nicht sinnvoll, die *Einkommen im Sinne des EStG* gegenüberzustellen.

Es ist vielmehr ein Maßstab wirtschaftlicher Leistungsfähigkeit erforderlich, der der Ermittlung des Einkommens vorausgeht. Als einen solchen Maßstab kann die Erzielung der Einkünfte im Rahmen unterschiedlicher Einkunftsarten angesehen werden,[571] so z.B. „der Gemüseanbau des Bauern, die Spekulation des Devisenhändlers, das Vermieten von Wohnungen durch den Hauseigentümer, das Gehalt des Arbeitnehmers“[572]. Die Erzielung der Einkünfte kann dabei nur durch eine (entgeltliche) Verwertung von Leistungen (Arbeit oder Vermögen) am Markt mit Einkunftserzielungsabsicht erfolgen.[573] Liegen bei der Erwirtschaftung unterschiedlicher Einkunftsarten gleiche wirtschaftliche Sachverhalte vor, so verletzen die unterschiedlichen Einkunftsermittlungsmethoden sowie unterschiedliche Veräußerungsgewinnbesteuerung den Grundsatz der Gleichmäßigkeit der Besteuerung. Neben den unterschiedlichen Einkunftsermittlungsmethoden kommt es auch dann zur Verletzung der Gleichmäßigkeit der Besteuerung, wenn die steuerliche Bemessungsgrundlage nicht genau erfassbar und manipulierbar ist.[574] Dies ist bei einem legalen Verhalten des Steuerpflichtigen nur möglich, wenn er die Einkunftsermittlung durch bestimmte erlaubte Handlungen selbst beeinflussen kann. Denn auch dann werden bei gleichen wirtschaftlichen Sachverhalten unterschiedliche Einkünfte resultieren.

Liegt denn bei der Erzielung der Einkünfte aus unterschiedlichen Einkunftsarten gleiche wirtschaftliche Leistungsfähigkeit vor? Bei der Überlegung, wann wirtschaftliche Sachverhalte als gleich oder ungleich anzusehen sind, wird im betriebswirtschaftli-

---

569 Diese Entwicklung ist historisch bedingt. Siehe hierzu bereits Kapitel 3.2.1.3.

570 So auch *Belser* (1986), S. 3, der die verfassungsrechtliche Zulässigkeit steuerlicher Wahlrechte analysiert. *Dieter Schneider* spricht in diesem Zusammenhang von der *Selbsteinsteuerung* durch Steuerpflichtige, die mit der Gleichmäßigkeit der Besteuerung unvereinbar ist. Siehe *Schneider* (1997), S. 200, und *Schneider* (2002), S. 279.

571 So auch *Zimmermann* (1978), S. 68.

572 *Schneider* (2002), S. 232.

573 Ähnlich siehe *Lang* (1981a), S. 237 ff., und *Schneider* (1984a), S. 420. In diesem Zusammenhang spricht man auch vom Markteinkommen. Siehe *Wittmann, R.* (1993), S. 36.

574 So auch *Jacobs* (1971), S. 106; *Heibel* (1981), S. 11 f.; *Schneider* (1984b), S. 367, und *Clemm/ Nonnenmacher* (1985), S. 235. *Dieter Schneider* spricht in diesem Zusammenhang vom Grundsatz der Manipulationsfreiheit, wonach der Steuerpflichtige nicht selbst bestimmen darf, was er versteuert. Siehe *Schneider* (1971a), S. 354.

chen Schrifttum nach zusätzlichen Kriterien gesucht. Diese ergeben sich nach Auffassung von *Ute Schmiel* in Abhängigkeit von der zugrunde gelegten Theorie.[575]

Im Rahmen dieser Untersuchung wurde die reale Welt mit Unsicherheit und Ungleichverteilung des Wissens für die modelltheoretischen Überlegungen gewählt.[576] Außerdem wurden bereits Kriterien herausgearbeitet, die vor dem Hintergrund dieser Theorie eine ökonomische Bedeutung besitzen. Zu solchen Kriterien gehören Liquiditäts- und Risikowirkungen. Der Beurteilung, ob bei der Erzielung von Einkünften aus unterschiedlichen Einkunftsarten die gleiche wirtschaftliche Leistungsfähigkeit vorliegt, sind demnach Liquiditäts- und Risikowirkungen der im Einkommensteuerrecht definierten Einkunftsarten zugrunde zu legen. Steuerliche Effizienz kann vor diesem Hintergrund als eine methodologische Vorentscheidung zur Konkretisierung wirtschaftlicher Leistungsfähigkeit angesehen werden.[577]

Im Gegensatz zu Risikowirkungen können Liquiditätswirkungen bei unterschiedlichen Einkunftsarten nur festgestellt werden, wenn man weiß, wie die steuerliche Bemessungsgrundlage ermittelt wird. Aber genau diese Einkunftsermittlungsmethoden sollen hier auf ihre Gleichmäßigkeit überprüft werden. Somit entsteht ein Zirkelproblem: *Einkunftsarten werden aufgrund der unterschiedlichen Einkunftsermittlungsmethoden als ungleiche wirtschaftliche Sachverhalte qualifiziert, wobei die Gleichmäßigkeit der Einkunftsermittlungsmethoden selbst im Rahmen dieser Untersuchung überprüft werden soll.* Aufgrund dieser Zirkelproblematik lässt sich deshalb keine Aussage zu Liquiditätswirkungen unterschiedlicher Einkunftsarten ableiten. Mit dem Kriterium der Liquiditätswirkungen kann meines Erachtens die Frage beantwort werden, wie steuerliche Einkunftsermittlung ausgestaltet werden soll. Werden Gewinn- und Überschusseinkunftsarten als gleichartig angesehen, so ist es zweckmäßig, die steuerliche Einkunftsermittlung an die Liquidität anzuknüpfen.

Eine Anknüpfung der Einkunftsermittlung an die Liquidität soll dabei nicht bedeuten, dass jederzeitige Zahlungsfähigkeit der Steuerpflichtigen sichergestellt werden soll.[578] Eine solche enge Sicht ist weder erforderlich noch sinnvoll.[579] Denn „[s]teuerliche Leistungsfähigkeit hätte demnach nur derjenige, der so dumm wäre, sein Geld

---

575 Siehe *Schmiel* (2005a), S. 179.

576 Siehe zur steuerlichen Effizienz als methodologische Vorentscheidung für die reale Welt mit Unsicherheit und Ungleichverteilung des Wissens bereits Kapitel 3.3.2.4. Diese Vorgehensweise wählen auch *Schneider* (1995), S. 1 ff., und *Schmiel* (2005a), S. 179.

577 Ähnlich auch *Schmiel* (2006a), S. 246, die Rechtsformneutralität als eine auf die Unternehmensbesteuerung bezogene Konkretisierung der Leitlinie horizontaler Gerechtigkeit versteht.

578 Siehe zu dieser Konkretisierung wirtschaftlicher Leistungsfähigkeit als *„ability to pay"* *Weber-Grellet* (1998), S. 1348; *Tipke* (2000b), S. 314, und *Tipke* (2001), S. 220.

579 So auch *Elschen* (1994), S. 323.

bis zu einem Stichtag nicht auszugeben"[580]. Vielmehr kann die Anknüpfung der Einkunftsermittlung an die Liquidität mit folgenden Argumenten gestützt werden.

Eine eventuell notwendige Beleihung oder Veräußerung bestimmter Vermögensgegenstände aufgrund der Steuerzahlungen kann mit ökonomischen Nachteilen für den Steuerpflichtigen verbunden sein.[581] Haben die veräußerten Vermögensgegenstände keine Wertsteigerungen erfahren, so führt eine Veräußerung zur Minderung des bisherigen Vermögens des Steuerpflichtigen. Dadurch wird die Substanz des Steuerpflichtigen besteuert und die Idee der Einkommensbesteuerung, wonach lediglich die Vermögensmehrungen und nicht der Vermögensbestand erfasst werden darf, verletzt.[582] Bei fehlender Orientierung der Einkunftsermittlung an der Liquidität kommt es demzufolge zu steuerbedingten Substanzeingriffen. Außerdem sind die Steuerpflichtigen trotz der vorhandenen *effizienten Nutzung* gezwungen, bestimmte Vermögenswerte zu veräußern.[583]

Zwar wird eine Beleihung oder eine Veräußerung aufgrund fehlender Liquidität für Steuerzahlungen regelmäßig auch *bei einer Liquiditätsorientierung* notwendig sein, da ein Steuerpflichtiger bestimmte Dispositionen, wie z.B. eine Geldanlage, vornimmt. Eine nach der Anlage vereinnahmter Zahlungen notwendige Beleihung oder Veräußerung von bestimmten Vermögensgegenständen ist dem Steuerpflichtigen jedoch „anzulasten", gleichgültig, ob ihm diese Disposition Vorteile oder – entgegen seinen Annahmen – Nachteile gebracht hat.[584] Denn in diesem Fall wird eine Beleihung oder eine Veräußerung durch die Dispositionen des Steuerpflichtigen selbst verursacht.

Darüber hinaus könnte eine Liquiditätsorientierung beim Abschluss eines (hypothetischen) Gesellschaftsvertrags unter einem „Schleier der Unwissenheit" begründet werden. Da Wirtschaftssubjekte nicht wissen, ob sie in Zukunft zu den Bevorzugten, d.h. den Gläubigern aus den Beleihungs- bzw. Kreditverträgen, oder zu den Benachteiligen, d.h. den Schuldnern aus solchen Verträgen, gehören werden, wäre es sinnvoll, für eine Liquiditätsorientierung zu votieren.

Bei der Konkretisierung wirtschaftlicher Leistungsfähigkeit stellt sich außerdem die Frage, wessen wirtschaftliche Leistungsfähigkeit zu erfassen ist. Im Schrifttum herrscht die einhellige Auffassung, dass wirtschaftliche Leistungsfähigkeit nur auf

[580] *Schneider* (1984b), S. 358.

[581] Siehe *Elschen* (1994), S. 321.

[582] Siehe *Schneider* (1978), S. 54 ff.; *Zimmermann* (1978), S. 324, und *Elicker* (2002), S. 220. Ähnlich auch *Kirchhof* (1985), S. 327.

[583] So *Schneider* (1978), S. 56 f., und *Elschen* (1994), S. 321.

[584] Siehe auch *Elschen* (1994), S. 324.

natürliche Personen bezogen werden kann.[585] Im Fall der Unternehmen wird hier von einem „personenbezogenen Unternehmensbegriff" ausgegangen. Das heute im Schrifttum dominierende personenbezogene Unternehmensverständnis betrachtet Unternehmen lediglich als Instrument des Mittelerwerbs für die daran beteiligten Individuen.[586] Unternehmen können deshalb keine eigenen Ziele verfolgen und keine eigenen Einkünfte erzielen. Lediglich die dahinter stehenden Personen treten mit eigenen Zielvorstellungen und Einkünften auf.[587] Aus diesem Grund werden im Weiteren die an einem Unternehmen beteiligten natürlichen Personen herangezogen.

Die letzte Fragestellung, die bei der Konkretisierung wirtschaftlicher Leistungsfähigkeit von Bedeutung ist, ist die des zeitlichen Umfangs der Erfassung wirtschaftlicher Leistungsfähigkeit. Soll die wirtschaftliche Leistungsfähigkeit zweier Personen innerhalb einer Periode oder des gesamten Lebenszeitraums gegenübergestellt werden? In Abhängigkeit vom gewählten Zeitraum gelangt man zu unterschiedlichen Ergebnissen, ob die Steuerpflichtigen mit gleicher wirtschaftlicher Leistungsfähigkeit gleich behandelt werden oder nicht.[588] Denn die wirtschaftliche Leistungsfähigkeit während einer – wie auch immer abgegrenzten – Periode muss nicht der wirtschaftlichen Leistungsfähigkeit bezogen auf den Lebenszeitraum entsprechen.[589]

Einer lebenszeitbezogenen wirtschaftlichen Leistungsfähigkeit wird im Schrifttum zu Recht vorgeworfen, dass ihre Ermittlung aus Praktikabilitätsgründen nicht möglich ist. Denn zu ihrer Bestimmung sind Informationen über den gesamten Lebenszeitraum der Steuerpflichtigen notwendig. Der Ermittlung des Lebenszeiteinkommens liegt also eine ex-ante Betrachtung zugrunde. Die Bestimmung der Höhe des Einkommens kann nur in einer Welt mit sicheren Erwartungen und symmetrischer Informationsver-

---

585 Siehe z.B. *Wagner, F.* (2000a), S. 116; *Schneider* (2002), S. 235; *Schneider* (2003), S. 665, und *Siegel* (2004), S. 204. Der Bezug wirtschaftlicher Leistungsfähigkeit auf natürliche Personen steht der betriebswirtschaftlichen Sichtweise nicht entgegen, da auch natürliche Personen als Untersuchungsobjekte der Betriebswirtschaftlichen Steuerlehre gelten. Siehe *Federmann* (1977), S. 19; *Schneider* (1983b), S. 28, und *Wöhe* (1988), S. 37.

586 Siehe *Wöhe* (1980), S. 520; *Swoboda* (1994), S. 6; *Wissel* (1997), S. 15 f., oder *Wagner, F.* (2000a), S. 112.

587 In Abgrenzung hierzu lässt sich ein Unternehmen nach institutionellem Unternehmensverständnis als verselbständigte Einheit mit eigenem Erwerbsstreben qualifizieren. Siehe hierzu *Wagner, F.* (2000a), S. 111 f. Die Probleme, die sich bei Kapitalgesellschaften aufgrund institutioneller Betrachtungsweise ergeben, werden hier ausgeblendet.

588 Bei der Betrachtung des *Einkommens im Sinne des EStG* können z.B. Einkommen zweier Steuerpflichtiger unterschiedlich ausfallen. Die Höhe der Einkommen während des Lebenszeitraums der beiden Personen kann jedoch identisch sein. Da aber jährliche Schwankungen der Höhe des Einkommens bei einem progressiven Tarif zu einer höheren Gesamtsteuerlast als eine gleichmäßige Verteilung des Einkommens führen, kann die Gesamtsteuerlast der betrachteten Steuerpflichtigen differieren. Eine zusammengefasste Darstellung der Diskussion um Lebens- bzw. Periodeneinkommen findet sich bei *Dorenkamp* (2004), S. 118 ff., m.w.N.

589 Siehe z.B. *Mitschke* (1988), S. 123, oder *Liesenfeld* (2004), S. 85.

teilung erfolgen. In der Realität scheitert jedoch die Ermittlung des Lebenszeiteinkommens, so dass der Vergleich der Steuerpflichtigen nicht gewährleistet werden kann. Außerdem kann die lebenszeitbezogene Gleichmäßigkeit nur dann verwirklicht werden, wenn zwei Steuerpflichtige auch ein identisches Lebensalter erreichen. Die Steuerpflichtigen leben jedoch nicht nur unterschiedlich lang, sondern es besteht vor allem eine Unsicherheit über ihren Todestag.[590] Daneben ist eine Vergleichbarkeit mehrerer Perioden alleine schon aufgrund der häufigen Änderungen von Steuerrechtsnormen nicht möglich.[591] Da im Rahmen dieser Untersuchung eine allokationseffiziente Welt für wissenschaftliche Aussagen abgelehnt wird, lassen sich keine Argumente für die Erfassung lebenszeitbezogener wirtschaftlicher Leistungsfähigkeit anführen.

Im Rahmen dieser Untersuchung wird demzufolge periodenbezogene wirtschaftliche Leistungsfähigkeit zugrunde gelegt. Die periodenbezogene Ermittlung wirtschaftlicher Leistungsfähigkeit muss jedoch beim Vorliegen der Verluste durchbrochen werden. Werden Verluste einer Periode nicht mit Gewinnen aus anderen Perioden verrechnet, sondern unabhängig besteuert, so kann sich daraus eine Besteuerung des Anfangsvermögens ergeben, was der Intention einer Einkommensbesteuerung widerspricht und einer Vermögensbesteuerung gleichkommt.[592] Zur Vermeidung der resultierenden Konsequenz einer Vermögensbesteuerung ist die Vornahme einer Verlustverrechnung auch bei der Zugrundelegung wirtschaftlicher Leistungsfähigkeit einer Periode erforderlich. Einer periodenbezogenen Betrachtung steht auch nicht entgegen, dass bei der Feststellung wirtschaftlicher Leistungsfähigkeit die Informationen aus den vorangegangenen Perioden, die denselben Sachverhalt betreffen, herangezogen werden. Wird z.B. in einer Periode eine Veräußerung bestimmter Vermögensgegenstände vorgenommen, so sind für die Ermittlung des Veräußerungsgewinns und somit für die Beurteilung der Veränderung wirtschaftlicher Leistungsfähigkeit Informationen aus anderen Perioden, wie z.B. die Höhe der vorgenommenen Abschreibungen, notwendig.

Dieser Untersuchung wird somit wirtschaftliche Leistungsfähigkeit eines *Zeitintervalls* zugrunde gelegt. Dass dafür der Jahreszeitraum besonders gut geeignet ist, ergibt sich primär aus Praktikabilitätsüberlegungen, denn der Jahreszeitraum liegt dem gesamten Wirtschaftsleben zugrunde.[593]

---

590 Siehe *Schneider* (1984a), S. 410 f. Mit diesem Aufsatz übt *Dieter Schneider* Kritik an der Auffassung von *Ekkerhard Wenger*, welcher von einer Lebenszeitbetrachtung ausgeht und diese unter der Prämisse eines vollkommenen und vollständigen Kapitalmarktes begründet. Siehe *Wenger* (1983), S. 207 ff., und zum Begriff eines vollkommenen und vollständigen Kapitalmarktes Kapitel 3.3.2.1.2. Auch *Mitschke* (1988), S. 128 f., knüpft an den Lebenszeitraum an.

591 Siehe *Koniarski* (1984), S. 66.

592 So *Schneider* (1978), S. 54.

593 Siehe auch *Giloy* (1979), S. 134.

Als Ergebnis lässt sich festhalten, dass die Gleichmäßigkeit der Besteuerung dann gewährleistet ist, wenn gleiche wirtschaftliche Leistungsfähigkeit gleich und ungleiche wirtschaftliche Leistungsfähigkeit (relativ) ungleich besteuert wird. Wirtschaftliche Leistungsfähigkeit wird hier als *(entgeltliche) Erzielung der Einkünfte am Markt durch eine natürliche Person mit Einkunftserzielungsabsicht in einer Periode* postuliert, wobei sich die Ermittlung der erwirtschafteten Einkünfte an der Liquidität orientieren soll. Die gleiche steuerliche Behandlung gleicher wirtschaftlicher Leistungsfähigkeit bezieht sich im Rahmen dieser Untersuchung dabei auf die Einkunftsermittlungsregeln sowie die Veräußerungsgewinnbesteuerung. Ob bei Gewinn- und Überschusseinkunftsarten gleiche wirtschaftliche Leistungsfähigkeit vorliegt, bleibt aufgrund von Risikowirkungen in Kapitel 4 zu überprüfen.

3.3.4 Praktikabilität der Besteuerung

Eine gewünschte materielle Ausgestaltung der Besteuerung kann nur dann erreicht werden, wenn die Steuererhebung reibungslos funktioniert. Diese Meinung teilen nicht nur die zahlreichen juristischen, finanzwissenschaftlichen und betriebswirtschaftlichen Fachvertreter im Schrifttum,[594] sondern verstärkt auch in Bezug auf die Gleichmäßigkeit der Besteuerung das Bundesverfassungsgericht. In seinem Zinsurteil vom 27. Juni 1991 hat es zum ersten Mal explizit erwähnt, dass nicht nur das materielle, sondern auch das formelle Steuerrecht (Steuererhebung) unter dem Vorbehalt des Gleichheitssatzes steht.[595] Diese Auffassung wurde auch später durch das Urteil vom 9. März 2004 zur Besteuerung privater Veräußerungsgeschäfte vom Bundesverfassungsgericht bestätigt.[596] Aus diesem Grund wird auch der Grundsatz der Praktikabilität der Besteuerung zur Beurteilung des Dualismus der Einkunftsarten herangezogen. Es stellt sich jedoch die Frage, wie dieser Grundsatz konkretisiert werden kann.

Unter dem Kriterium der Praktikabilität werden im Schrifttum insgesamt folgende unterschiedliche Aspekte zusammengefasst, die auch im Rahmen dieser Untersuchung zugrunde gelegt werden.

---

[594] Die Praktikabilität als Leitidee der Besteuerung wurde in der Literatur z.B. von *Neumark* (1970), S. 334 ff.; *Schneider* (1978), S. 16; *Walz* (1980), S. 170 ff.; *Merkenich* (1982), S. 36 ff.; *Naust* (1983), S. 6; *Koniarski* (1984), S. 20 ff.; *Brandis* (1987), S. 297 ff.; *Schneider* (1989a), S. 328; *Pezzer* (1991), S. 10 f.; *Lang* (1993), Rz. 352 und 385 ff.; *Geyer* (1994); *Kirchhof* (1994), S. 11 f.; *Pohmer* (1994); *Scheer* (1998), S. 175; *Eckhoff* (1999), insbesondere S. 61 ff. und 246 f.; *Herzig/Watrin* (2000), S. 383 f.; *Tipke* (2000a), S. 348 und 359; *Hundsdoerfer* (2002), S. 34 ff.; *Kruschwitz/Schneider/Husmann* (2003a), S. 329, und *Tipke* (2004a), S. 21, gefordert.

[595] Siehe *BVerfG* (1991), S. 654.

[596] Siehe *BVerfG* (2004), S. 56 ff. Ausführlicher zu diesem Urteil siehe weiter unten Kapitel 4.1.2.2.

Die Praktikabilität der Besteuerung bedeutet, dass die Informationsbeschaffung seitens der Finanzverwaltung nicht gehindert werden darf.[597] Dies ist heute vor dem Hintergrund der Krise der Finanzverwaltung besonders problembehaftet. Denn steigende Fallzahlen und deren Schwierigkeitsgrad, Verkomplizierung des Steuerrechts, große Personallücken[598], Abwanderungen von qualifiziertem Personal in die private Wirtschaft sowie eine unzureichende sachliche und technische Ausstattung behindern die gewünschte Informationsbeschaffung und somit die Kontrollmöglichkeiten der Finanzverwaltung.[599] Der Fiskus soll vielmehr den Zugang zu allen notwendigen Informationen erlangen, ohne dass das Grundgesetz verletzt wird.

Das Grundgesetz schützt z.B. durch Art. 1, 2, 4, 6, 10 und 13 die Privatsphäre der Bürger vor übermäßigen Eingriffen des Staates.[600] Das Recht auf freie Entfaltung der Persönlichkeit und die Menschenwürde sichern dem Einzelnen nämlich einen autonomen Bereich privater Lebensgestaltung, in dem er seine Individualität entfalten und wahren kann. Hierzu gehört auch das Recht, ein Eindringen oder Einblick anderer – Behörden eingeschlossen – in diese Sphäre auszuschließen.[601] Der Steuerpflichtige darf nicht zum *gläsernen* Bürger werden. Jedoch steht nicht der gesamte Bereich des privaten Lebens unter dem absoluten Schutz des Grundgesetzes.[602] Im Einzelnen unterscheidet das Bundesverfassungsgericht

- die absolut unantastbare innerste Sphäre oder Intimsphäre sowie
- eine weitere Privatsphäre, in der bereits private Kommunikation stattfindet und in die nicht übermäßige, verhältnismäßige Eingriffe zulässig sind.

Jeder Bürger muss demnach staatliche Maßnahmen hinnehmen, die im überwiegenden Interesse der Allgemeinheit unter Wahrung der Verhältnismäßigkeit getroffen werden und nicht den Intimbereich beeinträchtigen.[603] Ein überwiegendes Allgemeininteresse besteht dann, wenn staatliche Maßnahmen zur Ermittlung der Daten benö-

---

[597] So z.B. *Hundsdoerfer* (2002), S. 34.

[598] Die großen Personallücken entstehen dabei durch die Einsparungen bei den Personalkosten, die einer größeren Effizienz in der Veranlagung vorgezogen werden. Siehe *Eckhoff* (1999), S. 53, m.w.N.

[599] Siehe hierzu ausführlich *Altehoefer* (1994), S. 166 ff.; *Geyer* (1994), S. 148 ff., und *Eckhoff* (1999), S. 53 f. und 377 ff. Dies führt dann zum Ergebnis, dass nur die *Ehrlichen*, d.h. diejenigen, die Informationen der Finanzverwaltung offenlegen, Steuern zahlen.

[600] Siehe *Neumark* (1970), S. 249 ff.; *Brandis* (1987), S. 298; *Tipke* (2000a), S. 425 f, und *Hundsdoerfer* (2002), S. 35. Dabei spricht man im Schrifttum auch vom Grundsatz der Rechtssicherheit, der die Bürger gegen ungerechtfertigte Eingriffe der Staatsgewalt schützen soll. Siehe *Jacobs* (1971), S. 24 f.

[601] Siehe *BVerfG* (1973b), S. 220, und *BVerfG* (1980), S. 153.

[602] Siehe *BVerfG* (1972a), S. 379; *BVerfG* (1972b), S. 376 f.; *BVerfG* (1973a), S. 245 f., und *BVerfG* (1973b), S. 220.

[603] Siehe *BVerfG* (1972a), S. 379; *BVerfG* (1972b), S. 376 f., und *BVerfG* (1973a), S. 246.

tigt werden, die zur Gleichmäßigkeit der Besteuerung führen.[604] Die Verhältnismäßigkeit ist dann gegeben, wenn aufgrund einer Gesamtwertung die Schwere des Eingriffs geringer wiegt als der darüber verfolgte Zweck.[605]

Weiterhin bedeutet Praktikabilität, dass bei der Umsetzung bestimmter Steuernormen die Erhebungskosten nicht übermäßig hoch sind.[606] Dies hat bereits *Adam Smith* ausdrücklich gefordert. Er sprach jedoch von der Verschwendungsvermeidung in der Besteuerung als allgemeinem Besteuerungsgrundsatz. Erhebungskosten führen nach *Adam Smith* zur Verschwendung in der Besteuerung, die immer vorliegt, wenn die Belastung der Steuerpflichtigen höher ist als die Einnahmen des Staates.[607]

Erhebungskosten treten dabei sowohl auf Seiten des Staates als auch auf Seiten des Steuerpflichtigen auf. Der Begriff *Steuerpflichtiger* wird hier weit gefasst. Ein Steuerpflichtiger ist demnach jeder, der eine durch die Steuergesetze auferlegte Verpflichtung zu erfüllen hat. Ein Steuerpflichtiger kann sowohl Steuerschuldner als auch Steuerzahler sein. Regelmäßig hat der Steuerschuldner die Steuer auch zu entrichten. Nur in Ausnahmefällen bestimmt der Gesetzgeber jemand anderen zum Steuerzahler. Dabei handelt es sich i.d.R. um eine besondere Steuererhebungsform, das Quellenabzugsverfahren.[608]

Erhebungskosten des Staates setzen sich aus Kosten der Informationsbeschaffung und -auswertung durch die Finanzverwaltung sowie eventuellen Kosten durch die Inanspruchnahme des gerichtlichen Verfahrens zusammen. Die Mitwirkungspflichten[609] des Steuerpflichtigen bei der Steuererhebung, die der Bereitstellung von In-

---

604 Siehe *BVerfG* (1984b), S. 140. Begründet wird dies mit einer Art „Teilhabeprinzip". Da der Staat den Bürgern und den Unternehmen einen besonderen Schutz, die Ordnung und die Leistungen der staatlichen Gemeinschaft gewähre, sei es zulässig, diese an den finanziellen Lasten zur Aufrechterhaltung des staatlichen Lebens zu beteiligen. Die Bemessung des jeweiligen Lastenanteils unter Berücksichtigung des Gleichheitsgrundsatzes ist aber nur durchführbar, wenn Daten zu Verfügung stehen, welche die Gleichmäßigkeit der Besteuerung ermöglichen. Siehe *BVerfG* (1984b), S. 143, und *BVerfG* (1991), S. 668.

605 Siehe *BVerfG* (1973a), S. 250, und *BVerfG* (1973b), S. 232.

606 So *Pezzer* (1991), S. 10 f.; *Hundsdoerfer* (2002), S. 32. In diesem Zusammenhang wird im Schrifttum auch von *Wirtschaftlichkeit* gesprochen. So z.B. *Eckhoff* (1999), S. 133. Aus Sicht des Steuerpflichtigen hat die Praktikabilität der Besteuerung ihre Wurzeln im verfassungsrechtlichen Übermaßverbot, das aus Art. 2 Abs. 1 GG abgeleitet wird. So *Pezzer* (1991), S. 11. Die Senkung der Steuererhebungskosten hat in seiner jüngeren Veröffentlichung auch *Franz W. Wagner* (2005a), S. 94 ff., gefordert, indem er diese als Ziel der Steuervereinfachung qualifiziert hat.

607 Siehe *Smith* (1789), S. 704 f.

608 Siehe *Haberstock/Breithecker* (2005), S. 19 ff. Zu den derzeit existierenden Quellensteuern siehe bereits oben S. 22.

609 Die Verpflichtung der Beteiligten zur Mitwirkung im Besteuerungsverfahren ergibt sich aus § 90 Abs. 1 AO. Als generelle Vorschrift begründet § 90 Abs. 1 AO jedoch nur eine allgemeine Mitwirkungsverpflichtung der Steuerpflichtigen für das gesamte Besteuerungsverfahren. Siehe *Lammer-*

formationen an die Finanzverwaltung dienen, sind mit Kosten für den Steuerpflichtigen verbunden. Außerdem lassen sich auch Kosten für die Steuerplanung sowie Kosten der Finanzgerichtsbarkeit seitens des Steuerpflichtigen den Erhebungskosten zuordnen.[610]

Als Ergebnis lässt sich festhalten, dass der Grundsatz der Praktikabilität der Besteuerung einen wichtigen Bestandteil der Umsetzung steuerlichen Normen darstellt und deshalb für die Beurteilung des Dualismus der Einkunftsarten sowie zur Ausgestaltung der Vorschläge de lege ferenda unerlässlich ist. Im Rahmen dieser Untersuchung wird der Grundsatz der Praktikabilität der Besteuerung vor dem Hintergrund der obigen Ausführungen sowohl als Einfachheits- als auch als Kostenminimierungsgrundsatz verstanden.

3.3.5 Beziehung der Besteuerungsgrundsätze untereinander

Nachdem die Leitbilder der Besteuerung ihre inhaltliche Konkretisierung erfahren haben, stellt sich nun die Frage, in welchem Verhältnis diese Zielsetzungen zueinander stehen. Die Zielbeziehung ist insoweit wichtig, als diese das Ausmaß der Erreichung der Besteuerungsgrundsätze im Wesentlichen beeinflusst. Darüber hinaus kann aufgrund der Zielbeziehung eine sinnvolle Rangordnung der Besteuerungsgrundsätze abgeleitet werden.

Bezüglich der Zielbeziehung wird im Schrifttum allgemein zwischen komplementären, konkurrierenden und indifferenten Zielen unterschieden.[611] Eine komplementäre Beziehung stellt den idealen Fall der Zielbeziehung dar und liegt vor, wenn eine Erhöhung des Erreichungsgrades eines Ziels zur Erhöhung des Erreichungsgrades eines anderen Ziels führt. Von Zielkonkurrenz spricht man jedoch, wenn ein höherer Erreichungsgrad eines Ziels mit dem niedrigeren Erreichungsgrad eines anderen Ziels verbunden ist. Bei einer indifferenten Zielbeziehung hat dagegen das Ausmaß der Erreichung von einem Ziel keinen Einfluss auf das Ausmaß der Erreichung von einem anderen Ziel.[612] Es stellt sich nun die Frage, ob die in der vorliegenden Untersuchung definierten Besteuerungsgrundsätze komplementär, konkurrierend oder indifferent sind.

---

ding (2005), S. 147. Zu den speziellen Mitwirkungspflichten gehören z.B. die ohne Aufforderung geltenden Anzeige- (§§ 137 und 138 AO), Buchführungs- und Aufzeichnungs- (§§ 140-146 AO), Aufbewahrungs- (§ 147 AO) sowie Erklärungspflichten (§§ 149, 150 und 153 AO) des Ermittlungsverfahrens.

[610] So auch *Wagner, F.* (2005a), S. 94, der Erhebungskosten in Planungs- und Vollzugskosten unterteilt.

[611] So z.B. *Wöhe/Döring* (2005), S. 93.

[612] Siehe *Wöhe/Döring* (2005), S. 193 f.

In Bezug auf das Verhältnis der *steuerlichen Effizienz* und *Gleichmäßigkeit der Besteuerung* untereinander wurde bereits steuerliche Effizienz als methodologische Vorentscheidung für das Leitbild der Gleichmäßigkeit der Besteuerung festgelegt. Auf der Grundlage der aus der realen Welt mit Unsicherheit und Ungleichverteilung des Wissens abgeleiteten steuerlichen Effizienz konnten Kriterien für die Qualifizierung wirtschaftlicher Leistungsfähigkeit bestimmt werden. Während Risikowirkungen zur Überprüfung, wann wirtschaftlich gleiche Sachverhalte vorliegen, herangezogen werden können, eignen sich Liquiditätswirkungen zur Beantwortung der Frage, wie wirtschaftliche Leistungsfähigkeit ermittelt werden soll. Somit umfasst der Besteuerungsgrundsatz der Gleichmäßigkeit der Besteuerung nach wirtschaftlicher Leistungsfähigkeit auch die im Rahmen dieser Arbeit definierte steuerliche Effizienz.

Die Besteuerungsleitbilder *Gleichmäßigkeit der Besteuerung* und *Praktikabilität der Besteuerung* stehen i.d.R. im Gegensatz zueinander.[613] Jede Verbesserung der Gleichmäßigkeit der Besteuerung ist mit einem höheren Verwaltungsaufwand verbunden. Der Grenznutzen eines weiter gesteigerten Verwaltungsaufwandes sinkt, je vollständiger die Steuerquellen ausgeschöpft werden.[614] Diese Beziehung zwischen Grenzkosten und Grenznutzen bei der Verwirklichung der Gleichmäßigkeit der Besteuerung wird in der folgenden Abbildung veranschaulicht.

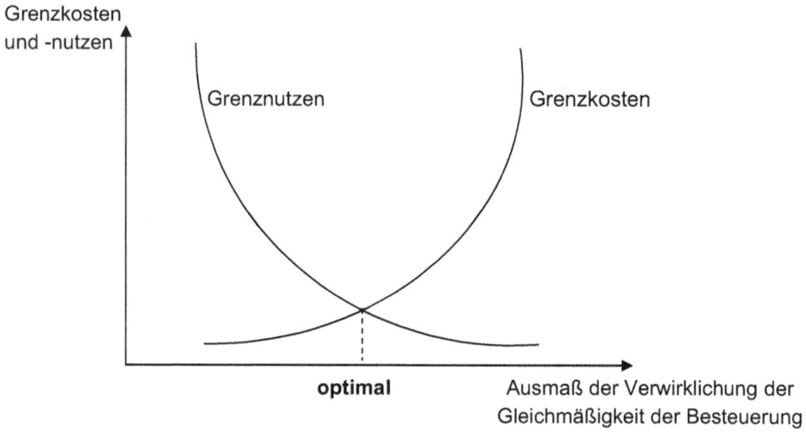

Abbildung 4: Verhältnis der Gleichmäßigkeit und Praktikabilität der Besteuerung[615]

613 Siehe *Brandis* (1987), S. 297; *Lang* (1994), S. 34; *Pohmer* (1994), S. 21; *Eckhoff* (1999), insbesondere S. 512 ff., und *Hundsdoerfer* (2002), S. 36.

614 Siehe *Eckhoff* (1999), S. 53.

615 In Anlehnung an *Donges/Freytag* (2004), S. 195.

Der vorliegende Zielkonflikt kann nur mit Hilfe eines Zielkompromisses gelöst werden.[616] Dabei ist die „materiell richtige" Ausgestaltung eines Steuersystems bzw. einer Steuernorm vorrangig festzuhalten, bevor sie im nächsten Schritt auf ein praktikables Maß „heruntergefahren" wird.[617] Die Vorteile, welche die *gerechten* Regelungen haben mögen, sind den Nachteilen gegenüberzustellen, die aus den Verstößen bei der Steuererhebung resultieren. Allerdings ist zu beachten, dass die Steuererhebung selbst die Gleichmäßigkeit der Besteuerung beeinflusst. So unterteilt das Bundesverfassungsgericht die Gleichmäßigkeit der Besteuerung in zwei Komponenten, in die Gleichmäßigkeit aufgrund der materiellen Steuerpflicht und in die Gleichmäßigkeit bei der Durchsetzung von Steuernormen, und bejaht die Verfassungswidrigkeit einer materiellen Steuernorm bereits dann, wenn ihr Vollzug nicht funktioniert.[618] Diese Rückwirkung der Praktikabilität auf den Erfüllungsgrad der Gleichmäßigkeit der Besteuerung darf ebenfalls nicht unberücksichtigt bleiben.

---

[616] Siehe ausführlich *Jacobs* (1971), S. 108; *Pohmer* (1994), S. 22, und wohl auch *Brandis* (1987), S. 297.

[617] So auch *Weber-Grellet* (1994b), S. 289.

[618] Siehe hierzu bereits oben S. 108, und noch einmal *BVerfG* (1991), S. 654, und *BVerfG* (2004), S. 56.

4 Anwendung der Besteuerungsgrundsätze auf geltendes Recht und Vorschläge de lege ferenda

4.1 Beurteilung des Dualismus der Einkunftsarten

4.1.1 Gleichmäßigkeit der Besteuerung

Die Gleichmäßigkeit der Besteuerung wurde im vorigen Kapitel als gleiche steuerliche Behandlung gleicher wirtschaftlicher Sachverhalte bzw. gleicher wirtschaftlicher Leistungsfähigkeit verstanden. Gleiche wirtschaftliche Sachverhalte liegen vor, wenn Einkunftsarten hinsichtlich ihrer Risikowirkungen identisch sind. Im Folgenden wird zunächst überprüft, ob es sich bei Gewinn- und Überschusseinkunftsarten um gleiche wirtschaftliche Sachverhalte handelt (Kapitel 4.1.1.1). Im nächsten Schritt wird untersucht, ob die unterschiedlichen Einkunftsermittlungsmethoden (Kapitel 4.1.1.2) und die Unterschiede in der Veräußerungsgewinnbesteuerung (Kapitel 4.1.1.3) eine Durchbrechung der Gleichmäßigkeit der Besteuerung hervorrufen.

4.1.1.1 (Un-)Gleichartigkeit der Einkunftsarten

Wie bereits in Kapitel 3.3.2.2 ausgeführt wurde, lässt sich die Frage, ob die wirtschaftlichen Sachverhalte, die bei der Überprüfung der Gleichmäßigkeit der Besteuerung gegenübergestellt werden, gleich oder ungleich sind, mit Hilfe von Risikowirkungen beantworten. Welche Risiken besitzen eine ökonomische Bedeutung und sind hier heranzuziehen?

Im Schrifttum werden die zivilrechtlichen Haftungsrisiken als ökonomisch relevante Sachverhalte herausgestellt.[619] Die zivilrechtlichen Haftungsregelungen knüpfen jedoch nicht an eine bestimmte Einkunftsart, sondern an die Rechtsform an, in der Einkünfte erwirtschaftet werden. So tragen Einzelunternehmer sowie Gesellschafter einer Personengesellschaft unbeschränkte und persönliche Haftung mit ihrem gesamten Vermögen,[620] während Gesellschafter einer Kapitalgesellschaft keine Haftung übernehmen, sondern höchstens ihre geleisteten Einlagen verlieren können.[621] Es stellt sich nun die Frage, ob man die Einkünfte aus einer Beteiligung an einer Ka-

---

[619] Siehe *Schneider* (2002), S. 217; *Schmiel* (2005a), S. 181, und *Schmiel* (2006a), S. 254.

[620] Die Möglichkeit, durch die Kommanditistenstellung in einer Kommanditgesellschaft die Haftung zu beschränken, wird hier ausgeblendet.

[621] Aus diesem Grund kommt z.B. *Schmiel* (2005a), S. 180 f., zum Ergebnis, dass es „nicht abwegig [ist], für die Höhe und/oder den Zeitpunkt der steuerlichen Gewinn- oder Verlustzurechnung zwischen einem unbeschränkt haftenden Gesellschafter einer OHG und einem Aktionär zu differenzieren, mithin eine unterschiedliche Leistungsfähigkeit zu konstatieren". Ähnlich auch *Schneider* (2002), S. 217, und *Schneider* (2004a), S. 1520 f.

pitalgesellschaft bzw. einer Personengesellschaft einer bestimmten Einkunftsart zuordnen kann. Dies ist bei einer Beteiligung an einer Kapitalgesellschaft insoweit unproblematisch, als daraus grundsätzlich Einnahmen aus Kapitalvermögen im Sinne von § 20 EStG (Überschusseinkunftsart) resultieren. Allerdings gehören Einnahmen aus Kapitalvermögen gem. § 20 Abs. 3 EStG zu einer Nebeneinkunftsart. Werden Einnahmen aus Kapitalvermögen im Rahmen einer Haupteinkunftsart (z.B. Einnahmen aus Gewerbebetrieb) erwirtschaftet, so wird diese Nebeneinkunftsart durch die Haupteinkunftsart verdrängt. Demzufolge kann aus einer Beteiligung an einer Kapitalgesellschaft sowohl eine Gewinn- als auch eine Überschusseinkunftsart resultieren. Im Falle einer Beteiligung an einer Personengesellschaft ist die daraus resultierende Einkunftsart davon abhängig, welche Einkünfte die Personengesellschaft selbst erzielt. Da eine Personengesellschaft alle Einkunftsarten außer Einkünften aus nichtselbständiger Arbeit erwirtschaften kann, ist eine strikte Unterscheidung zwischen den Gewinn- und Überschusseinkunftsarten nicht möglich.

Es lässt sich festhalten, dass anhand der zivilrechtlichen Haftungsregelungen kein Unterschied zwischen den Gewinn- und Überschusseinkunftsarten festgestellt werden kann. Allerdings ist dieses Kriterium zur Beurteilung der (Un-)Gleichartigkeit wirtschaftlicher Sachverhalte zu eng definiert. Denn Verlustrisiken können bei wirtschaftlichen Sachverhalten nicht nur aus den zivilrechtlichen Haftungsbeschränkungen resultieren. Vielmehr besteht in der realen Welt auch das Risiko, dass die erwünschte Rendite nicht erzielt wird.[622] Kommt man bei der Überprüfung der Risikowirkungen bestimmter wirtschaftlicher Sachverhalte zu dem Ergebnis, dass bei einem Sachverhalt eine riskante Rendite, bei einem anderen Sachverhalt jedoch eine sichere Rendite vorliegt, lässt sich dadurch ableiten, dass die betrachteten wirtschaftlichen Sachverhalte unterschiedlich sind.

Das Renditerisiko ist bei unsicherheits*über*nehmenden Tätigkeiten aufgrund der Restbetragsansprüche höher als bei unsicherheits*ab*nehmenden Tätigkeiten aufgrund der Festbetragsansprüche.[623] Lässt sich nachweisen, dass es sich bei bestimmten Einkunftsarten um Restbetragsansprüche, bei anderen Einkunftsarten jedoch um Festbetragsansprüche handelt, so kann hier unterschiedliche wirtschaftliche Leistungsfähigkeit konstatiert werden.

---

[622] Siehe *Schmiel* (2005c), S. 31 f.

[623] Siehe *Schneider* (2002), S. 218, und *Schneider* (2004a), S. 1521. Die Termini *Rest- und Festbetragsansprüche* stammen ursprünglich aus dem Shareholder-Ansatz. Festbetragsansprüche stellen dabei Ansprüche auf eine feste Rendite dar (Gläubiger), während Restbetragsansprüche nur die Rendite umfassen, die nach der Befriedigung der Festbetragsansprüche verbleibt (Anteilseigner).

Die Aussage, dass es sich „bei Gewinneinkunftsarten um Residualerträge handelt, die in *größerem Maße* mit Unsicherheit belastet sind“[624], wäre jedoch voreilig. Mit der Unterscheidung zwischen den Gewinn- und Überschusseinkunftsarten ist keine eindeutige Zuordnung zu „risikobehafteten“ Restbetragsansprüchen und „risikolosen“ Festbetragsansprüchen verbunden.[625] So lassen sich z.B. bei Einkünften aus Kapitalvermögen (Überschusseinkunftsart) sowohl Rest- als auch Festbetragsansprüche feststellen. Die Gesellschafter einer Kapitalgesellschaft zählen z.B. bei der Erzielung von Dividenden zu Restbetragsbeteiligten, während die Gläubiger der erfolgsunabhängigen Finanzierungsverträge mit ihren Zinsen Festbetragsbeteiligte sind. Die folgende Abbildung[626] enthält eine *beispielhafte* Aufzählung möglicher Rest- bzw. Festbetragsansprüche bei Gewinn- bzw. Überschusseinkunftsarten.

	Restbetragsansprüche	**Festbetragsansprüche**
Gewinn-einkunftsarten	- gewerbliche Investitionen - freiberufliche Tätigkeit - Arbeitseinsatz eines Gewerbetreibenden	- Anleihen im Betriebsvermögen - Vermietung von Betriebsvermögen
Überschuss-einkunftsarten	- Aktienbesitz im Privatvermögen - erfolgsabhängige Finanzierungs-/Arbeitsverträge	- Vermietung von Privatvermögen - erfolgsunabhängige Finanzierungs-/Arbeitsverträge

Abbildung 5: Mögliche Rest- und Festbetragsansprüche bei Gewinn- und Überschusseinkunftsarten

Bis auf die definitorisch ausgeschlossene Kombination von nichtselbständigen Gewinneinkünften ist es demzufolge denkbar, dass sowohl Gewinn- als auch Überschusseinkunftsarten zu Rest- bzw. Festbetragsansprüchen führen, deren Grenzen teilweise fließend sind.[627]

---

[624] *Elschen* (1994), S. 319. Trotz dieser Aussage kommt *Rainer Elschen* jedoch zum Ergebnis, dass sich die Unterschiede in den Einkunftsermittlungsmethoden mit dem Ausmaß des Risikos nicht begründen lassen. Siehe *Elschen* (1994), S. 319 f.

[625] So auch *Wagner, F.* (2000a), S. 113, der in diesem Zusammenhang vom Residual- und Kontrakteinkommen spricht. Daneben untersuchte *Franz W. Wagner*, ob der Einsatz von Kapital/Arbeitskraft als Unterscheidungskriterium zwischen den Gewinn- und Überschusseinkunftsarten geeignet ist. Dabei kommt er zu dem Ergebnis, dass weder eine Bindung von Gewinneinkünften an den Einsatz von Kapital noch eine Bindung von Überschusseinkünften an den Einsatz der Arbeitskraft besteht. Siehe *Wagner, F.* (2000a), S. 113. Siehe zur Feststellung, dass sogar bei Einkünften aus nichtselbständiger Arbeit zum Einsatz von Kapital kommt, bereits oben S. 72.

[626] In Anlehnung an *Wagner, F.* (2000a), S. 114.

[627] Siehe *Wagner, F.* (2000a), S. 113.

Außerdem ist zu bezweifeln, ob Festbetragsansprüche vollkommen risikolos sind. Das Risiko der Nichterzielung der Einkünfte kann bei Festbetragsbeteiligten z.B. in einer Insolvenzsituation eintreten. Darin besteht auch der größte Unterschied zur neoklassischen Modellwelt, in der eine Insolvenzsituation nicht eintreten kann.[628] In der Insolvenzsituation werden Festbetragsbeteiligte als Insolvenzgläubiger i.d.R. gleichmäßig in Höhe der Insolvenzquote befriedigt.[629] Reicht die Insolvenzmasse nicht zur Befriedigung aller Insolvenzgläubiger aus, besteht das Risiko, die erwarteten Festbetragsansprüche nicht in voller Höhe zu erzielen.

Als Ergebnis lässt sich festhalten, dass aufgrund von Risikowirkungen keine Ungleichheit von Gewinn- und Überschusseinkunftsarten abgeleitet werden kann. Die Aussage, *alle Einkunftsarten sind als wirtschaftlich gleiche Sachverhalte zu qualifizieren*, kann deshalb als vorläufig bewährt angesehen werden. Von der Gleichartigkeit aller Einkunftsarten ist auch das Bundesverfassungsgericht in seinem Beschluss vom 9. Juli 1969 bezogen auf die Veräußerungsgewinne ausgegangen. Nach Ansicht des Bundesverfassungsgerichts seien die Veräußerungsgewinne im Privatvermögen mit denen im Betriebsvermögen vergleichbar, da in beiden Fällen derselbe *wirtschaftliche* und rechtliche Vorgang vorliegt.[630] Ob die steuerliche Behandlung der Gewinn- und Überschusseinkunftsarten in Bezug auf die Einkunftsermittlung und die Veräußerungsgewinnbesteuerung gleich oder unterschiedlich ist, wird im Folgenden untersucht.

4.1.1.2 Einkunftsermittlung

Dass die Einkunftsermittlung bei Gewinn- und Überschusseinkunftsarten im geltenden Steuerrecht von unterschiedlichen Grundsätzen geprägt ist, wurde bereits in Kapitel 2.1.2 verdeutlicht. So verlangt der Betriebsvermögensvergleich im Vergleich zur privaten Überschussrechnung keine Zahlungsrealisation[631], sondern knüpft durch die Maßgeblichkeit an die Grundsätze ordnungsmäßiger Buchführung an. Es kommt demzufolge zu vielen Unterschieden bei der Einkunftsermittlung im Rahmen der Gewinn- und Überschusseinkunftsarten, die im Folgenden exemplarisch herausgestellt werden.

Das heute geltende Realisationsprinzip stellt alleine auf den Güterabgang (den Umsatzakt auf dem Absatzmarkt) unabhängig von den Einzahlungen ab. Umsatz im bi-

---

628 Siehe hierzu ausführlich *Zisowski* (2001), S. 53 f.

629 Siehe *Zisowski* (2001), S. 24.

630 Siehe *BVerfG* (1969a), S. 312 f.

631 Zu den Ausnahmen von der Zahlungsorientierung im Rahmen der privaten Überschussrechnung siehe noch einmal oben Kapitel 2.1.2.

lanzrechtlichen Sinne ist grundsätzlich gegeben, wenn der Bilanzierende seine Leistung in einer Weise erbracht hat, dass der Anspruch auf die Gegenleistung so gut wie sicher ist.[632] Deshalb kommt es beim Vermögensvergleich im Gegensatz zur Überschussrechnung zum Ausweis von Forderungen.

Das Realisationsprinzip verlangt auch, dass von den realisierten Umsatzerträgen die diesen zurechenbaren Aufwendungen im selben Geschäftsjahr abzusetzen sind. Zukünftige Auszahlungen können demzufolge bereits dann als Aufwand berücksichtigt werden, wenn sie realisierten Erträgen zuzuordnen sind. Fallen z.B. Erträge aus der Ausbeutung einer Kiesgrube an, so sind die zukünftigen Auszahlungen aus einer Rekultivierungsverpflichtung in Form einer Ansammlungsrückstellung als Aufwand zu erfassen.[633] Die Überschussrechnung kennt dagegen keine Rückstellungen, sondern stellt alleine auf Zahlungen ab.

Das Niederstwertprinzip verlangt z.B. den Ansatz eines die Anschaffungs- bzw. Herstellungskosten der Wirtschaftsgüter unterschreitenden Wertes.[634] Dabei spricht man im Steuerrecht vom „niedrigeren Teilwert“[635]. So sind die abnutzbaren Wirtschaftsgüter des Anlagevermögens auf den niedrigeren Teilwert aufgrund einer voraussichtlich dauernden Wertminderung abzuschreiben (Teilwertabschreibung).[636] Dasselbe gilt auch für Grund und Boden, Beteiligungen und Wirtschaftsgüter des Umlaufvermögens.[637] Im Gegensatz hierzu ist bei der Überschussrechnung keine Teilwertabschreibung möglich.

Trotz dieser exemplarischen Unterschiede in der Einkunftsermittlung geht die Rechtsprechung und das Schrifttum, in Bezug auf den Vermögensvergleich und die *Einnahmenüberschussrechnung*,[638] von der Gesamtgewinngleichheit aus.[639] Demnach

---

[632] Siehe *Moxter* (2003), S. 43.

[633] Siehe *Moxter* (2003), S. 46 f. und 49 f. Bei einer Ansammlungsrückstellung handelt es sich um eine Rückstellung für ungewisse Verbindlichkeiten. Von ungewissen Verbindlichkeiten spricht man dann, wenn eine Verbindlichkeit dem Grunde und/oder der Höhe nach ungewiss ist. Siehe *BFH* (1993), S. 892.

[634] Siehe *Moxter* (2003), S. 59.

[635] § 6 Abs. 1 Nr. 1 Satz 2 EStG. Nach § 6 Abs. 1 Nr. 1 Satz 3 EStG ist der Teilwert „der Betrag, den ein Erwerber des ganzen Betriebs im Rahmen des Gesamtkaufpreises für das einzelne Wirtschaftsgut ansetzen würde; dabei ist davon auszugehen, dass der Erwerber den Betrieb fortführt“.

[636] Siehe § 6 Abs. 1 Nr. 1 Satz 2 EStG. Zwar spricht diese Vorschrift von der *Möglichkeit* des Ansatzes eines niedrigeren Teilwerts („kann dieser angesetzt werden“), aufgrund der Maßgeblichkeit der Grundsätze ordnungsgemäßer Buchführung ergibt sich jedoch eine Verpflichtung bei der Aufstellung der Steuerbilanz nach § 5 Abs. 1 EStG. Siehe hierzu bereits Fn. 36, S. 8.

[637] Siehe § 6 Abs. 1 Nr. 2 Satz 2 EStG. Auch hier resultiert trotz des Gesetzeswortlauts, dass der niedrigere Teilwert angesetzt werden „kann“, aufgrund des Maßgeblichkeitsprinzips eine Abschreibungspflicht in der Steuerbilanz nach § 5 Abs. 1 EStG.

[638] Aufgrund einer weitgehenden Übereinstimmung der privaten Überschussrechnung und der betrieblichen Einnahmenüberschussrechnung ist diese Argumentation von großer Bedeutung. Zu

soll die Höhe der Einkünfte im Rahmen einer Totalperiode bei beiden Einkunftsermittlungsmethoden identisch sein.[640] Aus der Gesamtgewinngleichheit wird dann die Gleichmäßigkeit der Besteuerung abgeleitet.[641]

Dieser Argumentation ist keinesfalls zuzustimmen. Da der wirtschaftlichen Leistungsfähigkeit im Rahmen dieser Untersuchung eine Periode zugrunde liegt, lässt eine mögliche Gewinngleichheit einer Totalperiode nicht auf die Gleichmäßigkeit der Besteuerung schließen. Außerdem ist die Gesamtgewinngleichheit beim Vermögensvergleich und bei der Einnahmenüberschussrechnung auch nicht gegeben. Unterstellt man die Existenz der Gleichgewichtsmärkte, in denen Liquiditätsfragen keine Rolle spielen, sind alle Einkunftsermittlungsmethoden äquivalent, bei denen es lediglich zu einer zeitlich unterschiedlichen Verrechnung der Zahlungen kommt. Dies ist grundsätzlich beim Vermögensvergleich und bei der Einnahmenüberschussrechnung der Fall.[642] Im realen Marktprozess sieht die Situation ganz anders aus. Fließen in der betrachteten Periode dem Steuerzahler keine finanziellen Mittel zu, so können die aufgrund der Einnahmen trotzdem entstandenen Steuerzahlungen zu Liquiditätsschwierigkeiten führen. Die Steuerzahlung lässt sich dann bei einer Liquidation vorhandener Vermögenswerte tätigen. Haben die veräußerten Vermögensgegenstände keine Wertsteigerungen erfahren, so erfolgt durch die Besteuerung ein Eingriff in die Substanz des Steuerpflichtigen.[643] Zwar könnten Steuerauszahlungen ohne vorhandene finanzielle Mittel des Steuerpflichtigen auch finanziert werden, die Möglichkeit der Aufnahme finanzieller Mittel steht in der realen Welt jedoch nicht jedem Steuerpflichtigen gleich uneingeschränkt zur Verfügung, was zur Ungleichbehandlung der betroffenen Steuerpflichtigen führen kann. Außerdem fallen dafür Finanzierungszinsen an, deren Höhe stark differieren kann. Stundung und Erlass der Ansprüche aus dem Steuerschuldverhältnis nach geltendem Recht versuchen diesem Problem ent-

---

den Unterschieden zwischen der privaten Überschussrechnung und der betrieblichen Einnahmenüberschussrechnung siehe noch einmal Kapitel 2.1.2.

639 Siehe *BFH* (1960), S. 308; *BFH* (1975), S. 528; *BFH* (1984), S. 518; *BFH* (1990b), S. 834 f.; *BFH* (1999a), S. 121; *Lang* (1981a), S. 449 f.; *Crezelius* (1994b), S. 179, und *Hey* (2005), Rz. 257. Aus dem Grundsatz der Gesamtgewinngleichheit resultieren viele Entscheidungen der Rechtsprechung zur Angleichung der Einnahmenüberschussrechnung an den Vermögensvergleich. Eine der jüngsten Entscheidungen hierzu betrifft die Möglichkeit, auch im Rahmen der Einnahmenüberschussrechnung gewillkürtes Betriebsvermögen zu bilden. Siehe *BFH* (2003b), S. 985 ff.

640 So z.B. *Hey* (2005), Rz. 257.

641 Siehe *Heibel* (1981), S. 23.

642 Vergleicht man gewerblich tätige Steuerpflichtige, die ihren Gewinn nach dem Vermögensvergleich bzw. nach der Einnahmenüberschussrechnung gem. § 4 Abs. 3 EStG ermitteln, lässt sich ein materieller Unterschied bei der Betrachtung einer Totalperiode feststellen. So kann die unterschiedliche Höhe der Gewerbesteuer als abzugsfähige Betriebsausgabe die Höhe des Totalgewinns beeinflussen.

643 Siehe hierzu bereits oben S. 105.

gegenzuwirken. Jedoch sind diese Möglichkeiten an bestimmte Voraussetzungen[644] gebunden und stehen im Ermessen der Finanzverwaltung, was zum einen deren Einsatz einschränkt und zum anderen ebenfalls eine Ungleichbehandlung der Steuerpflichtigen zur Folge haben kann.

Bei der Zugrundelegung des realen Marktprozesses ergeben sich somit Unterschiede aufgrund der steuerlichen Einkunftsermittlung bei Gewinn- und Überschusseinkunftsarten nicht nur bei der Betrachtung einer zeitlich beschränkten Periode, sondern auch einer Totalperiode. Da jedoch Gewinn- und Überschusseinkunftsarten als wirtschaftlich gleiche Sachverhalte qualifiziert wurden, ist diesbezüglich die Gleichmäßigkeit der Besteuerung zu verneinen. Neben den unterschiedlichen Einkunftsermittlungsmethoden kommt es auch dann zur Verletzung der Gleichmäßigkeit der Besteuerung, wenn die steuerliche Bemessungsgrundlage nicht genau erfassbar und manipulierbar ist.[645]

Betrachtet man den Vermögensvergleich, so besteht ein Anreiz zu Manipulationen[646], z.B. aufgrund der Bestimmung eines „niedrigeren Teilwerts", der auf Schätzungen und Prognosen beruht. Es fehlen z.B. eindeutige Anhaltspunkte für eine realistische Teilwertermittlung im Rahmen des Sachanlagevermögens, wenn Produktionsanlagen ganz oder teilweise stillgelegt werden. Geht man davon aus, dass die Anlagen nie wieder verwendet werden, wird ein Abbruch oder eine Verschrottung prognostiziert und entsprechend mit Null bewertet. Bei erwarteter Wiederverwendung ist eine solche Bewertung nicht sachgerecht. Welche dieser Annahmen jedoch realistischer ist, lässt sich häufig kaum feststellen, so dass man unterschiedliche Wertansätze plausibel begründen kann. Auch bei Beteiligungen ist der niedrigere Teilwert kaum eindeutig feststellbar. Zur Ermittlung dieses Wertes sind die Methoden der Unternehmensbewertung anzuwenden, die jedoch immer auf Schätzungen und Prognosen basieren.[647] Außerdem ist im Rahmen des Vermögensvergleichs der Bereich der Rückstellungen problematisch. So besteht z.B. bei den Rückstellungen für ungewisse Verbindlichkeiten „Ungewissheit" über die Existenz der Verbindlichkeit und/

---

644 Eine Steuerschuld wird gestundet, wenn zwei Voraussetzungen erfüllt sind. Zum einen muss die Einziehung des Anspruchs für den Steuerschuldner eine *erhebliche Härte* bedeuten. Zum anderen darf der Anspruch durch eine Stundung *nicht gefährdet* werden. Siehe § 222 AO. Außerdem fallen bei einer Stundung von Steueransprüchen durch die Finanzverwaltung Stundungszinsen an. Ein Erlass wird nur gewährt, wenn die Einziehung des Anspruchs unbillig wäre. Siehe § 227 AO.

645 Siehe noch einmal S. 103.

646 Dass eine Aussage, die den *konkreten* Einfluss der Besteuerung auf *konkrete* Entscheidungen von Wirtschaftssubjekten beschreibt, nicht möglich ist, wurde bereits in Kapitel 3.3.2.4 thematisiert.

647 Siehe hierzu und zu den anderen Beispielen zur Teilwertproblematik *Clemm/Nonnenmacher* (1985), S. 230 ff.

oder ihre Höhe.[648] Zwar gibt es Regeln über anzuwendende Bilanzierungs- und Bewertungsmethoden, diese beruhen jedoch meistens auf Schätzungen und Prognosen, z.B. über den künftigen Ausgang von Prozessen oder über die voraussichtlich anfallenden Aufwendungen zur Erfüllung von Verpflichtungen.

Bei der zweiten Methode der Einkunftsermittlung, der Überschussrechnung, wird ebenfalls ihre Manipulationsmöglichkeit bemängelt.[649] Dabei handelt es sich um das zeitliche Vorziehen von Ausgaben bzw. Hinauszögern von Einnahmen. Solche Gestaltungen, die aber nur in einer Periode zum Zeitpunkt der Umstellung auf die Überschussrechnung vorliegen können, sind im Gegensatz zum Betriebsvermögensvergleich regelmäßig mit Liquiditätswirkungen verbunden. Die entstandenen Liquiditätsnachteile führen zu entgangenen Zinserträgen. Da der Steuersatz nie 100 % erreicht, ist der Ertragsverzicht größer als die Steuerersparnis.[650] D.h. solche Handlungen würden bei der Überschussrechnung u.U. zur Selbstschädigung der Steuerpflichtigen führen, wodurch der Anreiz zu diesen steuermindernden Gestaltungen zumindest verringert wird.[651]

Als Ergebnis ist festzuhalten, dass sowohl Unterschiede in der Einkunftsermittlung als auch in der Manipulationsmöglichkeit der Einkunftsermittlungsmethoden bei Gewinn- und Überschusseinkunftsarten vorliegen. Außerdem lässt sich eine Liquiditätsorientierung beim Vermögensvergleich nicht verwirklichen, während die Überschussrechnung grundsätzlich an die Liquidität anknüpft. Da es sich bei den Gewinn- und Überschusseinkunftsarten jedoch um gleiche wirtschaftliche Sachverhalte handelt, wird dadurch der Grundsatz der Gleichmäßigkeit der Besteuerung nach wirtschaftlicher Leistungsfähigkeit verletzt.

4.1.1.3 Veräußerungsgewinnbesteuerung

Dass Gewinn- und Überschusseinkunftsarten wirtschaftlich gleichartig sind, wurde bereits dargelegt. Ob jedoch die Gleichmäßigkeit der Besteuerung bezüglich der Veräußerungsgewinne verletzt ist, hängt zum einen davon ab, ob es sich bei realisierten Veräußerungsgewinnen überhaupt um Einkünfte handelt, die die wirtschaftliche Leistungsfähigkeit eines Steuerpflichtigen erhöhen. Zum anderen stellt sich die

---

[648] Siehe zur Definition der Rückstellungen für ungewisse Verbindlichkeiten bereits oben Fn. 633, S. 118.

[649] Siehe z.B. *Wachter* (1965), S. 111 f.; *Heibel* (1981), S. 20; *Dziadkowski* (2000), S. 400; *Ehrhardt-Rauch* (2001), S. 427, und *Herzig/Hausen* (2004), S. 5 f.

[650] So *Mitschke* (1988), S. 130, und *Herzig/Hausen* (2004), S. 6.

[651] Das Prinzip der Selbstschädigung wird im Steuerrecht häufig zur Begrenzung des Gestaltungsmissbrauchs eingesetzt. So *Wagner, F.* (1989), S. 272, m.w.N.

Frage, ob die Besteuerungsunterschiede zum Zeitpunkt der Veräußerung, die in Kapitel 2.1.3 dargestellt wurden, zur Ungleichmäßigkeit der Besteuerung führen.

Zunächst soll der ersten Frage nachgegangen werden. Als Maßstab wirtschaftlicher Leistungsfähigkeit wurde im Rahmen dieser Arbeit das Erzielen der Einkünfte am Markt mit Einkunftserzielungsabsicht angesehen. Diese Konkretisierung der wirtschaftlichen Leistungsfähigkeit enthält einen objektiven Tatbestand „Erzielung der Einkünfte am Markt" und einen subjektiven Tatbestand „Handlung mit Einkunftserzielungsabsicht".[652]

Da es sich bei einer Veräußerung von Vermögensgegenständen um eine entgeltliche Verwertung des Vermögens handelt, die immer eine Teilnahme am Markt erfordert, ist die erste Bedingung „Erzielung der Einkünfte am Markt" gegeben. Die Frage, ob eine Veräußerung von Vermögensgegenständen mit Einkunftserzielungsabsicht vorgenommen wird, ist nicht einfach zu beantworten. Dieser subjektive Tatbestand beinhaltet dabei die Problematik der Abgrenzung der Einkunftserzielung von der Sphäre der privaten Lebensführung (Liebhaberei). Das Vorliegen der Einkunftserzielungsabsicht muss grundsätzlich im Einzelfall überprüft werden. Jedoch kann bei einer Veräußerung von bestimmten Vermögensgegenständen des Privatvermögens eine Einkunftserzielungsabsicht aufgrund einiger Merkmale mit hoher Sicherheit verneint werden. So wird dann eine Einkunftserzielungsabsicht fehlen, wenn Vermögensgegenstände, die zuvor für die private Lebensführung angeschafft wurden und auch tatsächlich privat genutzt wurden (Gebrauchsgegenstände), veräußert werden.[653] Die Einnahmen und Ausgaben im Zusammenhang mit diesen Vermögensgegenständen gehören zur Sphäre der privaten Lebensführung. Bei der Veräußerung solcher Vermögensgegenstände werden auch regelmäßig Veräußerungsverluste erzielt, denn durch die private Nutzung verlieren diese Vermögensgegenstände i.d.R. an Wert, was einen – im Vergleich zu Anschaffungskosten – niedrigeren Veräußerungserlös zur Folge hat.

Eine Ausnahme von der Verneinung der Einkunftserzielungsabsicht bilden bestimmte Gegenstände des privaten Gebrauchs, die sich als Kapitalanlage eignen, weil sie mit der Zeit an Wert gewinnen. Die Anschaffung dieser Vermögensgegenstände (z.B. Kunstgegenstände oder Antiquitäten) wird neben den persönlichen Neigungen und Wertschätzungen auch vom Gedanken mitgetragen, sie später mit Gewinnen veräußern zu können. Eine Grenzziehung zwischen der Absicht privater Verwendung und der Absicht, durch die Veräußerung einen Gewinn zu erzielen, ist bei solchen Vermögensgegenständen sehr schwierig.[654] Da jedoch der private Gebrauch dieser

---

652 In Anlehnung an *Lang* (1981a), S. 237 und 247, und *Wittmann, R.* (1993), S. 37 f.

653 Siehe z.B. *Ebnet* (1978), S. 107; *Merkenich* (1982), S. 54, oder *Reimer* (2001), S. 135 f.

654 So auch *Merkenich* (1982), S. 56.

Vermögensgegenstände aufgrund ihres hohen Wertes regelmäßig auf ein Minimum reduziert ist, tritt er hinter die erhoffte Wertsteigerung zurück.[655] Die Einkunftserzielungsabsicht und somit die Erhöhung wirtschaftlicher Leistungsfähigkeit kann demzufolge bei der Veräußerung dieser Vermögensgegenstände bejaht werden.[656]

Eine andere Situation ergibt sich bei bebauten Grundstücken, die eigenen Wohnzwecken dienen. Obwohl diese Vermögensgegenstände regelmäßig auch als Kapitalanlage anzusehen sind, überwiegt hier die private Nutzung. Die Einkunftserzielungsabsicht bei der Veräußerung von selbst genutzten Wohnimmobilien tritt dabei in den Hintergrund, so dass die erzielten Veräußerungsgewinne nicht die wirtschaftliche Leistungsfähigkeit der Steuerpflichtigen erhöhen. Folgerichtig lässt das geltende Steuerrecht die Gewinne aus der Veräußerung von selbst genutztem Wohneigentum steuerfrei.[657]

Im Gegensatz hierzu ist der geltende § 23 EStG insoweit zu bemängeln, als er aufgrund seines allgemeinen Wortlauts sonst alle privaten Veräußerungsgewinne innerhalb der Spekulationsfristen erfasst.[658] Werden jedoch Gewinne aus der Veräußerung von Gebrauchsgütern erzielt, so stellen sie keine Erhöhung wirtschaftlicher Leistungsfähigkeit dar und dürfen demzufolge nicht in die Untersuchung der Gleichmäßigkeit der Besteuerung einbezogen werden.

Es bleibt festzuhalten, dass Gewinne aus der Veräußerung von Vermögensgegenständen des Privatvermögens, die nicht der Sphäre der privaten Lebensführung zuzurechnen sind, die wirtschaftliche Leistungsfähigkeit eines Steuerpflichtigen erhöhen. Im nächsten Schritt ist deshalb zu prüfen, ob die grundsätzliche steuerliche Freistellung dieser Veräußerungsgewinne die Gleichmäßigkeit der Besteuerung verletzt.

Die steuerliche Behandlung der Veräußerungsgewinne ist ökonomisch unmittelbar mit der Möglichkeit einer Minderung der steuerlichen Bemessungsgrundlage durch eine Abschreibung *abnutzbarer* Vermögensgegenstände verbunden. Es ist daher ungenügend, bei der Frage nach der Gleichmäßigkeit der Besteuerung alleine die steuerlichen Konsequenzen im Veräußerungszeitpunkt zu betrachten. Denn eine zur Steuerersparnis führende Abschreibung bei der Nutzung der Vermögensgegenstän-

---

[655] Ähnlich auch *Ebnet* (1978), S. 107.

[656] Der gleichen Auffassung sind auch *Ebnet* (1978), S. 107 f.; *Kirchhof* (1988), S. 27 f., und *Wittmann, R.* (1993), S. 39. Anderer Auffassung sind *Merkenich* (1982), S. 56 und 94, und *Reimer* (2001), S. 136 f., die diese Gegenstände dem Bereich der Einkommensverwendung zurechnen. Siehe hierzu bereits S. 42.

[657] Siehe § 23 Abs. 1 Nr. 1 Satz 3 EStG.

[658] Siehe hierzu bereits Kapitel 2.1.3.

de erfordert eine spätere Versteuerung der aus der Veräußerung dieser Vermögensgegenstände resultierenden Gewinne. Eine solche Behandlung findet grundsätzlich im Betriebsvermögen statt, indem nach Inanspruchnahme von Abschreibungen[659] der Buchwert von Vermögensgegenständen der Ermittlung des Veräußerungsgewinns zugrunde gelegt wird.

Auch bei abnutzbaren Vermögensgegenständen des Privatvermögens hat der Gesetzgeber planmäßige Abschreibungen vorgesehen.[660] Erfahren Gewinne aus der Veräußerung dieser Vermögensgegenstände keine steuerliche Erfassung, so erfolgt in den Jahren der Nutzung eine steuerliche Entlastung des Steuerpflichtigen, ohne dass es später zur steuerlichen Belastung kommt. Wird z.B. ein bebautes Grundstück vermietet, so mindern die vorgenommenen Abschreibungen die Höhe der Einkünfte aus Vermietung und Verpachtung. Eine steuerliche Erfassung des Veräußerungsgewinns erfolgt jedoch nicht, wenn das Grundstück außerhalb der Spekulationsfrist veräußert wird. Solche Vermögensgegenstände sind demzufolge steuerlich begünstigt.

Diese Argumentationsweise bedeutet jedoch nicht, dass eine fehlende Möglichkeit der Inanspruchnahme von Abschreibungen eine steuerliche Freistellung der davon betroffenen Veräußerungsgewinne rechtfertigen soll. Denn auch in diesem Fall können die Vermögensgegenstände eine Wertsteigerung erfahren, die steuerlich zu erfassen ist. So stellen die Anteile an einer Kapitalgesellschaft keine abnutzbaren Vermögensgegenstände dar, die Gewinne aus der Veräußerung dieser Anteile werden jedoch im Betriebsvermögen besteuert,[661] während sie im Privatvermögen außerhalb von §§ 23 und 17 EStG steuerfrei sind.

Nach Auffassung von *Franz W. Wagner* führt eine grundsätzliche Steuerfreiheit der Veräußerungsgewinne im Privatvermögen nicht zur Ungleichmäßigkeit, sondern ist gerade notwendig, um eine Gleichmäßigkeit der Besteuerung zu gewährleisten.[662] Diese Abhängigkeit versucht *Franz W. Wagner* am folgenden Beispiel zu verdeutlichen, in dem er drei Steuerpflichtige, einen Zahnarzt, einen Juwelier und eine Privatperson, gegenüberstellt.[663] Der *Zahnarzt* als Freiberufler ermittelt seine Einkünfte

---

[659] Dabei kann es sich bei den Vermögensgegenständen des Betriebsvermögens sowohl um planmäßige Abschreibungen (abnutzbares Anlagevermögen) als auch um Teilwertabschreibungen (Anlage- sowie Umlaufvermögen) handeln.

[660] Siehe oben Kapitel 2.1.2.

[661] Zu beachten ist jedoch, dass diese Veräußerungsgewinne dem Halbeinkünfteverfahren unterliegen, soweit sie auf eine natürliche Person entfallen. Siehe hierzu bereits Fn. 98, S. 18, und noch einmal § 3 Nr. 40a EStG i.V.m. § 3c Abs. 2 EStG.

[662] Siehe *Wagner, F.* (1997a), S. 517 ff.

[663] Siehe im Folgenden *Wagner, F.* (1997a), S. 517 ff.

durch die Einnahmenüberschussrechnung gem. § 4 Abs. 3 EStG, der *Juwelier* als bilanzierungspflichtiger Gewerbetreibender erstellt eine Steuerbilanz gem. § 5 Abs. 1 EStG und die *Privatperson* errechnet ihre Einkünfte mittels privater Überschussrechnung als Differenz der Einnahmen über die Werbungskosten.

Wenn ein *Zahnarzt* in Periode 1 Zahngold zur Bevorratung für 10.000 GE erwirbt, dann liegt für ihn eine Betriebsausgabe vor, die seine Einkünfte aus selbständiger Arbeit unmittelbar mindert. Geht man aus Vereinfachungsgründen von einem Steuersatz von 50 % aus, führt dies zu einer Steuerersparnis von 5.000 GE. Bei der Verarbeitung in Periode 2 entsteht dem Zahnarzt eine Betriebseinnahme in Höhe von 20.000 GE, die er vollständig versteuern muss. Seine Steuerauszahlung in Periode 2 beläuft sich daher auf 10.000 GE. Der effektive Kapitaleinsatz des Zahnarztes beträgt in Periode 1 5.000 GE und sein Nettoergebnis in Periode 2 10.000 GE.

	Periode 1		Periode 2	
Zahnarzt	Auszahlung (Betriebsausgabe):	-10.000	Einzahlung (Betriebseinnahme):	+ 20.000
	Steuerersparnis:	+ 5.000	Steuerzahlung:	- 10.000
	Nettokapitaleinsatz:	- 5.000	Nettorückfluss:	+ 10.000

Erwirbt dagegen ein *Juwelier* in Periode 1 Gold zur Schmuckherstellung mit dem gleichen Kapitaleinsatz von 5.000 GE, so liegt lediglich eine für die Steuerbilanz unbedeutende Ausgabe, aber noch kein Aufwand vor. Aufwand kann erst in Periode 2 verbucht werden, wenn der Juwelier Schmuck verkauft. Legt man hier – wie im obigen Beispiel – eine 100 %ige Verzinsung zugrunde, müssen dem Juwelier Einnahmen in Höhe von 10.000 GE entstehen, die zu einem Gewinn von 5.000 GE führen. Die Steuern auf diesen Gewinn in Höhe von 2.500 GE vermindern dann den Nettorückfluss von 10.000 GE auf 7.500 GE.

	Periode 1		Periode 2	
Juwelier	Auszahlung:	- 5.000	Einzahlung:	+ 10.000
	Nettokapitaleinsatz:	- 5.000	Gewinn:	(+ 5.000)
			Steuerzahlung:	- 2.500
			Nettorückfluss:	+ 7.500

Eine andere Situation ergibt sich bei einer *Privatperson*, die mit dem Kapitaleinsatz von 5.000 GE Goldmünzen erwirbt und diese ein Jahr später für 10.000 GE wieder veräußert. In diesem Fall liegt ein steuerfreier Veräußerungsgewinn vor. Weder die Ausgabe noch der Veräußerungserlös ist steuerlich von Bedeutung.

	Periode 1		Periode 2	
Privatperson	Auszahlung: Nettokapitaleinsatz:	- 5.000 - 5.000	Einzahlung: Nettorückfluss:	+ 10.000 + 10.000

Dieses Beispiel zeigt nach Auffassung von *Franz W. Wagner*, dass die Steuerfreistellung von Veräußerungsgewinnen im Privatvermögen eine Gleichbehandlung der *Privatperson* mit dem *Zahnarzt* bewirkt. Der niedrigere Nettorückfluss beim Juwelier lässt sich alleine durch den Vermögensvergleich als Gewinnermittlungsmethode erklären, was *Franz W. Wagner* zum Schluss verleitet, diese Gewinnermittlungsmethode und nicht die Veräußerungsgewinnbesteuerung einer Kritik zu unterwerfen.[664]

Dem obigen Beispiel sowie der daraus abgeleiteten Aussage von *Franz W. Wagner* ist in keiner Hinsicht zuzustimmen. Die oben dargestellte Rechnung eignet sich nicht, um die Wirkungen der Veräußerungsgewinnbesteuerung zu verdeutlichen, denn hierbei wird von unterschiedlichen Investitionsbeträgen ausgegangen, wodurch die Grundsätze der Investitionsrechnung missachtet werden. Die Investitions- und Finanzierungsströme werden vermischt, da die Steuerminderzahlung in Periode 1 die Investition des *Zahnarztes* zur Hälfte finanziert.[665] Geht man von einer identischen Anfangsinvestition für alle drei Personen aus, ergibt sich folgendes verändertes Bild.[666]

Der *Zahnarzt* nutzt seine Steuerersparnis von 5.000 GE in Periode 1 nicht zur Finanzierung seiner Investition, sondern tätigt eine Geldanlage bei der Bank. Damit beträgt sein Nettokapitaleinsatz 10.000 GE. In Periode 2 erhält der Zahnarzt seine Anlage samt Zinsen (bei einem Zinsniveau von 10 %: 500 GE) zurück. Zusätzlich zu seinen Einnahmen muss der Zahnarzt auch die Zinsen versteuern, so dass sich seine Steuerauszahlung auf 10.250 GE beläuft.

	Periode 1		Periode 2	
Zahnarzt	Auszahlung (Betriebsausgabe): Steuerersparnis: Geldanlage: Nettokapitaleinsatz:	 - 10.000 + 5.000 - 5.000 - 10.000	Einzahlung (Betriebseinnahme): Geldanlage: Zinsen: Steuerauszahlung: Nettorückfluss:	 + 20.000 + 5.000 + 500 - 10.250 + 15.250

[664] Siehe *Wagner, F.* (1997a), S. 518.

[665] So auch *Eschbach* (1997), S. 2006. Im Beispiel setzt *Franz W. Wagner* die Prämisse, dass eine Betriebsausgabe *in derselben Periode* zur Steuerersparnis führt, ohne dies zu erwähnen.

[666] In Anlehnung an *Eschbach* (1997), S. 2006. Die von *Franz W. Wagner* gesetzten Prämissen und seine Vorgehensweise werden dabei fortgeführt.

Die Investition des *Juweliers* in Periode 1 in Höhe von 10.000 GE, die auch dem Nettokapitaleinsatz entspricht, lässt beim Goldschmuckverkauf in Periode 2 einen Ertrag von 20.000 GE und einen Aufwand von 10.000 GE entstehen. Auf den Gewinn von 10.000 GE entfallen 5.000 GE Steuern.

	Periode 1		Periode 2	
Juwelier	Auszahlung: Nettokapitaleinsatz:	- 10.000 - 10.000	Einzahlung: Gewinn: Steuerzahlung: Nettorückfluss:	+ 20.000 (+ 10.000) - 5.000 + 15.000

Die Veränderung bei der *Privatperson* betrifft lediglich die Höhe der Ausgaben in Periode 1 und der Einnahmen in Periode 2, die weiterhin steuerlich unberücksichtigt bleiben.

	Periode 1		Periode 2	
Privatperson	Auszahlung: Nettokapitaleinsatz:	- 10.000 - 10.000	Einzahlung: Nettorückfluss:	+ 20.000 + 20.000

Dieses Beispiel verdeutlicht, dass Privatpersonen gegenüber Steuerpflichtigen mit Gewinneinkunftsarten aufgrund der Steuerfreistellung der Veräußerungsgewinne besser gestellt sind. Die unterschiedlichen Nettorückflüsse beim Zahnarzt und Juwelier resultieren aus unterschiedlichen Gewinnermittlungsmethoden,[667] wobei aufgrund dieses Einzelbeispiels keine generelle Aussage getroffen werden kann, welche Gewinnermittlungsmethode vorteilhafter ist.

Darüber hinaus ist im Beispiel von *Franz W. Wagner* zu beanstanden, dass bei Steuerpflichtigen mit Gewinneinkunftsarten (Zahnarzt und Juwelier) kein Veräußerungstatbestand vorliegt, da es sich um ein Wirtschaftsgut handelt, das durch diese Steuerpflichtigen verbraucht wird. Zieht man zusätzlich zur obigen Kritik auch diesen Kritikpunkt heran, lässt sich folgendes Beispiel ableiten.

667 Um zum identischen Nettorückfluss beim Zahnarzt und Juwelier zu kommen, unterstellt *Werner Eschbach* einen Kapitalmarktzinssatz von 0 %. Siehe *Eschbach* (1997), S. 2006. Diese realitätsfremde Prämisse veranlasst *Franz W. Wagner* in seiner Duplik auf die Erwiderung von *Werner Eschbach* ebenfalls mit den realitätsfernen Annahmen zu hantieren und einen Zinssatz von 100 % seinem Beispiel zugrunde zu legen. Siehe *Wagner, F.* (1997b), S. 2008. Diese Vorgehensweise wird aber auch nur aus einem bestimmten Grund durchgeführt, nämlich um zu demselben Ergebnis beim Zahnarzt und bei der Privatperson zu gelangen und somit die eigene Aussage zu verifizieren. Wählt man dagegen ein realistischeres Beispiel, so wird bereits die Besserstellung der Privatperson deutlich, auch wenn die Ergebnisse beim Zahnarzt und Juwelier unterschiedlich sind.

Ein *Zahnarzt* erwirbt in Periode 1 ein Gebäude für 500.000 GE. Diese Auszahlung stellt für ihn jedoch zunächst keine Betriebsausgabe dar. Die Betriebsausgabe wird erst durch die Abschreibung des Gebäudes ausgelöst. Geht man von einem Abschreibungssatz von 2 % aus und unterstellt man, dass der Zahnarzt in Periode 1 den gesamten Abschreibungsbetrag eines Jahres geltend machen kann, so liegt in Periode 1 eine Betriebsausgabe von 10.000 GE vor, die seine Einkünfte aus selbständiger Arbeit mindert.[668] Bei einem Steuersatz von 50 % resultiert daraus eine Steuerersparnis von 5.000 GE. Entschließt sich der Zahnarzt nach 20 Jahren, die Praxis aufzugeben, entsteht für ihn ein bestimmter Aufgabeerlös, der den Veräußerungserlös des Gebäudes von 600.000 GE mit umfasst. Der Veräußerungserlös des Gebäudes wird jedoch um die Steuerauszahlungen gemindert. Bei einer partiellen Betrachtung des Gebäudes entsteht ein Veräußerungsgewinn von 300.000 GE, der sich als Differenz aus dem Veräußerungserlös und den um die bisher vorgenommen Abschreibungen geminderten Anschaffungskosten errechnet. Vernachlässigt man den ermäßigten Tarif des § 34 Abs. 1 EStG und unterstellt man, dass die Voraussetzungen für § 16 Abs. 4 EStG und § 34 Abs. 3 EStG nicht vorliegen, führt dieser Veräußerungsgewinn zu einer Steuerauszahlung von 150.000 GE.[669]

	Periode 1		Periode 20	
Zahnarzt	Auszahlung :	- 500.000	Einzahlung:	+ 600.000
	Betriebsausgabe:	(- 10.000)	Gewinn:	(+ 300.000)
	Steuerersparnis:	+ 5.000	Steuerauszahlung:	- 150.000
	Nettokapital-einsatz:	- 495.000	Nettorückfluss:	+ 450.000

Bei einer *Privatperson*, die das Gebäude vermietet und damit Einkünfte aus Vermietung und Verpachtung erwirtschaftet, sieht die Situation folgendermaßen aus. Da auch im Privatvermögen Abschreibungen auf das Gebäude vorgesehen sind, wird in Periode 1 eine Abschreibung in derselben Höhe wie beim Zahnarzt vorgenommen, die für die Privatperson Werbungskosten bei seinen Einkünften aus Vermietung und Verpachtung darstellt. Nach 20 Jahren veräußert die Privatperson dieses Gebäude für 600.000 GE. Der Veräußerungsvorgang löst jedoch keine steuerlichen Konsequenzen aus, da die Veräußerung außerhalb der Spekulationsfrist erfolgt.

668 Aus Vereinfachungsgründen wird hier keine Aufteilung in die Anschaffungskosten des Grundstücks und die des Gebäudes vorgenommen. Die Möglichkeit der Inanspruchnahme von Sonderabschreibungen wird hier ebenfalls vernachlässigt.

669 Zum gleichen Ergebnis kommt man auch bei der Betrachtung eines Steuerbilanzierungspflichtigen. Aus diesem Grund wird auf eine gesonderte Darstellung der steuerlichen Folgen bei einem solchen Steuerpflichtigen verzichtet.

	Periode 1		Periode 20	
Privatperson	Auszahlung : Werbungskosten: Steuerersparnis: Nettokapital- einsatz:	- 500.000 (- 10.000) + 5.000 - 495.000	Einzahlung: Nettorückfluss:	+ 600.000 + 600.000

Auch dieses Beispiel verdeutlicht noch einmal, dass Steuerpflichtige mit Überschusseinkunftsarten durch eine grundsätzliche steuerliche Freistellung der Veräußerungsgewinne im Privatvermögen steuerlich bevorzugt werden, was eine Verletzung der Gleichmäßigkeit der Besteuerung nach sich zieht.

Neben der Ungleichbehandlung der Steuerpflichtigen mit Veräußerungsgewinnen im Betriebs- bzw. im Privatvermögen wird die Gleichmäßigkeit der Besteuerung zwischen den Steuerpflichtigen verletzt, die ihre Veräußerungsgewinne im Privatvermögen innerhalb bzw. außerhalb der Spekulationsfristen erwirtschaften. Die wirtschaftliche Einordnung dieser Veräußerungsgewinne ändert sich mit dem Ablauf der Spekulationsfrist nicht. In beiden Fällen handelt es sich um gleiche wirtschaftliche Sachverhalte, aus denen unterschiedliche steuerliche Konsequenzen resultieren. Diese Auffassung teilte jedoch das Bundesverfassungsgericht in seinem Beschluss vom 9. Juli 1969 nicht. Es hat darin keinen Verstoß gegen den allgemeinen Gleichheitssatz und die daraus abgeleitete Steuergerechtigkeit gesehen.[670] Zwar wäre der Gesetzgeber nicht gehindert, den Gewinn aus jeder Veräußerung von Gegenständen des Privatvermögens zu besteuern, allerdings habe er bei der Erschließung von Steuerquellen weitgehende Gestaltungsfreiheit und entschied sich lediglich für die Besteuerung der Spekulationsgewinne.[671] Zu Recht wurde diese Ansicht des Bundesverfassungsgerichts im juristischen Schrifttum kritisiert,[672] denn die Beantwortung der Frage, ob etwas gleichheitsgemäß bzw. -widrig ist, kann nicht davon abhängig gemacht werden, welche Steuerquellen der Gesetzgeber der Besteuerung unterwerfen möchte.

4.1.2 Praktikabilität der Besteuerung

Wie in Kapitel 3.3.4 ausgeführt wurde, bezieht sich die Praktikabilität der Besteuerung im Rahmen dieser Untersuchung zum einen auf Erhebungskosten, die sowohl auf Seiten des Staates als auch auf Seiten der Steuerpflichtigen durch die Besteue-

---

670 Siehe *BVerfG* (1969a), S. 302 ff.

671 Siehe *BVerfG* (1969a), S. 312 f. Diese Auffassung bestätigt das Bundesverfassungsgericht kurz darauf mit seinem Beschluss vom 7. Oktober 1969 zu § 17 EStG. Siehe *BVerfG* (1969b), S. 126 ff.

672 Siehe z.B. *Tipke* (1973), S. 399, der den Begründungssatz des Bundesverfassungsgerichts für eine bloße Floskel hält.

rung entstehen können. Zum anderen bedeutet Praktikabilität, dass die Informationsbeschaffung zur Durchsetzung der steuerlichen Ansprüche gewährleistet wird. Ob die Steuernormen, die den Dualismus der Einkunftsarten kodifizieren, das Kriterium der Praktikabilität erfüllen, wird im Folgenden, unterteilt nach der Einkunftsermittlung (Kapitel 4.1.2.1) und der Veräußerungsgewinnbesteuerung (Kapitel 4.1.2.2), untersucht.

4.1.2.1 Einkunftsermittlung

Der ursprünglich aus Praktikabilitätserwägungen[673] entstandene Betriebsvermögensvergleich als eine Einkunftsermittlungsmethode ist heute nicht mehr praktikabel. Die derivative Steuerbilanz enthält z.B. zahlreiche Durchbrechungen des Maßgeblichkeitsprinzips,[674] was eine zunehmende Abkoppelung der Steuerbilanz von der Handelsbilanz zur Konsequenz hat. Eine Einheitsbilanz lässt sich in vielen Fällen nicht mehr aufstellen. Der Steuerpflichtige muss eine eigenständige Steuerbilanz erstellen, was die früher immer betonte Praktikabilität dieser Methode zunichte macht. Die Buchführung und Bilanzierung ist im Vergleich zur Überschussrechnung generell mit höherem Organisationsaufwand für den Steuerpflichtigen verbunden. Denn es müssen nicht nur spezielle organisatorische Vorkehrungen, wie z.B. die Einrichtung der Computer-Software, getroffen werden, man benötigt für diese Aufgaben u.U. auch entsprechend qualifiziertes Personal.

Die existierenden Bilanzierungs- und Bewertungsprobleme des geltenden Steuerbilanzrechts und die zweifelhaften Fragen bezüglich der Periodisierung von Aufwendungen und Erträgen führen insoweit zur Verletzung der Praktikabilität, als die Erhebungskosten dadurch erheblich steigen. So ist z.B. für die Umsetzung des Niederstwertprinzips der niedrigere Teilwert erforderlich, dessen Bestimmung sich aufgrund von Schätzungen und Prognosen als sehr problematisch erweist.[675] Entsprechendes gilt auch für den größten Teil aller Rückstellungen.[676] Diese und andere Probleme im Zusammenhang mit dem Vermögensvergleich verursachen höhere Erhebungskosten sowohl beim Steuerpflichtigen als auch auf Seiten des Staates.

Dem Steuerpflichtigen entstehen dadurch höhere Kosten der Steuerberatung sowie u.U. Kosten für die Inanspruchnahme eines Gerichtsverfahrens.[677] So führt *Wolfgang*

---

[673] Siehe zu dieser Begründung des historischen Gesetzgebers noch einmal Kapitel 3.2.1.1.

[674] Siehe zu den Durchbrechungen des Maßgeblichkeitsprinzips bereits S. 12.

[675] Siehe hierzu noch einmal Kapitel 4.1.1.2.

[676] Siehe ebenfalls Kapitel 4.1.1.2.

[677] Bei den Kosten der Inanspruchnahme eines Gerichtsverfahrens handelt es sich um die Gerichtsgebühren und -auslagen sowie die außergerichtlichen Kosten der Bevollmächtigten und persönli-

Schön im Zusammenhang mit dem Problem des Rückstellungsausweises zutreffend aus: „Rückstellungen gelten als Dauerbrenner, ja geradezu als Ewigkeitsproblem des Bilanzrechts; .. [d]er Kampf um den Ausweis von Rückstellungen führt zu immer neuen Streitigkeiten.“[678] „Rückstellungen werden auch in Zukunft die Gerichte und Berater in hohem Maße beschäftigen“[679]. Der jährliche kurze Überblick über die BFH-Rechtsprechung im zurückliegenden Jahr, der von *Heinrich Weber-Grellet* durchgeführt wird, lässt die Problematik, die mit der Anwendung dieser Einkunftsermittlungsmethode verbunden ist, deutlich werden und zeigt die Anzahl jährlich ergangener Urteile zum Steuerbilanzrecht.[680] Die quantitative Vermehrung der Judikatur geht dabei mit einer qualitativen Verkomplizierung des Steuerbilanzrechts einher.[681] Bei dieser Anzahl der Entscheidungen wird es immer schwieriger, Widersprüche zwischen den Auffassungen unterschiedlicher Senate zu vermeiden. Die Problematik der fehlenden Einheitlichkeit der Senate untereinander wird dabei durch Änderungen ihrer Ansichten noch verstärkt.[682]

Auf Seiten des Staates können ebenfalls hohe Kosten der Finanzgerichtsbarkeit auftreten, insbesondere wenn die Finanzbehörde im Rechtsstreit unterliegt. Darüber hinaus entstehen der Finanzverwaltung durch rechtliche Unsicherheiten höhere Kosten steuerlicher Veranlagungs- und Prüfungsarbeiten durch den Innen- und Außendienst.[683]

Die Überschussrechnung zeichnet sich dagegen durch ihre Einfachheit aus, denn eine Erfassung von Einnahmen und Ausgaben ist i.d.R. problemlos möglich.[684] Allerdings bleiben Probleme der Bewertung der Wirtschaftsgüter bei den Tauschvorgängen und der Ermittlung von Abschreibungen weiterhin bestehen.[685] Diese Bewer-

---

che Auslagen, die im Falle des Unterliegens durch den Steuerpflichtigen zu entrichten sind. Ausnahmsweise können dem Steuerpflichtigen die Gerichtskosten auch im Falle des Obsiegens auferlegt werden, wenn die Entscheidung auf Tatsachen beruht, die er früher hätte geltend machen müssen bzw. hätte beweisen können. Ausführlich zu den Kosten der Finanzgerichtsbarkeit und deren Einfluss auf die Entscheidungssituation des Steuerpflichtigen siehe *Thönnes* (2005), S. 163 ff. Die Streitanfälligkeit des Bilanzsteuerrechts kritisieren z.B. *Mitschke* (1988), S. 124 f., und *Weber-Grellet* (1998), S. 1344 ff.

678 *Schön* (1994), S. 2. Zur Problematik der Bilanzierung und Bewertung von Rückstellungen siehe ausführlich *Schwenk* (2003), S. 38 ff.

679 *Paus* (1988), S. 1419.

680 Siehe z.B. zur Rechtsprechung des BFH im Jahr 2005 *Weber-Grellet* (2006b), S. 35 ff., m.w.N. in Bezug auf die vorangegangenen Jahre.

681 Siehe *Lang* (1994), S. 40 f.

682 So bereits *Rose, G.* (1985b), S. 281, und *Schön* (1994), S. 2, m.w.N.

683 So *Mitschke* (1988), S. 125.

684 Siehe *Mitschke* (1988), S. 130; *Weber-Grellet* (1998), S. 1349; *Weber-Grellet* (1999), S. 2666, und *Lauth* (2000), S. 1371.

685 Siehe *Ehrhardt-Rauch* (2001), S. 427.

tungsfragen sind bei der Überschussrechnung jedoch von weitaus geringerer Bedeutung, da nicht jedes Wirtschaftsgut zum jeweiligen Stichtag zu bewerten ist, sondern es im Wesentlichen auf die im Veranlagungszeitraum zu- und abgeflossenen Zahlungen ankommt.

Neben den Praktikabilitätsproblemen, die beim Vermögensvergleich deutlich überwiegen, besteht beim Nebeneinander der beiden Einkunftsermittlungsmethoden ein Anreiz zu Ausweichhandlungen, die Steuerplanungskosten beim Steuerpflichtigen aufgrund einer Vorteilhaftigkeitsprüfung der beiden alternativen Einkunftsermittlungsmethoden verursachen.[686]

4.1.2.2 Veräußerungsgewinnbesteuerung

In Bezug auf den Besteuerungsgrundsatz der Praktikabilität ist im Rahmen der Veräußerungsgewinnbesteuerung kritisch zu sehen, dass die fehlende Gleichmäßigkeit der Besteuerung einen Anreiz zu Steuerausweichhandlungen schafft.[687] Dieser Anreiz kann nicht nur zu erhöhten Steuerplanungskosten seitens der Steuerpflichtigen, sondern auch zu einer großen Anzahl von Gerichtsverfahren führen, was mit hohen Kosten sowohl beim Steuerpflichtigen als auch bei der Finanzverwaltung verbunden ist. So verursacht z.B. die Abwehr der Steuerausweichhandlungen im Zusammenhang mit dem gewerblichen Grundstückshandel[688] eine ganze Fülle von Entscheidungen der Finanzgerichtsbarkeit[689] sowie Verwaltungsanweisungen[690], die die Er-

---

[686] Zu beachten ist jedoch, dass die Möglichkeit, zwischen den beiden Einkunftsermittlungsmethoden zu wählen, nicht jedem Steuerpflichtigen zur Verfügung steht. Sie ist nur dann gegeben, wenn die Voraussetzungen für die Steuerbilanzierungspflicht gem. §§ 140 und 141 AO nicht vorliegen.

[687] Die fehlende Gleichmäßigkeit der Besteuerung sieht auch *Rödder* (1991), S. 25 ff. und 257 ff., als einen bedeutenden Gestaltungsanreiz im Steuerrecht an. Siehe hierzu auch *Hundsdoerfer* (2002), S. 36, und *Tipke* (2003a), S. 728 f. Dieser Anreiz wächst dabei mit den steigenden Steuersätzen. Es handelt sich um ein Phänomen, das als *Laffer-Effekt* volkswirtschaftlich nachgewiesen werden konnte. Siehe hierzu *Stiglitz/Schönfelder* (2000), S. 135 f.

[688] Dabei kann die Vermeidung des gewerblichen Grundstückshandels durch den Steuerpflichtigen genannt werden, um in den Genuss einer Steuerfreistellung bei Veräußerungsgewinnen im Privatvermögen nach Ablauf der zehnjährigen Spekulationsfrist zu kommen. Es ist auch denkbar, dass ein Steuerpflichtiger Einkünfte aus Gewerbebetrieb herbeizuführen versucht, um bei erwarteten Verlusten eine (unbeschränkte) Verlustverrechnung zu erreichen. So können Verluste aus gewerblichem Grundstückshandel – vorbehaltlich des § 10d EStG – mit allen übrigen Einkunftsarten verrechnet werden, während private Verluste, die aus einer Veräußerung außerhalb der Spekulationsfrist entstehen, steuerlich nicht zu berücksichtigen und Verluste nach § 23 EStG nur einkunftsintern ausgleichsfähig sind. Siehe bereits Kapitel 2.1.3, und noch einmal § 23 Abs. 3 Satz 8 und 9 EStG. Im Schrifttum lassen sich auch andere Gestaltungshinweise an den Steuerpflichtigen im Zusammenhang mit dem gewerblichen Grundstückshandel finden. Siehe z.B. *Vogelgesang* (2005), S. 217 ff., m.w.N.

[689] Die ersten Entscheidungen bezüglich des gewerblichen Grundstückshandels ergingen bereits in den dreißiger Jahren. Siehe z.B. *RFH* (1936), S. 769, und *RFH* (1937), S. 1248. Nach einer Pause

hebungskosten bei der Umsetzung entsprechender Steuernormen steigen lassen und demzufolge die Praktikabilität der Besteuerung stark beeinträchtigen.[691]

Außerdem resultieren Kritikpunkte hinsichtlich der Praktikabilität der Besteuerung in Bezug auf die Ausnahmen der Besteuerung bei den Überschusseinkunftsarten gem. §§ 23 und 17 EStG. Betrachtet man diese Ausnahmen vom Grundsatz der Steuerfreiheit der Veräußerungsgewinne bei Überschusseinkunftsarten, so handelt es sich um Probleme der Erfassung von Veräußerungsgeschäften mit *bestimmten Wirtschaftsgütern* seitens der Finanzverwaltung. Dazu gehören neben den Luxusgütern (z.B. Schmuckgegenständen, Edelmetallen, Kunstgegenständen, Sammlungen) und Gebrauchsgütern[692] auch Wertpapiere. Unter Wertpapieren werden hier sowohl die in § 23 Abs. 1 Nr. 2 EStG erwähnten Wertpapiere als auch Anteile gem. § 17 EStG verstanden.

Ausgenommen von den Praktikabilitätsproblemen sind dagegen die Anteile an einer GmbH, deren Veräußerung gem. § 15 Abs. 3 GmbHG immer einer notariellen Beurkundung bedarf. Durch die Verpflichtung der Notare, eine beglaubigte Abschrift dieser Urkunden dem zuständigen Finanzamt zu übersenden, gelangen die Informationen an die Finanzverwaltung.[693] Aufgrund einer zwingenden notariellen Beurkundung der Veräußerung von Grundstücken und der Pflicht der Notare zur Information der Finanzverwaltung gem. § 18 GrEStG ergeben sich ebenfalls keine Praktikabilitäts-

---

in den vierziger und fünfziger Jahren ist seit den sechziger Jahren eine kontinuierliche Zunahme der Anzahl von Entscheidungen der Finanzgerichtsbarkeit zu beobachten. Siehe z.B. *BFH* (1961), S. 32 ff.; *BFH* (1971), S. 360 f.; *BFH* (1989b), S. 621 ff.; *BFH* (1989e), S. 1060; *BFH* (1991), S. 135; *BFH* (1997b), S. 332 ff.; *BFH* (2001), S. 291 ff.; *BFH* (2003a), S. 511 ff.; *BFH* (2003c), S. 227 ff.; *BFH* (2004a), S. 1451 ff.; *BFH* (2004b), S. 950 ff.; *BFH* (2005b), S. 538, und *BFH* (2005e), S. 259. Dies ist lediglich ein kleiner Auszug aus der Fülle der gesamten Entscheidungen der Rechtsprechung zum gewerblichen Grundstückshandel.

690 Siehe *BMF* (1990b); *BMF* (2001); *BMF* (2003a), und *BMF* (2004).

691 Zwar hat der gewerbliche Grundstückshandel mit der Verlängerung der Spekulationsfristen für Grundstücke auf zehn Jahre einen Teil seiner wirtschaftlichen Bedeutung eingebüßt. Gleichwohl wird die Fallbearbeitung immer komplizierter, da ständig neue Aspekte berücksichtigt werden. Bei sinkender Relevanz steigt die Komplexität. So *Altfelder* (2000), S. 370, der hierfür auch Beispiele angibt. Die von *Altfelder* (2000), S. 371, genannte Strategie eines zinslosen Steueraufschubs durch die Zuordnung der (bebauten) Grundstücke zum Umlaufvermögen beim gewerblichen Grundstückshandel existiert jedoch nicht mehr. Denn die Anschaffungskosten solcher (bebauten) Grundstücke können seit dem *StGEG 2006*, S. 1095, nicht mehr sofort als abzugsfähige Betriebsausgaben abgezogen werden. Siehe hierzu noch einmal § 4 Abs. 3 Satz 4 EStG, und Kapitel 2.1.2.

692 Dass § 23 Abs. 2 EStG aufgrund seiner allgemeinen Formulierung auch die Gebrauchsgüter erfasst, wurde bereits oben ausgeführt (Kapitel 2.1.3) und kritisiert (Kapitel 4.1.1.3).

693 Siehe § 54 EStDV. Allerdings weist *Altrichter-Herzberg* (2004), S. 441, in diesem Zusammenhang darauf hin, dass die Übertragung von Anteilen an einer GmbH auch im Ausland beurkundet werden kann, wodurch der deutschen Finanzverwaltung die Informationen diesbezüglich entzogen werden.

probleme bei der Erfassung von Veräußerungsgeschäften mit Grundstücken. Ebenso lassen sich keine Praktikabilitätsschwierigkeiten bei der Erfassung von Veräußerungsgeschäften innerhalb der Gewinneinkunftsarten erkennen. Denn die Möglichkeit einer Außenprüfung bei Steuerpflichtigen mit Gewinneinkunftsarten[694] erlaubt eine (fast) lückenlose Überprüfung solcher Veräußerungsgewinne.[695]

Eine (spätere) Kontrolle im Rahmen einer Außenprüfung ist dagegen bei Steuerpflichtigen mit Überschusseinkunftsarten gesetzlich nur unter bestimmten Voraussetzungen vorgesehen und scheidet daher aus dem regulären Verfahren der Überprüfung der Veräußerungsgewinne im Privatvermögen aus. Eine Außenprüfung bei solchen Steuerpflichtigen setzt nach § 193 Abs. 2 Nr. 2 AO voraus, dass „die für die Besteuerung erheblichen Verhältnisse der Aufklärung bedürfen und eine Prüfung an Amtsstelle nach Art und Umfang des zu prüfenden Sachverhalts nicht zweckmäßig ist“. Dabei ist eine solche Außenprüfung zwar bereits dann zulässig, wenn Anhaltspunkte vorliegen, dass ein Besteuerungstatbestand erfüllt ist oder dass der Steuerpflichtige seine Erklärung nicht, unvollständig oder mit unrichtigem Inhalt abgegeben hat.[696] Gleichwohl ist eine Überprüfung gem. § 193 Abs. 2 Nr. 2 AO nach der Feststellung des Bundesverfassungsgerichts eine Ausnahme.[697] Auch die Landesregierung Nordrhein-Westfalen vertrat bereits im Jahr 2000 die Auffassung, dass diese Vorschrift nicht das geeignete Instrument darstellt, um die Versteuerung von privaten Veräußerungsgeschäften aufzuklären.[698]

In der Prüfungspraxis ist es jedoch üblich, dass eine Außenprüfung bei Steuerpflichtigen mit Gewinneinkunftsarten voraussetzungslos nach § 193 Abs. 1 AO auch auf deren privaten Bereich ausgedehnt wird.[699] Nach überwiegender Literaturmeinung ist diese Vorgehensweise allerdings contra legem, da eine Außenprüfung des privaten

---

[694] Siehe § 193 Abs. 1 AO. Die Tatsache, dass diese Vorschrift neben gewerblichen sowie land- und forstwirtschaftlichen nur freiberufliche Einkünfte enthält, die lediglich einen Teil der Einkünfte aus selbständiger Arbeit darstellen, wird hier vernachlässigt. Es wird im Folgenden immer von Gewinneinkunftsarten gesprochen.

[695] Ob die Überprüfung im Rahmen einer Außenprüfung tatsächlich lückenlos ist, hängt im Wesentlichen von der Größe der Unternehmung ab. Siehe zur Prüfungshäufigkeit der Steuerpflichtigen mit Gewinneinkunftsarten ausführlich weiter unten S. 195.

[696] Siehe Nr. 5 zu § 193 AEAO; *BFH* (1992), S. 147, m.w.N. aus der Rechtsprechung; *Tipke* (2003b), § 193 AO, Rz. 32, und *Mösbauer* (2005), S. 41. Darin sieht *Klaus Tipke* einen Verstoß gegen den Gleichheitssatz, da eine Außenprüfung bei Steuerpflichtigen mit Gewinneinkunftsarten an keine Voraussetzungen gebunden ist, und fordert diese Differenzierung aufzugeben. Siehe *Tipke* (2003b), § 193 AO, Rz. 32.

[697] So *BVerfG* (2004), S. 68.

[698] Siehe Landtag Nordrhein-Westfalen (2000), S. 3.

[699] So Nr. 1 zu § 194 AEAO; *BFH* (1985b), S. 438; *BVerfG* (2004), S. 68, und *Mösbauer* (2005), S. 61, m.w.N.

Bereichs nur unter den Voraussetzungen des § 193 Abs. 2 Nr. 2 AO zulässig ist.[700] Außerdem führt eine solche Vorgehensweise zu einer weiteren Ungleichbehandlung, denn die Überprüfung des privaten Bereichs wird davon abhängig gemacht, ob ein Steuerpflichtiger daneben auch Gewinneinkunftsarten erzielt oder nicht.[701]

Auch wenn die privaten Veräußerungsgeschäfte bei Steuerpflichtigen mit Gewinneinkunftsarten im Rahmen einer Außenprüfung gem. § 193 Abs. 1 AO überprüft werden können, handelt es sich nach der Auffassung des Bundesverfassungsgerichts um einen praktisch nicht bedeutsamen Fall.[702] Die Möglichkeit einer Außenprüfung im Privatvermögen bei den übrigen Steuerpflichtigen kommt regelmäßig nicht in Frage, so dass die Erfassung von privaten Veräußerungsgeschäften durch die Finanzbehörden i.d.R. unterbleibt.

Eine anderweitige Informationsbeschaffung der Finanzverwaltung wird bei der *Veräußerung von Wertpapieren* durch das besondere Vertrauensverhältnis zwischen Kreditinstituten und deren Kunden geprägt.[703] Dabei handelt es sich um das in § 30a AO geregelte Bankgeheimnis. Dieses schränkt zum einen die Möglichkeit von Kontrollmitteilungen als Instrument der Informationsbeschaffung ein, indem „die Guthabenkonten und Depots ... anlässlich der Außenprüfung bei einem Kreditinstitut nicht zwecks Nachprüfung der ordnungsmäßigen Versteuerung festgestellt oder abgeschrieben werden [dürfen und die] .. Ausschreibung von Kontrollmitteilungen insoweit unterbleiben soll"[704]. Zum anderen dürfen die Finanzbehörden von den Banken keine Auskunft über die Konten bestimmter Art oder bestimmter Höhe verlangen.[705]

Dieser Schutzbereich existierte jedoch in dieser Form nicht immer. Vor dem ersten Weltkrieg gab es für die Einholung von Auskünften von Banken keine Rechtsgrundlage. In der Nachkriegszeit schrieb jedoch § 189 RAO 1919 eine Verpflichtung für Kreditinstitute fest, dem zuständigen Finanzamt ein Verzeichnis ihrer Kunden vorzulegen und monatliche Bestandsveränderungen mitzuteilen. Dieser umfassende Informationsaustausch fand jedoch schon bald eine Einschränkung durch die Verordnung über Erleichterungen der Anzeigepflicht nach § 189 RAO vom 27. Januar 1920[706], indem die Mitteilungspflicht nur Guthaben von mehr als 3.000 Reichsmark

---

700 Siehe z.B. *Tipke* (2003b), § 193 AO, Rz. 10, m.w.N, und *Mösbauer* (2005), S. 61. Anderer Auffassung ist z.B. *Schmidt, J.* (1989), S. 670.

701 Siehe *Tipke* (2003b), § 193 AO, Rz. 10, mit dem Vorschlag der Abschaffung dieses Zustandes de lege ferenda.

702 Siehe *BVerfG* (2004), S. 68.

703 Das betrifft jedoch nur die Wertpapiere, die sich im Depot eines Kreditinstituts befinden.

704 § 30a Abs. 3 AO.

705 Siehe § 30a Abs. 2 AO.

706 Siehe *Erleichterungs-Verordnung* (1920), S. 126 f.

betraf. Eine weitere Einschränkung kam durch den Erlass des Reichsministers der Finanzen vom 1. Juli 1920[707] hinzu, der nur noch Auskunftsersuchen in Bezug auf bestimmte Konten gestattete. Schließlich wurde § 189 RAO im Jahr 1923 gestrichen.[708]

Nach dem zweiten Weltkrieg wurde durch den Bankenerlass von 1949[709] auf das Vertrauensverhältnis zwischen Banken und deren Kunden besondere Rücksicht genommen. Die Finanzämter durften von Kreditinstituten keine einmaligen oder periodischen Kontenmitteilungen verlangen. Auch Kontrollmitteilungen anlässlich einer Außenprüfung waren unzulässig.[710] Durch das Steuerreformgesetz von 1990[711] wurde schließlich der Bankenerlass in Gesetzform transferiert und als steuerliches Bankgeheimnis in § 30a AO festgeschrieben.

§ 30a AO bietet somit den Bankkunden einen umfassenden Schutz. Zwar ist über § 30a Abs. 5 Satz 1 AO i.V.m. § 93 Abs. 1 AO ein Auskunftsersuchen bei Banken möglich, allerdings handelt es sich hier um das begründete Einzelauskunftsersuchen. Die Finanzbehörden können danach von den Kreditinstituten eine Auskunft verlangen, wenn bereits konkrete Anhaltspunkte für die Annahme vorliegen, dass eine Steuerschuld entstanden ist und die betreffenden Steuern verkürzt wurden. Ein Auskunftsersuchen ist nicht zulässig, wenn jegliche Anhaltspunkte für steuererhebliche Umstände fehlen, also Ermittlungen „ins Blaue hinein“[712] erfolgen. Häufig bleibt jedoch die Frage offen, wann ein Auskunftsersuchen „ins Blaue hinein“ und wann ein begründetes Auskunftsersuchen vorliegt. Aufgrund dieser noch ungeklärten Frage sowie der mangelnden Mitwirkungsbereitschaft der Banken bleibt das Instrument des Einzelauskunftsersuchens weitgehend wirkungslos.[713] Was das Sammelauskunftsersuchen, also das Verfahren, das sich auf eine Vielzahl von Einzelfällen bezieht, anbelangt, so wurde seine Zulässigkeit bei Veräußerungsgewinnen durch die Rechtsprechung des Bundesfinanzhofs verneint.[714]

Auf die existierenden Mängel bezüglich der Erfassung von privaten Wertpapiergeschäften hat das Bundesverfassungsgericht mit dem Urteil vom 9. März 2004 rea-

---

707 Siehe *Erlass* (1920), S. 377 ff.

708 Diese Änderung wurde im Rahmen des *GeldEntwG 1923,* S. 208, vorgenommen.

709 Siehe *Bankenerlass* (1949), S. 242.

710 „Im Interesse des Wiederaufbaues der deutschen Wirtschaft müssen solche Störungen vermieden werden“, hieß es als Begründung. Siehe *Bankenerlass* (1949), S. 242.

711 Siehe *StRefG 1990*, S. 1127.

712 *BFH* (1997a), S. 507.

713 So *Eckhoff* (1999), S. 363.

714 Siehe *BFH* (2003d), S. 191 ff.

giert.[715] Es hat ausgeführt, dass das Vollzugsdefizit des § 23 EStG[716] gegen das verfassungsrechtliche Gleichbehandlungsgebot verstößt. Die Folge dieser Beurteilung ist, dass § 23 EStG jedenfalls für die Jahre 1997 und 1998 verfassungswidrig und nichtig ist.[717]

Das Bundesverfassungsgericht hat jedoch offen gelassen, ob die Besteuerung von Spekulationsgewinnen in den Veranlagungszeiträumen vor 1997 und nach 1998 verfassungswidrig ist.[718] Nach Auffassung des Bundesverfassungsgerichts kann das Ergebnis nicht auf das Jahr 1999 und die folgenden Jahre übertragen werden, da sich die gesetzlichen Vorschriften und Rahmenbedingungen seit dem Veranlagungszeitraum 1999 deutlich geändert haben. Zu solchen Änderungen gehört nach Ansicht des Bundesverfassungsgerichts die erweiterte Möglichkeit des Ausgleichs der Veräußerungsverluste mit den Veräußerungsgewinnen,[719] der bei den negativen Kursentwicklungen seit dem Frühjahr 2000 große Bedeutung beizumessen ist. Das Bundesverfassungsgericht erkennt zwar, dass dadurch keine verbesserte Kontrollmöglichkeit der Finanzverwaltung gegeben ist, der sinkende Ertrag aus Veräußerungsgewinnen lässt jedoch die normativen Defizite beim Vollzug der Steuernorm verfassungsrechtlich akzeptierbar erscheinen.[720]

---

715 Siehe *BVerfG* (2004), und bereits oben S. 20, 39 f. und 108.

716 Das Bundesverfassungsgericht äußert sich zwar nur zu § 23 EStG. Dieselben Erfassungsschwierigkeiten bestehen jedoch auch bei der Besteuerung der Veräußerungsgewinne nach § 17 EStG.

717 Siehe *BVerfG* (2004), S. 71. Kritisch hierzu *Birk* (2004), S. 282, der in diesem Zusammenhang von *temporärer Unvereinbarkeit* und nicht von der Nichtigkeit der Norm spricht. Denn die Nichtigkeit ist die Folge einer Normenkollision, die durch eine Änderung der Vollzugspraxis nicht beseitigt werden kann.

718 Siehe *BVerfG* (2004). S. 72. Der Verzicht des Bundesverfassungsgerichts auf die Erstreckung der Nichtigkeitserklärung auf die Folgejahre ist allerdings nicht als Anerkennung dieser als verfassungsgemäß zu verstehen. Siehe *BFH* (2004e), S. 287; *Kraft/Bäuml* (2004a), S. 615, und *Kraft/Bäuml* (2004b), S. 444. Zur Situation vor dem Veranlagungszeitraum 1997 hat sich der Bundesfinanzhof in mehreren Urteilen geäußert. Danach kann zwar davon ausgegangen werden, dass auch in den Jahren 1989 bis 1995 ein vergleichbares Vollzugsdefizit bestand. Allerdings kann dieses im Hinblick auf eine Übergangsfrist, die durch das Zinsurteil vom 27. Juni 1991 gewährt wurde und auf § 23 EStG übertragen werden kann, dem Gesetzgeber nicht zugerechnet werden. Siehe *BFH* (2004c), S. 26; *BFH* (2004d), S. 995, und *BFH* (2005d), S. 719. Außerdem legte das *FG Münster* (2005), S. 1117 ff., dem Bundesverfassungsgericht die Frage vor, ob § 23 EStG auch für das Jahr 1996 mit dem Art. 3 GG unvereinbar und nichtig sei. Das *BVerfG* (2006), Rz. 18 ff., wies diese Vorlage jedoch als unzulässig ab, da sich das *FG Münster* nicht ausreichend mit der Frage auseinandergesetzt hat, ob dem Gesetzgeber ein eventuelles Vollzugsdefizit im Jahr 1996 zuzurechnen sei.

719 Durch das Steuerentlastungsgesetz 1999/2000/2002 wurde die bereits existierende innerperiodische Verrechnung der Veräußerungsverluste mit den Veräußerungsgewinnen auf die interperiodische Verlustverrechnung ausgedehnt, um eine gleichheitswidrige Behandlung gegenüber anderen Einkunftsarten zu beseitigen. Siehe *StEntlG 1999/2000/2002*, S. 312.

720 Siehe *BVerfG* (2004), S. 72.

Diese Begründung ist zwar bezogen auf den Grundsatz der Praktikabilität der Besteuerung, nämlich das Verhältnis von Steuererhebungskosten und Steuereinnahmen des Staates, nachvollziehbar. Allerdings würde diese Argumentation bei Veräußerungsgeschäften dazu führen, dass dieselbe Steuernorm in den Jahren einer Kurssteigerung auf dem Aktienmarkt verfassungswidrig und in den Jahren einer negativen Kursentwicklung verfassungsgemäß wäre.[721] Darüber hinaus übt die erweiterte Verlustverrechnungsmöglichkeit keinen Deklarationsdruck auf den Steuerpflichtigen aus.[722] Der Steuerpflichtige wird nur solange Veräußerungsgewinne deklarieren, bis seine Veräußerungsverluste kompensiert sind. Nicht erwähnt wurde vom Bundesverfassungsgericht jedoch eine wichtige Änderung des § 23 EStG, die eine Verschärfung dieser Vorschrift zur Folge hatte. Dabei handelt es sich um eine Verlängerung der Spekulationsfrist bei Wertpapieren von sechs Monaten auf ein Jahr,[723] die den Anwendungsbereich dieser Vorschrift erheblich erweiterte und zur stärkeren Gewichtung des Vollzugsdefizits führte.[724]

Demzufolge überzeugt die Begründung des Bundesverfassungsgerichts in Bezug auf das Jahr 1999 und die folgenden Jahre die Literaturstimmen nicht.[725] Einige Finanzgerichte gehen ebenfalls von der Verfassungswidrigkeit der Veräußerungsgewinnbesteuerung für diese Jahre aus.[726] Anders ist dagegen die Entscheidung des Bundesfinanzhofs, der in seinem aktuellen Urteil die Besteuerung privater Veräußerungsgewinne für das Jahr 1999 für verfassungsgemäß erklärt.[727] Die Verfassungsmäßigkeit wird dabei nicht mit den bereits oben aufgeführten Argumenten des Bundesverfassungsgerichts zur Änderung des § 23 EStG gestützt. Die Begründung zielt vielmehr auf die Gesetzesänderungen ab, die zwar zeitlich erst später in Kraft getreten sind, jedoch Auswirkungen auf das Jahr 1999 haben.[728]

So wurden in jüngster Vergangenheit bestimmte Vorschriften eingeführt, die die Informationsbeschaffung bzw. Kontrollmöglichkeiten seitens der Finanzverwaltung

---

[721] So auch *Altrichter-Herzberg* (2004), S. 441; *Birk* (2004), S. 282; *Kraft/Bäuml* (2004a), S. 615, und *Kraft/Bäuml* (2004b), S. 444.

[722] Siehe *Jacob/Vieten* (2004), S. 482 f., und *Hey* (2004), S. 726 f.

[723] Siehe hierzu bereits Fn. 104, S. 20, und noch einmal *StEntlG 1999/2000/2002*, S. 312.

[724] So auch *Suhrbier-Hahn* (2003), S. 91; *Kraft/Bäuml* (2004a), S. 615, und *Reinhart* (2005), S. 91.

[725] Siehe *Altrichter-Herzberg* (2004), S. 442; *Birk* (2004), S. 281; *Jacob/Vieten* (2004), S. 482 f.; *Hey* (2004), S. 727; *Kraft/Bäuml* (2004a), S. 615 f.; *Seipl/Wiese* (2004), S. 236, und *Reinhart* (2005), S. 91 f.

[726] Siehe *FG Brandenburg* (2004), S. 956 f., und *FG Düsseldorf* (2004), S. 957 f., die der Aussetzung der Vollziehung wegen verfassungsrechtlicher Zweifel an der Besteuerung von Einkünften aus Wertpapierveräußerungen stattgaben.

[727] Siehe *BFH* (2005c), S. 190 ff.

[728] Siehe *BFH* (2005c), S. 191 ff.

verbessern sollen. In diesem Zusammenhang ist zunächst der neue § 24c EStG zu nennen. Demnach werden Kredit- und Finanzdienstleistungsinstitute, die nach § 45a EStG zur Ausstellung von Steuerbescheinigungen berechtigt sind, verpflichtet, „dem Gläubiger der Kapitalerträge oder dem Hinterleger der Wertpapiere für alle bei ihnen geführten Wertpapierdepots und Konten eine zusammenfassende Jahresbescheinigung ... auszustellen, die die für die Besteuerung ... erforderlichen Angaben enthält“[729]. Diese Steuernorm soll einer besseren Erfassung von Einkünften aus Kapitalvermögen, aus privaten Veräußerungsgeschäften mit Wertpapieren und aus Termingeschäften dienen.[730]

Ob diese Vorschrift geeignet ist, die Erfassung von Einkünften aus privaten Wertpapiergeschäften seitens der Finanzverwaltung zu verbessern, ist in den meisten Fällen jedoch zu bezweifeln.[731] Denn die Jahresbescheinigung kann lediglich zur Feststellung der Höhe der Einkünfte beitragen. Legt der Steuerpflichtige seine Veräußerungsgeschäfte ohne Vorlage der Jahresbescheinigung offen, kann die Finanzverwaltung die Vorlage der Jahresbescheinigung zur Überprüfung der Höhe der deklarierten Einkünfte nach § 23 EStG verlangen. Werden dagegen die Veräußerungsgeschäfte durch den Steuerpflichtigen nicht deklariert, lassen sich die Veräußerungsgewinne seitens der Finanzverwaltung nicht erfassen.[732] Auch die von § 24c EStG vorgeschriebene Jahresbescheinigung ändert nichts an dieser Situation, denn sie wird primär für den Steuerpflichtigen und nicht für die Finanzverwaltung erstellt.[733] Die Steuerpflichtigen müssen die Jahresbescheinigungen ihren Steuererklärungen nicht beifügen.[734] Die Steuerpflichtigen haben lediglich den Nachteil, dass steuerstrafrechtlich die Geltendmachung eines schlichten Versehens bei der Nichtangabe von Spekulationsgewinnen schwieriger wird.[735]

Seit dem 1. April 2005 räumt der Gesetzgeber außerdem über § 93 Abs. 7 AO[736] den Finanzbehörden die Möglichkeit ein, über das Bundesamt für Finanzen bei Kreditin-

---

729 Diese Vorschrift wurde durch Art. 1 Nr. 9 des *Zweiten StÄndG 2003,* S. 2646, ins Einkommensteuergesetz eingeführt.

730 Siehe Begründung zum *Zweiten StÄndG 2003*, S. 33.

731 Anderer Auffassung sind *Arnold* (2004), S. 289, und *Best, C.* (2004), S. 1821, die die Jahresbescheinigungen ohne Einschränkung als ein Mittel zur Informationsbeschaffung durch die Finanzverwaltung qualifizieren.

732 So *Jacob/Vieten* (2004), S. 483; *Hey* (2004), S. 728, und *Wagner, S.* (2005), S. 252 f.

733 Siehe *Reinhart* (2005), S. 79.

734 Die Steuerpflichtigen sind nicht einmal verpflichtet, die Jahresbescheinigungen aufzubewahren. So *Jacob/Vieten* (2004), S. 483.

735 Siehe *Best, C.* (2004), S. 1821.

736 Diese Vorschrift wurde durch Art. 2 Nr. 2 des *StEhrlG 2003,* S. 2931, in die Abgabenordung übernommen.

stituten einzelne Daten abzufragen, die dort aus anderen Gründen[737] vorgehalten werden. In diesem Zusammenhang spricht man vom sog. Kontenscreening.[738] Der Einführungszeitpunkt ist mit dem Gesetz über die strafbefreiende Erklärung abgestimmt.[739] Das Strafbefreiungserklärungsgesetz hatte zum Ziel, den Steuerflüchtigen innerhalb der Amnestiezeit vom 1. Januar 2004 bis zum 31. März 2005 die Rückkehr zur Steuerehrlichkeit durch eine strafbefreiende Erklärung bei gleichzeitiger "Nachversteuerung" zu erleichtern. Nach Ablauf der Amnestiefrist eröffnete sich für die Finanzverwaltung die Möglichkeit, die nicht deklarierten Spekulationsgewinne und auch Kapitaleinkünfte durch Kontenscreening zu erfassen. Der Abruf von Konteninformationen ist jedoch kraft Gesetz an bestimmte Voraussetzungen gebunden. Zum einen muss dieser zur Festsetzung oder Erhebung von Steuern erforderlich sein. Zum anderen muss dem Kontenscreening ein Auskunftsersuchen an den Steuerpflichtigen selbst vorausgehen, das nicht zum Ziel führte.[740]

Da der neue § 93 Abs. 7 AO bereits im Vorfeld seiner Anwendung kritische Stimmen in der öffentlichen Diskussion auslöste, reagierte das Bundesministerium der Finanzen darauf mit einem Schreiben vom 10. März 2005 und präzisierte damit die Voraussetzungen für die Durchführung des Kontenscreening.[741] So wurden von der Finanzverwaltung die Informationen spezifiziert, die durch die Finanzbehörden abgerufen werden dürfen. Dazu zählen die Nummer eines Kontos oder eines Depots, der Tag der Errichtung/Auflösung des Kontos oder Depots, der Name sowie bei natürlichen Personen der Tag der Geburt des Inhabers und des Verfügungsberechtigten sowie der Name und die Anschrift eines abweichend wirtschaftlich Berechtigten. Nicht erfasst werden dagegen Kontenbewegungen, Kontenstände und Kapitalerträge. Außerdem darf der Kontenabruf nur anlassbezogen und zielgerichtet erfolgen. Er muss im Einzelfall erforderlich sein und sich auf eine eindeutig bestimmte Person beziehen.[742]

Außerdem ist dem BMF-Schreiben ein Ablaufszenario zu entnehmen, wie die Überprüfung der Konten stattfinden kann. Demnach wird die Finanzverwaltung den Steu-

---

[737] So haben Kreditinstitute nach dem § 24c Kreditwesengesetz (KWG), der unter dem Eindruck der terroristischen Angriffe vom 11. September 2001 eingeführt wurde, seit dem 1. Juli 2002 Dateien über Konten und Depots mit bestimmten Daten über den Inhaber oder den Verfügungsberechtigten zu führen.

[738] So z.B. *Arnold* (2004), S. 290.

[739] Dieses Gesetz stellt Artikel 1 des Gesetzes zur Förderung der Steuerehrlichkeit dar. Siehe *StEhrlG* 2003, S. 2928 ff.

[740] Siehe zu diesen Voraussetzungen § 93 Abs. 7 AO.

[741] Siehe *BMF* (2005b), S. 522 ff. Das Bundesverfassungsgericht hat anschließend die Bedeutung dieses BMF-Schreibens für die verfassungsgemäße Interpretation des § 93 Abs. 7 AO ausdrücklich hervorgehoben. Siehe *BVerfG* (2005), S. 1181 f.

[742] Siehe *BMF* (2005b), S. 523.

erpflichtigen zunächst auffordern, die in der Steuererklärung angezweifelten (Nicht-)Angaben zu erläutern bzw. zu erklären. Gleichzeitig wird der Steuerpflichtige auf den automatisierten Kontenabruf hingewiesen. Äußert sich der Steuerpflichtige hierzu nicht oder unzureichend, so leitet die Finanzbehörde den Kontenabruf ein. Anschließend wird der Steuerpflichtige über die vollzogene Kontenabfrage in Kenntnis gesetzt und um eine weitere Sachaufklärung gebeten. Erst wenn diese erneut ausbleibt, hat die Finanzbehörde gem. § 93 Abs. 1 AO die Möglichkeit, weitere Auskünfte vom Kreditinstitut zu verlangen.[743]

Trotz dieses ausgearbeiteten Ablaufschemas ist es meines Erachtens fragwürdig, ob mit Hilfe des Kontenscreening die Erfassung von privaten Wertpapiergeschäften gewährleistet werden kann. Zum einen ist nicht klar, ob dieses schematische Ablaufszenario tatsächlich das Standardverfahren des Kontenabrufs darstellt.[744] Zum anderen bleibt fraglich, ob die Finanzbehörde Kontenbewegungen und Kontenstände auch dann abrufen kann, wenn der Steuerpflichtige nach dem Kontenscreening, das zunächst solche Informationen nicht offenlegt, gegenüber der Finanzverwaltung erklärt, es seien keine Transaktionen abgewickelt worden.

Darüber hinaus ist die Zukunft des § 93 Abs. 7 AO unklar. Denn beim Bundesverfassungsgericht sind diesbezüglich zurzeit zwei Verfassungsbeschwerden anhängig. Auch wenn das Bundesverfassungsgericht die Anträge, diese Regelung im Wege der einstweiligen Anordnung vorläufig auszusetzen, abgelehnt hat,[745] bleibt der Ausgang der Verfassungsbeschwerden in der Hauptsache offen. Im Schrifttum bestehen bereits erhebliche Zweifel an der Verfassungsmäßigkeit der gesetzlichen Regelung zum Kontenabruf.[746] Es bleibt abzuwarten, wie die Entscheidung des Bundesverfassungsgerichts ausfallen wird.[747]

Außerdem sind Kontenbewegungen im Depot eines Steuerpflichtigen nicht sofort mit Spekulationsgewinnen gleichzusetzen. Wird z.B. ein Wertpapier aus dem Depot ei-

---

743 Siehe *BMF* (2005b), S. 523.

744 So auch *Schmidt, C.* (2005), S. 2160.

745 Siehe *BVerfG* (2005), S. 1179.

746 Siehe *Schmidt, C.* (2005), S. 2161 ff. Nach einem Pressebericht, nach dem neun von zehn Kontenabfragen rechtliche Mängel aufweisen sollen, hat der Bundesbeauftragte für Datenschutz die Bundesregierung zur Stellungnahme bezüglich dieser Vorwürfe aufgefordert. Siehe *Kleine Anfrage* (2006).

747 Im Schrifttum werden die Verfassungsbeschwerden trotz der Zweifel an der Verfassungsmäßigkeit der Norm als aussichtslos bewertet. Zum einen stimmten in der Praxis der bisherigen Rechtsprechung des Bundesverfassungsgerichts die Hauptentscheidungen in der Mehrzahl der Fälle mit dem Ergebnis der Anordnungsentscheidungen überein. So *Schmidt, C.* (2005), S. 2160, m.w.N. Zum anderen ist von nicht zu unterschätzender Bedeutung, dass der Gesetzgeber mit § 93 Abs. 7 AO gerade die vom Bundesverfassungsgericht entwickelten Vorgaben an die Durchsetzung von Steuernormen umsetzte. Siehe *Bilsdorfer/Weyand* (2005), S. 99.

nes Kreditinstituts entnommen, ohne dass dieser Entnahme eine Veräußerung folgt, liegt zwar eine Kontobewegung, nicht aber ein Spekulationsgeschäft vor. In diesem Zusammenhang ist zwischen einem Depotgeschäft, d.h. der Verwahrung und Verwaltung von Wertpapieren für andere,[748] und einem Effektengeschäft, d.h. dem Handel mit Wertpapieren auch für fremde Rechnung,[749] zu unterscheiden. Werden von einem Kreditinstitut lediglich Depotgeschäfte, nicht jedoch Effektengeschäfte vorgenommen, ist die Feststellung eines Veräußerungsgeschäfts durch dieses Kreditinstitut und somit auch durch die Finanzverwaltung nicht möglich. Diese Situation verschärft sich, wenn Kreditinstitute von Steuerpflichtigen nicht einmal zum Zwecke eines Depotgeschäfts herangezogen werden.

Es lässt sich festhalten, dass trotz einer Lockerung des Bankgeheimnisses durch den Gesetzgeber in jüngster Vergangenheit die Erfassung von Wertpapiergeschäften der Finanzverwaltung im vielen Fällen verwehrt bleibt. Auch die Kombination von § 24c EStG und § 93 Abs. 7 AO ändert nichts an dieser Tatsache.[750] Aus diesem Grund ist auch der Argumentation des Bundesfinanzhofs für die Verfassungsmäßigkeit des § 23 EStG für das Jahr 1999 und die folgenden Jahre, dass ein zur Verfassungswidrigkeit führendes Erhebungsdefizit aufgrund der aktuellen Gesetzesänderungen nicht mehr besteht und die erforderlichen Informationen mit Hilfe des Kontenabrufverfahrens sogar für das Jahr 1999 rückbezüglich abgerufen werden können,[751] nicht zuzustimmen. Es ist deshalb zu bezweifeln, dass sich das Bundesverfassungsgericht noch lange der Entscheidung zum Jahr 1999 und zu folgenden Jahren wird entziehen können. Wann das geschehen wird, hängt von dem Beobachtungszeitraum ab, nach dessen Ablauf das Bundesverfassungsgericht die Geeignetheit des neuen Kontenabrufverfahrens zur Beseitigung des strukturellen Vollzugsdefizits überprüfen wird.[752]

Was andere Wirtschaftsgüter des Privatvermögens, Luxus- und Gebrauchsgüter sowie Wertpapiere, die sich nicht im Depot eines Kreditinstituts befinden, betrifft, so ist die Erfassung deren Veräußerung seitens der Finanzverwaltung nahezu unmög-

---

748 Siehe § 1 Abs. 1 Nr. 5 KWG.

749 Siehe § 1 Abs. 1 Nr. 4 KWG. Das Gesetz spricht in diesem Zusammenhang vom Finanzkommissionsgeschäft.

750 Anderer Auffassung sind *Seipl/Wiese* (2004), Fn. 25, S. 236, die ohne weitere Begründung die Kombination der beiden Instrumente als eine effektive Kontrolle der Veräußerungsgeschäfte mit Wertpapieren qualifizieren.

751 Siehe *BFH* (2005c), S. 191 f.

752 Anders als bei einer seit längerem bestehenden Rechtslage gewährt das Bundesverfassungsgericht nach der Einführung einer Neuregelung durch den Gesetzgeber einen Beobachtungszeitraum, um die Auswirkungen der neuen Regelung beurteilen zu können. Siehe *BVerfG* (2002), S. 151 f. In Bezug auf die Neuregelung zur Zinsbesteuerung im Jahre 1993 ging der Bundesfinanzhof z.B. von einem Beobachtungszeitraum bis einschließlich 1997 aus. Siehe *BFH* (2005a), S. 2727.

lich.[753] Es gibt heute keine Instrumente, auf die die Finanzverwaltung für die Informationsbeschaffung zugreifen kann. Die folgende Abbildung fasst abschließend die Ergebnisse der Überprüfung des Grundsatzes der Praktikabilität bei der Veräußerungsgewinnbesteuerung zusammen.

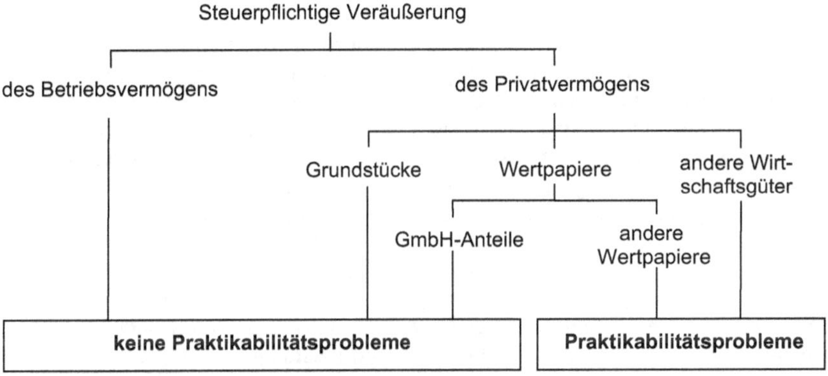

Abbildung 6: Praktikabilität bei der Besteuerung von Veräußerungsgewinnen

4.2 Kritische Würdigung der Vorschläge de lege ferenda

4.2.1 Einkunftsermittlung

Dass der geltende Dualismus der Einkunftsermittlung den dieser Untersuchung zugrunde gelegten Besteuerungsgrundsätzen, der Gleichmäßigkeit der Besteuerung nach wirtschaftlicher Leistungsfähigkeit und der Praktikabilität der Besteuerung, nicht entspricht, wurde in Kapitel 4.1 dargelegt. Es stellt sich nun die Frage, ob die in Kapitel 2.2.1 dargestellten Vorschläge bezüglich des Dualismus der Einkunftsermittlung insbesondere vor dem Hintergrund der hier geltenden Besteuerungsideale zur Überwindung des Dualismus der Einkunftsermittlung geeignet sind. Aus diesem Grund werden im Folgenden die einzelnen Reformvorschläge zur Einkunftsermittlung, eine Annäherung der Einkunftsermittlungsmethoden (Kapitel 4.2.1.1), eine Vereinheitlichung der Einkunftsermittlung (Kapitel 4.2.1.2) und die Dual Income Tax (Kapitel 4.2.1.3), kritisch gewürdigt. Dabei wird im ersten Schritt jeder Vorschlag anhand der Besteuerungsgrundsätze im Verhältnis zum Dualismus der Einkunftsarten gestellt. Anschließend werden die Reformvorschläge gegenübergestellt und ihre Vor- und Nachteile expliziert (Kapitel 4.2.1.4).

[753] Siehe auch *Reinhart* (2005), S. 115.

4.2.1.1 Annäherung der Einkunftsermittlungsmethoden

Bei den Vorschlägen zur Annäherung der Einkunftsermittlungsmethoden wurden eine Einschränkung des Vermögensvergleichs sowie eine Ausweitung der Überschussrechnung unterschieden.

Die Einschränkung des Vermögensvergleichs geht nach dem Karlsruher Entwurf mit dem Verbot von Teilwertabschreibungen, Rechnungsabgrenzungsposten und der meisten Rückstellungen einher.[754] Dadurch wird die Praktikabilität dieses „modifizierten“ Vermögensvergleichs gegenüber dem heute geltenden Vermögensvergleich erhöht, da Zweifelsfragen im Zusammenhang mit diesen Positionen entfallen. Die Gleichmäßigkeit der Besteuerung nach wirtschaftlicher Leistungsfähigkeit lässt sich nicht konsequent verwirklichen, denn auch nach der Annäherung haben weiterhin zwei Einkunftsermittlungsmethoden, der *eingeschränkte* Vermögensvergleich und die Überschussrechnung, nebeneinander Bestand. Die Unterschiede zwischen den beiden Einkunftsermittlungsmethoden beschränken sich im Kern auf die beim Vermögensvergleich vorzunehmende Aktivierung von Wirtschaftsgütern (einschließlich des Ausweises von Forderungen aus Lieferungen und Leistungen) sowie auf die Passivierung von Rückstellungen für ungewisse Verbindlichkeiten und enthalten demzufolge die nicht liquiditätswirksamen Komponenten. Die Gleichmäßigkeit der Besteuerung nach wirtschaftlicher Leistungsfähigkeit verbessert sich jedoch im Vergleich zum Dualismus der Einkunftsarten.

Die Gleichmäßigkeit der Besteuerung nach wirtschaftlicher Leistungsfähigkeit würde steigen, wenn der Gewinnausweis nur beim Vorliegen der Einzahlungen erfolgen sollte, wie dies im Schrifttum diskutiert wird.[755] Da dabei außerdem auch *jeglicher* Ausweis von Rückstellungen, Rechnungsabgrenzungsposten und Teilwertabschreibungen abgelehnt wird, ist dieser Vorschlag dem Karlsruher Entwurf überlegen. Denn neben der höheren Gleichmäßigkeit der Besteuerung nach wirtschaftlicher Leistungsfähigkeit zeichnet sich dieser Vorschlag auch durch verbesserte Praktikabilität der Besteuerung aus.

Betrachtet man eine Ausweitung der Überschussrechnung auf die Gewinneinkunftsarten als Möglichkeit einer Annäherung der beiden Einkunftsermittlungsmethoden, ist zunächst zu analysieren, ob die vorgeschlagenen Modifikationen überhaupt notwendig sind.[756]

---

754 Siehe hierzu Kapitel 2.2.1.1, und noch einmal *Kirchhof u.a.* (2001), § 11 Abs. 2 und Abs. 3 Karlsruher Entwurf und Begründung zu § 12 (Bewertung des Erwerbsvermögens).

755 Siehe hierzu noch einmal *Schreiber, U.* (2002), S. 108 f., und *Spengel* (2003b), S. 307 ff.

756 Siehe zu diesen Modifikationen bereits Kapitel 2.2.1.1, und noch einmal *Herzig/Hausen* (2004), S. 6 ff., und *Herzig* (2005), S. 233 f.

Die zur Vermeidung der Volatilität der steuerlichen Bemessungsgrundlage vorgeschlagene Bildung eines aktiven Rechnungsabgrenzungspostens für ein Disagio im Rahmen der Überschussrechnung überzeugt nicht. Denn eine gleichmäßige Verteilung des Disagios, das für ein Darlehen von mindestens fünf Jahren vereinbart wurde, ist bei der Überschussrechnung seit dem Richtlinien-Umsetzungsgesetz vom 9. Dezember 2004 gesetzlich vorgeschrieben.[757] Gem. § 11 Abs. 2 Satz 3 EStG sind die Ausgaben für eine Nutzungsüberlassung von mehr als fünf Jahren, die im Voraus gezahlt werden, nicht sofort zu erfassen, sondern auf den Zeitraum gleichmäßig zu verteilen, für den die Vorauszahlung geleistet wird.[758] Zudem bleibt die Auffassung der Finanzverwaltung bestehen, dass nur die marktüblichen Beträge sofort als Betriebsausgaben bzw. Werbungskosten abgezogen werden können.[759] Von der Marktüblichkeit geht die Finanzverwaltung dann aus, wenn ein Disagio in Höhe von bis zu fünf Prozent für ein Darlehen von fünf Jahren vereinbart worden ist.[760]

Der Einbeziehung der Bestandsveränderungen im Vorratsvermögen, um Schwankungen der Bemessungsgrundlage bei den Unternehmen mit langfristigen Fertigungsaufträgen zu beseitigen, könnte folgendes Argument entgegengehalten werden. Bei stark schwankenden Vorratsbeständen sowie Umsatzerlösen würde das betroffene Wirtschaftssubjekt zur Wahrung seiner Liquidität Kundenanzahlungen für nur teilweise erbrachte Leistungen anfordern. Die Volatilität der steuerlichen Bemessungsgrundlage bei der Überschussrechnung würde dadurch wieder abgeschwächt. Dieses Argument greift allerdings nur dann, wenn *jeder* Steuerpflichtige in der Lage wäre, Anzahlungen durchzusetzen, was zu bezweifeln ist. Die Volatilität der steuerlichen Bemessungsgrundlage zu verringern, wird nicht jedem Steuerpflichtigen gelingen.

Durch die Volatilität der steuerlichen Bemessungsgrundlage wird eine Beeinträchtigung der Gleichmäßigkeit der Besteuerung von den Literaturstimmen konstatiert, die den Lebenszeitraum der Konkretisierung der Gleichmäßigkeit der Besteuerung zugrunde legen.[761] Denn ein progressiver Tarif belastet schwankende Einkünfte stär-

---

757 Siehe *EURLUmsG 2004*, S. 3311.

758 Siehe zu dieser Ausnahme vom Zufluss-/Abflussprinzip bereits oben S. 14. Diese Vorschrift war erstmals für den Veranlagungszeitraum 2005 anzuwenden.

759 Siehe *BMF* (2003b), S. 548.

760 Siehe *BMF* (2003b), S. 548.

761 Im Gegensatz hierzu wurde die wirtschaftliche Leistungsfähigkeit im Rahmen dieser Untersuchung als eine (entgeltliche) Erzielung der Einkünfte am Markt durch eine natürliche Person mit Einkunftserzielungsabsicht *in einer Periode* postuliert, so dass die Volatilität der steuerlichen Bemessungsgrundlage nicht zur Verletzung der hier definierten Gleichmäßigkeit der Besteuerung führt. Dennoch wird hier auf die Volatilität der steuerlichen Bemessungsgrundlage eingegangen, da dieser Kritikpunkt häufig im Schrifttum herausgestellt wird.

ker als die gleichmäßigen Einkünfte.[762] Außerdem entsteht infolge einer zeitlich verzögerten steuerlichen Verlustberücksichtigung ein Zinsnachteil für den Steuerpflichtigen. So stehen hohen sofortigen Steuerauszahlungen auf die überdurchschnittlichen Gewinne zeitlich hinausgeschobene Steuererstattungen für die aufgetretenen Verluste gegenüber.[763] Eine Ungleichbehandlung der Steuerpflichtigen aufgrund von Schwankungen der Bemessungsgrundlage tritt demzufolge nur bei progressiven Tarifen auf. Die Einbeziehung von Bestandsveränderungen im Vorratsvermögen wäre demzufolge bei einem proportionalen Tarifverlauf nicht erforderlich. Eine steuerliche Nutzung der Verluste könnte durch die Abschaffung der Verlustverrechnungsbeschränkungen des geltenden Rechts[764] ermöglicht werden. Die oben angesprochenen Zinsnachteile lassen sich durch einen verzinslichen Verlustvortrag vermeiden.[765]

Die Erfassung bestimmter langfristig kumulierter Rückstellungen als eine weitere Modifikation der Überschussrechnung soll neben der Volatilitätsminderung auch dem Ziel dienen, steuerliche Verluste, die zum Ende der betrieblichen Tätigkeit z.B. aufgrund von Rekultivierungsverpflichtungen anfallen und damit ungenutzt bleiben, zu vermeiden. Deren Bildung und die damit verbundene Durchbrechung des Zahlungsprinzips wären jedoch nicht erforderlich, wenn sie durch die Absicherung von Risiken bei Versicherungsgesellschaften ersetzt werden können. In diesem Fall würden die Versicherungsbeiträge Ausgaben darstellen, welche die steuerliche Bemessungsgrundlage jährlich mindern. Am Ende der betrieblichen Tätigkeit hätte das betroffene Unternehmen Einnahmen (Versicherungssumme) und Ausgaben (z.B. Rekultivierungsverpflichtung) in gleicher Höhe, was zur Vermeidung eines (hohen) Verlustes führen könnte. Allerdings würde dadurch das Problem der Entstehung von hohen Verlusten auf die Versicherungsunternehmen verlagert werden. Im Gegensatz zum versicherten Unternehmen würden Verluste bei Versicherungsunternehmen nicht zwangsläufig am Ende der betrieblichen Tätigkeit anfallen. Eine Einbeziehung von Versicherungsunternehmen wäre anstatt der Erfassung langfristiger kumulierter Rückstellungen durchaus denkbar. Um der Volatilität der steuerlichen Bemessungs-

---

[762] Siehe *Mitschke* (1988), S. 123; *Wagner, F.* (1989), S. 263; *Hennrichs* (1999), S. 153; *Breithecker/ Klapdor/Passe* (2002), S. 40, m.w.N., und bereits Fn. 588, S. 106.

[763] So *Herzig/Hausen* (2004), S. 5.

[764] Eine allgemeine, d.h. von bestimmten Einkunftsarten unabhängige, Beschränkung der Verlustverrechnung betrifft heute den Verlustrücktrag und -vortrag und ist im § 10d EStG kodifiziert. Beim Verlustrücktrag handelt es sich sowohl um eine zeitliche Beschränkung, nach der die Verlustverrechnung nur auf den unmittelbar vorangegangenen Veranlagungszeitraum möglich ist, als auch um eine betragsmäßige Beschränkung in Höhe von 511.500 Euro (bei Zusammenveranlagung 1.023.000 Euro). Siehe § 10d Abs. 1 EStG. Der Verlustvortrag ist bis zu einem Betrag von 1 Mio. Euro unbeschränkt, darüber hinaus dürfen nur 60 % des 1 Mio. Euro (bei Zusammenveranlagung 2 Mio. Euro) übersteigenden Gesamtbetrags der Einkünfte verrechnet werden. Siehe § 10d Abs. 2 EStG.

[765] Siehe bereits *Schneider* (2000b), S. 1244.

grundlage bei Versicherungsunternehmen Rechnung zu tragen, wären eine verzinsliche und unbegrenzte Verlustverrechnung sowie ein proportionaler Tarif erforderlich.

Die im Zusammenhang mit einer Ausweitung der Überschussrechnung auf Gewinneinkunftsarten vorgeschlagenen Modifikationen sind unterschiedlich zu beurteilen. Sie sind entweder nicht erforderlich, wie z.B. die Bildung eines aktiven Rechnungsabgrenzungspostens für ein Disagio, oder sie sind in Verbindung mit dem *geltenden Steuerrecht* durchaus sinnvoll. Ob eine Ausweitung der Überschussrechnung durch andere Modifikationen sinnvoll wäre, soll an dieser Stelle offen bleiben. Allgemein lässt sich sagen, dass eine solche Möglichkeit immer zu Lasten der Praktikabilität und der Gleichmäßigkeit der Besteuerung nach wirtschaftlicher Leistungsfähigkeit erfolgt.

4.2.1.2 Einheitliche Einkunftsermittlungsmethode

4.2.1.2.1 Überschussrechnung

Eine Vereinheitlichung der Einkunftsermittlungsmethoden mit Hilfe der – weitgehend am Zufluss- und Abflussprinzip orientierten – Überschussrechnung bewirkt im ersten Schritt, dass sich die Gleichmäßigkeit der Besteuerung nach wirtschaftlicher Leistungsfähigkeit im Vergleich zum Dualismus der Einkunftsarten verbessert.[766] Allerdings könnte die Gleichmäßigkeit der Besteuerung durch bestimmte Handlungen der Steuerpflichtigen beeinträchtigt werden. Denn neben den unterschiedlichen Einkunftsermittlungsmethoden kommt es auch dann zur Verletzung der Gleichmäßigkeit der Besteuerung, wenn die steuerliche Bemessungsgrundlage nicht genau erfassbar und durch die Steuerpflichtigen manipulierbar ist.[767]

So wird im Schrifttum eine erhöhte Manipulationsfähigkeit der Bemessungsgrundlage bei der Überschussrechnung in Bezug auf die Gewinneinkunftsarten bemängelt.[768] Dabei handelt es sich um das zeitliche Hinausschieben der am Zufluss orientierten Betriebseinnahmen, z.B. durch die Gewährung eines langfristigen Zahlungsziels bei einer Kundenforderung, oder durch das Vorziehen der am Abfluss orientierten Betriebsausgaben, z.B. durch den Aufbau von Lagerbeständen aufgrund vorgezogener Waren- und Rohstoffeinkäufe.[769]

---

766 So auch *Schneider* (1999b), S. 106.

767 Siehe hierzu bereits S. 103.

768 Siehe z.B. *Wachter* (1965), S. 111 f.; *Heibel* (1981), S. 20; *Dziadkowski* (2000), S. 400; *Ehrhardt-Rauch* (2001), S. 427; *Herzig/Hausen* (2004), S. 5 f., und bereits oben Kapitel 4.1.1.2.

769 Siehe *Herzig/Hausen* (2004), S. 5. Es ist jedoch die Zehntagesfrist vor Beginn bzw. nach Beendigung eines Wirtschaftsjahres zu beachten, innerhalb derer eine Verlagerung nicht möglich ist, da

Diesem Kritikpunkt der Literaturstimmen kann nicht zugestimmt werden. Wie bereits oben ausgeführt wurde, wäre diese Möglichkeit zum einen nur in einer Periode gegeben, z.B. zum Zeitpunkt der Umstellung auf die Überschussrechnung. Zum anderen kann im Gegensatz zu einer rein steuerbilanziellen Verlagerung die fiskalisch veranlasste Realverlagerung negative ökonomische Folgen verursachen.[770] So würden durch das Vorziehen von Wareneinkäufen und somit von Betriebsausgaben wegen des damit einhergehenden Aufbaus von Lagerbeständen zusätzliche Kosten, z.B. Lagerkosten, entstehen.[771] Hinzu kommt, dass generell eine durch das Hinauszögern von Betriebseinnahmen und das Vorziehen von Betriebsausgaben verursachte Gewinnverlagerung einen Liquiditätsnachteil zur Folge haben kann, der auch zu entgangenen Zinserträgen führt. Die dadurch verursachte Selbstschädigung des Steuerpflichtigen stellt dann eine *natürliche* Begrenzung des Gestaltungsmissbrauchs dar.[772]

Der Manipulationsfähigkeit der Überschussrechnung steht auch entgegen, dass ein Geschäft immer zwei Parteien erfordert, es also bei der Überschussrechnung als *einheitlicher Einkunftsermittlungsmethode* zu Interessenkollisionen zwischen den Steuerpflichtigen kommen kann. So führt eine Minderung der steuerlichen Bemessungsgrundlage durch den Aufbau von Lagerbeständen bei einem Steuerpflichtigen zur Erhöhung der Bemessungsgrundlage bei seinem Vertragspartner. Aufgrund dessen ist es fraglich, ob ein solches Geschäft zum Jahresende überhaupt zustande kommt.[773] Manipulationen der steuerlichen Bemessungsgrundlage sind deshalb dann denkbar, falls eine gleichzeitige Erfassung aller Steuerpflichtigen, z.B. durch abweichende Wirtschaftsjahre, nicht gesichert ist oder grenzüberschreitende Geschäfte vorliegen.[774] Manipulationshandlungen wären auch zwischen nahe stehenden Personen zur Ausnutzung von Steuerarbitragen möglich, was durch einheitliche proportionale Steuersätze verhindert werden kann.[775]

Außerdem ergibt sich eine gesetzliche Grenze aus § 42 AO. So hat die ständige Rechtsprechung des Bundesfinanzhofs das Vorziehen von Betriebsausgaben schon im Rahmen der Einnahmenüberschussrechnung gem. § 4 Abs. 3 EStG als eine missbräuchliche Gestaltung qualifiziert, wenn der Art nach abzugsfähige Ausgaben

---

regelmäßig wiederkehrende Einnahmen und Ausgaben dem Verursachungsjahr zugeordnet werden. Siehe bereits oben S. 14.

770 Siehe hierzu noch einmal Kapitel 4.1.1.2.

771 So *Herzig/Hausen* (2004), S. 5 f.

772 So *Wagner, F.* (1989), S. 272, und *BFH* (1990c), S. 14.

773 So auch *Mitschke* (1988), S. 130. Im Ergebnis auch *Schneider* (2002), S. 286.

774 So *Elschen* (1994), S. 362 f. und 366, und *Ehrhardt-Rauch* (2001), S. 427.

775 Ähnlich *Schwinger* (1992), S. 202.

ohne wirtschaftlich vernünftigen Grund[776] bezahlt oder vorausgezahlt werden.[777] Auch die Ausgaben für eine erst weit in der Zukunft liegende Leistung bzw. für die Übernahme eines erst in ferner Zukunft eintretenden Haftungsrisikos wurden vom Bundesfinanzhof nicht anerkannt, da für die Zahlung kein anderer Grund ersichtlich war, als einen besonders hohen Abzug zu erreichen.[778]

Hinsichtlich der Gleichmäßigkeit der Besteuerung nach wirtschaftlicher Leistungsfähigkeit bleibt festzuhalten, dass diese bei der Überschussrechnung als einheitlicher Einkunftsermittlungsmethode besser verwirklicht wird als beim Dualismus der Einkunftsarten. Die Überschussrechnung als einheitliche Einkunftsermittlungsmethode für Gewinn- und Überschusseinkunftsarten zeichnet sich darüber hinaus durch erhöhte Praktikabilität aus.[779] Dadurch entfallen zum einen Bilanzierungs- und Bewertungsprobleme des Vermögensvergleichs, wie z.B. bei Teilwertabschreibungen bzw. Zuschreibungen, beim Umlaufvermögen, bei periodischer Rechnungsabgrenzung sowie Rückstellungen, was mit niedrigeren Kosten der Steuererhebung verbunden ist. Zum anderen wären die Steuerpflichtigen mit einer „bekannten“ Einkunftsermittlungsmethode konfrontiert, denn die der privaten Überschussrechnung angenäherte Einnahmenüberschussrechnung findet bereits heute bei den Gewinneinkunftsarten ihre Anwendung. Dadurch könnten die Umstellungsprobleme auf diese neue Einkunftsermittlungsmethode verringert werden.

Allerdings wird die Überschussrechnung aufgrund der Volatilität der steuerlichen Bemessungsgrundlage scharf kritisiert.[780] Demnach löst eine weitgehende Anknüpfung am Zufluss- und Abflussprinzip die im Zeitablauf stark schwankenden steuerlichen Periodenergebnisse aus. Den Kritikern der Überschussrechnung ist zuzustimmen, dass die schwankenden Bemessungsgrundlagen im Zeitablauf höhere Steuerzahlungen als die gleichmäßigen Einkünfte verursachen.[781] Schwankende steuerliche Bemessungsgrundlagen sind jedoch keine Besonderheit der Überschussrech-

[776] Als ein wirtschaftlich vernünftiger Grund wurde z.B. bei der Anschaffung des Goldvorrats durch einen Zahnarzt das Ausnutzen einer günstigen Marktsituation hinsichtlich der Goldpreise angesehen. Siehe *BFH* (1990c), S. 13 f. Die Anerkennung der Betriebsausgaben setzt jedoch voraus, dass der angeschaffte Goldvorrat während eines überschaubaren Zeitraums verbraucht werden kann. Siehe ebenda.

[777] Siehe *BFH* (1951), S. 79 f.; *BFH* (1983), S. 426 ff.; *BFH* (1986b), S. 219 f.; *BFH* (1987), S. 705, und *BFH* (1989d), S. 305. Die Finanzverwaltung hat sich dieser Rechtsprechung angeschlossen. Siehe *BMF* (1990a), S. 368, und später *BMF* (2003b), S. 547.

[778] So *BFH* (1986b), S. 219 f.

[779] Siehe hierzu bereits Kapitel 2.2.1.2.1.

[780] Siehe bereits *Wachter* (1965), S. 112. Später auch *Dziadkowski* (2000), S. 400; *Kußmaul/Klein* (2001), S. 550, und *Herzig/Hausen* (2004), S. 4 f.

[781] Dennoch führt die Volatilität der Bemessungsgrundlage nicht zur Verletzung der hier definierten Gleichmäßigkeit der Besteuerung, der *eine* Periode zugrunde liegt.

nung. Auch bei den steuerlichen Bemessungsgrundlagen, die durch einen Vermögensvergleich ermittelt werden, sind Schwankungen, insbesondere durch die Bildung von Rückstellungen und die Vornahme von Teilwertabschreibungen, zu beobachten. Um steuerliche Nachteile aufgrund der Volatilität der Bemessungsgrundlage zu beseitigen, wäre eine unbeschränkte und verzinsliche Verlustverrechnung in Verbindung mit einem proportionalen Tarif erforderlich.[782]

Neben den aus der Volatilität der Überschussrechnung resultierenden Nachteilen für die Steuerpflichtigen werden im Schrifttum auch Probleme für den Fiskus angesprochen, was eine praktische Umsetzung dieser einheitlichen Einkunftsermittlungsmethode erschweren soll.[783] Demnach kann die Volatilität der steuerlichen Periodenergebnisse zu Unsicherheiten hinsichtlich der Höhe des Steueraufkommens führen und dadurch Schwierigkeiten bei der Haushaltsplanung sowie unvorhergesehene Steuerausfälle verursachen.

In Bezug auf den Fiskus lässt sich den Kritikern der Überschussrechnung entgegenhalten, dass die Überschussrechnung keine größeren Nachteile als der Vermögensvergleich oder das Nebeneinander zweier Einkunftsermittlungsmethoden für das Steueraufkommen mit sich bringt. Denn zwischen den Steuerpflichtigen, die ihre Einkünfte durch Vermögensvergleich ermitteln, bestehen Korrespondenzlücken, da z.B. die leistenden Unternehmen noch keine Forderungen aktiviert haben, obwohl die verpflichteten Unternehmen bereits passivieren müssen. Diese steuerlichen Korrespondenzlücken führen zu zeitlichen Verwerfungen der jeweiligen Bemessungsgrundlagen mit entsprechendem Zwischenfinanzierungsbedarf für den Fiskus, was Steuerausfälle verursacht. Darüber hinaus entstehen Korrespondenzmängel zwischen den Steuerpflichtigen, die ihre Einkünfte durch einen Vermögensvergleich ermitteln, und denjenigen, die eine Überschussrechnung erstellen.[784] So liegen zwischen der Passivierung von Pensionsrückstellungen und dem steuerlich erfassten Zufluss der Altersversorgung mehrere Jahrzehnte, die der Fiskus zwischenfinanzieren muss. Diese steuerlichen Korrespondenzlücken würden sich bei der Überschussrechnung als einheitliche Einkunftsermittlungsmethode auf die Überweisungsdauer von Zahlungen und damit auf Null reduzieren.[785] Problematisch könnte es allerdings werden, wenn die Wirtschaftsjahre abweichen. Außerdem ist zum Zeitpunkt des Übergangs vom Vermögensvergleich auf die Überschussrechnung mit finanziellen Schwierigkeiten beim Fiskus zu rechnen.

---

[782] Siehe hierzu bereits oben S. 146 f.

[783] Siehe *Herzig/Hausen* (2004), S. 5.

[784] Siehe *Segebrecht* (2005), S. 155.

[785] So *Wagner, F.* (1998a), S. 2077; *Wagner, F.* (1998b), S. 66, und *Wagner, F.* (2003), S. 381 f.

Der ökonomischen Begründung von *Franz W. Wagner* für die Überschussrechnung, die auf Investitionsanreize abzielt, kann hier nicht zugestimmt werden. Zum einen ist es fraglich, ob Investitionsanreize erwünschte Steuerwirkungen darstellen und zum anderen wurde die *Realisierung erwünschter Steuerwirkungen* als Konkretisierung steuerlicher Effizienz im Rahmen dieser Untersuchung abgelehnt.[786] Denn ein Eingriff in den Allokationsprozess ist nur gerechtfertigt, wenn ineffiziente Märkte korrigiert werden.[787] Dies setzt jedoch voraus, dass Allokationseffizienz erreicht werden kann bzw. eine Tendenz zum Gleichgewicht vorliegt. Da in der Realität Unsicherheiten, ex-post Überraschungen und Ungleichverteilung des Wissens zu beobachten sind und auch zukünftig bestehen werden, ist weder Allokationseffizienz noch eine Tendenz zum Gleichgewicht denkbar.

Es bleibt festzuhalten, dass die Überschussrechnung als einheitliche Einkunftsermittlungsmethode den hier zugrunde gelegten Besteuerungsgrundsätzen besser entspricht als der heutige Dualismus der Einkunftsermittlung. Schwierigkeiten könnten sich jedoch beim Übergang auf diese einheitliche Einkunftsermittlungsmethode für den Fiskus ergeben. Außerdem sind auch Probleme im Bereich der Doppelbesteuerungsabkommen denkbar, wenn die Überschussrechnung als einheitliche Einkunftsermittlungsmethode ausschließlich in Deutschland anerkannt wird. Denn viele internationale Steuersysteme sind so ausgestaltet, dass der Betriebsvermögensvergleich auf Grundlage einer Bilanz vorherrschend ist und die Überschussrechnung nur bei kleinen Unternehmen und/oder Selbständigen zur Anwendung kommt.[788] Die Überschussrechnung als einheitliche Einkunftsermittlungsmethode wäre auch im Hinblick auf eine Harmonisierung der Gewinnermittlungsvorschriften in der Europäischen Union eher problematisch.[789]

4.2.1.2.2 Cash-Flow-Rechnung

Im Schrifttum finden sich unterschiedliche Ausgestaltungen der Cash-Flow-Rechnung.[790] Es stellt sich demzufolge zunächst die Frage, welche rechentechnische Va-

---

786 Siehe zu den Kritikpunkten gegen die Realisierung erwünschter Steuerwirkungen noch einmal Kapitel 3.3.2.2.2.

787 Siehe Kapitel 3.3.2.2.2, und noch einmal *Wagner, F.* (1998b), S. 59; *Wagner, F.* (1999a), S. 23, und *Wagner, F.* (2000c), S. 193.

788 Zu diesem Ergebnis kommt *Ehrhardt-Rauch* (2001), S. 425 f., m.w.N., nach der Untersuchung der Gewinnermittlungsmethoden in Großbritannien, USA, Niederlanden, Frankreich, Luxemburg, Spanien, Italien, Portugal, Irland, Norwegen, Schweden und Japan. Eine Loslösung der steuerlichen Gewinnermittlung vom Handelsrecht wäre damit ohne internationales Vorbild.

789 Zur Notwendigkeit und zu den Möglichkeiten einer Harmonisierung steuerlicher Gewinnermittlung in der Europäischen Union siehe *Spengel* (2003b), S. 305 ff. und 354 f.

790 Siehe hierzu bereits oben Kapitel 2.2.1.2.2.

riante der Cash-Flow-Rechnung als einheitliche Einkunftsermittlungsmethode für Gewinn- und Überschusseinkunftsarten am besten geeignet ist. Betrachtet man den Besteuerungsgrundsatz der Gleichmäßigkeit der Besteuerung, so ist zunächst zu überprüfen, ob die Elemente steuerlicher Bemessungsgrundlage bei der Cash-Flow-Rechnung die wirtschaftliche Leistungsfähigkeit eines Steuerpflichtigen erhöhen oder nicht.

Greift man die Definition der wirtschaftlichen Leistungsfähigkeit auf, und zwar die Erzielung der Einkünfte durch eine (entgeltliche) Verwertung von Leistungen bzw. Vermögen am Markt mit Einkunftserzielungsabsicht,[791] so erhöht eine Kreditaufnahme nicht die wirtschaftliche Leistungsfähigkeit eines Steuerpflichtigen. Diese Einzahlung resultiert nicht aus der Verwertung von Leistungen am Markt. Dasselbe gilt auch für Tilgungszahlungen, die lediglich eine Rückgabe des Kapitals und kein Entgelt für Leistungen am Markt darstellen. Im Gegensatz hierzu handelt es sich bei den Zinsen einer Darlehensvergabe um Entgelte für die Verwertung von Kapital am Markt. Demzufolge umfasst die Cash-Flow-Rechnung auf *real- und finanzwirtschaftlicher* Basis Zahlungen, die keine Erhöhung der wirtschaftlichen Leistungsfähigkeit darstellen, was die Konsequenz nahe legt, diese Einkunftsermittlungsmethode abzulehnen.[792] Umgekehrt ist die Cash-Flow-Rechnung auf *realwirtschaftlicher* Basis vor diesem Hintergrund zu eng definiert, da Zinszahlungen nicht in die steuerliche Bemessungsgrundlage einbezogen werden. Diese rechentechnische Alternative erfasst die hier definierte wirtschaftliche Leistungsfähigkeit eines Steuerpflichtigen nicht vollständig und wird deshalb als Vorschlag zur Vereinheitlichung der Einkunftsermittlung nicht weiter betrachtet.

Lediglich durch das Mischsystem von *Hans-Werner Sinn*, d.h. die Kombination der Cash-Flow-Rechnung auf realwirtschaftlicher Basis und der Zinszahlungen für die Kreditvergabe bzw. -aufnahme, wird die wirtschaftliche Leistungsfähigkeit eines Steuerpflichtigen zutreffend erfasst. Aus diesem Grund und nicht – wie *Hans-Werner Sinn* ausführte – aus Praktikabilitätsüberlegungen, um im größeren Umfang Elemente der gegenwärtigen Unternehmensbesteuerung beizubehalten,[793] wird im Folgenden ausschließlich diese Ausprägung der Cash-Flow-Rechnung betrachtet.[794]

Eine Vereinheitlichung der Einkunftsermittlungsmethoden durch die Cash-Flow-Rechnung sowie ihre konsequente Orientierung an Zahlungsgrößen bewirkt, dass

---

[791] Siehe hierzu Kapitel 3.3.3.2.

[792] Das gilt auch für die Ausgestaltung der Cash-Flow-Steuer in Form einer Netto-Ausschüttungssteuer.

[793] Siehe zu dieser Begründung bereits oben S. 33, und noch einmal *Sinn* (1985), S. 300.

[794] Für das Mischsystem von *Hans-Werner Sinn* wird im Weiteren der allgemeine Begriff der Cash-Flow-Rechnung verwendet.

einerseits die Gleichmäßigkeit der Besteuerung nach wirtschaftlicher Leistungsfähigkeit im Vergleich zum Dualismus der Einkunftsermittlung verbessert wird. Andererseits könnte die Gleichmäßigkeit der Besteuerung durch Manipulationsmöglichkeiten der steuerlichen Bemessungsgrundlage beeinträchtigt werden.[795] Dem könnte man jedoch die gleichen Argumente wie bei der Überschussrechnung entgegenhalten. Der Zahlungsabfluss bei einem Steuerpflichtigen wird folgerichtig als Zahlungszufluss bei einem anderen Steuerpflichtigen besteuert. Manipulationsmöglichkeiten sind demzufolge nur dann gegeben, wenn keine Interessenkollisionen vorliegen. Außerdem haben sie auch hier, wie bei der Überschussrechnung, natürliche Grenzen, da lohnende Investitionen nicht unbegrenzt zur Verfügung stehen und auf Entnahmen nicht unbegrenzt verzichtet werden kann.[796]

Auch der Kritikpunkt der extremen Volatilität der Cash-Flow-Rechnung stimmt mit dem bei der Überschussrechnung überein.[797] Da jedoch in der Cash-Flow-Rechnung die Zahlungsorientierung noch konsequenter umgesetzt wird, verstärkt sich dieses Argument. So verursacht eine „Sofortabschreibung" stark schwankende Bemessungsgrundlagen, die durch den progressiven Steuertarif höher belastet werden als die gleichmäßig anfallenden Einkünfte. Durch die „Sofortabschreibung" steigt auch die Wahrscheinlichkeit des Entstehens von Verlusten, deren Verrechnung gefährdet werden kann. Eine unbeschränkte und verzinsliche Verlustverrechnung sowie ein proportionaler Steuertarif könnten diesem Problem Rechnung tragen.

Der Cash-Flow-Rechnung wird auch vorgeworfen, dass eine solche Besteuerung in einer dynamischen Wirtschaft mit starken Schwankungen des Steueraufkommens im Konjunkturverlauf verbunden ist. So steigen in einer Expansionsphase Investitionsausgaben, die zu einer starken Verminderung der Steuerauszahlungen führen. Eine Depressionsphase, die mit sinkendem Investitionsvolumen verbunden ist, würde hohe Steuerauszahlungen verursachen. Diese Schwankungen des Steueraufkommens sind aus Sicht des Fiskus, der ein tendenzielles Interesse an der Verstetigung seiner Steuereinnahmen hat,[798] sehr problematisch.

Gegen diesen Kritikpunkt können dieselben Argumente wie bei der Überschussrechnung angeführt werden, denn eine Investitionsauszahlung und somit eine Ersparnis bei einem Steuerpflichtigen bedeutet eine Investitionseinzahlung und somit eine Steuererhöhung bei einem anderen Steuerpflichtigen. Das Problem für den Fiskus kann sich nur dann ergeben, wenn abweichende Wirtschaftsjahre der betrachteten

---

795 So *Herzig* (2005), S. 232.

796 Siehe *Sigloch* (2004), S. 217, und in Bezug auf die Überschussrechnung noch einmal S. 148.

797 Siehe z.B. *Herzig* (2005), S. 232.

798 Siehe bereits *Busse von Colbe* (1966), S. 113, und *Eisenführ* (1967), S. 165 ff. Später auch *Eberhartinger* (2000), S. 400, und *Herzig/Bär* (2003), S. 6.

Steuerpflichtigen vorliegen oder ein grenzüberschreitendes Geschäft getätigt wird.[799] Die Cash-Flow-Rechnung setzt daher voraus, dass alle Unternehmen ihre Rechnungen zu demselben Stichtag aufstellen müssen. Außerdem würden beim Übergang des geltenden Steuersystems auf die Cash-Flow-Rechnung Finanzierungsschwierigkeiten des Fiskus entstehen.[800]

Den Befürwortern der Cash-Flow-Rechnung ist insoweit zuzustimmen, als eine derart konsequent umgesetzte Bemessungsgrundlage eine höhere Praktikabilität im Vergleich zum Vermögensvergleich aufweist, denn dadurch werden unbestimmte und streitanfällige Periodisierungsregeln vermieden. Allerdings schafft die Cash-Flow-Rechnung nach Auffassung im Schrifttum einen zusätzlichen Anreiz zu Realtauschakten, um einen Fluss von Zahlungsmitteln zu verhindern und dadurch die Besteuerung zu umgehen.[801] Um eine solche Steuerumgehung zu vermeiden, müsste man zumindest bei Tauschvorgängen von einer Geldrechnung Abstand nehmen, wie das z.B. heute bei den geldwerten Vorteilen im Rahmen der Einkünfte aus nichtselbständiger Arbeit der Fall ist. Das getauschte Wirtschaftsgut müsste mit der Folge bewertet werden, dass alle mit der Bewertung von Wirtschaftsgütern verbundenen Probleme auftreten und die Praktikabilität dieser Einkunftsermittlungsmethode wiederum beeinträchtigen.[802] Meines Erachtens ist eine Bewertung von Vermögensgegenständen bei Tauschvorgängen nur dann erforderlich, wenn der durch den Tausch erhaltene Vermögensgegenstand der persönlichen Nutzung dienen soll. Denn die Anschaffungskosten dieses Vermögensgegenstandes dürfen die steuerliche Bemessungsgrundlage nicht mindern, so dass durch einen derartigen Tausch eine Einzahlung vermieden wird. Werden jedoch Vermögensgegenstände getauscht, die nach dem Tausch zur Erzielung von steuerlichen Einkünften eingesetzt werden, kann dadurch keine Steuervermeidung erreicht werden, da es weder zu einer Einzahlung noch zu einer Auszahlung kommt. Da davon auszugehen ist, dass die getauschten Vermögensgegenstände gleichwertig sind, können durch einen solchen Tausch keine steuerlichen Vorteile erzielt werden.

Die Entscheidungsneutralität der Besteuerung als ein Vorzug der Cash-Flow-Rechnung laut Schrifttum kann jedoch zur Begründung dieser Einkunftsermittlungsmethode nicht herangezogen werden. Zum einen lässt sich die Entscheidungsneutralität der Besteuerung nur bei einer Cash-Flow-Rechnung auf *realwirtschaftlicher*

---

[799] Siehe *Feldhoff* (1989), S. 60, und *Kruschwitz/Schneider/Husmann* (2003b), S. 397 f. Siehe zu diesen Argumenten in Bezug auf die Überschussrechnung bereits S. 150.

[800] So *Eberhartinger* (2000), S. 4000; *Ehrhardt-Rauch* (2001), S. 428; *Kruschwitz/Schneider/Husmann* (2003b), S. 397, und *Herzig* (2005), S. 232.

[801] Siehe *Feldhoff* (1989), S. 60; *Ehrhardt-Rauch* (2001), S. 427, und *Sigloch* (2004), S. 218.

[802] Siehe *Elschen* (1994), S. 366; *Ehrhardt-Rauch* (2001), S. 427, und wohl auch *Feldhoff* (1989), S. 63.

Basis verwirklichen.[803] Doch gerade diese Ausgestaltung der Cash-Flow-Rechnung wurde hier aufgrund der fehlenden Gleichmäßigkeit der Besteuerung nach wirtschaftlicher Leistungsfähigkeit abgelehnt. Zum anderen wurde die Entscheidungsneutralität der Besteuerung im Rahmen dieser Untersuchung nicht als Leitlinie der Besteuerung herangezogen, denn diese kann nur in einer neoklassischen Idealwelt realisiert und nicht auf die reale Welt mit Unsicherheit und Ungleichverteilung des Wissens appliziert werden.[804]

Die Möglichkeit der wirksamen steuerpolitischen Eingriffe, wie z.B. Investitionsförderung, als ein weiteres Argument für die Cash-Flow-Rechnung muss ebenfalls abgelehnt werden. Der Eingriff in den Allokationsprozess ist nur gerechtfertigt, wenn ineffiziente Märkte korrigiert werden. Die Realisierung einer erwünschten Steuerwirkung, wie z.B. *Investitionsförderung,* setzt voraus, dass Allokationseffizienz erreicht werden kann bzw. eine Tendenz zum Gleichgewicht vorliegt. Dies ist jedoch in der realen Welt zu verneinen.[805]

Es bleibt festzuhalten, dass die Cash-Flow-Rechnung zu einer besseren Verwirklichung der Gleichmäßigkeit der Besteuerung nach wirtschaftlicher Leistungsfähigkeit im Vergleich zum Dualismus der Einkunftsarten führt. Die Praktikabilität der Besteuerung steigt, auch im Fall einer notwendigen Bewertung bei Tauschvorgängen, im Vergleich zum Nebeneinander von Vermögensvergleich und Überschussrechnung. Schwierigkeiten könnten sich beim Übergang auf diese Einkunftsermittlungsmethode für den Fiskus ergeben. Außerdem ist die Cash-Flow-Rechnung auch vor dem Hintergrund einer Harmonisierung der Gewinnermittlungsvorschriften in der Europäischen Union problembehaftet.[806]

4.2.1.3 Dual Income Tax

Wie bereits in Kapitel 2.2.1.3 verdeutlicht wurde, stellt die Dual Income Tax einen Reformvorschlag zur Vereinheitlichung der Gewinn- und Überschusseinkunftsarten auf Grundlage des Tarifs dar. Die Heranziehung des Tarifs soll der Tatsache, dass

---

[803] Siehe hierzu bereits Fn. 181, S. 34.

[804] Zu weiteren Kritikpunkten der Entscheidungsneutralität der Besteuerung siehe noch einmal Kapitel 3.3.2.1.2.

[805] Siehe hierzu ebenfalls Kapitel 3.3.2.1.2.

[806] So *Spengel* (2003b), S. 332 ff., in Bezug auf eine Weiterentwicklung der Cash-Flow-Steuer in Form einer zinsbereinigten Gewinnsteuer. Siehe hierzu Nachweise in Fn. 949, S. 191 f.

eine ideale einheitliche Bemessungsgrundlage, *ökonomischer Gewinn*, bei den Arbeitseinkünften nicht zu ermitteln wäre, Rechnung tragen.[807]

Der Dual Income Tax liegt demzufolge die Überlegung zugrunde, dass der *ökonomische Gewinn* eine einheitliche Bemessungsgrundlage für Gewinn- und Überschusseinkunftsarten darstellen soll. Der *ökonomische Gewinn* lässt sich aus der Bedingung der Entscheidungsneutralität der Besteuerung, genauer der Investitionsneutralität, ableiten. Die Entscheidungsneutralität der Besteuerung wurde hier jedoch als Ideal der Besteuerung abgelehnt, da diese nur in einer neoklassischen Idealwelt existiert und sich nicht auf die reale Welt übertragen lässt. Damit fehlt eine Rechtfertigung für die Konzeption des *ökonomischen Gewinns*. Der *ökonomische Gewinn* stellt demzufolge keine anzustrebende Bemessungsgrundlage bei den Gewinn- und Überschusseinkunftsarten dar.

Darüber hinaus ist zu beanstanden, wie die unterschiedlichen Tarife abgeleitet werden. Denn es wird zunächst unterstellt, dass das Ergebnis des Vermögensvergleichs dem *ökonomischen Gewinn,* der der Tarifdifferenzierung zugrunde gelegt wird, entspricht. Dem ist jedoch nicht zuzustimmen. Der *ökonomische Gewinn* lässt sich als Zins auf den Ertragswert des Vermögens am Ende der Vorperiode ($i \cdot EW_{t-1}$, mit t = 1, ..., n) interpretieren.[808] Wirft eine Investition im Zeitpunkt *t* Überschüsse *Z* ab und werden diese Überschüsse entnommen, dann sinkt der *Ertragswert der Investition* um die entnommenen Beträge. Der Ertragswert des Vermögens im Zeitpunkt *t* errechnet sich wie folgt:

$$EW_t = (i+1) \cdot EW_{t-1} - Z_t .$$

Die Differenz zwischen dem Ertragswert in *t-1* und dem Ertragswert in *t* nach Entnahme der Überschüsse Z_t wird als Ertragswertabschreibung D_t bezeichnet.

$$D_t = EW_{t-1} - EW_t = Z_t - i \cdot EW_{t-1}$$

Die Ertragswertabschreibung[809] gleicht dem Überschuss am Ende einer Periode abzüglich der Zinsen auf den Ertragswert zu Beginn der Periode.[810]

---

807 Siehe zu dieser Begründung noch einmal *Wagner, F.* (2000b), S. 431 ff., der die Dual Income Tax zur Überwindung des Dualismus der Einkunftsarten vorgeschlagen hat.

808 Siehe bereits oben S. 37, und noch einmal *Schneider* (1992), S. 219 f.

809 Der Begriff der Ertragswertabschreibung ist laut *Dieter Schneider* „unglücklich" gewählt. Kommt es in einer Periode zu einem Ausgabenüberschuss ($-Z_t$), ergibt sich eine Ertragswertzuschreibung. Es ist demzufolge besser an dieser Stelle von einer Ertragswertänderung zu sprechen. So *Schneider* (1992), S. 220.

810 Siehe *Schneider* (1992), S. 220.

Vergleicht man diese Ermittlung mit dem Vermögensvergleich, so wird eine Abschreibung nicht vom Ertragswert, sondern aufgrund des Nominalwertprinzips von den Anschaffungs- bzw. Herstellungskosten vorgenommen. Eine Abschreibung vom Ertragswert wäre nach Auffassung von *Franz W. Wagner* „effektiv" nur dann zu erreichen, wenn eine anderweitige zeitliche Vorverlagerung des Aufwands stattfinden würde.[811] Dies ist zwar beim Vermögensvergleich aufgrund von Rückstellungen und Teilwertabschreibungen gegeben, allerdings kann das Ausmaß dieser Aufwandsvorverlagerung vom Ertragswert abweichen. Die Übereinstimmung von *ökonomischem Gewinn* und der Bemessungsgrundlage des Vermögensvergleichs wäre demzufolge ein Zufallsergebnis. Neben dieser fehlenden gegenwärtigen Übereinstimmung der beiden Größen erkennt *Franz W. Wagner* auch, dass eine Bewertung des Vermögens mit dem Ertragswert aufgrund fehlender Objektivierbarkeit auch *in Zukunft* nicht denkbar wäre.[812] Dass er trotz dieser Erkenntnisse bei der Ableitung der Dual Income Tax von der Identität *des ökonomischen Gewinns* mit dem Gewinn nach dem Vermögensvergleich ausgeht,[813] lässt sich nicht nachvollziehen.

Da die Bemessungsgrundlage des Vermögensvergleichs über bzw. unter dem *ökonomischen Gewinn* liegen kann, lässt sich auch die Aussage nicht bestätigen, dass das Arbeitseinkommen auf der Grundlage der Überschussrechnung niedriger liegen würde als das Kapitaleinkommen auf der Grundlage des Vermögensvergleichs. Zum einen kann die Bemessungsgrundlage der Überschussrechnung niedriger oder höher als die Bemessungsgrundlage des Vermögensvergleichs ausfallen. Zum anderen wird das Kapitaleinkommen nicht immer mit Hilfe des Vermögensvergleichs ermittelt. So fällt unter Kapitaleinkommen im Sinne einer Dual Income Tax alles, was kein Arbeitseinkommen ist, somit auch die Überschusseinkunftsarten, wie Einkünfte aus Kapitalvermögen, aus Vermietung und Verpachtung sowie u.U. sonstige Einkünfte. Da die Dual Income Tax nur die Reform der Tarife und nicht der Bemessungsgrundlagen vorsieht, wird sowohl das Arbeitseinkommen als auch ein Teil des Kapitaleinkommens gleich ermittelt und unterschiedlichen Tarifen unterworfen.

Da die unterschiedlichen Einkunftsermittlungsmethoden des geltenden Steuerrechts weiterhin bei Gewinn- und Überschusseinkunftsarten ihre Anwendung finden, erfolgt keine Verbesserung der Gleichmäßigkeit der Besteuerung nach wirtschaftlicher Leistungsfähigkeit im Vergleich zum Dualismus der Einkunftsarten. Vielmehr erfolgt in diesem Konzept eine Vermischung horizontaler und vertikaler Leistungsfähigkeit.[814]

---

811 Siehe *Wagner, F.* (1989), S. 268.

812 So *Wagner, F.* (1989), S. 268, und *Wagner, F./Wissel* (1995), S. 68. Siehe hierzu auch *Schneider* (2006), S. 272.

813 Siehe hierzu bereits Kapitel 2.2.1.3.

814 Siehe zu den Begriffen horizontaler und vertikaler Leistungsfähigkeit oben S. 97.

Es wird versucht, die vertikale Leistungsfähigkeit zu erreichen, ohne dass die ihr vorangehende horizontale Leistungsfähigkeit verwirklicht wurde.[815]

Die Rechtfertigung des Sachverständigenrats, dass eine niedrigere steuerliche Belastung von Kapitaleinkommen zu einer Steigerung von inländischen und ausländischen Investitionen führt und daher den inländischen Arbeitnehmern durch höhere Reallöhne einen Nutzen stiftet,[816] überzeugt in Bezug auf die Gleichmäßigkeit der Besteuerung der Dual Income Tax nicht. Auch wenn es durch die Dual Income Tax zur Erhöhung der Reallöhne kommt, wird dadurch lediglich die Schließung der Finanzlücke des Staates aufgrund einer niedrigen Steuerbelastung der Kapitaleinkommen erreicht. Diese Sichtweise lässt sich jedoch nicht mit der *Gleichmäßigkeit der Besteuerung* und somit nicht mit der *Steuergerechtigkeit* vereinbaren.

Außerdem ist die Praktikabilität der Dual Income Tax zu kritisieren, denn zu ihrer Umsetzung muss ein System implementiert werden, das die Abgrenzung zwischen dem Arbeits- und dem Kapitaleinkommen sicherstellt.[817] Hierzu bieten sich grundsätzlich zwei Möglichkeiten an. Entweder wird das Arbeitseinkommen zuerst bestimmt und das Kapitaleinkommen ergibt sich als Residualgröße oder es wird zunächst das Kapitaleinkommen ermittelt, so dass das Arbeitseinkommen eine Residualgröße darstellt.[818] Ohne hier auf die Einzelheiten solcher Ermittlungen einzugehen, lässt sich herausstellen, dass beide Ansätze mit vielen Problemen behaftet sind. Die Wahl des Arbeitseinkommens ist deshalb problematisch, weil es an objektiven Größen für die Bestimmung des Arbeitseinkommens fehlt. Die Ermittlung des Kapitaleinkommens legt das im Unternehmen vorhandene Eigenkapital zugrunde, auf das ein Renditefaktor angewandt werden soll, der sich ebenfalls objektiv nicht bestimmen lässt.[819] Zu den Praktikabilitätsproblemen des Dualismus der Einkunftsermittlung

---

815 So hält *Hey* (2004), S. 730, es für schwierig, die mit der dualen Einkommensteuer verbundene Ungleichbehandlung von Kapital- und Arbeitseinkommen vor Art. 3 GG zu rechtfertigen. Ihrer Meinung nach beziehe die Dual Income Tax ihre innere Legitimation aus der Lösung der Erhebungsdefizite bei den Kapitaleinkünften. Aus diesem Grund erwägt *Johanna Hey* eine Einführung der dualen Einkommensteuer als Reaktion auf die Rechtsprechung des Bundesverfassungsgerichts in Bezug auf § 23 EStG. Siehe hierzu *Hey* (2004), S. 729 f. Ob jedoch die bestehenden Erhebungsdefizite alleine durch die Festlegung eines proportionalen Tarifs bei Kapitaleinkommen gelöst werden können, ist zu bezweifeln.

816 Siehe *Sachverständigenrat* (2006), Ziff. 23.

817 Siehe auch *Schreiber, U./Finkenzeller/Rüggeberg* (2004), S. 2776.

818 Die letztere Möglichkeit wird in den skandinavischen Staaten angewandt. Siehe *Schreiber, U./ Finkenzeller/Rüggeberg* (2004), S. 2768. Das vom *Sachverständigenrat* (2006), Ziff. 25, vorgestellte Modell schließt an praktische Erfahrungen in skandinavischen Ländern an.

819 Nach dem Modell des Sachverständigenrats soll sich der Renditefaktor am Sollzinssatz für langfristiges Fremdkapital orientieren. Hinzu kann ein Risikozuschlag treten, der z.B. mit einzelnen rechtlichen Beschränkungen des steuerlichen Verlustabzugs zu begründen und deshalb nicht allgemein festzulegen ist. Siehe *Sachverständigenrat* (2006), Ziff. 61 ff.

kommen demzufolge weitere Probleme hinzu, die die Praktikabilität dieses Reformvorschlags insgesamt verschlechtern.

Als Ergebnis lässt sich festhalten, dass die Dual Income Tax vor dem Hintergrund der hier betrachteten Besteuerungsgrundsätze keine Vorteile gegenüber dem geltenden Recht mit sich bringt. Da die Differenzierung zwischen dem Kapital- und Arbeitseinkommen auch nicht an die Unterscheidung zwischen den Gewinn- und Überschusseinkunftsarten anknüpft, ist dieser Vorschlag nicht als Vereinheitlichung der Besteuerung von unterschiedlichen Einkunftsarten zu verstehen.

4.2.1.4 Zwischenergebnis

Als Referenzmaßstab zur kritischen Würdigung der Reformvorschläge anhand der ausgewählten Besteuerungsgrundsätze wurde bisher der Dualismus der Einkunftsermittlung zugrunde gelegt. Ausgehend vom Dualismus der Einkunftsermittlung ließ sich die Frage beantworten, ob die Reformvorschläge zur besseren Erfüllung der Besteuerungsgrundsätze führen oder nicht. So ist der Annäherung der Einkunftsermittlungsmethoden durch die Anpassung des Vermögensvergleichs eigen, dass sich sowohl die Gleichmäßigkeit der Besteuerung nach wirtschaftlicher Leistungsfähigkeit als auch die Praktikabilität der Besteuerung besser verwirklichen lässt. Auch die Vereinheitlichung der Einkunftsermittlungsmethoden durch die Überschussrechnung bzw. Cash-Flow-Rechnung hat eine bessere Erfüllung der Besteuerungsgrundsätze zur Folge. Die Dual Income Tax als letzter Reformvorschlag ruft dagegen eine Verschlechterung der Verwirklichung von Besteuerungsgrundsätzen hervor.

Mit Ausnahme der Dual Income Tax, die als Reformvorschlag zur Überwindung der Einkunftsermittlung abzulehnen ist, erlaubt die obige Beurteilung in Bezug auf andere Vorschläge zunächst noch keine Aussage darüber, welcher Reformvorschlag zur Überwindung des Dualismus der Einkunftsermittlung am besten geeignet ist. Diese Aussage ist erst möglich, wenn man versucht, den Erfüllungsgrad der Besteuerungsgrundsätze abzuschätzen. Bezeichnet man den Dualismus der Einkunftsermittlung als Nullpunkt (0) der Beurteilung, so kann man eine Verbesserung bzw. Verschlechterung in der Verwirklichung der Besteuerungsgrundsätze in Form eines Koordinatensystems folgendermaßen abbilden.[820]

[820] Der Vollständigkeit halber wird die Dual Income Tax in die Abbildung einbezogen, um alle Reformvorschläge im Verhältnis zueinander zu veranschaulichen.

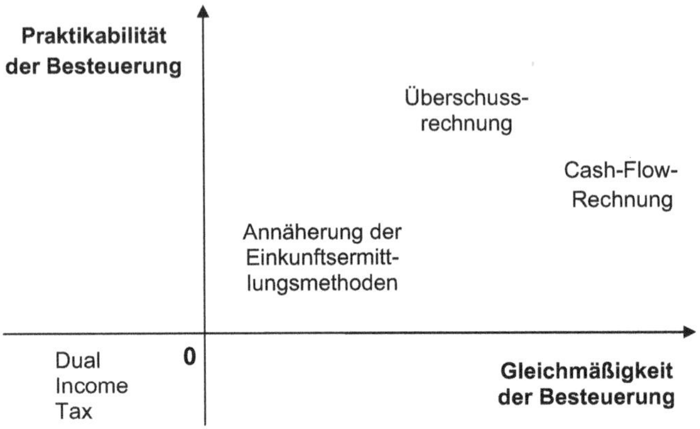

Abbildung 7: Gegenüberstellung der Reformvorschläge zur Einkunftsermittlung

In Bezug auf die *Gleichmäßigkeit der Besteuerung nach wirtschaftlicher Leistungsfähigkeit* lässt sich feststellen, dass eine einheitliche Einkunftsermittlungsmethode eine weitergehende Verwirklichung dieses Besteuerungsgrundsatzes erlaubt als eine Annäherung der Einkunftsermittlungsmethoden. Vergleicht man die einheitlichen Einkunftsermittlungsmethoden untereinander, so wird ersichtlich, dass die Cash-Flow-Rechnung konsequent an Zahlungsgrößen anknüpft, während bei der Überschussrechnung einige Ausnahmen von der Zahlungsrechnung bestehen. Da die wirtschaftliche Leistungsfähigkeit im Rahmen dieser Untersuchung vor dem Hintergrund der Liquiditätswirkungen in der realen Welt konturiert wurde und eine weitgehende Orientierung an der Liquidität verlangt,[821] lässt sie sich bei der Cash-Flow-Rechnung besser verwirklichen als bei der Überschussrechnung.

Die *Praktikabilität der Besteuerung* ist dagegen durch die Überschussrechnung als bekannte Einkunftsermittlungsmethode am besten zu erreichen. Denn die Cash-Flow-Rechnung ist im Vergleich zur Überschussrechnung eine neue Einkunftsermittlungsmethode, die zunächst gesetzlich kodifiziert und erprobt werden muss. So sind z.B. zur Vermeidung von Tauschakten bei der Cash-Flow-Rechnung bestimmte Regelungen erforderlich, die ihre Praktikabilität beeinträchtigen könnten. Die Annäherung des Vermögensvergleichs an die Überschussrechnung trägt lediglich zur *Annäherung* der Praktikabilität dieses Reformvorschlags an die der Überschussrechnung bei.

[821] Siehe noch einmal Kapitel 3.3.3.2.

4.2.2 Veräußerungsgewinnbesteuerung

In Kapitel 4.1 wurde verdeutlicht, dass der geltende Dualismus der Veräußerungsgewinnbesteuerung nicht den hier ausgewählten Besteuerungsgrundsätzen gerecht wird. In diesem Kapitel soll der Frage nachgegangen werden, ob die bisher vorgestellten Reformansätze vor dem Hintergrund dieser Besteuerungsideale zur Überwindung des Dualismus der Einkunftsarten geeignet sind. Dabei wird versucht, Argumente zu finden, die entweder für oder gegen bestimmte Reformvorschläge zur Veräußerungsgewinnbesteuerung sprechen. Die kritische Würdigung erfolgt entsprechend der Systematik der Problemfelder im Zusammenhang mit der Veräußerungsgewinnbesteuerung.[822]

So wird zunächst darauf eingegangen, ob die Besteuerung aller privaten Veräußerungsgewinne überhaupt erforderlich ist und wie die aus Praktikabilitätsgründen vorgenommene Beschränkung des Umfangs der Steuerpflicht den Dualismus der Veräußerungsgewinnbesteuerung beeinflussen kann (Kapitel 4.2.2.1). Danach wird die Notwendigkeit der Beibehaltung der Spekulationsfristen kritisch diskutiert (Kapitel 4.2.2.2). Vor dem Hintergrund der Scheingewinnproblematik werden des Weiteren die Lösungsansätze zur Inflationsberücksichtigung auf ihre Eignung überprüft (Kapitel 4.2.2.3), bevor im nächsten Schritt auf die Reformvorschläge zur Erfassung der Veräußerungsgewinne aus Wertpapiergeschäften kritisch eingegangen wird (Kapitel 4.2.2.4). Die gewonnenen Erkenntnisse werden in einem Zwischenergebnis (Kapitel 4.2.2.5) zusammengefasst.

4.2.2.1 Umfang der Steuerpflicht

Die Besteuerung aller privaten Veräußerungsgewinne, die insbesondere in der Vergangenheit als theoretisches Ideal von einigen Literaturstimmen angesehen wurde, sollte die Gleichmäßigkeit der Besteuerung zwischen den Gewinn- und Überschusseinkunftsarten herbeiführen.[823] Die praktischen Schwierigkeiten haben jedoch dazu veranlasst, auf die Besteuerung aller Veräußerungsgewinne im Privatvermögen zu verzichten und den Umfang des einzubeziehenden Vermögens zu begrenzen.

So sollten die Praktikabilitätsprobleme bei der Erfassung aller Veräußerungsgewinne nach dem Entwurf zum Steuervergünstigungsabbaugesetz mit Hilfe der Markteinkommenstheorie bewältigt werden.[824] Denn danach werden die Gegenstände, die

---

[822] Siehe zur Systematik der Problemfelder bereits Kapitel 2.2.2.

[823] Siehe z.B. *Höhn* (1955), S. 10 f.; *Tipke* (1971), S. 399, und *Ebnet* (1978), S. 102 f.

[824] Siehe bereits oben Kapitel 2.2.2.1, und noch einmal *StVergAbG-E 2002*, S. 5 f.

der Sphäre der privaten Lebensführung zuzurechnen sind, von der Besteuerung ausgeschlossen (privates Konsumvermögen). Lediglich die Einkünfte, die durch eine Teilnahme am Markt mit Einkunftserzielungsabsicht erwirtschaftet werden, sind steuerlich zu erfassen (privates Erwerbsvermögen).

Diese Beschränkung der Besteuerung von Veräußerungsgewinnen auf das private Erwerbsvermögen aufgrund der Markteinkommenstheorie ist im Ergebnis zu begrüßen. Jedoch ist diese weniger aus Praktikabilitätsgründen, sondern vielmehr aus materiellen Überlegungen erforderlich, denn die Besteuerung nach der wirtschaftlichen Leistungsfähigkeit lässt sich nur beim Vorliegen der Einkunftserzielungsabsicht verwirklichen. Eine Nichtberücksichtigung der Gewinne aus der Veräußerung des privaten Konsumvermögens ergibt sich deshalb aus einer konsequenten Besteuerung nach wirtschaftlicher Leistungsfähigkeit.[825]

Dem Argument, dass die Markteinkommenstheorie die Ermittlungen der Finanzbehörden bezüglich der Veräußerungsvorgänge erleichtert, da das *private Erwerbsvermögen* nicht zum geschützten Bereich der Privatsphäre gehört,[826] kann dagegen nicht gefolgt werden. Auch wenn die Handlungen der Finanzbehörde in diesem Zusammenhang als verfassungsrechtlich zulässig angesehen werden können,[827] bleibt die Frage offen, wie eine Veräußerungstransaktion erfasst werden soll. Der weiterführenden Begründung, dass die Finanzverwaltung auf die Unterlagen zurückgreifen kann, die bei Marktvorgängen zu Zwecken der Beweissicherung und Erfolgsmessung der Beteiligten typischerweise erstellt werden,[828] ist Folgendes entgegenzuhalten. Zum einen werden bei zahlreichen Marktaustauschvorgängen keine Unterlagen erstellt.[829] Aber auch wenn solche Unterlagen existieren würden, stellt sich zum anderen die Frage, wie die Finanzverwaltung von diesen Kenntnis erlangt. Die Unterlagen benötigt man nur, um die Höhe des Veräußerungsgewinns zu ermitteln. Bevor jedoch der Veräußerungsgewinn bestimmt werden kann, muss der Veräußerungsvorgang selbst erfasst werden, was in den meisten Fällen weiterhin nicht möglich erscheint. Die Markteinkommenstheorie kann demzufolge die Praktikabilität bei der Besteuerung der Veräußerungsgewinne im Privatvermögen verbessern, aber nicht vollständig gewährleisten.

Eine Steigerung der Praktikabilität bei der Erfassung privater Veräußerungsgewinne soll nach Ansicht einiger Literaturstimmen durch eine weitere Eingrenzung der in die

---

825 Siehe hierzu Kapitel 4.1.1.3.

826 Siehe noch einmal *Lang* (2005a), Rz. 33, und *Kirchhof u.a.* (2001), Begründung zu § 2 Karlsruher Entwurf.

827 Siehe hierzu *Reutershan* (2003), S. 1031.

828 Siehe noch einmal *Lang* (2005a), Rz. 33.

829 So auch *Hundsdoerfer* (2002), S. 77.

Besteuerung einzubeziehenden Vermögensgegenstände herbeigeführt werden. So sollen aus Praktikabilitätsgründen Gewinne aus der Veräußerung hochwertiger Vermögensgegenstände, wie z.B. der Kunstwerke oder Antiquitäten, von der Besteuerung nicht erfasst werden.[830] Diese Auffassung setzt voraus, dass die hochwertigen Vermögensgegenstände nicht zum privaten *Konsum*vermögen, sondern zum *Erwerbs*vermögen gehören. Dieser Meinung kann hier zugestimmt werden. Wie bereits oben ausgeführt wurde, tritt bei diesen Vermögensgegenständen die private Nutzung hinter die erhoffte Wertsteigerung zurück, so dass die Einkunftserzielungsabsicht und deshalb eine Steigerung wirtschaftlicher Leistungsfähigkeit bejaht werden kann.[831] Der Verzicht auf die Besteuerung der Veräußerungsgewinne aus diesen Gegenständen lässt sich demzufolge nur mit einer Verbesserung der Praktikabilität der Besteuerung begründen.

Werden die Gewinne aus der Veräußerung der oben angesprochenen hochwertigen Vermögensgegenstände steuerlich nicht erfasst, so setzt sich das verbleibende in die Besteuerung einzubeziehende Vermögen aus den Gegenständen zusammen, die zuvor zur Erzielung von Überschusseinkünften eingesetzt wurden. Auf diese Begrenzung des Steuerobjekts zielt auch der nächste Reformvorschlag ab.[832] Lagen die Vermögensgegenstände des Privatvermögens vor der Veräußerung den Einkünften aus nichtselbständiger Arbeit, aus Kapitalvermögen sowie aus Vermietung und Verpachtung zugrunde, so wurden sie bereits den Finanzbehörden offenbart, nicht zuletzt auch im Interesse des Steuerpflichtigen selbst, der z.B. Absetzungen für Abnutzung oder abzugsfähige Aufwendungen geltend machte.

Gegen diesen Reformvorschlag zur Lösung der Praktikabilitätsprobleme können folgende Einwände angeführt werden. Zum einen gibt es nicht bei allen Vermögensgegenständen die Möglichkeit, Absetzungen für Abnutzung geltend zu machen, wie z.B. bei Wertpapieren. Zum anderen kann die Finanzverwaltung durch die Gewährung von Absetzungen für Abnutzung nicht zur Kenntnis gelangen, dass der betroffene Vermögensgegenstand später veräußert wird. Zu denken ist z.B. an einen Computer, der zur Erzielung von Einkünften aus nichtselbständiger Tätigkeit eingesetzt wird und für den Absetzungen für Abnutzung geltend gemacht werden. Ob dieser Computer kurze Zeit später vom Steuerpflichtigen noch genutzt wird bzw. bereits veräußert wurde, ist für die Finanzverwaltung nicht ersichtlich. Solche Kenntnisse wären nur durch eine Außenprüfung zu erlangen, die bei Steuerpflichtigen mit Überschusseinkunftsarten im Regelfall nicht durchgeführt wird.[833]

---

[830] Siehe noch einmal *Merkenich* (1982), S. 56, und *Reimer* (2001), S. 136 f.

[831] Siehe hierzu bereits S. 122 f.

[832] Siehe noch einmal *Söhn* (1988), S. 347, und *Durchlaub* (1993), S. 35 f.

[833] Siehe zu den Voraussetzungen für eine Außenprüfung bei Steuerpflichtigen mit Überschusseinkunftsarten oben S. 134.

Die mangelnde Erfassungsmöglichkeit aller Veräußerungsvorgänge im Privatvermögen veranlasste *Klaus Tipke* und die *Steuerreformkommission* dazu, sich auf eine Besteuerung der Gewinne aus der Veräußerung von Grundstücken und Wertpapieren (innerhalb der Spekulationsfristen) zu beschränken. Eine Beschränkung der Besteuerung auf Grundstücke ist nachvollziehbar, da die Erfassung einer Grundstücksveräußerung unproblematisch ist, und zwar unabhängig von einer Spekulationsfrist. Dass bei der Erfassung der Veräußerungsgewinne aus Wertpapiergeschäften, solange es sich nicht um GmbH-Anteile handelt, bestimmte Schwierigkeiten bestehen, wurde bereits ausführlich dargestellt.[834] Deshalb lässt sich eine Beschränkung der Besteuerung auf Wertpapiere nicht nachvollziehen. Die Erfassungsprobleme werden auch nicht vermieden bzw. verringert, wenn die Besteuerung der Veräußerungsgewinne innerhalb einer Spekulationsfrist erfolgt. Die Erfassungsproblematik bleibt bei Wertpapieren unabhängig von einer Spekulationsfrist bestehen.

Als Ergebnis lässt sich festhalten, dass bei den hier betrachteten Reformvorschlägen die Gleichmäßigkeit der Besteuerung in der Reihenfolge der obigen Darstellung zugunsten der Praktikabilität der Besteuerung aufgegeben wird. War die Gleichmäßigkeit bei der Besteuerung nach der Markteinkommenstheorie noch vollständig erfüllt, so ist der letzte Vorschlag mit einer weitgehenden Durchbrechung der Gleichmäßigkeit der Besteuerung nach wirtschaftlicher Leistungsfähigkeit verbunden. Da auch die Praktikabilität der Besteuerung bei allen Reformüberlegungen nicht vollständig erreicht werden kann, ist fraglich, ob solche Einschnitte in der Gleichmäßigkeit der Besteuerung nach wirtschaftlicher Leistungsfähigkeit überhaupt notwendig sind oder ob sich die vorhandenen Erfassungsschwierigkeiten eventuell auf einem anderen Wege vermeiden lassen.

4.2.2.2 Besteuerung innerhalb der Spekulationsfristen

Zu den Reformüberlegungen hinsichtlich der Besteuerung innerhalb der Spekulationsfristen, beschränkt auf Wertpapiere und Grundstücke, gehören die bereits erwähnten Vorschläge von *Klaus Tipke* und der *Steuerreformkommission*.[835] Die als Rechfertigung für eine solche Begrenzung angeführte Praktikabilität der Besteuerung lässt sich jedoch nicht bestätigen. Bei der Veräußerung von Grundstücken ist die Erfassung dieser Vorgänge weder innerhalb noch außerhalb der Spekulationsfrist problembehaftet. Bei der Erfassung der Veräußerungsgeschäfte mit Wertpapieren kommt

---

[834] Siehe Kapitel 4.1.2.2.

[835] Siehe bereits Kapitel 2.2.2.2, und noch einmal *BMF* (1971), S. 85; *Tipke* (1971), S. 10 f., und *Tipke* (1973), S. 399.

es zu Schwierigkeiten, und zwar sowohl innerhalb als auch außerhalb der Spekulationsfrist.[836]

Dass der *Steuerreformkommission* dies bewusst war, ergibt sich aus ihrer Begründung für eine Beibehaltung anstelle einer Verlängerung der Spekulationsfrist bei Wertpapieren. Eine längerfristige Erfassung der Veräußerungsgewinne würde demnach erfahrungsgemäß zu schwer überwindbaren Schwierigkeiten führen. Der Aussage der *Steuerreformkommission*, es „erscheint nicht ratsam, Vorschriften zu erweitern, deren Einhaltung nicht durchgesetzt werden könnte“[837], ist zu erwidern: *Erscheint es ratsam, Vorschriften beizubehalten, deren Einhaltung nicht durchgesetzt werden kann?*

Neben dem Praktikabilitätsgedanken in Bezug auf Wertpapiere enthält das Gutachten der *Steuerreformkommission* weitere Gründe, die sich auf eine Verlängerung der Spekulationsfrist (von zwei auf acht Jahre) bei Grundstücken beziehen. Sie argumentiert mit Problemen, die einer Privatperson bei der Ermittlung von Anschaffungs- bzw. Herstellungskosten durch die unzumutbaren Aufbewahrungspflichten für Belege bei einem längeren Zeitraum zwischen Anschaffung und Veräußerung entstehen würden. Laut der Argumentation der *Steuerreformkommission* wäre es nicht zulässig, für die Aufbewahrung der für die Ermittlung von Anschaffungs- bzw. Herstellungskosten bedeutsamen Unterlagen Fristen festzulegen, die die Aufbewahrungsfristen bei Kaufleuten für Bücher, Inventare und Bilanzen überschreiten.[838]

Dieser Ansicht der *Steuerreformkommission* ist nicht zuzustimmen, da eine langfristige Aufbewahrung der Unterlagen für den betroffenen Steuerpflichtigen in vielen Fällen von Interesse ist, weil er die Unterlagen z.B. für die Inanspruchnahme von Abschreibungen benötigt.[839] Darüber hinaus ist fraglich, ob die Finanzverwaltung die Unterlagen zur Feststellung von Anschaffungs- bzw. Herstellungskosten nach einem Veräußerungsvorgang überhaupt benötigt.

Werden von einem Steuerpflichtigen für die erworbenen Immobilien Absetzungen für Abnutzung geltend gemacht,[840] lassen sich die fortgeführten Anschaffungs- bzw.

---

[836] Siehe hierzu bereits Kapitel 4.1.2.2.

[837] *BMF* (1971), S. 85.

[838] Siehe noch einmal *BMF* (1971), S. 84. Die Aufbewahrungsfristen sind in § 147 Abs. 3 AO kodifiziert und betragen heute für die oben erwähnten Unterlagen *zehn* Jahre. Dass die *Steuerreformkommission* von einer Spekulationsfrist von *acht* Jahren ausgegangen ist, lässt sich nur mit einer zwischenzeitlichen Änderung der Fristen erklären.

[839] So auch *Lang* (1981a), S. 60.

[840] Dies ist z.B. bei bebauten Grundstücken, mit denen Einkünfte aus Vermietung und Verpachtung erwirtschaftet werden, gewährleistet. Siehe § 7 Abs. 4 Satz 1 Nr. 2 und § 7 Abs. 5 Satz 1 Nr. 3 EStG.

Herstellungskosten ohnehin von der Finanzverwaltung für die Dauer des Abschreibungszeitraums festhalten.[841] So ist der Anlage V „Einkünfte aus Vermietung und Verpachtung" im Rahmen der Einkommensteuererklärung bei der erstmaligen Geltendmachung der Absetzungen für Abnutzung eine Einzelaufstellung beizufügen, in die neben dem gezahlten Rechnungsbetrag auch das Rechnungsdatum, der Gegenstand der Leistung sowie das ausführende Unternehmen aufgenommen werden müssen. Die Finanzverwaltung überprüft nur einmal – im Jahr der Anschaffung oder Herstellung – den vom Steuerpflichtigen eingesetzten Betrag durch einen Vergleich mit den vorgelegten Belegen. Nach dieser Überprüfung sind dann die Anschaffungs- bzw. Herstellungskosten festgeschrieben, die einmal eingesehenen Belege werden von der Finanzverwaltung nicht mehr benötigt. In einer langen Aufbewahrung der Unterlagen bei diesen Steuerpflichtigen besteht keine Notwendigkeit mehr. Der nicht abschreibungsfähige Grund und Boden könnte nachrichtlich mit den entsprechenden Daten aufgenommen werden, so dass auch hier eine langjährige Aufbewahrung der Belege entbehrlich wäre.[842] Dieses Argument der *Steuerreformkommission* ist daher nicht stichhaltig.

Auch die ökonomische Begründung der *Steuerreformkommission* für eine Verlängerung der Spekulationsfrist anstelle einer vollständigen Erfassung der Veräußerungsgewinne aus Grundstücksgeschäften, und zwar die Vermeidung eines „Lock-in-Effekts",[843] überzeugt nicht. Denn gerade wenn die Spekulationsfrist entfällt und alle Veräußerungsgewinne aus Grundstücksgeschäften besteuert werden, besteht für die Steuerpflichtigen kein Anreiz mehr, die Veräußerung von Grundstücken bis zum Ablauf der Spekulationsfrist hinauszuschieben.

Vergleicht man eine vollständige Steuerfreistellung mit einer vollständigen Besteuerung der Veräußerungsgewinne, lässt sich ein „Lock-in-Effekt" ebenfalls nicht bestätigen. So wird der „Lock-in-Effekt" im Schrifttum durch das Kapitalwertmodell gestützt. Demnach soll ein Investitionsobjekt, wie z.B. ein Grundstück, veräußert werden, wenn seine wirtschaftliche Nutzungsdauer erreicht wird. Wirtschaftliche Nutzungsdauer ist dabei jene Nutzungsdauer, bei der der Kapitalwert einer Investition maximal ist.[844] Das Kapitalwertmodell geht jedoch von sicheren Erwartungen und vollkommenem Wissen aus. Hebt man diese der Realität widersprechenden Prämissen auf, so kann selbst dann, wenn der Vorteilsvergleich aufgrund des Kapitalwertmodells einen „Lock-in-Effekt" belegt, das Gegenteil vorliegen. Dies beruht darauf, dass in einer Welt mit Unsicherheit bei Risikoabneigung heute sichere, wenn auch

[841] So auch bereits früher *Döring* (1977), S. 96.

[842] So auch *Döring* (1977), S. 96, und *Reimer* (2001), S. 134.

[843] Der gleichen Auffassung sind auch zahlreiche Literaturstimmen. Siehe hierzu bereits Nachweise in Fn. 246, S. 44.

[844] Siehe z.B. *Wagner, F./Dirrigl* (1980), S. 42 f., und *Haberstock/Breithecker* (2005), S. 218 ff.

niedrigere Veräußerungsgewinne bevorzugt werden.[845] Darüber hinaus wird im Kapitalwertmodell häufig nur eine Investition ohne Nachfolger abgebildet, was eine weitere Vereinfachung der Wirklichkeit darstellt. Eine Verallgemeinerung für alle Investitionen ist daher nicht sinnvoll, denn in komplexen Situationen können gerade die außer Acht gelassenen Umstände ein bestimmtes Ergebnis herbeigeführt haben.[846]

Vor diesem Hintergrund ist die Entscheidung der *Steuerreformkommission*, die Spekulationsfrist bei der Besteuerung der Veräußerungsgewinne aus Grundstücksgeschäften zu verlängern, nicht nachvollziehbar. Denn jede Spekulationsfrist bewirkt, dass der Anreiz besteht, ihren Ablauf abzuwarten, um die Steuerfreiheit der Veräußerungsgewinne herbeizuführen.[847] Je länger die Spekulationsfristen sind, desto wahrscheinlicher ist es, dass es zur Erstarrung des Grundstückshandels kommt. Dies hat die *Steuerreformkommission* selber bestätigt: „Würden die Veräußerungsgewinne innerhalb des 8-Jahres-Zeitraums voll und nach Ablauf dieser Frist überhaupt nicht mehr besteuert, bestünde ein erheblicher Anreiz, diese Frist abzuwarten."[848] Außerdem verletzt die Besteuerung der Veräußerungsgewinne im Privatvermögen innerhalb der Spekulationsfristen die Gleichmäßigkeit der Besteuerung nach wirtschaftlicher Leistungsfähigkeit. Zum einen erhöht sich die wirtschaftliche Leistungsfähigkeit eines Steuerpflichtigen durch die Veräußerungsgewinne unabhängig von Spekulationsfristen. Zum anderen werden private Veräußerungsgeschäfte außerhalb der Spekulationsfristen im Vergleich zu betrieblichen Veräußerungsgeschäften und zu privaten Veräußerungsgeschäften innerhalb der Spekulationsfristen steuerlich bevorzugt.[849]

Dieter Schneider hat darüber hinaus darauf hingewiesen, dass die positive Wirkung auf den Grundstückshandel als Argument für die Steuerfreiheit der Veräußerungs-

---

845 Siehe *Schneider* (1992), S. 340.

846 Siehe zur Ablehnung der Aussagen über den *konkreten* Einfluss der Besteuerung auf *konkrete* Entscheidungen der Steuerpflichtigen bereits Kapitel 3.3.2.4, und noch einmal *Schmiel* (2005c), S. 28 f., und *Schmiel* (2006a), S. 251 f. *Dieter Schneider* hat deshalb bei seinen Untersuchungen bezüglich des „Lock-in-Effekts" nach den Konsum- und Reinvestitionszielen der Wirtschaftssubjekte bei der Veräußerung bestimmter Wirtschaftsgüter (Grundstücke, Beteiligungen u.a.) unterschieden und dargelegt, dass es in vielen Situationen keinen Anlass gibt, die Verkaufsbereitschaft zu mindern. Dabei hat *Dieter Schneider* die Besteuerung der Veräußerungsgewinne mit einem steuerfreien Zustand verglichen. Siehe ausführlich *Schneider* (1976), S. 198 ff.; *Schneider* (1985b), S. 79 f., und *Schneider* (1992), S. 339 ff. Dagegen würde eine Ankündigung der Besteuerung von Veräußerungsgewinnen unabhängig von Spekulationsfristen das Gegenteil des „Lock-in-Effekts" auslösen. Durch den Ankündigungseffekt könnte eine Angebotsverdichtung eintreten, um in den Genuss einer Steuerfreistellung zu kommen. Siehe *Schneider* (1976), S. 199.

847 So auch bezüglich der Veräußerungsgewinne bei den Beteiligungen *Swoboda/Köhler* (1971), S. 230.

848 *BMF* (1971), S. 84.

849 Siehe hierzu bereits Kapitel 4.1.1.3.

gewinne insgesamt sehr problematisch ist. Denn ein Investitionsanreiz ist das Resultat jeder Steuerbefreiung, Steuersenkung und sogar Preissenkung, da Marktteilnehmer dadurch über höhere finanzielle Mittel verfügen.[850] Es ist aber zu beachten, dass eine Steuerbefreiung der Veräußerungsgewinne im Privatvermögen als eine Maßnahme der Investitionsförderung eine Verletzung der Gleichmäßigkeit der Besteuerung nach wirtschaftlicher Leistungsfähigkeit bewirkt. Hat der Gesetzgeber die Schaffung von Investitionsanreizen zum Ziel,[851] so müsste er auf andere Instrumente, wie z.B. die Steuersenkung für alle Steuerpflichtigen, zurückgreifen.

Als Ergebnis lässt sich festhalten, dass sich die Besteuerung innerhalb der Spekulationsfristen nicht mit den oben genannten Argumenten von *Klaus Tipke* und der *Steuerreformkommission* begründen lässt. Es wird weder die Gleichmäßigkeit der Besteuerung nach wirtschaftlicher Leistungsfähigkeit verbessert, noch führt die Besteuerung innerhalb der Spekulationsfristen zur erhöhten Praktikabilität. Auch die ökonomischen Argumente sprechen nicht für die Besteuerung der Veräußerungsgewinne innerhalb der Spekulationsfristen.

4.2.2.3 Vermeidung der Scheingewinnbesteuerung

Ein Grundsatz des geltenden Einkommensteuerrechts ist die Ermittlung der Einkünfte nach dem *Nominalwertprinzip*. Veräußerungsgewinne aus Vermögensgegenständen, die eine lange Haltedauer aufweisen, enthalten deshalb u.U. hohe inflationsbedingte Scheingewinne.[852] Bevor jedoch auf die Reformvorschläge zur Vermeidung der Scheingewinnbesteuerung eingegangen werden kann, ist zunächst zu prüfen, ob eine Besteuerung der Scheingewinne, wie im Schrifttum vorgetragen,[853] zur Verletzung des Grundsatzes der Besteuerung nach wirtschaftlicher Leistungsfähigkeit führt. Dies ist insoweit von Bedeutung, als die meisten Literaturstimmen bei ihrer Argumentation auf eine Konkretisierung wirtschaftlicher Leistungsfähigkeit verzichten.

Die Erhöhung der wirtschaftlichen Leistungsfähigkeit erfolgt – nach der hier vertretenen Auffassung – durch die Erzielung der Einkünfte aufgrund einer (entgeltlichen) Verwertung von Leistungen bzw. Vermögen am Markt mit Einkunftserzielungsabsicht. Zwar werden inflationäre Scheingewinne erst durch eine Markthandlung (hier

---

[850] Siehe *Schneider* (1976), S. 210, und *Schneider* (1992), S. 341.

[851] Die Realisierung von Investitionsanreizen als erwünschte Steuerwirkung wurde im Rahmen dieser Untersuchung abgelehnt. Siehe Kapitel 3.3.2.2.2 und 3.3.2.4.

[852] Siehe hierzu bereits oben Kapitel 2.2.2.3, und noch einmal *Watrin/Lühn* (2003b), S. 169.

[853] Siehe zu dieser Auffassung noch einmal *Lang* (1981a), S. 177; *Naust* (1983), S. 249; *Kirchhof* (1988), S. F 37 ff.; *Durchlaub* (1993), S. 84 f. und 105 f.; *Reimer* (2001), S. 59; *Herbst* (2003), S. 1010; *Reutershan* (2003), S. 1033, oder *Watrin/Lühn* (2003b), S. 171.

eine Veräußerung der Vermögensgegenstände) eines Steuerpflichtigen realisiert. Fraglich ist jedoch, ob dadurch Einkünfte erzielt werden. Denn eine Veräußerung bedeutet eine Verwertung von Vermögen, um eine Wertsteigerung des veräußerten Vermögensgegenstandes zu realisieren. Inflationäre Scheingewinne entstehen jedoch aufgrund der Geldentwertung und nicht aufgrund einer erhofften Wertsteigerung des Vermögensgegenstandes. Demzufolge spiegeln sie keine Erhöhung wirtschaftlicher Leistungsfähigkeit eines Steuerpflichtigen wider.

Auch das Bundesverfassungsgericht hat bereits in seinem Beschluss vom 19. Dezember 1978[854] bezogen auf die Einkünfte aus Kapitalvermögen ausgeführt: „Der Staat sei aus Verfassungsgründen nicht verpflichtet, die durch den Geldwertschwund ... verursachte Beeinträchtigung der wirtschaftlichen Leistungsfähigkeit in der Weise zu berücksichtigen, daß der Entwertungsbetrag des Kapitalvermögens bei der einkommensteuerlichen Bemessungsgrundlage abgezogen werde."[855] Aus dieser Formulierung lässt sich erkennen, dass das Bundesverfassungsgericht inflationäre Scheingewinne als eine Minderung der wirtschaftlichen Leistungsfähigkeit qualifiziert.

Die Vermeidung einer Besteuerung von inflationären Scheingewinnen, die keine wirtschaftliche Leistungsfähigkeit verkörpern, könnte mit Hilfe einer Indexierung erfolgen. Danach werden bei der Ermittlung der Veräußerungsgewinne die historischen Anschaffungs- bzw. Herstellungskosten entsprechend der Inflationsrate aufgezinst.[856] Die Methode der Indexierung der Anschaffungskosten gewährleistet jedoch eine einzelfallgerechte Berücksichtigung der Inflation und somit die Besteuerung nach wirtschaftlicher Leistungsfähigkeit nur dann, wenn ein sachgerechter Wertsteigerungsindex für die veräußerten Vermögensgegenstände festgelegt wird.[857] Die Ermittlung dieses Inflationsindexes für jeden Vermögensgegenstand ist allerdings sehr schwerfällig. Abgesehen von Problemen der Bestimmung eines zutreffenden Inflationsindexes wird auch die Rechtssicherheit der Steuerpflichtigen bemängelt, da das Ausmaß der Geldentwertung erst nach Ablauf des für den Index relevanten Beobachtungszeitraums festgelegt werden kann.[858] Dieses Problem könnte z.B. durch eine monatsgenaue Bestimmung des Indexwertes gelöst werden,[859] die jedoch mit einem

---

[854] Die Aufgabe des Bundesverfassungsgerichts war zu überprüfen, ob die Besteuerung der Zinsen aus Einlagen bei Kreditinstituten nach ihrem Nennwert für die Jahre 1971 bis 1974 verfassungswidrig ist. Dies wurde vom Bundesverfassungsgericht verneint. Siehe *BVerfG* (1978), S. 57 ff.

[855] *BVerfG* (1978), S. 65.

[856] Dafür haben sich *Herbst* (2003), S. 1012, und *Lang u.a.* (2005), Rz. 425, ausgesprochen.

[857] Siehe *Reutershan* (2003), S. 1033, im Ergebnis auch *Reimer* (2001), S. 151 f.

[858] So *BVerfG* (1978), S. 69 ff., und *Lang* (1981a), S. 178.

[859] Siehe hierzu *Rützel* (1995), S. 139.

hohen Verwaltungsaufwand verbunden wäre und demzufolge gegen den Grundsatz der Praktikabilität der Besteuerung sprechen würde.[860]

Um die Inflationsanpassung praktikabler zu gestalten, bietet sich der allgemeine Index der Lebenshaltungskosten an.[861] Dadurch kann eine *Annäherung* bei der Inflationsberücksichtigung erreicht werden, da sich Wertsteigerungen an einem am durchschnittlichen Warenkorb angelehnten Lebenshaltungskostenindex orientieren. Er gibt allenfalls eine allgemeine Tendenz wieder und ist für die einzelnen Vermögensgegenstände nicht aussagekräftig. Außerdem ist für die außerhalb des „normalen" Marktes stehenden Kapitalgesellschaftsanteile ein solcher Maßstab überhaupt nicht vorhanden.[862]

Die Berücksichtigung des Geldwertschwunds durch eine Indexierung wurde bei Einkünften aus Kapitalvermögen vom Bundesverfassungsgericht aus Praktikabilitätsgründen abgelehnt.[863] Nach Auffassung des Bundesverfassungsgerichts trägt der Gesetzgeber der durch die Geldentwertung bedingten Verringerung wirtschaftlicher Leistungsfähigkeit schon durch den Grundfreibetrag sowie durch bestimmte Pausch- und Freibeträge, wie z.B. die Werbungskostenpauschale oder den Sparerfreibetrag, Rechnung.[864]

Dem Bundesverfassungsgericht ist zunächst zuzustimmen, dass durch eine Pauschalierung eine typisierende Inflationsanpassung erfolgen kann. Das Bundesverfassungsgericht erkennt die Typisierung auch als ein unverzichtbares Gestaltungsmittel des Gesetzgebers an, der steuerliche Massenverfahren zu bewältigen hat und deshalb vom Einzelfall abstrahieren, vergröbern und vereinfachen darf.[865] Die bei laufenden Einkünften damit erzielten pauschalierten Entlastungen des Steuerpflichtigen können jedoch nicht auf einmalige Veräußerungsgewinne im Privatvermögen übertragen werden.[866]

---

[860] Ähnlich auch *Reimer* (2001), S. 152.

[861] Siehe z.B. *Durchlaub* (1993), S 75, und *Herbst* (2003), S. 1011. Ein solcher Lebenshaltungskostenindex wird heute im Erbschaftsteuerrecht bei der Ermittlung einer Ausgleichsforderung im Falle eines erbrechtlichen Zugewinnausgleichs angewandt. Siehe hierzu H 11 (3) ErbStH.

[862] So *Herbst* (2003), S. 1011.

[863] Siehe *BVerfG* (1978), S. 66 f. Nach dieser Methode der Inflationsanpassung wären die Zinsen aus Einlagen bei Kreditinstituten nur insoweit zu Einkünften aus Kapitalvermögen heranzuziehen, als sie die jährlichen Entwertungsraten des Kapitals übersteigen. Siehe *BVerfG* (1978), S. 57.

[864] So *BVerfG* (1978), S. 68. Es sei noch einmal darauf hingewiesen, dass die Werbungskostenpauschale sowie der Sparerfreibetrag deshalb genannt wurden, da sich das Bundesverfassungsgericht in seinem Urteil mit der Geldentwertung bei Einkünften aus Kapitalvermögen befasste.

[865] Siehe *BVerfG* (1992), S. 172.

[866] Auf die Darstellung der Besonderheiten bei einzelnen Einkunftsarten soll vor dem Hintergrund des hier behandelten Themas verzichtet werden. Hierüber ist im Schrifttum bisher ausführlich reflek-

Zum einen ist der einzige Freibetrag, der bei privaten Veräußerungsgewinnen derzeit in Frage kommt, der nach § 17 Abs. 3 EStG. Da dieser Freibetrag allerdings ab einer bestimmten Höhe des Veräußerungsgewinns aufgezehrt wird, entfaltet sich seine Wirkung nicht immer.[867] Je höher der Veräußerungsgewinn ist, desto höher ist die Wahrscheinlichkeit, dass der Freibetrag nicht gewährt wird.[868] Da insbesondere bei hohen Veräußerungsgewinnen der Anteil eines inflationären Scheingewinns hoch ist, kann dieser Freibetrag nicht als Pauschalierungsinstrument zur Berücksichtigung der Geldentwertung angesehen werden. Außerdem erfolgt keine Unterscheidung nach kurzfristigen und langfristigen Veräußerungsgewinnen, bei denen die Höhe der inflationären Scheingewinne auch unterschiedlich ist.

Zum anderen differiert die Wirkung der inflationären Scheingewinne bei laufenden Einkünften von der bei einmaligen Einkünften. Denn selbst in Zeiten der Geldwertstabilität ist bei der Veräußerung eines über mehrere Jahre gehaltenen Vermögensgegenstandes eine Progressionswirkung zu beobachten. Sie verstärkt sich sogar, wenn im Veräußerungsgewinn Scheingewinne enthalten sind, die über einen längeren Zeitraum entstanden und dementsprechend hoch sind.[869] Eine Progressionswirkung von diesem Ausmaß kann daher nicht mit Hilfe einer jährlichen Erhöhung des Grundfreibetrags neutralisiert werden.

Eine ähnliche Wirkung wie die pauschale Indexierung entfaltet der Reformvorschlag zur Inflationsanpassung, nach dem eine Minderung des steuerpflichtigen Veräußerungsgewinns mit zunehmender Besitzdauer erfolgen soll.[870] Denn ein Abschlag vom Veräußerungsgewinn in Höhe eines Prozentsatzes, der dem allgemeinen Index der Lebenshaltungskosten entspricht,[871] bewirkt ebenfalls keine genaue Erfassung der Inflation, da die Verhältnisse bei einzelnen veräußerten Vermögensgegenständen

---

tiert worden. Bereits *Schmalenbach* (1922), S. 39, wies auf „die großen Schäden der Nichtberücksichtigung der Geldentwertung durch die Steuergesetze“ hin. Siehe zur Scheingewinnproblematik im gesamten Steuerrecht z.B. *Wagner, F.* (1976), S. 237 f.; *Rützel* (1995), und *Eggesiecker/Ellerbeck* (2004).

[867] Der Freibetrag beträgt zunächst 9.060 Euro bezogen auf den veräußerten Anteil an einer Kapitalgesellschaft. Siehe § 17 Abs. 3 Satz 1 EStG. Der Freibetrag ermäßigt sich nach § 17 Abs. 3 Satz 2 EStG „um den Betrag, um den der Veräußerungsgewinn den Teil von 36.100 Euro übersteigt, der dem veräußerten Anteil an der Kapitalgesellschaft entspricht.“ Siehe hierzu bereits oben Fn. 111, S. 21.

[868] Ab einem Veräußerungsgewinn für einen Prozent der Beteilung von 451,60 Euro ergibt sich ein Freibetrag von 0. Dies resultiert nach der Auflösung der folgenden Gleichung nach dem Veräußerungsgewinn: 9.060 Euro * Anteil – (Veräußerungsgewinn – 36.100 Euro * Anteil) = 0; Veräußerungsgewinn = 45.160 Euro * Anteil.

[869] Ähnlich auch *Durchlaub* (1993), S. 80 f., und *Reimer* (2001), S. 59 f.

[870] Siehe noch einmal *Reimer* (2001), S. 154, und *Kanzler* (2003), S. 10.

[871] Siehe hierzu noch einmal *Reimer* (2001), S. 154, die für einen Abschlag von 1-2 % jährlich plädiert.

nicht berücksichtigt werden können. Vielmehr wird die Genauigkeit der Inflationserfassung weiter beeinträchtigt, da nicht die Größe angepasst wird, auf die sich die Inflation primär ausgewirkt hat (Anschaffungs- bzw. Herstellungskosten), sondern zunächst die Bemessungsgrundlage mit den historischen Anschaffungs- bzw. Herstellungskosten ermittelt und diese „falsche" Bemessungsgrundlage korrigiert wird.

Eine weitere Entfernung vom Grundsatz der Besteuerung nach wirtschaftlicher Leistungsfähigkeit hin zum Praktikabilitätsgrundsatz ergibt sich aus dem Ansatz eines niedrigeren Pauschalsteuersatzes für langfristige Veräußerungsgewinne.[872] Denn die inflationären Scheingewinne stellen ein Problem der Bemessungsgrundlage dar, das durch eine Anpassung der *Bemessungsgrundlage* auch am besten gelöst werden kann. Die Höhe des niedrigeren Steuersatzes für langfristige Veräußerungsgewinne lässt sich dabei nur willkürlich bestimmen. Die durch den Pauschalsteuersatz bei langfristigen Veräußerungsgewinnen verstärkte *Schedulenbesteuerung*[873] verletzt den Grundsatz der Gleichmäßigkeit der Besteuerung. Außerdem ist fraglich, wie langfristige von kurzfristigen Veräußerungsgewinnen objektiv abgegrenzt werden können.

Der Vorschlag, langfristige Veräußerungsgewinne von der Besteuerung gänzlich freizustellen, geht noch einen Schritt weiter.[874] Neben der zu erreichenden Praktikabilität wurde die steuerliche Freistellung damit begründet, dass langfristige Veräußerungsgewinne überwiegend aus inflationären Scheingewinnen bestehen. Dieser Argumentation wurden die Preisentwicklungen – insbesondere bei Grundstücken – in den vergangenen 40 bis 60 Jahren zugrunde gelegt.[875] Dabei ließ sich anhand der Preis- und Inflationsentwicklungen darlegen, dass in den Jahren, in denen die allgemeinen Grundstückspreise nicht so stark angestiegen sind wie die Inflation, durch die Besteuerung von Veräußerungsgewinnen eine negative reale Rendite erwirtschaftet wurde.[876] Die steuerliche Freistellung langfristiger Veräußerungsgewinne erfordert jedoch eine Beantwortung der Frage, wann langfristige Veräußerungsgewinne vorliegen. Sollte die steuerliche Freistellung ab dem Zeitpunkt greifen, ab dem sich eine negative reale Rendite nach Steuern ergibt? Die Ermittlungen lassen jedoch erken-

---

872 Siehe noch einmal *Kanzler* (2003), S. 10 f.

873 Siehe zu diesem Begriff im Zusammenhang mit der Dual Income Tax bereits oben S. 38.

874 Siehe noch einmal *Durchlaub* (1993), S. 111 ff.; *Watrin/Lühn* (2003a), S. 1732, und *Watrin/Lühn* (2003b), S. 173.

875 Siehe hierzu z.B. die Berechnung von *Durchlaub* (1993), S. 76 f., für den Zeitraum von 1948 bis 1991, und von *Watrin/Lühn* (2003b), S. 170, für den Zeitraum von 1963 bis 2001. Die Ermittlungen von *Thomas Durchlaub* geben jedoch Anlass zur Kritik, da er nur die Inflationswirkungen ohne steuerliche Folgen betrachtet. So wurde z.B. bei bebauten Grundstücken die Tatsache nicht beachtet, dass die ursprünglichen Anschaffungs- bzw. Herstellungskosten auch durch Abschreibungen die steuerliche Bemessungsgrundlage beeinflussen.

876 Siehe *Watrin/Lühn* (2003b), S. 170.

nen, dass eine negative reale Rendite nach Steuern nicht ab einer bestimmten Haltedauer realisiert wird. So wird bei einer Haltedauer von 35 Jahren eine positive reale Rendite nach Steuern erzielt, während sie bei einer Haltedauer von 20 Jahren negativ wird.[877] Eine Festlegung der Haltedauer wäre somit eine willkürliche Entscheidung.

Unabhängig vom gewählten Verfahren zur Inflationsanpassung wird im Schrifttum kontrovers diskutiert, ob sich die Berücksichtigung der Geldentwertung nur auf die Veräußerungsgewinne im Privatvermögen beschränken soll oder die Scheingewinnproblematik auch im Betriebsvermögen existiert. Die Gegner der Scheingewinneliminierung im Betriebsvermögen begründen dies mit großen materiellen Unterschieden bei der Wirkung der Inflation im Betriebs- und Privatvermögen. So wären die bilanzierenden Unternehmen nach dieser Argumentation die Nettoschuldner, da sie ihre Investitionen zum größten Teil mit einer Fremdfinanzierung decken würden. Sie könnten deshalb Scheingewinne auf der Aktivseite mit Schuldnergewinnen auf der Passivseite ausgleichen. Dies sei bei Privatpersonen nicht der Fall.[878]

Dieser Argumentation ist insoweit zuzustimmen, als aufgrund einer geringen Eigenkapitalausstattung[879] deutscher Unternehmen Investitionen meistens fremdfinanziert werden. Aber eine Fremdfinanzierung ist keine Besonderheit von bilanzierenden Unternehmen. Grundvermögen wird z.B. regelmäßig sowohl im Betriebs- als auch im Privatvermögen fremdfinanziert.[880] Wertpapiere können dagegen sowohl fremd- als auch eigenfinanziert werden, so dass bei der Inflationsanpassung eine Differenzierung nach dem Betriebs- bzw. Privatvermögen nicht sinnvoll ist.

Außerdem ist die Aussage zu beanstanden, dass bei einer Fremdfinanzierung Scheingewinne mit Schuldnergewinnen ausgeglichen werden, was eine Inflationsanpassung entbehrlich macht. So entstehen Schuldnergewinne keineswegs bereits dadurch, dass zur Finanzierung von Vermögensgegenständen das Fremdkapital aufgenommen wird. Schuldnergewinne gehören im Gegensatz zu Scheingewinnen zu den nicht realisierten Gewinnen.[881] Vielmehr erfolgt häufig bei den Schulden ein Inflationsausgleich über den Fremdkapitalzins, denn jeder Gläubiger ist grundsätzlich

---

[877] Siehe *Watrin/Lühn* (2003b), S. 170.

[878] Siehe noch einmal *Durchlaub* (1993), S. 103 ff.

[879] Die im internationalen Vergleich geringe Eigenkapitalausstattung des deutschen Mittelstands – zwischen 7,5 % und 20 % – wird seit langer Zeit als problematisch angesehen. Siehe *IFD* (2005), S. 52.

[880] So auch *Reimer* (2001), S. 59. Zu kritisieren ist außerdem eine Gleichstellung des Betriebsvermögens mit dem Vermögen der bilanzierenden Steuerpflichtigen. Die Möglichkeit der Aufstellung einer Einnahmenüberschussrechnung bei Steuerpflichtigen mit Betriebsvermögen wurde dabei übersehen.

[881] So *Grotherr* (1987), S. 68 f., m.w.N.

bestrebt, das Geldentwertungsrisiko in seiner Zinsforderung zu berücksichtigen. Wird die allgemeine Preisentwicklung in die Zinsforderung einbezogen, so erfolgt die Inflationsanpassung der Schulden beim Fremdkapitalnehmer.[882] Einem Verzicht auf die Inflationsanpassung von Veräußerungsgewinnen im Betriebsvermögen aufgrund der Aufrechnung von Schein- und Schuldnergewinnen kann damit jede Rechtfertigung entzogen werden.[883]

Eine weniger strenge Argumentation im Schrifttum gegen die Inflationsanpassung von Veräußerungsgewinnen im Betriebsvermögen, nach der das Grundvermögen von natürlichen Personen durch eine lange Haltedauer ausgezeichnet ist, wodurch das Problem der Scheingewinnbesteuerung im Gegensatz zum Betriebsvermögen in den Vordergrund tritt,[884] überzeugt ebenfalls nicht. Denn diese Aussage wird in keiner Weise theoretisch bzw. empirisch gestützt, so dass es sich hierbei meines Erachtens um eine „reine" Spekulation handelt.

Ein materieller Unterschied zwischen dem Betriebs- und Privatvermögen hinsichtlich der Scheingewinnproblematik lässt sich demzufolge nicht feststellen. Um die Gleichmäßigkeit der Besteuerung zu gewährleisten, müsste die Inflationsanpassung auch in Bezug auf die Veräußerungsgewinne im Betriebsvermögen erfolgen. Allerdings ist zu beachten, dass das geltende Steuerrecht bereits bestimmte Vorschriften enthält, die geeignet sind, eine Scheingewinnbesteuerung im Betriebsvermögen zu beseitigen bzw. zu mildern. So besteht nach § 6b EStG die Möglichkeit, den Gewinn (stille Reserven) aus der Veräußerung bestimmter Wirtschaftsgüter des Betriebsvermögens auf die neu erworbenen Wirtschaftsgüter zu übertragen.[885] Damit kann sowohl eine einmalige Besteuerung des Veräußerungsgewinns als auch eine starke Progressionswirkung des inflationären Scheingewinns vermieden werden.[886] Durch wiederholte Inanspruchnahme des § 6b EStG bei nicht abnutzbaren Vermögensge-

---

[882] Siehe *Grotherr* (1987), S. 69 f., m.w.N., und *Rützel* (1995), S. 82.

[883] Diese Argumentation kann auch für Veräußerungsgewinne im Privatvermögen herangezogen werden, da auch im Privatvermögen eine Finanzierung von Vermögensgegenständen mit dem Fremdkapital erfolgen kann.

[884] Siehe hierzu noch einmal *Reimer* (2001), S. 59.

[885] Dass der Gesetzgeber bei der Einführung des § 6b EStG auch das Problem der Besteuerung von Scheingewinnen im Blickfeld hatte, ist der Begründung zum Gesetzesentwurf zu entnehmen. Siehe *Begründung zum StÄndG-E 1964*, S. 62 f.

[886] Mit einem Beispiel hat bereits *Grotherr* (1987), S. 266 f., unter dem damals geltenden Recht verdeutlicht, dass durch § 6b EStG 61 % der Scheingewinnsteuerlast kompensiert werden können. „Zwar kann dieses Ergebnis nur vor dem Hintergrund der Rechnungsprämissen beurteilt werden, ... jedoch zeigt das einfache Beispiel, daß selbst bei Übertragung des Veräußerungsgewinns auf ein abnutzbares Anlagegut eine erhebliche scheingewinnkompensierende Finanzierungswirkung erzielt werden kann." Mit dieser Aussage relativiert allerdings *Grotherr* (1987), S. 267, sein Zahlenergebnis.

genständen lässt sich die Versteuerung stiller Reserven (einschließlich inflationärer Scheingewinne) sogar bis zur Liquidation des Unternehmens aufschieben.[887]

Als Ergebnis lässt sich festhalten, dass eine Besteuerung von inflationären Scheingewinnen, die in privaten Veräußerungsgewinnen enthalten sind, gegen den Grundsatz der Gleichmäßigkeit der Besteuerung nach *wirtschaftlicher Leistungsfähigkeit* verstößt. Die bei laufenden Einkünften geltenden pauschalierten Maßnahmen in Form von Pausch- und Freibeträgen eignen sich nicht bei einmaligen Veräußerungsgewinnen aufgrund verstärkter Inflationswirkungen. Eine Inflationsanpassung mit einer der im Schrifttum vorgeschlagenen Methoden wäre daher erforderlich. Diese Methoden zur Inflationsanpassung lassen sich anhand der Besteuerungsgrundsätze der *Gleichmäßigkeit der Besteuerung nach wirtschaftlicher Leistungsfähigkeit* und der *Praktikabilität der Besteuerung* folgendermaßen einordnen.

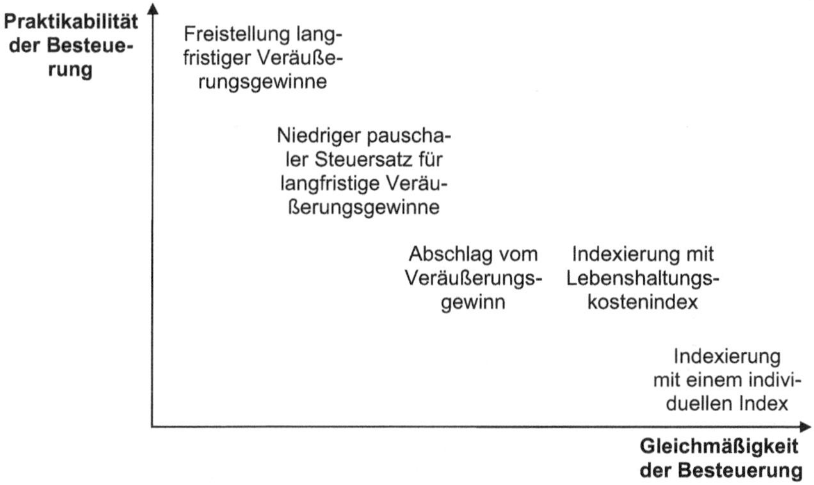

Abbildung 8: Gegenüberstellung der Reformvorschläge zur Inflationsanpassung

Die im Schrifttum vorgeschlagenen Methoden zur Inflationsanpassung zeichnen sich dadurch aus, dass sie keine gleichzeitige Verwirklichung der beiden Besteuerungsgrundsätze ermöglichen. Die Entscheidung für eine bestimmte Methode zur Inflationsanpassung ist daher mit Hilfe eines Zielkompromisses zu treffen. Um eine willkürliche Abgrenzung zwischen kurz- und langfristigen Veräußerungsgewinnen zu vermeiden, müssen die Methoden, die auf langfristige Veräußerungsgewinne abstellen,

---

887 Siehe *Rieden* (1972), S. 126, und *Grotherr* (1987), S. 268. Kommt es zur Liquidation, so liegen Aufgabegewinne vor, die nach § 34 EStG eine Tarifermäßigung erfahren.

abgelehnt werden. Auch eine genaue Erfassung der Inflation durch die Indexierung mit einem individuellen Index für jedes Wirtschaftsgut kommt aufgrund der fehlenden Praktikabilität nicht in Frage. Die verbleibenden Methoden, die Indexierung mit Hilfe eines Lebenshaltungskostenindexes sowie der pauschale Abschlag vom Veräußerungsgewinn, unterscheiden sich in ihrer Genauigkeit, kaum jedoch in ihrer Praktikabilität, so dass der Indexierungsmethode aufgrund einer genaueren Erfassung wirtschaftlicher Leistungsfähigkeit Vorrang zu geben ist.

4.2.2.4 Erfassung von privaten Wertpapiergeschäften

Wie bereits oben ausgeführt wurde, sind die im geltenden Steuerrecht enthaltenen Regelungen zur Erfassung von privaten Wertpapiergeschäften trotz der bereits erfolgten Gesetzesänderungen nicht ausreichend, um alle Erfassungsprobleme zu lösen.[888] Maßnahmen zur steuerlichen Erfassung solcher Veräußerungsgeschäfte sind jedoch im Hinblick auf die tatsächlich hergestellte Gleichmäßigkeit der Besteuerung unerlässlich.

Dieses Vollzugsdefizit sollte zum einen durch die Einführung einer Quellensteuer beseitigt werden.[889] Diesem Vorschlag ist insofern zuzustimmen, als durch das Quellenabzugsverfahren der Kreditinstitute eine Erfassung von Veräußerungsgewinnen aus Wertpapiergeschäften sichergestellt wird. Eine Überprüfung, ob ein Steuerpflichtiger mit einem über dem Quellensteuersatz liegenden persönlichen Steuersatz auch tatsächlich mit diesem belastet wird, bleibt der Finanzverwaltung allerdings weiterhin verwehrt. Eine endgültige Belastung solcher Steuerpflichtigen würde nach wie vor von ihrer Ehrlichkeit bei der Deklaration abhängen.[890] Im Sinne der Gleichmäßigkeit der Besteuerung bleibt die Notwendigkeit einer weiteren Kontrolle bestehen, was das Quellenabzugsverfahren entbehrlich macht.[891]

Dem Problem der anschließenden Deklaration kann durch eine Abgeltungssteuer entgegengewirkt werden.[892] So entfällt durch eine Abgeltungssteuer die Notwendigkeit der anschließenden Deklaration durch den Steuerpflichtigen und der Kontrolle durch die Finanzverwaltung. Allerdings stellt sich beim Abgeltungsverfahren das Problem der Nichtberücksichtigung von Verlusten. Da durch eine Abgeltungssteuer nur die Veräußerungsgewinne besteuert werden können, bleiben etwaige Verluste

---

888 Siehe Kapitel 4.1.2.2.

889 Siehe bereits Kapitel 2.2.2.4 und noch einmal *Goez* (1993), S. 118, und *StVergAbG-E 2002*, S. 6.

890 So auch *Reimer* (2001), S. 164.

891 Siehe *Hey* (2004), S. 729.

892 Siehe zu diesem Vorschlag noch einmal *Schenk/Brusch* (2005), S. 1254 und 1257; *Suhrbier-Hahn* (2003), S. 360 f.

der Steuerpflichtigen außer Betracht. Diese Unterschiede in der steuerlichen Erfassung von Veräußerungsgewinnen und -verlusten verletzen demzufolge die Gleichmäßigkeit der Besteuerung. Außerdem bewirkt eine Abgeltungssteuer, dass der synthetische Charakter der Einkommensteuer aufgegeben und durch die *Schedulenbesteuerung* ersetzt wird.[893] Dies bedeutet noch eine weitere Abkehr vom Grundsatz der Gleichmäßigkeit der Besteuerung zwischen Gewinn- und Überschusseinkunftsarten.

Der einfachen und kostengünstigen Durchführung als Motivation für eine Quellensteuererhebung (mit oder ohne Abgeltungscharakter) ist Folgendes entgegenzuhalten. Das Argument lässt sich lediglich aus Sicht der Finanzverwaltung bestätigen, welche die Kosten und Arbeit im Quellenabzugsverfahren auf die Kreditinstitute verlagert. Für das Depot führende Kreditinstitut wird sich die Ermittlung des Veräußerungsgewinns, als Differenz zwischen dem Veräußerungspreis und den Anschaffungskosten sowie Werbungskosten, sehr zeit- und kostspielig gestalten. In vielen Fällen wird eine Ermittlung des Veräußerungsgewinns überhaupt nicht möglich sein, insbesondere dann, wenn die im Depot eines Kreditinstituts befindlichen Wertpapiere nicht über das Kreditinstitut angeschafft wurden.[894] Bei einer Abgeltungssteuer könnte das zur Folge haben, dass der Veräußerungserlös und nicht der Veräußerungsgewinn endgültig der Besteuerung unterliegt.

Wird ein Kreditinstitut lediglich zum Zweck eines Depotgeschäfts, nicht jedoch für ein Effektengeschäft herangezogen,[895] so kann das Kreditinstitut nicht einmal die Veräußerung der Wertpapiere nachweisen.[896] Legt z.B. ein Steuerpflichtiger ein bereits in seinem Eigentum befindliches Wertpapier in das Depot eines Kreditinstituts ein und veräußert er dieses später ohne Einschaltung des Kreditinstituts und ohne Gutschrift des Veräußerungserlöses auf seinem Konto bei diesem Kreditinstitut,[897] so kann das Veräußerungsgeschäft nicht festgestellt werden. Die Erhebung einer Quellensteuer (mit oder ohne Abgeltungscharakter) kann somit nur vorgenommen werden, wenn das Kreditinstitut sowohl Depot- als auch Effektengeschäfte für einen Steuerpflichtigen ausführt.

---

893 So auch *Kraft/Bäuml* (2004b), S. 451, und *Stiftung Marktwirtschaft* (2006), S. 49.

894 Siehe *Suhrbier-Hahn* (2003), S. 357, und wohl auch *Hey* (2004), S. 729.

895 Zur Definition des Depot- und Effektengeschäfts siehe bereits oben S. 142.

896 Aus diesem Grund ist der Reformvorschlag des Sachverständigenrats, im Rahmen der Dual Income Tax eine „Abgeltungssteuer mit einer Veranlagungsoption" auf die Veräußerungsgewinne aus im Depot eines Kreditinstituts liegenden Wertpapieren einzuführen, sehr fragwürdig. Siehe zu dieser Reformüberlegung bereits Kapitel 2.2.2.4, und noch einmal *Sachverständigenrat* (2006), Ziff. 73 und 351 ff.

897 In Anlehnung an *Suhrbier-Hahn* (2003), S. 357.

Der österreichische Gesetzgeber hat bei der Einführung einer Quellensteuer (ohne Abgeltungscharakter) auf Spekulationsgewinne, der sog. Spekulationsertragsteuer, auf dieses Problem durch Schaffung bestimmter Ersatztatbestände reagiert.[898] § 30 Abs. 8 Ziff. 4b ÖEStG setzt die Entnahme eines Wertpapiers aus dem Depot eines Kreditinstituts der Veräußerung gleich und verlangt einen Ansatz des gemeinen Wertes anstelle des Veräußerungspreises, es sei denn, es kann nachgewiesen werden, dass keine Veräußerung vorliegt. Sofern sich die tatsächlichen Anschaffungskosten bei Depotzugängen nicht feststellen lassen, sind die Anschaffungskosten gem. § 30 Abs. 8 Ziff. 4a ÖEStG mit Null anzusetzen, was der Besteuerung des Veräußerungserlöses gleichkommt.

Dieses Vorhaben des österreichischen Gesetzgebers fand jedoch seine Grenzen im Urteil des österreichischen Verfassungsgerichtshofs, der bereits im selben Jahr die Spekulationsertragsteuer für verfassungswidrig erklärte.[899] Seine Entscheidung begründet der Verfassungsgerichtshof unter anderem damit, dass den Kreditinstituten vom Gesetzgeber Pflichten auferlegt werden, deren Erfüllung mit einer sehr großen Belastung verbunden ist. So müssen Kreditinstitute auch in solchen Fällen die Spekulationsertragsteuer abführen, in denen sie keinen Zugriff auf die für die Steuerzahlung notwendigen finanziellen Mittel haben, wie dies bei der Entnahme eines Wertpapiers aus dem Depot der Fall ist. Außerdem können die notwendigen zivilrechtlichen Gestaltungen der Kreditinstitute für die eigene Absicherung, wie z.B. Kautionszahlungen, aufgrund einer geringen Intensität der wirtschaftlichen und rechtlichen Beziehungen zwischen dem Kreditinstitut und dem Steuerschuldner nicht zugemutet werden.[900] Abgesehen davon widerspricht diese Vorgehensweise der Idee einer *Quellen*steuer. Eine solche Ausweitung der Steuerpflicht auf die Ersatztatbestände kann daher das bestehende Erfassungsproblem nicht lösen.

Die Erfassung von Wertpapiergeschäften mit Hilfe einer Quellensteuer (mit oder ohne Abgeltungscharakter) kann somit nur sichergestellt werden, wenn sowohl Depotals auch Effektengeschäfte durch ein Kreditinstitut vorgenommen werden. Zu Recht hat *Paul Kirchhof* den Quellensteuerabzug nur auf die Veräußerung von börsennotierten Anteilen beschränkt,[901] da bei anderen Wertpapieren die Erhebung einer Quellensteuer nicht möglich wäre. Jedoch auch diese Aufgabe würde Kosten bei den Kreditinstituten verursachen. Der Vorschlag von *Paul Kirchhof* ist jedoch dahingehend zu beanstanden, als die Gleichmäßigkeit der Besteuerung zwischen den Steuerpflichtigen, die mit Wertpapieren über Kreditinstitute handeln, und den Steuerpflichtigen, die Anteile privat kaufen und verkaufen, nicht gewährleistet wäre. Diese Situa-

---

[898] Siehe *ÖStRefG 2000*, S. 836.

[899] Siehe *ÖVfGH* (2000), S. 232 ff.

[900] Siehe *ÖVfGH* (2000), S. 235.

[901] Siehe hierzu bereits Kapitel 2.2.2.4, und noch einmal *Kirchhof* (2003), § 17 Abs. 1 Satz 1 EStGB.

tion würde einen Anreiz zu Ausweichhandlungen der Steuerpflichtigen, wie z.B. das Nichteinschalten der Kreditinstitute, schaffen, um einen Steuerabzug zu vermeiden.

Darüber hinaus kommt es durch eine Quellensteuer (mit oder ohne Abgeltungscharakter) zum Anreiz zu Ausweichhandlungen zwischen In- und Ausland.[902] Dies haben bereits Erfahrungen mit der Quellensteuer für Zinseinkünfte (Zinsabschlagsteuer), die durch das Zinsabschlaggesetz[903] vom 9. November 1992 eingeführt wurde, gezeigt. Die Einnahmen aus der Zinsabschlagsteuer sind im Jahr 1993 und in den Folgejahren hinter den ursprünglichen Schätzungen zurückgeblieben, was mit Vermögensverlagerungen ins Ausland begründet wird.[904]

Im Zusammenhang mit einer Abgeltungssteuer wurde auch vorgeschlagen, die Abgeltungswirkung auf betriebliche Veräußerungsgewinne aus Wertpapiergeschäften auszudehnen.[905] Danach werden nicht mehr Gewinn- und Überschusseinkunftsarten unterschiedlich behandelt. Es entsteht eine Ungleichbehandlung zwischen den Wertpapierveräußerungen, die über ein Kreditinstitut erfolgen, und denen, für die kein Kreditinstitut eingeschaltet wird. Weder die Gleichmäßigkeit noch die Praktikabilität der Besteuerung wird dadurch verbessert.

Der von *Hans-Joachim Kanzler* erarbeitete weitergehende Reformvorschlag, alle Veräußerungsgewinne (und nicht nur aus Wertapiergeschäften) im privaten und betrieblichen Bereich nach dem Vorbild der „capital gains tax" zu erfassen,[906] ist ebenfalls abzulehnen. So stellt die Verwertung eines Vermögensgegenstandes den letzten Akt des mit der Anschaffung bzw. Herstellung dieses Vermögensgegenstandes in Gang gesetzten Investitionsvorgangs dar. Deshalb werden auch Veräußerungsgewinne im Betriebsvermögen richtigerweise in die Gewinneinkunftsart einbezogen, die mit Hilfe des veräußerten Vermögensgegenstandes erzielt wurde. Dass bestimmte Veräußerungsgewinne im Privatvermögen, das zuvor zur Erzielung einer Überschusseinkunftsart eingesetzt wurde, nicht in diese Überschusseinkunftsart integriert, sondern in einer separaten Überschusseinkunftsart „sonstige Einkünfte" erfasst werden, ist lediglich eine formale Ausgestaltung des Einkommensteuergesetzes und än-

---

902 Siehe *Goez* (1993), S. 133 ff., m.w.N.

903 Siehe *Zinsabschlaggesetz 1992*, S. 682 ff.

904 Zu dieser Aussage der Deutschen Bundesbank siehe *BFH* (1997a), S. 500. Eine Quantifizierung der durch die Zinsabschlagsteuer motivierten grenzüberschreitenden Vermögensumschichtungen ist jedoch aufgrund der Komplexität des Entscheidungsumfeldes der Anleger nicht möglich. Siehe *BFH* (1997a), S. 501, und *BFH* (2005a), S. 2728.

905 Siehe noch einmal *Kanzler* (2003), S. 9 f., und *Raupach* (2002), S. 17.

906 Siehe bereits Kapitel 2.2.2.4, und noch einmal *Kanzler* (2003), S. 9 f.

dert nichts an dieser Betrachtung.[907] Es fehlt damit eine Rechtfertigung, warum Veräußerungsgewinne anders als laufende Einkünfte besteuert werden sollen.

Neben bzw. anstatt der Einführung einer Quellen- bzw. einer Abgeltungssteuer wurde zur Erfassung von privaten Wertpapiergeschäften eine Kontrollmitteilungspflicht der Depotbanken an die Finanzämter mit einer damit notwendigerweise einhergehenden Abschaffung des § 30a AO vorgesehen.[908] Anders als bei einer Abgeltungssteuer wird hierbei das Problem am Ansatz selbst angegangen. „Denn das Erhebungsproblem ist ein Verfahrensproblem und kann daher nicht durch eine materiellrechtlich eingreifende Abgeltungssteuer wirksam bekämpft werden."[909]

Grundsätzlich ist den Befürwortern einer Kontrollmitteilungspflicht zuzustimmen, dass sie ein effektives Instrument zur Erfassung von Wertpapiergeschäften darstellt. Auch der Mehraufwand der Kreditinstitute wird sich vermutlich in Grenzen halten, denn sie sind bereits heute aufgrund des § 154 AO verpflichtet, sich Gewissheit über die Person und Anschrift des Verfügungsberechtigten über ein Konto zu verschaffen und auch regelmäßig eine Übersicht über alle in einem Depot vorgenommenen Veräußerungsgeschäfte für ihre Bankkunden bereitzuhalten.[910] Allerdings wird ein Kreditinstitut nur dann über alle notwendigen Informationen hinsichtlich der Veräußerungsgeschäfte verfügen und diese auch an die Finanzverwaltung weiterleiten können, wenn es neben den Depot- auch die Effektengeschäfte für einen Steuerpflichtigen vornimmt. Die bloßen Kontenbewegungen bei alleinigen Depotgeschäften eines Bankkunden sind nicht sofort mit einer Veräußerung von Wertpapieren gleichzusetzen, so dass in diesem Fall die Finanzverwaltung noch weitere Informationen benötigt.

Außerdem ist fragwürdig, ob durch eine solche umfassende Kontrollmitteilungspflicht der Kreditinstitute nicht das Grundgesetz verletzt wird, das z.B. durch Art. 1, 2, 5, und 6 die Privatsphäre der Bürger vor übermäßigen Eingriffen des Staates schützt.[911] Im Schrifttum bestehen z.B. erhebliche Zweifel an der Verfassungsmäßigkeit der gesetzlichen Regelung zum Kontenabruf.[912] Diesbezüglich sind zurzeit beim Bundesverfassungsgericht zwei Verfassungsbeschwerden anhängig, deren Entscheidung es abzuwarten gilt. Aber auch wenn die Steuernorm zum Kontenabruf als verfassungs-

---

907 So auch *Stuhrmann* (2003), S. 83.

908 Siehe noch einmal *Reimer* (2001), S. 166 f.; *Herbst* (2003), S. 1012; *Reutershan* (2003), S. 1032, sowie *StVergAbG-E 2002*, S. 5 f.

909 *Herbst* (2003), S. 1012.

910 So auch *Reutershan* (2003), S. 1032.

911 Siehe bereits oben S. 109 f., und noch einmal *Neumark* (1970), S. 249 ff.; *Brandis* (1987), S. 298, und *Hundsdoerfer* (2002), S. 35.

912 So *Schmidt, C.* (2005), S. 2161 ff.

gemäß qualifiziert wird,[913] kann man diese Entscheidung nicht ohne weitere Prüfung auf eine *umfassende* Kontrollmitteilungspflicht übertragen. Auch die frühere Entscheidung des Bundesverfassungsgerichts in seinem Zinsurteil, nach der den im Steuerrecht verankerten Auskunfts- und Anzeigepflichten sowie der Ermächtigung zur Ausschreibung von Kontrollmitteilungen in besonderen Fällen (§§ 93 Abs. 1, 194 Abs. 3 und 208 Abs. 1 AO) keine verfassungsrechtlichen Einwendungen entgegenstehen,[914] lässt sich nicht auf eine *umfassende* Kontrollmitteilungspflicht übertragen.

Die Einführung einer Kontrollmitteilungspflicht ist darüber hinaus nur dann sinnvoll, wenn eine Besteuerung von Veräußerungsgewinnen europaweit eingeführt und auch durchgesetzt wird, da sonst Kapitalverlagerungen ins Ausland ausgelöst werden. Eine größere Kontrolldichte dieser Einkünfte bewirkt noch schärfere Gegenreaktionen der inländischen Kapitalanleger.[915] Denn aufgrund eines freien Kapitalverkehrs in der Europäischen Union ist es für jedes Wirtschaftssubjekt möglich, Kapital dort anzulegen, wo die Nachsteuerrendite am höchsten ist.[916] Diese Mobilität des Kapitals war für den deutschen Gesetzgeber immer ein Grund, das Bankgeheimnis des § 30a AO beizubehalten.[917] Eine umfassende Kontrollmitteilungspflicht der Kreditinstitute hinsichtlich der Veräußerungsgewinne könnte zu den gleichen Reaktionen der Steuerpflichtigen führen.

Als Resultat lässt sich festhalten, dass jeder Vorschlag zur Erfassung von privaten Wertpapiergeschäften mit Vor- und Nachteilen verbunden ist. Eine Abgeltungssteuer stellt zwar ein wirksames Instrument zur Erfassung solcher Geschäfte dar, bedeutet jedoch einen starken Eingriff in die Gleichmäßigkeit der Besteuerung. Eine Quellensteuer mit anschließender Veranlagung ist nur dann sinnvoll, wenn daneben auch eine Kontrollmitteilungspflicht der Kreditinstitute besteht. Diese Verpflichtung der Kreditinstitute ist jedoch vor dem Hintergrund des Schutzes der Privatsphäre von Wirtschaftssubjekten fragwürdig.

Allen Vorschlägen ist gemeinsam, dass sie auf die Erfassung von Wertpapiergeschäften *durch Kreditinstitute* abzielen. Unbeantwortet bleibt jedoch die Frage, wie Gewinne aus Wertpapiergeschäften, die nicht über Kreditinstitute erfolgen, erfasst

---

913 Dieser Ausgang der Verfassungsbeschwerden wird als sehr wahrscheinlich erachtet. Siehe hierzu bereits oben S. 141.

914 Siehe *BVerfG* (1991), S. 668.

915 So hat sich die Deutsche Bundesbank in Bezug auf die Meldepflichten der inländischen Kreditinstitute hinsichtlich der Zinsabschlagsteuer geäußert. Diese Ausführungen der Deutschen Bundesbank sind in *BFH* (1997a), S. 501, zitiert.

916 Siehe *Reutershan* (2003), S. 1032.

917 Siehe *Tipke* (2004b), Rz. 6 f. So auch *BVerfG* (1991), S. 669, das betont: „Der Gesetzgeber hat es bei den Auswirkungen ... [dieser Regelung] bewenden lassen, weil er aus gesamtwirtschaftlichen Gründen vermeiden wollte, daß Kapitalanleger ihr Geld aus dem Inland abziehen."

werden sollen, unabgängig davon, ob sich Wertapiere im Depot eines Kreditinstituts befinden oder nicht.[918] In Bezug auf die Besteuerung der Gewinne aus der Veräußerung dieser Wertpapiere bleibt das Vollzugsdefizit weiterhin bestehen.

4.2.2.5 Zwischenergebnis

Die Vorschläge de lege ferenda im Zusammenhang mit der Veräußerungsgewinnbesteuerung wurden vor dem Hintergrund der existierenden Problemfelder beurteilt. Dabei lassen sich folgende Aussagen ableiten.

Die Besteuerung aller privaten Veräußerungsgewinne nach der Markteinkommenstheorie ist am besten geeignet, den Grundsatz der Gleichmäßigkeit der Besteuerung nach wirtschaftlicher Leistungsfähigkeit zu verwirklichen. Eine solche Besteuerung ist jedoch in der Praxis nicht durchführbar. Die vorgeschlagenen Abweichungen von diesem Idealfall sollen (die mehr oder weniger notwendigen) Anpassungen darstellen, um dem Praktikabilitätsgrundsatz zu genügen. Hierzu gehört neben einer Begrenzung des Umfangs der Steuerpflicht bis auf Grundstücke und Wertpapiere auch eine Beibehaltung/Verlängerung von Spekulationsfristen. Während eine Beschränkung des Umfangs der Steuerpflicht Praktikabilitäts*verbesserungen* zulasten der Gleichmäßigkeit der Besteuerung herbeiführt, ist eine Beibehaltung/Verlängerung von Spekulationsfristen hierfür nicht erforderlich.

Eine konsequente Orientierung am Grundsatz der wirtschaftlichen Leistungsfähigkeit verlangt eine Eliminierung von Scheingewinnen. Eine praktikable Methode zur Inflationsanpassung ist jedoch zwangsläufig mit einer Verschlechterung der Erfüllung des Grundsatzes der Gleichmäßigkeit der Besteuerung nach wirtschaftlicher Leistungsfähigkeit verbunden. Von den im Schrifttum diskutierten Verfahren der Scheingewinneliminierung stellt die Indexierung der Anschaffungskosten mit einem individuellen Inflationsindex für jeden veräußerten Vermögensgegenstand als genaueste Methode zur Scheingewinneliminierung die Obergrenze der gesamten Palette der Reformvorschläge dar. Eine Freistellung der langfristigen Veräußerungsgewinne als praktikabelste Methode bildet dabei die Untergrenze der Reformvorschläge. Unter Zugrundelegung eines Kompromisses zwischen den Besteuerungsgrundsätzen der Gleichmäßigkeit der Besteuerung nach wirtschaftlicher Leistungsfähigkeit und der Praktikabilität der Besteuerung wäre eine Indexierung mit Hilfe des Lebenshaltungskostenindexes zur Inflationsanpassung vorzuziehen.

---

[918] Ausgenommen sind hier natürlich die GmbH-Anteile, bei denen ohnehin kein (inländisches) Vollzugsdefizit besteht.

Zur Erfassung von privaten Wertpapiergeschäften, die in der Literatur unabhängig von anderen Problemfeldern diskutiert wird, wurde bisher neben einer Quellensteuer *mit* und *ohne* Abgeltungscharakter auch eine Mitteilungspflicht der Kreditinstitute vorgeschlagen. Eine Quellensteuer mit anschließender Veranlagung ist nur in Kombination mit einer Mitteilungspflicht der Kreditinstitute zur besseren Erfassung von Wertpapiergeschäften geeignet. Im Vergleich zur Mitteilungspflicht der Kreditinstitute ist eine Abgeltungssteuer mit einer deutlichen Verschlechterung der Gleichmäßigkeit der Besteuerung verbunden, ohne einen Praktikabilitätsvorteil bei der Erfassung dieser Veräußerungsgeschäfte zu gewährleisten.

Zuletzt ist zu konstatieren, dass trotz einer starken Reduzierung der Gleichmäßigkeit der Besteuerung die Praktikabilität der Besteuerung nicht vollständig verwirklicht werden kann. Werden Wertpapiere nicht über ein Kreditinstitut gehandelt, so bestehen weiterhin Erfassungsschwierigkeiten, die durch die obigen Vorschläge nicht gelöst werden können.

5 Vorschlag zur Besteuerung von Gewinn- und Überschusseinkunftsarten

5.1 Vorgehensweise

Das Ziel dieses Kapitels besteht darin, einen Vorschlag zur Besteuerung der Gewinn- und Überschusseinkunftsarten herauszuarbeiten. Den Ausgangspunkt hierfür bilden die in Kapitel 2.1 rekonstruierten Ansätze zur Vermeidung des Dualismus der Einkunftsarten im Schrifttum. Im Lichte ihrer kritischen Diskussion vor dem Hintergrund der hier ausgewählten Besteuerungsideale wird untersucht, ob man diesen Vorschlägen folgen kann bzw. wie diese entsprechend zu modifizieren sind.

Die hier herausgestellten Besteuerungsgrundsätze weisen komplexe Beziehungen auf. Um jedoch Empfehlungen an den Gesetzgeber zur Ausgestaltung des Steuerrechts unterbreiten zu können, muss eine zweckmäßige Rangordnung der Besteuerungsgrundsätze festgelegt werden. Aufgrund der bereits dargestellten Beziehung zwischen Besteuerungsgrundsätzen bietet sich bei der *Unterbreitung der Vorschläge zur Ausgestaltung der Steuernormen* folgende Rangordnung der Besteuerungsgrundsätze an. Zunächst soll der Reformvorschlag dem Grundsatz der Gleichmäßigkeit der Besteuerung nach wirtschaftlicher Leistungsfähigkeit gerecht werden. Dass die meisten theoretischen Überlegungen jedoch für die Praxis untauglich sind, wurde bereits in Kapitel 4.2 deutlich. D.h. jedoch nicht, dass man auf die Darstellung des theoretischen Ideals verzichten sollte, denn es zeigt zum einen die Richtung, die man einschlagen soll, um sich den theoretischen Forderungen nähern zu können.[919] Zum anderen brauchen Praktikabilitätsschwierigkeiten dann nicht mehr zu interessieren, wenn bereits materielle Gründe gegen einen Reformvorschlag sprechen.[920] Um die abgeleitete Theorie für die Praxis tauglich zu gestalten, müssen theoretische Überlegungen an Praktikabilitätsanforderungen herangeführt werden.

Im Rahmen dieses Kapitels wird also der Frage nachgegangen, wie das Problem der unterschiedlichen steuerlichen Behandlung von Gewinn- und Überschusseinkunftsarten im Hinblick auf die Gleichmäßigkeit der Besteuerung nach wirtschaftlicher Leistungsfähigkeit und die Praktikabilität der Besteuerung gelöst werden kann. Dabei sollen jedoch keine konkreten gesetzlichen Vorschriften zur Vereinheitlichung von Gewinn- und Überschusseinkunftsarten formuliert werden. Ein Vorschlag zur Ausgestaltung der Steuernormen an einer Stelle des Steuerrechts hätte erhebliche Aus-

---

[919] Auf die Notwendigkeit der Betrachtung der theoretischen Ideale deutet auch die Aussage von *Schmoller* (1863), S. 57, hin: „Sollen wird den einzigen Anker, den wir haben, über Bord werfen, und uns Wind und Wellen überlassen, weil der Anker auch schon versagte?".

[920] Im Ergebnis auch *Wagner, F.* (1999b), S. 1521.

wirkungen auf die korrespondierenden Vorschriften aus anderen Bereichen des Steuerrechts.[921] Die Untersuchung der Notwendigkeit einer Anpassung anderer Bereiche des Steuerrechts aufgrund der Vorschläge zur Überwindung des Dualismus der Einkunftsarten sowie eine entsprechende Ausgestaltung der Steuernormen würden über den Rahmen der in dieser Arbeit formulierten Zielsetzung hinausgehen. Um sich dem Vorwurf zu entziehen, keine konsequente Anpassung des Steuerrechts vorgenommen zu haben,[922] wird auf die Formulierung konkreter steuerlicher Vorschriften verzichtet. Vielmehr werden hier mögliche Richtungen einer Änderung des Einkommensteuerrechts zur Überwindung des Dualismus der Einkunftsarten aufgezeigt, was sich auch im Untertitel der vorliegenden Untersuchung „Ansätze zur Steuerreformdiskussion aus betriebswirtschaftlicher Sicht" widerspiegelt.

Bei der Berücksichtigung der Besteuerungsgrundsätze werden die beiden Aspekte des Dualismus der Einkunftsarten – wie schon im Laufe der gesamten Untersuchung – getrennt voneinander betrachtet. Dabei soll zunächst die Möglichkeit einer einheitlichen Einkunftsermittlung dargestellt werden (5.2.), da die Einkunftsermittlung eine Grundlage für die weiteren Überlegungen bildet. Im nächsten Schritt wird ein Vorschlag zur Überwindung des Dualismus der Veräußerungsgewinnbesteuerung (5.3) auf der Grundlage der zuvor vorgestellten Einkunftsermittlung gemacht.

5.2 Einkunftsermittlungsmethode

Der Grundsatz der Gleichmäßigkeit der Besteuerung nach wirtschaftlicher Leistungsfähigkeit verlangt zunächst, dass gleiche wirtschaftliche Sachverhalte steuerlich gleich zu behandeln sind. Eine gleiche steuerliche Behandlung bezieht sich dabei auch auf die Einkunftsermittlung. Im Rahmen dieser Untersuchung wurde anhand von Risikowirkungen dargelegt, dass es sich bei den Gewinn- und Überschusseinkunftsarten um gleiche wirtschaftliche Sachverhalte handelt.[923] Die Konsequenz da-

---

[921] So haben z.B. Steuernormen des Einkommensteuergesetzes einen erheblichen Einfluss auf das Körperschaftsteuer-, Gewerbesteuer-, Umwandlungssteuer-, Erbschaftsteuergesetz u.a.

[922] Diesem Einwand musste sich schon häufig selbst der Gesetzgeber stellen. Ein Beispiel dafür war die fehlende Anpassung des § 4 Abs. 7 UmwStG a.F. an die veränderten Rahmenbedingungen des § 8b KStG. So werden heute Dividenden bei einer Kapitalgesellschaft nicht mehr vollständig steuerfrei gestellt, sondern 5 % der Dividenden werden als nicht abzugsfähige Betriebsausgabe qualifiziert und demzufolge besteuert. Siehe § 8b Abs. 1 i.V.m. Abs. 5 KStG. Diese Regelung wurde mit dem Ziel einer Gleichstellung der steuerlichen Folgen im Zusammenhang mit einer ausländischen Dividende durch das *PrUmsG 2003,* S. 2842 f., eingeführt. Siehe *Begründung zum PrUmsG-E 2003*, S. 18. § 4 Abs. 7 UmwStG a.F. kodifizierte jedoch eine vollständige steuerliche Freistellung des Übernahmegewinns bei einer Kapitalgesellschaft als Gesellschafter der übertragenden Kapitalgesellschaft. Da der Übernahmegewinn einer Vollausschüttung der übertragenden Kapitalgesellschaft gleichgestellt wird, war diese Regelung vor dem Hintergrund der Änderung des § 8b KStG nicht nachvollziehbar.

[923] Siehe zu diesem Ergebnis Kapitel 4.1.1.1.

raus ist, dass Gewinn- und Überschusseinkünfte mit Hilfe einer einheitlichen Einkunftsermittlungsmethode zu ermitteln sind.

Als einheitliche Einkunftsermittlungsmethode für Gewinn- und Überschusseinkunftsarten kommt eine bereits bestehende Einkunftsermittlungsmethode, der Vermögensvergleich oder die Überschussrechnung, in Betracht. Außerdem kann eine einheitliche Einkunftsermittlung auf der Basis einer „reinen" Zahlungsrechnung (Cash-Flow-Rechnung) durchgeführt werden. Eine weitgehende, jedoch nicht vollständige Vereinheitlichung kann durch eine Annäherung des Vermögensvergleichs und der Überschussrechnung erfolgen. Die Dual Income Tax stellt dagegen auf die Tarifgestaltung ab und ist aufgrund der Ungleichmäßigkeit der Einkunftsermittlung abzulehnen.

Der Grundsatz der Gleichmäßigkeit der Besteuerung nach der wirtschaftlichen Leistungsfähigkeit besagt daneben, wann die wirtschaftliche Leistungsfähigkeit als verwirklicht gilt. Die wirtschaftliche Leistungsfähigkeit wurde hier als *(entgeltliche) Erzielung der Einkünfte am Markt durch eine natürliche Person mit Einkunftserzielungsabsicht in einer Periode* postuliert, wobei sich die Ermittlung der erwirtschafteten Einkünfte an der Liquidität orientieren soll.[924] Die Liquiditätswirkungen sind auf unvollkommenen Märkten in einem von Unsicherheit geprägten Marktprozess von besonderer Bedeutung, da Steuerzahlungen Zwangsabgaben darstellen.

Aufgrund dieses Besteuerungsgrundsatzes ist der Vermögensvergleich zur Vereinheitlichung der Einkunftsermittlung bei Gewinn- und Überschusseinkunftsarten abzulehnen, da dieser Einkunftsermittlungsmethode keine Zahlungsgrößen, sondern Ertrags- und Aufwandsgrößen zugrunde liegen. Der herrschenden Literaturmeinung, die dieser einheitlichen Einkunftsermittlungsmethode die Praktikabilität bei Überschusseinkunftsarten abspricht,[925] ist zwar zuzustimmen, die Überprüfung des Besteuerungsgrundsatzes der Praktikabilität kommt jedoch nicht mehr in Betracht, da bereits materielle Gründe gegen diese Methode sprechen. Die Tatsache, dass diese Einkunftsermittlungsmethode schon seit langem praktiziert und den Steuerpflichtigen bekannt ist,[926] rechtfertigt nicht ihre Beibehaltung.

Eine konsequente Anknüpfung an Zahlungsgrößen erfolgt dagegen bei einer Cash-Flow-Rechnung. Von den unterschiedlichen Ausgestaltungen der Cash-Flow-Rechnung erfasst lediglich das Mischsystem von *Hans-Werner Sinn*, d.h. die Kombination der Cash-Flow-Rechnung auf realwirtschaftlicher Basis und der Zinszahlun-

---

[924] Siehe noch einmal Kapitel 3.3.3.2.

[925] Siehe bereits Nachweise in Fn. 135, S. 26.

[926] So z.B. *Clemm/Nonnenmacher* (1985), S. 239, die „trotz der ‚ärgerlichen' Ungenauigkeiten und der (erheblichen, wenn auch begrenzten) Gestaltungsmöglichkeiten für die Beibehaltung der ‚guten alten Steuerbilanz' plädieren".

gen für eine Kreditvergabe bzw. -aufnahme, die wirtschaftliche Leistungsfähigkeit eines Steuerpflichtigen zutreffend.[927] Diese Methode stellt somit *das theoretische Ideal* der Einkunftsermittlung in Bezug auf den materiellen Besteuerungsgrundsatz der Gleichmäßigkeit der Besteuerung nach wirtschaftlicher Leistungsfähigkeit dar. Im Vergleich zum Dualismus der Einkunftsarten zeichnet sich eine „reine" Zahlungsrechnung auch durch eine erhöhte Praktikabilität aus, denn durch diese Einkunftsermittlungsmethode entfallen zahlreiche Bilanzierungs- und Bewertungsprobleme. Das bedeutet jedoch nicht, dass sich die Praktikabilität einer Zahlungsrechnung überhaupt nicht beanstanden lässt. So wird die Praktikabilität dieser Einkunftsermittlungsmethode beeinträchtigt, wenn aufgrund der Tauschvorgänge eine Bewertung getauschter Güter erforderlich sein wird.[928] Die These von den äußerst günstigen Praktikabilitätseigenschaften einer Zahlungsrechnung ist insoweit zu relativieren.

Darüber hinaus hat sich auch die Zahlungsrechnung mit bestimmten, aus der Praxis der gegenwärtigen Besteuerung bereits bekannten Praktikabilitätsproblemen auseinanderzusetzen, die sich auf eine Bewertung von Zahlungsströmen und anderen Ressourcenströmen zwischen der steuerpflichtigen und der nicht steuerpflichtigen Sphäre beziehen. Dies betrifft z.B. eine Abgrenzung von privaten gegenüber abzugsfähigen Ausgaben. Außerdem ergeben sich weiterhin Probleme bei den Geschäftsbeziehungen zwischen nahe stehenden Personen oder verbundenen ausländischen Unternehmen, die zu einer Steuerarbitrage führen können, was eine Regelung zur Verhinderung der Preisgestaltungen erforderlich macht.[929] Da die meisten dieser Probleme im Laufe von jahrzehntelangen Auseinandersetzungen kasuistisch gelöst werden konnten, kann man auf diese Erfahrungen auch bei der Umsetzung der Zahlungsrechnung zurückgreifen.

Außerdem sind Lösungen notwendig, um der im Schrifttum häufig kritisierten Volatilität der steuerlichen Bemessungsgrundlage entgegenzuwirken. Eine Tarifgestaltung zur Abminderung der Progression, wie sie z.B. im geltenden Steuerrecht in § 34 EStG existiert, wäre nicht sinnvoll, da von der Volatilität der steuerlichen Bemessungsgrundlage viele Steuerpflichtige (regelmäßig) betroffen sein könnten. Alternativ könnte man über einen proportionalen Steuersatz nachdenken, der eine gleiche Besteuerung stark schwankender und gleichmäßiger Einkünfte erlaubt.

Die Entscheidung zwischen dem derzeit geltenden progressiven und einem möglichen proportionalen Einkommensteuersatz soll nach Auffassung vieler Literaturstimmen den politischen Instanzen überlassen werden, da es sich hierbei um eine

---

[927] Siehe hierzu bereits oben Kapitel 4.2.1.2.1.

[928] Siehe noch einmal Kapitel 4.2.1.2.1.

[929] Siehe *Bach* (1993), S. 104 ff.; *Bach* (1999), S. 105 f., und *Eberhartinger* (2000), S. 399 f.

Wertentscheidung handelt.[930] Dieser Ansicht ist meines Erachtens nicht zuzustimmen. Eine begründete Wahl eines bestimmten Tarifverlaufs ohne Anspruch allgemeiner Anerkennung stellt nach der hier vertretenen Auffassung ein zulässiges *Werturteil des Metabereichs* dar. Deshalb ist eine rationale Diskussion, die Argumente für oder gegen einen bestimmten Tarifverlauf offenlegt, nicht nur möglich, sondern unerlässlich.[931] Solche Argumente werden im Folgenden herausgestellt.

Ein progressiver Einkommensteuersatz[932] – wie auch immer dieser ausgestaltet ist – wird von vielen Literaturstimmen als ein unverzichtbares Element der Besteuerung nach vertikaler Leistungsfähigkeit angesehen.[933] Diese Aussage ist zunächst insoweit zu relativieren, als aus dem Grundsatz vertikaler Leistungsfähigkeit nur eine Forderung nach einem stets positiven, nicht aber nach einem steigenden Steuersatz abgeleitet werden kann.[934] Denn die dem Grundsatz der vertikalen Leistungsfähigkeit entsprechende unterschiedliche Besteuerung der Steuerpflichtigen mit unterschiedlicher wirtschaftlicher Leistungsfähigkeit erfolgt bereits bei der Anwendung eines proportionalen Tarifs.[935] Über das Ausmaß höherer Besteuerung von Steuerpflichtigen in wirtschaftlich besserer Position entscheidet somit nicht der Grundsatz vertikaler Leistungsfähigkeit, sondern das Umverteilungsurteil[936], das zur Abweichung vom Grundsatz der Gleichmäßigkeit der Besteuerung führt.[937] Die Umverteilung der steuerlichen Lasten mit Hilfe eines progressiven Steuersatzverlaufs lässt sich nur recht-

---

930 Siehe z.B. *Haller* (1981), S. 80 f.; *Bach* (1993), S. 321; *Schmidt, K.* (1995), S. 41 f.; *Jachmann* (1998), S. 296, und *Wilk* (2006), S. 247. Ähnlich auch *Wöhe* (1991), S. 299 f. Der Frage nach einer Berechtigung der Steuerprogression wurde sehr intensiv Ende des neunzehnten und Anfang des zwanzigsten Jahrhunderts nachgegangen. Siehe zum damaligen Streit über eine progressive oder proportionale Besteuerung zusammenfassend *Gerloff* (1948), S. 197 ff.

931 Siehe hierzu im Zusammenhang mit der Wahl einer Bezugsgröße wirtschaftlicher Leistungsfähigkeit bereits oben S. 100, und noch einmal *Schmiel* (2005a), S. 169.

932 Neben dem Steuersatzverlauf, der die direkte Progression wiedergibt, stellen bestimmte Freibeträge, z.B. die Freistellung des persönlichen Existenzminimums, die indirekte Progression dar. Siehe z.B. *Schneider* (2002), S. 10, und *Haberstock/Breithecker* (2005), S. 26.

933 Siehe z.B. *Zimmermann* (1978), S. 62 f.; *Raupach* (1985), S. 118 f., und *Lambrecht* (2006), Rz. 2. Ähnlich auch *Crezelius* (1994b), S. 223. Der gleichen Ansicht ist auch das Bundesverfassungsgericht. Siehe *BVerfG* (1958). S. 68 f. Neben der Begründung eines progressiven Steuersatzes mit Hilfe der Leistungsfähigkeitstheorie gibt es im Schrifttum auch andere Rechtfertigungsversuche der Steuerprogression. Siehe zu den unterschiedlichen Rechtfertigungsversuchen und deren Kritik ausführlich *Schmidt, K.* (1960), insbesondere S. 11 ff.

934 Siehe *Leisner* (1983), S. 101; *Jachmann* (1998), S. 295, und *Wosnitza/Treisch* (1999), S. 352.

935 Siehe *Wöhe* (1991), S. 299; *Lang* (1993), S. 97, und *Tipke* (2000a), S. 403. Ähnlich auch *Mitschke* (2004), S. 69.

936 Dabei spricht man auch von der sozialen Umverteilungsgerechtigkeit, welche aus der Forderung nach dem Schutz der Menschenwürde in Art. 1 GG und dem verfassungsrechtlichen Sozialstaatsprinzip der Art. 20 und 28 GG herzuleiten ist. So *Wosnitza/Treisch* (1999), S. 352 f.

937 Siehe *Lang* (1993), S. 97, und *Jachmann* (1998), S. 294. Ähnlich auch *Kirchhof* (1985), S. 329.

fertigen, wenn die Steuerpflichtigen die Umverteilung *über* den Grundsatz der Gleichmäßigkeit der Besteuerung stellen würden.[938]

Allgemein bedeutet eine Umverteilung, dass den relativ Schwachen zu Lasten der relativ Wohlhabenden der Gesellschaft etwas zugute kommt.[939] Die steuerliche Umverteilung liegt dann vor, wenn ein Steuerpflichtiger mehr Steuern zahlt, damit ein anderer – bei gedachtem gleich bleibendem Finanzbedarf des Staates – weniger zahlen muss.[940] Die steuerliche Umverteilung als „sozial motivierte Steuersubvention"[941] ist deshalb nur dann gerechtfertigt, wenn sie die Schwächeren einer Gesellschaft schützt. Denn nur in diesem Fall werden sich Individuen hinter einem „Schleier der Unwissenheit" für die Umverteilung aussprechen, da sie nicht wissen, ob sie die Position der Wohlhabenden oder der Schwachen in der Gesellschaft nach Abschluss eines (hypothetischen) Gesellschaftsvertrages einnehmen werden.[942]

Dieses Argument für die steuerliche Umverteilung *durch einen progressiven Tarif* lässt jedoch die Besonderheiten bei der Ermittlung der steuerlichen Bemessungsgrundlage unberücksichtigt. Betrachtet man eine Zahlungsrechnung mit starker Volatilität als einheitliche Einkunftsermittlungsmethode, so sind die niedrigen Einkünfte in einer Periode, die durch umfangreiche Investitionsvorhaben verursacht wurden, nicht zwangsläufig mit der Position der Schwachen gleichzusetzen. Denn bereits in der darauf folgenden Periode kann dieser Steuerpflichtige aufgrund der Volatilität eine hohe Bemessungsgrundlage aufweisen. Die Position eines Bevorzugten oder Benachteiligten würde demzufolge nur zufällig mit der eines Wohlhabenden oder Schwachen korrelieren. In einer solchen Situation wäre es angemessen, die Gleichmäßigkeit der Besteuerung der Umverteilung vorzuziehen.

Anders sieht es jedoch im Falle indirekter Progression aus, die bei einem proportionalen Tarif durch eine Freistellung des Existenzminimums mit Hilfe eines Grundfreibetrags entsteht. Diese Umverteilungskorrektur ist primär darauf ausgerichtet, die Schwächeren der Gesellschaft von der Besteuerung zu entlasten, so dass dadurch soziale Komponenten umgesetzt werden. Ein proportionaler Einkommensteuertarif

---

938 So auch *Birk* (1983), S. 176.

939 So *Neumark* (1970), S. 186.

940 Siehe *Neumark* (1970), S. 195.

941 *Jachmann* (1998), S. 294.

942 Siehe zur Begründung der steuerlichen Umverteilung vor dem Hintergrund des Abschlusses eines (hypothetischen) Gesellschaftsvertrages *Schmiel* (2005a), S. 187. Anders argumentiert *Rainer Elschen*, der die Besteuerung als Abtretung der persönlichen Macht durch Wirtschaftssubjekte an den Staat ansieht. Hieraus resultiert die Annahme, dass durch die Steuergerechtigkeit die von Wirtschaftssubjekten an den Staat abgetretene Besteuerungsmacht begrenzt werden soll. Die Ablehnung der Umverteilung wird deshalb mit dem Schutz der Wirtschaftssubjekte vor staatlicher Willkür begründet. Siehe *Elschen* (1994), S. 194 und 248 f.

mit der Freistellung des Existenzminimums ist demzufolge vor dem Hintergrund der Gleichmäßigkeit der Besteuerung und Umverteilung dem progressiven Einkommensteuersatz vorzuziehen.[943]

Darüber hinaus kann die Gleichmäßigkeit der Besteuerung bei einer Zahlungsrechnung nur dann verwirklicht werden, wenn alle entstandenen Verluste auch verrechnet werden können. Ein Verlust im Rahmen einer Zahlungsrechnung entsteht, wenn Auszahlungen die Einzahlungen übersteigen. Lassen sich z.B. aufgrund einer zeitlichen und/oder betragsmäßigen Beschränkung der Verlustverrechnung nicht alle erwirtschafteten Verluste verrechnen, so wird die wirtschaftliche Leistungsfähigkeit nicht vollständig erfasst, woraus eine Ungleichbehandlung der Steuerpflichtigen resultiert. Aus diesem Grund wäre eine zeitlich und betragsmäßig unbeschränkte Verlustverrechnung bei dieser Einkunftsermittlungsmethode unabdingbar.

Eine betragsmäßig unbeschränkte Verlustverrechnung bedeutet, dass weder ein Betrag eines maximal zu berücksichtigenden Verlustes vorgegeben werden darf noch eine Beschränkung der Verlustverrechnung durch positive Einkünfte resultiert. Eine solche betragsmäßig unbeschränkte Verlustverrechnung impliziert damit, dass alle Anschaffungs- bzw. Herstellungskosten in der Periode der Auszahlung die steuerliche Bemessungsgrundlage mindern, auch wenn es zu einem Verlust kommt, und eine sofortige Steuererstattung durch das Finanzamt stattfindet. Durch einen solchen sofortigen Verlustausgleich kann auch das Problem der Scheingewinnbesteuerung umgangen werden.[944]

Die theoretische Lösung eines sofortigen Verlustausgleichs ist jedoch aus aktuellen fiskalischen Gründen nicht denkbar. So müsste eine Steuererstattung durch das Finanzamt über eine temporäre Erhöhung der Staatsverschuldung vorfinanziert werden, was auf zahlreiche politische und rechtliche Hindernisse, wie z.B. Verschuldungsgrenzen, stoßen kann.[945] Aus diesem Grund wird im Schrifttum einer verzinslichen Verlustverrechnung der Vorzug gegeben.[946] Auch durch eine verzinsliche Verlustverrechnung könnte das Problem der Scheingewinnbesteuerung gelöst werden. Wie bereits oben in Bezug auf die Veräußerungsgewinne angedeutet wurde, besteht dabei jedoch das Problem, einen geeigneten Zinssatz festzulegen.

---

943 Zum selben Ergebnis, jedoch gestützt durch eine andere Begründung, kommt *Jachmann* (1998), S. 296.

944 Siehe *Schneider* (1978), S. 56 f.; *Wenger* (1981), S. 321; *Bach* (1993), S. 45 ff.; *Bach* (1999), S. 87, und *Eberhartinger* (2000), S. 399.

945 So weist *Bach* (1999), S. 101, darauf hin, dass die Steuerpolitik aus fiskalischen Gründen den sofortigen Verlustausgleich ablehnen würde.

946 Siehe *Sigloch* (1987), S. 179; *König/Wosnitza* (2004), S. 159, und *Schneider* (2004b), S. 295.

Eine genaue Berücksichtigung der Inflation wäre zum einen nur möglich, wenn man über Kenntnisse verfügt, aus welchen Anschaffungs- bzw. Herstellungskosten sich der Verlust zusammensetzt. Zum anderen müsste für die entsprechenden Vermögensgegenstände ein sachgerechter Wertsteigerungsindex abgeleitet werden. Dies wäre jedoch vor dem Hintergrund der Praktikabilität der Besteuerung nicht denkbar. Als eine praktikable Lösung bietet sich der allgemeine Index der Lebenshaltungskosten an, wodurch eine Annäherung der Inflationsanpassung ermöglicht wird.[947] Die Zugrundelegung des allgemeinen Lebenshaltungskostenindexes hat jedoch zur Folge, dass der Grundsatz der Besteuerung nach wirtschaftlicher Leistungsfähigkeit teilweise zugunsten des Praktikabilitätsprinzips aufgegeben wird.

Neben den bereits angeführten Problemen der zahlungsorientierten Cash-Flow-Rechnung bedingt die Umsetzung dieser einheitlichen Einkunftsermittlungsmethode einen schweren Eingriff im Bereich der Gewinneinkunftsarten. So verlieren die etablierten Grundsätze ordnungsgemäßer Buchführung für die steuerliche Gewinnermittlung an Bedeutung und werden durch eine Zahlungsrechnung ersetzt. Da die Unwägbarkeiten beim Übergang auf das neue System in Bezug auf das Steueraufkommen zu groß wären, werden der Einführung der Cash-Flow-Steuer kaum Realisierungschancen eingeräumt.[948]

Es bleibt festzuhalten, dass die herausgestellten Probleme einer „reinen" Zahlungsrechnung die Praktikabilität dieser „idealen" Einkunftsermittlungsmethode in Frage stellen. Auch vor dem Hintergrund der Sicherung des Steueraufkommens des Fiskus wäre eine solche Reform sehr problematisch. Der Grundsatz der Gleichmäßigkeit der Besteuerung nach *wirtschaftlicher Leistungsfähigkeit* wäre vor diesem Hintergrund zum Teil zugunsten des Praktikabilitätsgrundsatzes aufzugeben. Dementsprechend rückt die Überschussrechnung als eine Zahlungsrechnung mit einigen Ausnahmen in den Vordergrund.[949]

---

[947] Siehe hierzu bereits oben Kapitel 4.2.2.3.

[948] Siehe *Rose, M.* (1991), S. 31. In diesem Zusammenhang wurden im Schrifttum mehrere Übergangslösungen diskutiert, die insbesondere auf die Behandlung eines bereits vorhandenen Kapitalbestands der Steuerpflichtigen abzielen. Siehe *Kay/King* (1978), S. 202 f.; *Meade Committee* (1978), S. 232 f.; *Sinn* (1985), S. 295; *Bach* (1993), S. 125 ff., und *Bach* (1999), S. 107 ff. Die praktische Relevanz der Cash-Flow-Steuer wird jedoch trotz dieser Übergangslösungen in Frage gestellt. Siehe z.B. *Kruschwitz/Schneider/Husmann* (2003b), S. 397 f.

[949] Eine praktikable Weiterentwicklung der Cash-Flow-Steuer in Form einer zinsbereinigten Gewinnsteuer wird im Rahmen dieser Untersuchung jedoch nicht thematisiert. Denn zum einen ist dieser Vorschlag aus dem Besteuerungsgrundsatz der Entscheidungsneutralität der Besteuerung entstanden, der hier abgelehnt wurde. Zum anderen wird die auf einem Vermögensvergleich basierende steuerliche Gewinnermittlung (ergänzt um einen Abzug der kalkulatorischen Zinsen) beibehalten, was sich mit dem Grundsatz der Gleichmäßigkeit der Besteuerung nach wirtschaftlicher Leistungsfähigkeit nicht vereinbaren lässt. Siehe zu einer zinsbereinigten Gewinnsteuer erstmals *Wenger* (1983), S. 227 ff., und *Boadway/Bruce* (1984), S. 231 ff.; später auch *Wagner, F./Wissel* (1995), S. 69 f.; *Rose, M.* (1998), S. 248 ff., und *Kiesewetter* (1999), S. 25 ff. Die Idee der Zinsbe-

Um eine Sicherung des Steueraufkommens des Fiskus gewährleisten zu können, sollte eine Änderung der Gewinnermittlungsmethode vom Vermögensvergleich zur Überschussrechnung „lediglich in sehr kleinen Schritten und/oder nach genügend langer sorgfältiger Vorankündigung in großen Zeiträumen“[950] erfolgen. Denn Steuerreformvorschläge haben umso geringere Realisierungschancen, je stärker die Abkehr vom bestehenden Steuersystem ist.[951] So zeigt auch der historische Rückblick, dass eine umfassende Steuerreform in einer kurzen Zeitspanne von wenigen Jahren keineswegs verwirklicht werden kann und dass eine Fundamentalreform eine Daueraufgabe ist.[952] So könnten zunächst Rückstellungen, Rechnungsabgrenzungsposten und Teilwertabschreibungen abgeschafft werden. Die mit diesen Änderungen tendenziell verbundenen steuerlichen Nachteile wären durch eine gleichzeitige Möglichkeit des Abzugs von Investitionen im Umlaufvermögen auszugleichen.

Kritisch zu einer Orientierung der Einkunftsermittlung an der Überschussrechnung ist anzumerken, dass die Realisierbarkeit dieser steuerlichen Einkunftsermittlungsmethode im entscheidenden Maße auch davon abhängt, inwieweit bei ihrer Einführung eine Harmonisierung im internationalen Bereich möglich sein wird. Denn man soll auf Insellösungen verzichten, mit denen sich Deutschland alle Möglichkeiten einer Anbindung an die Bestrebungen zur Schaffung einer gemeinsamen Bemessungsgrundlage in der Europäischen Union entzieht. Aus diesem Grund lehnt *Christoph Spengel* eine steuerliche Gewinnermittlungsmethode ohne Anlehnung an IFRS ab.[953] Dem ist entgegenzuhalten, dass die Gewinnermittlung nach IFRS in keinem europäischen Staat zur steuerlichen Einkunftsermittlungsmethode gehört, während die Überschussrechnung als vereinfachte Methode der Einkunftsermittlung bereits seit langem existiert. Alleine die Verpflichtung für kapitalmarktorientierte Unternehmen, ihren Konzernabschluss nach den internationalen Rechnungslegungsvorschriften aufzustellen, rechtfertigt meines Erachtens nicht die Aussage, dass die IFRS zur Ermittlung einer gemeinsamen steuerlichen Bemessungsgrundlage geeignet sind. Dass eine Harmonisierung der steuerlichen Gewinnermittlung im internationalen Bereich zwangsläufig eine stärkere Orientierung an Zahlungsgrößen ausschließt, lässt sich

---

reinigung wurde im Jahr 1994 unter Beteiligung von *Manfred Rose, Franz. W. Wagner* und *Ekkehard Wenger* in Kroatien umgesetzt, bevor sie im Jahr 2000 von einer neuen Regierung mit sozialistischer Mehrheit wieder abgeschafft wurde.

950 *Rose, G.* (1985b), S. 279. Anderer Auffassung ist *Hey* (2002), S. 545 f.

951 Siehe *Sinn* (1985), S. 287.

952 Siehe hierzu *Geiger* (1985), S. 563 f., im Hinblick auf die Vorschläge der *Steuerreformkommission* 1971.

953 Siehe *Spengel* (2006), S. 682. Auch die *Stiftung Marktwirtschaft* (2006), S. 31, sieht in der Orientierung an den internationalen Rechnungslegungsstandards die Chance auf eine Harmonisierung der steuerlichen Bemessungsgrundlage in der Europäischen Union als gewahrt an. Trotz dieser Erkenntnis und der Qualifizierung der IFRS als „Starting Point“ für die steuerliche Gewinnermittlung hält *Stiftung Marktwirtschaft* (2006), S. 31 f., zum größten Teil an den geltenden Gewinnermittlungsvorschriften fest.

daher nicht begründen. Die Notwendigkeit einer umfassenden internationalen Abstimmung schließt lediglich eine Umsetzung des Konzepts im engen zeitlichen Rahmen aus.[954]

Es bleibt festzuhalten, dass eine Anpassung der Einkunftsermittlung an die Zahlungsrechnung in Bezug auf die Gleichmäßigkeit der Besteuerung die am besten geeignete Richtung für Gewinn- und Überschusseinkunftsarten darstellt. Vor dem Hintergrund der Praktikabilität der Besteuerung erweist sich eine Angleichung an die bereits heute geltende Überschussrechnung als zweckentsprechend. Die durch die Große Koalition umgesetzte Abschaffung des Zufluss- und Abflussprinzips bei bestimmten Vermögensgegenständen des Umlaufvermögens im Rahmen der Einnahmenüberschussrechnung entfernt dagegen das geltende Steuerrecht noch weiter von dieser Lösung und ist deshalb zu kritisieren.

5.3 Veräußerungsgewinnbesteuerung

Der Grundsatz der Gleichmäßigkeit der Besteuerung nach wirtschaftlicher Leistungsfähigkeit verlangt, dass alle Veräußerungsgewinne nach der Markteinkommenstheorie besteuert werden sollen. Demzufolge ist jede Veräußerung von Vermögensgegenständen, die nicht den privaten Konsumzwecken dienen, steuerlich zu erfassen. Aus diesem Grund sollen Spekulationsfristen abgeschafft werden. Der Abzug der Anschaffungs- bzw. Herstellungskosten im Zeitpunkt des Erwerbs bzw. der Herstellung von Vermögensgegenständen auf Grundlage einer „idealen" Einkunftsermittlungsmethode, der Zahlungsrechnung, würde zu einer *weitgehenden* Verwirklichung des Grundsatzes der Gleichmäßigkeit der Besteuerung nach wirtschaftlicher Leistungsfähigkeit beitragen. Das Problem der Scheingewinnbesteuerung bei privaten Veräußerungsgewinnen lässt sich aufgrund der Möglichkeit einer „Sofortabschreibung" nur mit einer sofortigen Steuererstattung seitens der Finanzverwaltung vollständig vermeiden. Bei einem praktikablen verzinslichen Verlustvortrag kann die Scheingewinnbesteuerung nur pauschal eliminiert werden, da ein einheitlicher und kein den einzelnen Vermögensgegenständen entsprechender Preissteigerungsindex herangezogen wird.[955] Dadurch wird der Grundsatz der Besteuerung nach wirtschaftlicher Leistungsfähigkeit zugunsten des Praktikabilitätsgrundsatzes aufgegeben. Orientiert man sich an der Überschussrechnung als praktikabler Einkunftsermittlungsmethode, sollte die Scheingewinnbesteuerung durch eine Aufzinsung der Anschaffungs- bzw. Herstellungskosten mit einem einheitlichen Preissteigerungsindex (Lebenshaltungskostenindex) vermieden werden.

---

[954] So auch *Sigloch* (2004), S. 217, bezogen auf die Cash-Flow-Rechnung.

[955] Siehe zur Anwendung eines einheitlichen Preisindexes aus Praktikabilitätsgründen Kapitel 5.2.

Der Grundsatz der Praktikabilität der Besteuerung gilt auch dann als erfüllt, wenn die Erfassung von Veräußerungsgewinnen durch die Finanzverwaltung mit einem nicht übermäßigen Aufwand möglich ist. Lässt sich die Erfassung der Veräußerungsgewinne nicht durchführen, so resultiert daraus das gesetzliche Vollzugsdefizit, das nach dem Urteil des Bundesverfassungsgerichts die Gleichmäßigkeit der Besteuerung verletzt.[956]

Dass die Erfassung der meisten Veräußerungsgeschäfte im geltenden Steuerrecht mit Praktikabilitätsproblemen verbunden ist, wurde bereits an vielen Stellen dieser Untersuchung bemängelt. Nach der kritischen Würdigung der hierzu vorhandenen Reformvorschläge konnte zudem dargelegt werden, dass diese zwar zur Verbesserung, nicht jedoch zur vollständigen Vermeidung der bestehenden Praktikabilitätsprobleme beitragen. Es stellt sich demzufolge die Frage, ob es bei diesen „second best“ Lösungen bleiben soll bzw. ob es eine Möglichkeit gibt, alle Erfassungsschwierigkeiten bei privaten Veräußerungsgeschäften zu überwinden.

Erfassungsschwierigkeiten im Privatvermögen könnten z.B. durch eine steuerliche Außenprüfung seitens der Finanzverwaltung gelöst werden. Für eine lückenlose Überprüfung der Steuerpflichtigen mit Überschusseinkunftsarten wäre dabei eine Streichung der Voraussetzungen des § 193 Abs. 2 Nr. 2 AO erforderlich.[957] Fraglich ist jedoch vor dem Hintergrund des Praktikabilitätsgrundsatzes, ob eine Außenprüfung den Schutz der Privatsphäre vor übermäßigen Eingriffen des Staates nicht behindert und die dadurch entstandenen Kosten im angemessenen Verhältnis zum Steueraufkommen stehen.[958]

Der Schutz der Privatsphäre wird z.B. durch die Unverletzlichkeit der Wohnung (Art. 13 GG), der im Steuerrecht § 99 Abs. 1 Satz 3 AO Rechnung trägt, expliziert. Nach dem geltenden Recht kann ein Prüfer nicht verlangen, dass die Prüfung in den privaten Räumen eines Steuerpflichtigen durchgeführt wird.[959] Vielmehr hat der Steuerpflichtige selbst ein Wahlrecht, er kann seine Wohnung oder Diensträume an Amtsstelle als Prüfungsort wählen. Will der Prüfer die Privatwohnung des Steuerpflichtigen betreten, so ist die Einschränkung des § 99 Abs. 1 Satz 3 AO zu beachten. Danach dürfen „Wohnräume .. gegen den Willen des Inhabers nur zur Verhütung dringender Gefahren für die öffentliche Sicherheit und Ordnung betreten werden“.

---

956 Siehe noch einmal *BVerfG* (2004), S. 56 ff.

957 Siehe zu diesen Voraussetzungen noch einmal Kapitel 4.1.2.2. Die Aufgabe der Voraussetzungen des § 193 Abs. 2 Nr. 2 AO und somit einer Differenzierung zwischen Gewinn- und Überschusseinkunftsarten, fordert auch *Klaus Tipke*, jedoch vor dem Hintergrund des Gleichheitssatzes. Siehe hierzu bereits Fn. 696, S. 134, und noch einmal *Tipke* (2003b), § 193 AO, Rz. 32.

958 Siehe zu dieser Interpretation des Praktikabilitätsgrundsatzes noch einmal Kapitel 3.3.4.

959 Siehe *Langheim* (1984), S. 1119, und *Mösbauer* (2005), S. 159.

Nach Auffassung von *Heinz Mösbauer* kann durch das Betreten einer Privatwohnung im Rahmen einer Außenprüfung keine Verhütung dringender Gefahren für die öffentliche Ordnung erfolgen.[960] *Klaus Tipke* war in einer früheren Veröffentlichung dagegen der Ansicht, dass die Normen des Steuerrechts ein wesentlicher Bestandteil der öffentlichen Ordnung sind. Eine Außenprüfung hat danach die Aufgabe festzustellen, ob Steuergesetze beachtet werden oder ob Steuerhinterziehungen und/oder Steuerverkürzungen vorliegen, was zur Rechtfertigung des Betretens privater Wohnräume führt.[961] In seiner späteren Veröffentlichung ist jedoch eine Abkehr *Klaus Tipkes* von dieser Meinung zu konstatieren, indem er ausführt, dass eine Außenprüfung in den Wohnräumen eines Steuerpflichtigen nur mit seiner Zustimmung möglich ist.[962] Dies ist derzeit die herrschende Meinung.[963] Demzufolge würde eine Außenprüfung in Privaträumen eines Steuerpflichtigen ohne seine Zustimmung gegen den verfassungsrechtlichen Schutz der Privatsphäre verstoßen. Außerdem ist es zweifelhaft, ob wirklich alle Veräußerungsgeschäfte durch eine Außenprüfung in Privaträumen der Steuerpflichtigen erfasst werden können.

Eine Außenprüfung verursacht zudem sehr hohe Personalkosten. Aus diesem Grund wurde von der Finanzverwaltung bei Gewinneinkunftsarten ein Prüfungsturnus entwickelt, der sich an der Größe des Unternehmens orientiert.[964] So werden Großbetriebe alle 4,4 Jahre, Mittelbetriebe alle 13,1 Jahre und Klein- und Kleinstbetriebe alle 50,6 Jahre überprüft.[965] Dabei hat sich der Außenprüfungsturnus in den letzten Jahrzehnten im Bereich der Mittel-, Klein- und Kleinstbetriebe rückläufig entwickelt.[966]

---

[960] Siehe *Mösbauer* (2005), S. 163.

[961] So *Tipke* (1967), S. 79 f.

[962] Siehe *Tipke* (2003b), § 200 AO, Rz. 23 und 35. *Tipke* (2000a), S. 430, bemerkt aber „Wer etwa Aufwendungen für ein Arbeitszimmer als Werbungskosten geltend macht, kann die Sachaufklärung durch Ortsbesichtigung nicht mit der Begründung verhindern, Beamte dürfen seine Wohnung nicht betreten; er muß, wenn er das Betreten der Wohnung verhindern will, auf den Ansatz der Werbungskosten verzichten."

[963] Siehe z.B. *Schick* (1980), S. 278; *Wedelstädt, von* (1989), S. 153, m.w.N., und *Mösbauer* (2005), S. 163.

[964] Die Einordnungsmerkmale werden von den obersten Finanzbehörden der Länder im Einvernehmen mit dem Bundesministerium der Finanzen festgesetzt. Zu den zuletzt festgelegten Merkmalen für den neunzehnten Prüfungsturnus (2007-2009) siehe *BMF* (2006b).

[965] Die Prüfungshäufigkeit für Groß- und Mittelbetriebe ergibt sich aus statistischen Aufzeichnungen des Bundesministeriums der Finanzen, zuletzt für das Jahr 2005. Siehe *BMF* (2006a). Die Prüfungshäufigkeit für Klein- und Kleinstbetriebe ist laut Bundesministerium der Finanzen ohne Aussagewert und wurde deshalb in letzten Jahren nicht veröffentlicht. Sie ergibt sich aus dem Bericht des Bundesministeriums der Finanzen „Ergebnis der steuerlichen Betriebsprüfung 2002", der öffentlich nicht mehr zur Verfügung steht, zitiert in *Breithecker* (2004), S. 212.

[966] Siehe *BMF* (2006a), mit einem Überblick von 2001 bis 2005.

Würde eine Außenprüfung auch im Bereich der Überschusseinkunftsarten durchgeführt, so müsste von der Finanzverwaltung ebenfalls ein Außenprüfungsturnus in Abhängigkeit vom Steueraufkommen festgelegt werden. Dabei könnte man sich an den Einkommensgrenzen bei Gewinneinkunftsarten orientieren, was bedeuten würde, dass in den meisten Fällen eine Außenprüfung alle 50,6 Jahre stattfinden würde. Bei einem Außenprüfungsturnus von 50,6 Jahren findet eine Außenprüfung *faktisch* jedoch nicht mehr statt,[967] so dass diese, insbesondere im Bereich privater Veräußerungsgewinne, unwirksam bleiben würde. Laut Bundesverfassungsgericht hat das Bundesministerium der Finanzen auch eingeräumt, dass – auch im Hinblick auf verfügbare personelle und finanzielle Mittel – der Einsatz einer Außenprüfung zur Erfassung von privaten Veräußerungsgeschäften bei einer Vielzahl von Steuerpflichtigen nicht angemessen sei.[968]

Eine Außenprüfung als eine generelle Möglichkeit der Erfassung privater Veräußerungsgeschäfte ist vor dem Hintergrund der obigen Argumente abzulehnen. Im Folgenden wird deshalb auf die Erfassungsschwierigkeiten bei den einzelnen Vermögensgegenständen sowie auf deren Lösungsmöglichkeiten eingegangen.

Zum einen lässt sich die Erfassung von Luxusgegenständen des Privatvermögens (Kunstgegenstände, Schmuck, Antiquitäten oder Münzen aus Edelmetallen) nicht problemlos durchführen. Zwar wäre eine Kontrolle beispielsweise durch die den Auktionshäusern aufzuerlegenden Meldepflichten, wie dies im britischen Steuerrecht geschehen ist, denkbar. Allerdings ist zu beachten, dass im Zeitalter des Internet solche privaten Veräußerungsvorgänge in zunehmendem Umfang ohne Einschaltung von Auktionshäusern direkt über das Internet abgewickelt werden, so dass eine Erfassung i.d.R. umgangen wird.[969] Da keine geeigneten Kontrollmaßnahmen existieren, muss auf die Besteuerung von Luxusgütern verzichtet werden, was eine teilweise Aufgabe des Grundsatzes der Besteuerung nach wirtschaftlicher Leistungsfähigkeit zugunsten des Praktikabilitätsgrundsatzes bedeutet.

Betrachtet man Vermögensgegenstände, die vor der Veräußerung zur Erzielung von Überschusseinkunftsarten eingesetzt wurden, so ergeben sich Erfassungsprobleme bei der Veräußerung von den Vermögensgegenständen, die der Erwirtschaftung von Einkünften aus nichtselbständiger Arbeit zugrunde liegen. Eine Berücksichtigung dieser Vermögensgegenstände setzt natürlich voraus, dass deren Erwerb beruflich

---

967 Siehe *Geyer* (1994), S. 148 f.

968 Siehe hierzu *BVerfG* (2004), S. 68, das jedoch diese Aussage nicht belegt.

969 So *Reimer* (2001), S. 137. Nach Auffassung von *Reinhart* (2005), S. 141, stünden die mit dieser Kontrollmitteilungspflicht verbundenen Mehrkosten für Auktionshäuser und Finanzverwaltung außer Verhältnis zu den zu erwartenden Steuermehreinnahmen aus diesen Veräußerungsgeschäften.

veranlasst war.[970] Hierzu gehören z.B. Einrichtungsgegenstände eines Arbeitszimmers, Computer oder Computeranlagen. Der Auffassung, dass solche Gebrauchsgegenstände durch Nutzung eine Wertminderung erfahren und deshalb bei deren Veräußerung i.d.R. nur Verluste entstehen,[971] was eine Steuerfreistellung entsprechender Veräußerungsgewinne rechtfertigen soll, ist jedoch nicht zuzustimmen. Ein Veräußerungsverlust ließe sich nur dann realisieren, wenn von dem aufgrund des Werteverlustes niedrigeren Veräußerungspreis höhere Anschaffungskosten abzuziehen wäre. Da sich die Anschaffungskosten nach dem geltenden Steuerrecht durch den sofortigen Abzug (im Falle der geringwertigen Wirtschaftsgüter) bzw. durch vorgenommene Abschreibungen bereits steuermindernd ausgewirkt haben, wäre ein erneuter Abzug der vollständigen Anschaffungskosten nicht mehr möglich. Bei einer Veräußerung dieser Wirtschaftsgüter würde es somit entweder zu keinem Abzug der Anschaffungskosten oder zum Abzug der fortgeführten Anschaffungskosten kommen.[972] Werden keine Anschaffungskosten abgezogen, so ergibt sich immer ein Veräußerungsgewinn, der dem Veräußerungspreis nach Abzug eventuell entstandener Veräußerungskosten entspricht. Eine Berücksichtigung der fortgeführten Anschaffungskosten lässt i.d.R. auch einen Veräußerungsgewinn entstehen, da steuerlich regelmäßig mehr als der tatsächliche Werteverlust abgeschrieben wird. Bei einer weitgehenden Orientierung der Einkunftsermittlung an Zahlungsgrößen verstärkt sich sogar das Argument für die Entstehung eines Veräußerungsgewinns, da die Anschaffungskosten der Vermögensgegenstände durch den Abzug von der Bemessungsgrundlage und nicht durch Abschreibungen steuerlich berücksichtigt werden. Eine steuerliche Freistellung der Gewinne aus der Veräußerung des Arbeitsvermögens lässt sich demzufolge auf diese Weise nicht begründen.

Eine Nichtbesteuerung der Veräußerungsgewinne des Arbeitsvermögens ist meines Erachtens lediglich mit der fehlenden Möglichkeit der Erfassung solcher Veräußerungsgeschäfte zu rechtfertigen. Dasselbe gilt auch für bewegliche Vermögensgegenstände, die vermietet bzw. verpachtet werden, und somit zur Erzielung von Einkünften aus Vermietung und Verpachtung bzw. sonstigen Einkünften[973] beitragen. Die Tatsache, dass solche Einkünfte zunächst deklariert werden und dann entfallen, stellt lediglich ein Indiz für eine vorgenommene Veräußerung der zur Erwirtschaftung

---

[970] In diesem Zusammenhang wird im Schrifttum auch vom steuerlichen Arbeitsvermögen gesprochen. Siehe z.B. *Rademacher-Gottwald* (2003), S. 336.

[971] Siehe *Rademacher-Gottwald* (2003), S. 344.

[972] Dass für die Ermittlung eines Veräußerungsgewinns auch im Privatvermögen die fortgeführten Anschaffungskosten anzusetzen sind, ergibt sich z.B. aus § 23 Abs. 3 Satz 4 EStG.

[973] Sonstige Einkünfte gem. § 22 Nr. 3 EStG entstehen durch eine *gelegentliche* Vermietung beweglicher Gegenstände.

dieser Einkünfte benötigten Vermögensgegenstände dar.[974] Eine Verifizierung dieser Vermutung seitens der Finanzverwaltung ist jedoch nicht möglich.

Bei der Erfassung der Veräußerungsgeschäfte aus Wertpapieren bestehen trotz der in der Vergangenheit vorgenommenen Gesetzesänderungen zahlreiche Probleme. So wurden bereits in Kapitel 4.1.2.2 die Grenzen des durch § 93 Abs. 7 AO ermöglichten Kontenscreening aufgezeigt. Außerdem erwies sich eine Abgeltungssteuer insbesondere vor dem Hintergrund der Gleichmäßigkeit der Besteuerung nach wirtschaftlicher Leistungsfähigkeit als kein geeignetes Instrument zur Erfassung von Wertpapiergeschäften.[975] Eine Kontrollmitteilungspflicht der Kreditinstitute an die Finanzämter mit einer damit einhergehenden Lockerung des Bankgeheimnisses könnte dagegen die Erfassung der Veräußerungsgeschäfte über Kreditinstitute ermöglichen. Eine Kontrollmitteilungspflicht könnte z.B. in Form einer automatischen Übermittlung der Jahresbescheinigung nach § 24c EStG an die Finanzämter ausgestaltet sein. Allerdings stellt sich die Frage, ob diese Regelung mit dem Schutzbedürfnis der Privatsphäre nach dem Grundgesetz vereinbar ist.

Das Bundesverfassungsgericht hat in seiner ständigen Rechtsprechung anerkannt, dass das Grundgesetz dem einzelnen Bürger einen unantastbaren Bereich privater Lebensgestaltung gewährt, der der Einwirkung des Staates entzogen ist. Jedoch steht nicht der gesamte Bereich des privaten Lebens unter dem absoluten Schutz des Grundgesetzes. Jeder Bürger muss vielmehr bestimmte staatliche Maßnahmen hinnehmen, die dem *Interesse der Allgemeinheit* unter Wahrung der Verhältnismäßigkeit dienen und *nicht in den Bereich der Intimsphäre* ohne jeden Sozialbezug fallen.[976] Ob eine Kontrollmitteilungspflicht der Kreditinstitute die beiden Voraussetzungen erfüllt, ist im Folgenden zu überprüfen.

Wertpapiere zählen zu Vermögensgegenständen, die vor der Veräußerung zur Erzielung von Einkünften aus Kapitalvermögen eingesetzt wurden, auch wenn das kein primäres Ziel des Wertpapiererwerbs war. Sie wurden bereits vor der Veräußerung dem Markt offenbart, wodurch sie nicht mehr unter den Schutz der Privatsphäre fallen.[977] Damit ist die Privatsphäre nicht dem Privatvermögen gleichzustellen.[978] Das

---

[974] Ein weiterer Grund für das Wegfallen solcher Einkünfte kann auch in der Nutzung der Vermögensgegenstände zu eigenen Konsumzwecken liegen.

[975] Siehe hierzu noch einmal Kapitel 4.2.2.4.

[976] Siehe hierzu noch einmal Kapitel 3.3.4.

[977] Siehe hierzu *Kirchhof* (1988), S. F 29 ff., der jedoch mit dieser Konkretisierung der Markteinkommenstheorie materielle Folgen für die Besteuerung zieht. Siehe zur Markteinkommenstheorie als Lösung bestimmter Praktikabilitätsprobleme bereits Kapitel 4.2.2.1.

[978] So auch *Tipke* (2000a), S. 428 f.

als Kapitalanlage eingesetzte Vermögen gehört zum privaten Erwerbsvermögen und ist mit dem Betriebsvermögen vergleichbar.

Das Interesse der Allgemeinheit als eine weitere Voraussetzung für staatliche Maßnahmen ist dann erfüllt, wenn dadurch die Gleichmäßigkeit der Besteuerung verwirklicht werden kann.[979] Durch eine umfassende Kontrollmitteilungspflicht der Kreditinstitute können jedoch nicht alle Wertpapiergeschäfte erfasst werden. Wie bereits in Kapitel 4.1.2.2 ausgeführt wurde, hat ein Kreditinstitut nur dann die notwendigen Informationen über die Veräußerungsvorgänge, wenn es neben einem Depotgeschäft auch ein Effektengeschäft für einen Steuerpflichtigen übernimmt. Wird ein Kreditinstitut nicht zum Zwecke eines Effektengeschäfts herangezogen, so verfügt es über keine für die Finanzverwaltung erforderlichen Informationen.[980] Eine umfassende Kontrollmitteilungspflicht der Kreditinstitute würde nicht zur Gleichmäßigkeit der Besteuerung führen, wodurch sie auch ihre Rechtfertigung verliert. Die Gleichmäßigkeit der Besteuerung würde im Wesentlichen davon abhängen, ob die Steuerpflichtigen ihre Veräußerungsgeschäfte über ein Kreditinstitut tätigen oder nicht. Die materielle Gleichmäßigkeit wäre vom Vollzug der Steuererhebung abhängig. Finden sich keine Möglichkeiten zur Erfassung aller Veräußerungsgeschäfte mit Wertpapieren, wäre eine Freistellung aller Veräußerungsgewinne aus Wertpapieren vor dem Hintergrund der Entscheidung des Bundesverfassungsgerichts zweckmäßig.

Im Zusammenhang mit der Erfassung von Veräußerungsgeschäften mit Wertpapieren, die sich zwar vor der Veräußerung im Depot eines Kreditinstituts befinden, jedoch nicht über das Kreditinstitut veräußert werden, könnte man auf Erfahrungen aus Österreich zurückgreifen. So wurde für den österreichischen Gesetzgeber eine Entnahme der Wertpapiere aus dem Depot eines Kreditinstituts zum Ersatztatbestand für eine fehlende Veräußerung.[981] Die Informationen über die Entnahme der Wertpapiere aus einem Depot erhält die Finanzverwaltung aufgrund der Kontrollmitteilungen der Kreditinstitute. Die Entnahme der Wertpapiere aus dem Depot eines Kreditinstituts stellt dann eine widerlegbare Vermutung dar, dass eine Veräußerung stattgefunden hat. Anstelle des Veräußerungspreises tritt dabei der gemeine Wert der Anteile. Sofern die Steuerpflichtigen vom Abzug der Anschaffungskosten im Zeitpunkt des Wertpapiererwerbs keinen Gebrauch gemacht haben und sich die tatsächlichen Anschaffungskosten bei den Depotzugängen nicht feststellen lassen, sind die Anschaffungskosten mit Null anzusetzen. Wird der Steuerpflichtige jedoch nachweisen können, dass keine Veräußerung erfolgte bzw. der Veräußerungspreis bei einer

---

[979] Dies bejaht z.B. *Reimer* (2001), S. 169.

[980] Siehe hierzu noch einmal Kapitel 4.2.2.4. Dort findet sich auch ein Beispiel für die Trennung eines Effektengeschäfts von einem Depotgeschäft.

[981] Siehe zur Kritik dieser Regelung im Zusammenhang mit der Verpflichtung der österreichischen Kreditinstitute, eine Quellensteuer abzuführen, noch einmal Kapitel 4.2.2.4.

Veräußerung unter dem gemeinen Wert liegt, so sind die Besteuerungsfolgen entsprechend anzupassen. Die Beweislast liegt somit zum Zeitpunkt der Entnahme der Wertpapiere aus einem Depot beim Steuerpflichtigen.

Ob jedoch der obige Ersatztatbestand eine lückenlose Erfassung der Veräußerungsgeschäfte mit Wertpapieren ermöglichen kann, ist meines Erachtens zweifelhaft. Zum einen können z.B. die aus dem Depot eines Kreditinstituts entnommenen Wertpapiere erst einige Perioden später veräußert werden. Zum Zeitpunkt der Entnahme der Wertpapiere ließe sich die fehlende Veräußerung der Wertpapiere problemlos nachweisen. Bei einer Veräußerung der Wertpapiere zu einem späteren Zeitpunkt wäre die Finanzverwaltung dann an die Informationen des Steuerpflichtigen gebunden. Das Problem der Erfassung solcher Veräußerungsgeschäfte bliebe demzufolge bestehen. Auch das Vollzugsdefizit im Bezug auf die Wertpapiere, die sich nicht im Depot eines Kreditinstituts befinden, lässt sich nicht beseitigen.

Eine umfassende Kontrollmitteilungspflicht der Kreditinstitute alleine induziert somit keine lückenlose Erfassung von privaten Wertpapiergeschäften. Sie würde vielmehr dazu führen, dass die Steuerpflichtigen durch das Nichteinschalten der Kreditinstitute eine Besteuerung der Veräußerungsgewinne umgehen. Eine Kontrollmitteilungspflicht wäre lediglich in Verbindung mit einer *Depotpflicht der Kreditinstitute* zur Vermeidung des vom Bundesverfassungsgericht bemängelten Vollzugsdefizits geeignet und gerechtfertigt. Auf der Grundlage einer Depotpflicht würden Kreditinstitute über alle notwendigen Informationen verfügen, die sie an die Finanzverwaltung weiterleiten könnten. Eine gleichmäßige Besteuerung der Veräußerungsgewinne aus Wertpapiergeschäften im Inland wäre damit gewährleistet.

Die Kontrollmaßnahmen im Zusammenhang mit den Veräußerungsgewinnen aus Wertpapiergeschäften könnten jedoch einen Anreiz zu Kapitalverlagerungen ins Ausland schaffen.[982] Die Einführung einer umfassenden Kontrollmitteilungspflicht wäre deshalb nur sinnvoll, wenn ein Informationsaustausch über die Veräußerungsgewinne zwischen den EU-Staaten stattfinden würde. Ein solcher automatischer Informationsaustausch über ausländische Kapitalanleger ist seit dem 1. Juli 2005 *für Zinserträge* laut der europäischen Zinsrichtlinie vorgeschrieben.[983] Nach der EU-Zinsrichtlinie haben die ausländischen Kreditinstitute, die Zinsen an in Deutschland ansässige Personen auszahlen, entsprechende Zahlungen dem Bundesamt für Finanzen zu melden.[984] Damit soll der Steuerflucht und Steuerhinterziehung in der Europä-

[982] Siehe hierzu bereits Kapitel 4.2.2.4.

[983] Siehe *EU-Zinsrichtlinie 2003*, S. 42 f. Zur Umsetzung der EU-Zinsrichtlinie siehe *BMF* (2005a).

[984] Auch umgekehrt werden die Zahlungen von inländischen Kreditinstituten an nichtansässige Personen dem Bundesamt für Finanzen als Zentralstelle gemeldet, das diese Informationen an den Staat weiterleitet, in dem der Empfänger der Zahlungen ansässig ist.

ischen Union wirksam Einhalt geboten werden. Auch bei einer umfassenden Besteuerung privater Veräußerungsgewinne aus Wertpapiergeschäften kann dem Vorbild der EU-Zinsrichtlinie gefolgt werden, um die Zusammenarbeit zwischen den europäischen Staaten zu gewährleisten.[985]

Im Schrifttum wurden jedoch bezüglich der Zinsrichtlinie erhebliche Zweifel an ihrer Effizienz geäußert,[986] denn Belgien, Luxemburg und Österreich stellen zunächst Ausnahmen von diesem umfassenden Kontrollmitteilungssystem dar. Diese EU-Mitglieder werden erst nach Ablauf einer Übergangszeit, in der diese Staaten auf Zinserträge eine anonyme Quellensteuer erheben, an dem Kontrollmitteilungssystem teilnehmen. Die Übergangszeit wird so lange andauern, bis die Europäische Union einstimmig feststellt, dass Drittstaaten, wie z.B. die Schweiz, Monaco, Liechtenstein u.a., das Bankgeheimnis aufgeben.[987] Ob das allerdings jemals geschehen wird, ist mehr als fraglich.

Außerdem hat der Bundesfinanzhof bestätigt, dass Ermittlungsprobleme von Daten im Ausland geführter Konten bestehen, die zu einem Erhebungsdefizit führen.[988] Um eine Besteuerung von Einkünften aus ins Ausland verlagertem Kapitalvermögen sicherzustellen, hat die Finanzverwaltung im Rahmen der Steuerfahndungsmaßnahmen nicht unerhebliche Anstrengungen unternommen. Allerdings hat der Bundesfinanzhof in diesem Zusammenhang auch ausgeführt, dass ein insoweit noch verbleibendes Erhebungsdefizit dem deutschen Gesetzgeber nicht zurechenbar ist und somit nicht die Verfassungswidrigkeit einer deutschen Norm induziert.[989] Ob jedoch das Bundesverfassungsgericht diese Auffassung teilen wird, ist heute noch nicht abzusehen.

Als Ergebnis lässt sich festhalten, dass ohne eine gesetzliche Depotpflicht der Kreditinstitute eine umfassende Kontrollmitteilungspflicht keine Erfassungsprobleme bei Wertpapiergeschäften lösen kann.[990] Das gilt auch für die häufig bevorzugte Quellensteuer mit anschließender Veranlagung. Ohne diese Maßnahme wäre deshalb aus dem Grundsatz der Gleichmäßigkeit der Besteuerung nur eine Freistellung *aller*

---

985 So *Reimer* (2001), S. 165 ff., die sich aufgrund dieser in 2001 noch in der Anfangsphase befindlichen Harmonisierungsmaßnahmen für den Einsatz eines Kontrollmitteilungssystems für die Veräußerungsgewinne im Inland ausgesprochen hat.

986 Siehe z.B. *Suhrbier-Hahn* (2003), S. 359.

987 Siehe *EU-Zinsrichtlinie 2003*, S. 43.

988 *BFH* (2005c), S. 191, bezieht sich dabei auf die mündliche Verhandlung.

989 Siehe *BFH* (2005c), S. 192.

990 Das gilt auch unabhängig davon, ob die heutige materielle Vorschrift zur Besteuerung der Veräußerungsgewinne aus Wertpapiergeschäften zur umfassenden Besteuerungspflicht geändert oder beibehalten wird.

Veräußerungsgewinne aus Wertpapiergeschäften gerechtfertigt. Für den Fall, dass sich die Große Koalition bei der Ausgestaltung einer gesetzlichen Regelung zu den Veräußerungsgewinnen für eine vollständige Besteuerung ohne geeignete flankierende Maßnahmen zur Erfassung privater Veräußerungsgeschäfte entscheidet, lässt sich die Zukunft dieser Vorschrift nicht schwer vorhersagen. So wird es auch in Zukunft die Steuerpflichtigen wie *Klaus Tipke*[991] geben, die bereit sind, im Sinne der Gleichmäßigkeit der Besteuerung in Deutschland einen „weiten" Weg im gerichtlichen Rechtsbehelfsverfahren auf sich zu nehmen.

[991] Dem Urteil des Bundesverfassungsgerichts zur Verfassungswidrigkeit der Besteuerung von Spekulationsgeschäften für die Jahre 1997 und 1998 vom 9. März 2004 [siehe *BVerfG* (2004)] liegt die Klage von *Klaus Tipke* im Ausgangsverfahren zugrunde.

6 Schlussbetrachtung

Das Ziel dieser Arbeit bestand darin, vor dem Hintergrund betriebswirtschaftlicher Zielsetzungen die Rechtfertigung des Dualismus der Einkunftsarten zu überprüfen und Ansätze zur Steuerreformdiskussion herauszuarbeiten.

Die kritische Darstellung des Dualismus der Einkunftsarten hat gezeigt, dass bereits mehrere Reformvorschläge, die den Dualismus der Einkunftsarten unmittelbar oder mittelbar beeinflussen, existieren. Da jedoch diesen Reformüberlegungen eine ganze Reihe unterschiedlicher und zum Teil nicht explizit vorgetragener Zielsetzungen zugrunde liegt, war die Festlegung der Besteuerungsgrundsätze für die weitere Untersuchung von entscheidender Bedeutung.

Vor dem Hintergrund des Werturteilsverständnisses, nach dem die Auswahl bestimmter Ziele durch einen Wissenschaftler ohne Allgemeinverbindlichkeitsanspruch ein zulässiges Werturteil des Metabereichs darstellt, wurden die Besteuerungsgrundsätze anschließend hypothetisch festgelegt. Der Versuch, die durch die Rechtsordnung vorgegebenen Zielsetzungen zu übernehmen, scheiterte jedoch aufgrund der Entstehungsgeschichte des Dualismus der Einkunftsarten und der Ungenauigkeiten des historischen Gesetzgebers. Die (kritische) Auseinandersetzung mit den Zielsetzungen, die von der Wissenschaft herausgestellt wurden, führte zur Bestimmung folgender Besteuerungsgrundsätze: die Gleichmäßigkeit der Besteuerung nach wirtschaftlicher Leistungsfähigkeit und die Praktikabilität der Besteuerung. Die steuerliche Effizienz als eigenständiger Besteuerungsgrundsatz wurde abgelehnt. Die Effizienz der Besteuerung – als Erfordernis der Zugrundelegung der realen Welt unter Unsicherheit und Ungleichverteilung des Wissens mit den daraus resultierenden ökonomischen Problemen – wurde vielmehr als methodologische Vorentscheidung für die Konkretisierung der Gleichmäßigkeit der Besteuerung nach der wirtschaftlichen Leistungsfähigkeit qualifiziert.

Die kritische Würdigung des Dualismus der Einkunftsarten im geltenden Recht, beschränkt auf die Einkunftsermittlung und die Veräußerungsgewinnbesteuerung, hat verdeutlicht, dass der Dualismus der Einkunftsarten den in dieser Arbeit zugrunde gelegten Besteuerungsgrundsätzen nicht entspricht und deshalb nicht gerechtfertigt ist. Im weiteren Verlauf der Untersuchung wurden die vorhandenen Reformvorschläge darauf überprüft, ob sie zur Vermeidung der aus dem Dualismus der Einkunftsarten resultierenden Defizite geeignet sind. Dabei wurden sowohl die Vorzüge als auch die Schwächen der betrachteten Reformvorschläge anhand der festgelegten Besteuerungsgrundsätze ausführlich diskutiert. Die Schwächen der betrachteten Reformvorschläge resultieren im Wesentlichen aus der Verschiedenheit der zugrunde liegenden Zielsetzungen, was dennoch einen Verzicht auf eine solche Untersuchung nicht rechtfertigt. Denn gerade diese abweichenden Zielsetzungen und ihre Folgen ermöglichen überhaupt eine sinnvolle kritische Auseinandersetzung mit den unterschiedlichen Auffassungen.

Die kritische Würdigung der vorhandenen Reformüberlegungen de lege ferenda wurde dem eigenen Vorschlag zugrunde gelegt, der abschließend vorgetragen wurde. Dabei handelt es sich nicht um den Entwurf eines Steuergesetzbuchs, sondern um einen Ansatz, der eine notwendige Richtung der Steuerreform ohne Formulierung entsprechender Steuernormen aufzeigt. Auch wenn der vorliegende Vorschlag an einigen Stellen zu weit gegangen ist, um von der Politik vollständig akzeptiert zu werden, so bleibt zu hoffen, dass die Ausführungen dieser Arbeit dennoch einen wesentlichen Beitrag zur Steuerreformdiskussion aus betriebswirtschaftlicher Sicht leisten können.

So wäre eine Abkehr vom Vermögensvergleich hin zu einer höheren Zahlungsorientierung bei der Gewinnermittlung zu begrüßen, wodurch eine weitgehende Vereinheitlichung der Einkunftsermittlungsmethoden erreicht werden könnte. Die jüngste Änderung des Einkommensteuergesetzes, die das Zufluss- und Abflussprinzip bei dem Umlaufvermögen im Rahmen der Einnahmenüberschussrechnung einschränkt, stellt genau das Gegenteil der vorgetragenen Reformorientierung dar und ist bei der Akzeptanz der hier festgelegten Besteuerungsgrundsätze zu kritisieren.

Die Besteuerung privater Veräußerungsgewinne hat sich in zunehmendem Maße an die Anforderungen des Verfahrensrechts auszurichten, damit das materielle Steuerrecht gleichmäßig angewandt werden kann und „die Ehrlichen nicht die Dummen sind“[992]. Diese Anforderung lässt sich bei der Besteuerung der Veräußerungsgewinne aus nicht selbstgenutzten Grundstücken und GmbH-Anteilen problemlos verwirklichen. Bei anderen Wertpapieren ist eine gleichmäßige Anwendung des Rechts nur im Falle einer Kontrollmitteilungspflicht in Verbindung mit einer Depotpflicht der Kreditinstitute zu erreichen. Eine weitergehende Besteuerung anderer privater Veräußerungsgewinne ist vor dem Hintergrund einer gleichmäßigen Anwendung der Steuernormen abzulehnen. Das aktuelle Reformvorhaben der Großen Koalition schlägt bezüglich der umfassenden Veräußerungsgewinnbesteuerung einen falschen Kurs ein, so dass fraglich erscheint, ob die entsprechenden Gesetzesänderungen eine Zukunft haben können.

Trotz der Bemühungen der Verfasserin, die vielfältigen Forschungsthemen im Rahmen dieser Arbeit zu vereinen, mussten einige Forschungsgebiete in der vorliegenden Untersuchung dennoch unberücksichtigt bleiben. So wurde die internationale Verträglichkeit des Vorschlags für Gewinn- und Überschusseinkunftsarten nur rudimentär behandelt. Das soll jedoch nicht bedeuten, dass den internationalen For-

---

[992] *Tipke* (2000b), S. 310.

schungsfragen ihre Wichtigkeit abgesprochen wird. Denn dies könnte zur internationalen Isolation in der wissenschaftlichen Kommunikation führen. Die Untersuchungen auf diesem Gebiet bleiben insoweit notwendig.

Literaturverzeichnis

Albert, Hans (1992): Die Wertfreiheitsproblematik und der normative Hintergrund der Wissenschaften, in: *Lenk, Hans/Maring, Matthias* (Hrsg.), Wirtschaft und Ethik, Stuttgart 1992, S. 82-100

Albert, Hans (2000): Kritischer Rationalismus, Tübingen 2000

Alt, Markus (1994a): Das Überschussvermögen im Einkommensteuerrecht, Heidelberg 1994, zugl. Dissertation Universität Augsburg 1992

Alt, Markus (1994b): Das Überschussvermögen im Einkommensteuerrecht, in: StuW 1994, S. 138-152

Altehoefer, Klaus (1994): Steuervereinfachung in Gesetzgebung und Praxis, in: *Bühler, Wilhelm/Kirchhof, Paul/Klein, Franz* (Hrsg.), Steuervereinfachung, Festschrift für Dietrich Meyding, Heidelberg 1994, S. 163-175

Altfelder, Stefan (2000): Gewerblicher Grundstückshandel im Wandel, in: FR 2000, S. 349-371

Altorfer, Werner (1959): Geschäftsvermögen und Privatvermögen im Einkommensteuerrecht, Zürich und Sankt Gallen 1959, zugl. Dissertation Handels-Hochschule Sankt Gallen 1958

Altrichter-Herzberg, Torsten (2004): Der GmbH-Kommentar zum Urteil des BVerfG vom 09.03.2004 – 2 BvL 17/02, in: GmbHR 2004, S. 439-442

Arnold, Michael (2004): Das Bankgeheimnis, in: DSWR 2004, S. 289-290

Bach, Stefan (1993): Die Idee der Cash-flow-Steuer vor dem Hintergrund des gegenwärtigen Steuersystems, Berlin 1993

Bach, Stefan (1999): Der Cash-Flow als Bemessungsgrundlage der Unternehmensbesteuerung, in: *Smekal, Christian/Sendlhofer, Rupert/Winner, Hannes* (Hrsg.), Einkommen versus Konsum, Heidelberg 1999, S. 85-122

Ballwieser, Wolfgang (1999): Grundsätze ordnungsmäßiger Buchführung, in: *Castan, Edgar u.a.* (Hrsg.), Beck'sches Handbuch der Rechnungslegung, München, Stand: März 1999

Balzer, Fritz (1929): Der steuerliche Einkommens-Begriff, Giessen 1929, zugl. Dissertation Universität Giessen 1928

Bareis, Peter (1972): Zur Reform des Maßgeblichkeitsprinzips, in: WPg 1972, S. 498-503

Barth, Kuno (1955): Die Entwicklung des deutschen Bilanzrechts, Band II: Steuerrecht, Stuttgart 1955

Bauer, Klaus (1974): Der Dualismus Betriebsausgaben – Werbungskosten, München 1974, zugl. Dissertation Universität Köln 1974

Beisse, Heinrich (1994): Zum neuen Bild des Bilanzrechtssystems, in: *Ballwieser, Wolfgang u.a.* (Hrsg.), Bilanzrecht und Kapitalmarkt, Festschrift für Adolf Moxter, Düsseldorf 1994, S. 3-31

Belser, Karl-Heinz (1986): Verfassungsrechtliche Zulässigkeit steuerlicher Wahlrechte, Frankfurt am Main 1986

Best, Carl M. (2004): Mit der Steueramnestie endet auch das Bankgeheimnis, in: DStR 2004, S. 1819-1821

Best, Michael (1991): Die Gewinn- und Überschusserzielungsabsicht als konstituierendes Merkmal der steuerbaren Tätigkeit, München 1991, zugl. Dissertation Universität Augsburg 1991

Biergans, Enno/Stockinger, Roland (1982): Zum Einkommensbegriff und zur persönlichen Zurechnung von Einkünften im Einkommensteuerrecht (I), in: FR 1982, S. 1-7

Bilsdorfer, Peter/Weyand, Raimund (2005): Die Informationsquellen und -wege der Finanzverwaltung, 7. Auflage, Berlin 2005

Birk, Dieter (1983): Das Leistungsfähigkeitsprinzip als Maßstab der Steuernormen, Köln 1983, zugl. Habilitationsschrift Universität München 1981

Birk, Dieter (2004): Das Gebot des gleichmäßigen Steuervollzugs und dessen Sanktionierung, in: StuW 2004, S. 277-282

Boadway, Robin W./Bruce, Neil (1984): A General Proposition on the Design of a Neutral Business Tax, in: Journal of Public Economics 1984, S. 231-239

Bornhaupt, von, Kurt J. (1986): Behandlung von Vermögensgegenständen bei Überschußeinkünften, in: BB 1986, S. 1963-1964

Bornhaupt, von, Kurt J. (2003): System- und Verfassungsverstöße des § 23 EStG in seiner jetzigen Fassung und erst recht nach Maßgabe des dem Bundesrat vorliegenden Entwurfs des Steuervergünstigungsabbaugesetzes, in: BB 2003, S. 125-130

Bradford, David F. (1986): Untangling the Income Tax, Cambridge, London 1986

Brandis, Peter (1987): Einkommen als Rechtsbegriff, in: StuW 1987, S. 289-301

Breithecker, Volker (2004): Steuerliches Verfahrensrecht in der Betriebswirtschaftlichen Steuerlehre, 3. Auflage, Duisburg 2004

Breithecker, Volker/Klapdor, Ralf/Passe, Jens (2002): Modelle zur Steuerbilanzpolitik – Theorie ohne praktische Anwendung?, in: StuW 2002, S. 36-47

Breithecker, Volker/Schmiel, Ute (2003): Steuerbilanz und Vermögensaufstellung in der Betriebswirtschaftlichen Steuerlehre, Bielefeld 2003

Brendel, Fritz (1931): Die Besteuerung der Spekulationsgewinne, Gelnhausen 1931, zugl. Dissertation Universität Mainz 1931

Brennan, Geoffrey/McGuire, Thomas (1975): Optimal Policy Choice Under Uncertainty, in: Journal of Public Economics 1975, S. 205-209

Brown, E. Cary (1948): Business-Income Taxation und Investment Incentives, in: *Metzler, Lloyd A. u.a.* (Hrsg.), Income, Employment and Public Policy. Essays in Honor of Alvin H. Hansen, New York 1948, S. 300-316

Bublitz, Lothar (2003): Die Besteuerung privater Veräußerungsgewinne in Großbritannien (Capital Gains Tax), in: IStR 2003, S. 377-383

Bühler, Ottmar/Scherpf, Peter (1971): Bilanz und Steuer, 7. Auflage, München 1971

Busse von Colbe, Walther (1966): Aufbau und Informationsgehalt von Kapitalfluß-rechnungen, in: ZfB 1966, S. 82-114

Clemm, Hermann/Nonnenmacher, Rolf (1985): Die Steuerbilanz – ein fragwürdiger Besteuerungsschlüssel?, in: *Klein, Franz/Vogel, Klaus* (Hrsg.), Der Bundesfinanzhof und seine Rechtsprechung, Festschrift für Hugo von Wallis, Bonn 1985, S. 227-243

Clotfelter, Charles T. (1979): Equity, Efficiency, and the Tax Treatment of In-Kind Compensation, in: National Tax Journal 1979, S. 51-60

Crezelius, Georg (1994a): Maßgeblichkeitsgrundsatz in Liquidation?, in: DB 1994, S. 689-691

Crezelius, Georg (1994b): Steuerrecht II, Die einzelnen Steuerarten, 2. Auflage, München 1994

Crezelius, Georg (2006): Kommentierung zu §§ 4 und 5 EStG, in: *Kirchhof, Paul* (Hrsg.), EStG KompaktKommentar, 6. Auflage, Heidelberg 2006

Döllerer, Georg (1971): Maßgeblichkeit der Handelsbilanz in Gefahr, in: BB 1971, S. 1333-1335

Döring, Ulrich (1977): Veräußerungsgewinne und steuerliche Gerechtigkeit, Frankfurt am Main 1977, zugl. Dissertation Universität des Saarlandes 1977

Donges, Juergen/Freytag, Andreas (2004): Allgemeine Wirtschaftspolitik, 2. Auflage, Stuttgart 2004

Dorenkamp, Christian (2004): Nachgelagerte Besteuerung von Einkommen, Berlin 2004, zugl. Dissertation Universität Köln 2002

Drenseck, Walter (2006): Kommentierung zu § 9 EStG, in: *Schmidt, Ludwig* (Hrsg.), Einkommensteuergesetz, Kommentar, 25. Auflage, München 2006

Drüen, Klaus-Dieter (2001): Der Maßgeblichkeitsgrundsatz im Wechselspiel zwischen Gesetzgeber und Rechtsprechung, in: FR 2001, S. 992-999

Drüen, Klaus-Dieter (2003): Kommentierung zu § 3 AO, in: *Tipke, Klaus/Kruse, Heinrich W.* (Hrsg.), Abgabenordnung, Finanzgerichtsordnung, Köln 1961, Stand: März 2003

Drysch, Thomas/Weber, Anselm (2003): Einkommensteuerrecht, Heidelberg 2003

Dücker, Reinhard (2004): Internationale Rechnungslegung, in: DSWR 2004, S. 244-245

Durchlaub, Thomas (1993): Zur Steuerpflicht der Gewinne aus der Veräußerung von Privatvermögen, Berlin 1993, zugl. Dissertation Universität Bochum 1992

Dziadkowski, Dieter (2000): Die Überschussrechnung – eine Alternative zur Steuerbilanz?, in: BB 2000, S. 399-401

Dziadkowski, Dieter (2001): Die Diskussion über das Verhältnis von Handels- und Steuerbilanz – Alter Wein in neuen Schläuchen?, in: DStZ 2001, S. 11-16

Eberhartinger, Eva (2000): Ertragsteuerliche Konsequenzen der Internationalisierung der Rechnungslegung, Wien 2000, zugl. Habilitationsschrift Universität Wien 1999

Ebnet, Otto (1978): Die Besteuerung des Wertzuwachses, Baden-Baden 1978

Eckhoff, Rolf (1999): Rechtsanwendungsgleichheit im Steuerrecht, Köln 1999, zugl. Habilitationsschrift Universität Münster 1999

Eggesiecker, Fritz/Ellerbeck, Eike (2004): Scheingewinneliminierung als notwendige Bedingung einer rationalen Einkommensteuerreform, in: DB 2004, S. 839-841

Ehrhardt-Rauch, Andrea (2001): Die Einnahmen-Überschuss-Rechnung als einheitliche Gewinnermittlungsart?, in: DStZ 2001, S. 423-428

Eisenführ, Franz (1967): Anforderungen an den Informationsgehalt kaufmännischer Jahresabschlußrechnungen, Köln 1967, zugl. Dissertation Universität Kiel 1966

Elicker, Michael (2002): Darf der Steuerzugriff ein Unternehmen zahlungsunfähig machen?, in: StuW 2002, S. 217-234

Elschen, Rainer (1988): Steuerliche Gerechtigkeit – Unzulässiger oder unzulänglicher Forschungsgegenstand der Steuerwissenschaften?, in: StuW 1988, S. 1-16

Elschen, Rainer (1991): Entscheidungsneutralität, Allokationseffizienz und Besteuerung nach der Leistungsfähigkeit, in: StuW 1991, S. 99-115

Elschen, Rainer (1994): Institutionale oder personale Besteuerung von Unternehmungsgewinnen?, 2. Auflage, Hamburg 1994

Elschen, Rainer/Hüchtebrock, Michael (1983): Steuerneutralität in Finanzwissenschaft und Betriebswirtschaftslehre – Diskrepanzen und Konsequenzen, in: FA 1983, S. 253-280

Erle, Bernd (2000): Das Maßgeblichkeitsprinzip – ein Phantom?, in: *Kleindiek, Detlef/Oehler, Wolfgang* (Hrsg.), Die Zukunft des deutschen Bilanzrechts im Zeichen internationaler Rechnungslegung und privater Standardsetzung, Köln 2000, S. 177-191

Eschbach, Werner (1997): Das Gleichheitspostulat und die Steuerfreiheit von Veräußerungsgewinnen in der privaten Sphäre, in: DStR 1997, S. 2005-2007

Euler, Roland (1998): Steuerbilanzielle Konsequenzen der internationalisierten Rechnungslegung, in: StuW 1998, S. 15-24

Euler, Roland (2000): Steht die Maßgeblichkeit vor einer Renaissance?, in: *Kleindiek, Detlef/Oehler, Wolfgang* (Hrsg.), Die Zukunft des deutschen Bilanzrechts im Zeichen internationaler Rechnungslegung und privater Standardsetzung, Köln 2000, S. 193-199

Federmann, Rudolf (1977): Betriebswirtschaftliche Steuerlehre als angewandte Wissenschaftsdisziplin, Wiesbaden 1977

Feldhoff, Michael (1989): Die Cash-flow-Besteuerung und ihre Problematik, in: StuW 1989, S. 53-63

Fischer, Lutz (1970): Die Finanzierungsneutralität der Besteuerung als Forderung der Betriebswirtschaftslehre, in: ZfB 1970, S. 313-328

Friauf, Karl H. (1995): Die Wesentlichkeitsschwelle in § 17 EStG als steuerpolitische Manövriermasse?, in: DB 1995, Beilage 8

Fuisting, Bernhard (1902): Die Grundzüge der Steuerlehre, Berlin 1902

Fulda, Friedrich K. (1827): Handbuch der Finanzwissenschaft, Tübingen 1827

Gail, Winfried (1971): Zur Einführung des Begriffs einer eigenständigen Steuerbilanz, in: WPg 1971, S. 320-327

Gail, Winfried (1972): Zur Diskussion über die Einführung einer eigenständigen Steuerbilanz, in: WPg 1972, S. 493-498

Geiger, Klaus (1985): Die „große" Steuerreform – Was ist aus dem Gutachten der Steuerreformkommission geworden? –, in: *Klein, Franz/Vogel, Klaus* (Hrsg.), Der Bundesfinanzhof und seine Rechtsprechung, Festschrift für Hugo von Wallis, Bonn 1985, S. 553-564

Gensel, Julius (1874): Die Steuerreform im Königreich Sachsen, Annalen des Deutschen Reiches für Gesetzgebung, Verwaltung und Statistik 1874, Sp. 1373-1486

Georgi, Andreas A. (1994): Steuern in der Investitionsplanung – Eine Analyse der Entscheidungsrelevanz von Ertrag- und Substanzsteuern –, 2. Auflage, Hamburg 1994

Gerloff, Wilhelm (1948): Die öffentliche Finanzwirtschaft, Band I: Allgemeiner Teil, 2. Auflage, Frankfurt am Main 1948

Geyer, Erhard (1994): Einfachere Steuergesetze für Bürger und Verwaltung – Für mehr Gerechtigkeit, gegen Frust und Steuerchaos, in: *Bühler, Wilhelm/Kirchhof, Paul/Klein, Franz* (Hrsg.), Steuervereinfachung, Festschrift für Dietrich Meyding, Heidelberg 1994, S. 145-162

Giloy, Jörg (1979): Zur Periodizität der Einkommensteuer, in: FR 1979, S. 133-137

Goez, Christoph (1993): Die Quellenbesteuerung als Erhebungsform der Einkommensteuer, Münster 1993, zugl. Dissertation Universität Münster 1993

Grotherr, Siegfried (1987): Die Scheingewinnbesteuerung im internationalen Vergleich, Baden-Baden 1987

Haberstock, Lothar/Breithecker, Volker (2005): Einführung in die Betriebswirtschaftliche Steuerlehre, 13. Auflage, Bielefeld 2005

Haller, Heinz (1981): Die Steuern, 3. Auflage, Tübingen 1981

Haller, Heinz (1990): Umstrittene Fragen der „Leistungsfähigkeitsbesteuerung", in: *Bea, Franz X./Kitterer, Wolfgang* (Hrsg.), Finanzwissenschaft im Dienste der Wirtschaftspolitik, Tübingen 1990, S. 21-40

Hauser, Hansgeorg/Meurer, Ingetraut (1998): Die Maßgeblichkeit der Handelsbilanz im Lichte neuer Entwicklungen, in: WPg 1998, S. 269-280

Haussmann, Fritz (1927): Die Aktiengesellschaft als „Unternehmen an sich", in: NJW 1927, S. 2953-2956

Hayek, von, Friedrich A. (1972): Die Theorie komplexer Phänomene, Tübingen 1972

Heibel, Reinhold (1981): Handelsrechtliche Bilanzierungsgrundsätze und Besteuerung. Eine Analyse der erfolgsteuerlichen Implikationen des Realisationsprinzips und des Imparitätsprinzips, Köln 1981, zugl. Dissertation Universität Frankfurt am Main 1981

Heinicke, Wolfgang (2006): Kommentierung zu § 4 EStG, in: *Schmidt, Ludwig* (Hrsg.), Einkommensteuergesetz, Kommentar, 25. Auflage, München 2006

Hennrichs, Joachim (1999): Der steuerrechtliche sog. Maßgeblichkeitsgrundsatz gem. § 5 EStG, in: StuW 1999, S. 138-153

Hensel, Albert (1924): Steuerrecht, Berlin 1924

Herbst, Christian (2003): Ist die Besteuerung von Veräußerungsgewinnen noch zeitgemäß?, in: FR 2003, S. 1006-1012

Hermann, Friedrich B.W. (1832): Staatswirtschaftliche Untersuchungen über Vermögen, Wirtschaft, Productivität der Arbeiten, Kapital, Preis, Gewinn, Einkommen und Verbrauch, München 1832

Herzig, Norbert (2000): Internationalisierung der Rechnungslegung und steuerliche Gewinnermittlung, in: WPg 2000, S. 104-119

Herzig, Norbert (2005): IAS/IFRS und steuerliche Gewinnermittlung, in: WPg 2005, S. 211-235

Herzig, Norbert/Bär, Michaela (2003): Die Zukunft der steuerlichen Gewinnermittlung im Licht des europäischen Bilanzrechts, in: DB 2003, S. 1-8

Herzig, Norbert/Gellrich, Kai M./Jensen-Nissen, Lars (2005): IAS/IFRS und steuerliche Gewinnermittlung, in: DSWR 2005, S. 90-94

Herzig, Norbert/Hausen, Guido (2004): Steuerliche Gewinnermittlung durch modifizierte Einnahmenüberschussrechnung – Konzeption nach Aufgabe des Maßgeblichkeitsprinzips, in: DB 2004, S. 1-10

Herzig, Norbert/Watrin, Christoph (2000): Betriebswirtschaftliche Anforderungen an eine Unternehmenssteuerreform, in: StuW 2000, S. 378-388

Hey, Johanna (2002): Steuerplanungssicherheit als Rechtsproblem, Köln 2002, zugl. Habilitationsschrift Universität Köln 2001

Hey, Johanna (2004): Vollzugsdefizite bei Kapitaleinkommen: Rechtsschutzkonsequenzen und Reformoptionen, in: DB 2004, S. 724-730

Hey, Johanna (2005): § 11 Steuerrechtliche Gewinnermittlung (Bilanzsteuerrecht), in: *Tipke, Klaus/Lang, Joachim* (Hrsg.), Steuerrecht, 18. Auflage, Köln 2005

Höhn, Ernst (1955): Die Besteuerung der privaten Gewinne (Kapitalgewinnbesteuerung), Winterthur 1955

Holt, Charles C./Shelton, John P. (1962): The lock-in effekt of the capital gains tax, in: National Tax Journal 1962, S. 337-352

Homburg, Stefan (2005a): BB-Forum: Die Steuerreformvorschläge der Stiftung Marktwirtschaft, in: BB 2005, S. 2382-2386

Homburg, Stefan (2005b): Allgemeine Steuerlehre, 4. Auflage, München 2005

Horváth, Péter (1975): Betriebswirtschaftliche Steuerlehre und Steuerreform, Meisenheim am Glan 1975, zugl. Habilitationsschrift Universität München 1973

Hüttche, Tobias (2004): Der deutsche IAS-Einzelabschluss: Wolf im Schafspelz oder Papiertiger?, in: DStR 2004, S. 1189-1192

Hundsdoerfer, Jochen (2002): Die einkommensteuerliche Abgrenzung von Einkommenserzielung und Konsum, Wiesbaden 2002, zugl. Habilitationsschrift Universität Frankfurt an der Oder 2001

Icking, Jan (1993): Deutsches Einkommensteuerrecht zwischen Quellen- und Reinvermögenszugangstheorie, Wiesbaden 1993

Jachmann, Monika (1998): Leistungsfähigkeitsprinzip und Umverteilung, in: StuW 1998, S. 293-297

Jacob, Friedhelm/Vieten, Nikolaus (2004): Kommentar zur Verfassungsmäßigkeit der Veräußerungsgewinnbesteuerung in den Jahren nach 1998, in: FR 2004, S. 482-484

Jacobs, Otto H. (1971): Das Bilanzierungsproblem in der Ertragsteuerbilanz, Stuttgart 1971

Jacobs, Otto H. (1980): Steueroptimale Rechtsform mittelständischer Unternehmen, in: WPg 1980, S. 705-713

Jacobs, Otto H. (2002): Unternehmensbesteuerung und Rechtsform, 3. Auflage, München 2002

Jacobs, Otto H. (2004): Stand und Entwicklungstendenzen der Betriebswirtschaftlichen Steuerlehre, in: StuW 2004, S. 251-259

Jacobsen, Hendrik/Stange, Arnold C. (2005): Das System der US-amerikanischen Besteuerung von Veräußerungsgewinnen, in: IStR 2005, S. 11-18 (Teil I) und S. 49-52 (Teil II)

Jehner, Hansgeorg (1988): Der gesetzliche Gegensatz als systematische Grundlage der Einkommensbesteuerung in Deutschland, in: DStR 1988, S. 267-273

Jehner, Hansgeorg (1990): Des Kaisers neue Kleider – Zum bewussten Verzicht auf Gerechtigkeit im Einkommensteuergesetz und in der zu ihm ergehenden Rechtsprechung, in: DStR 1990, S. 6-13

Johansson, Sven-Erik (1969): Income Taxes and Investment Decision, in: The Swedish Journal of Economics 1969, S. 104-110

Jüptner, Roland (1989): Leistungsfähigkeit und Veranlassung, Heidelberg 1989, zugl. Dissertation Universität Augsburg 1987/88

Kahle, Holger (2002): Maßgeblichkeitsgrundsatz auf Basis der IAS?, in: WPg 2002, S. 178-188

Kanzler, Hans-Joachim (1998): Die steuerliche Gewinnermittlung zwischen Einheit und Vielfalt, in: FR 1998, S. 233-247

Kanzler, Hans-Joachim (1999a): Steuerreform: Von der synthetischen Einkommensteuer zur Schedulenbesteuerung?, in: FR 1999, S. 363-367

Kanzler, Hans-Joachim (1999b): vor §§ 4-7 EStG, in: *Herrmann, Carl/Heuer, Gerhard/Raupach, Arndt* (Hrsg.), Einkommensteuer- und Körperschaftsteuergesetz, 21. Auflage, Köln 1996, Stand: Oktober 1999

Kanzler, Hans-Joachim (2003): Grundfragen der Besteuerung betrieblicher Veräußerungsgewinne, in: FR 2003, S. 1-11

Kay, John. A./King, Mervyn A. (1978): The British Tax System, Oxford 1978

Kellner, Franz S. (1928): Der steuerrechtliche Begriff des Einkommens, München 1928, zugl. Dissertation Universität Erlangen 1928

Kiesewetter, Dirk (1999): Zinsbereinigte Einkommen- und Körperschaftsteuer, Bielefeld 1999, zugl. Dissertation Universität Tübingen 1998

Kirchhof, Paul (1985): Der verfassungsrechtliche Auftrag zur Besteuerung nach der finanziellen Leistungsfähigkeit, in: StuW 1985, S. 319-329

Kirchhof, Paul (1988): Empfiehlt es sich, das Einkommensteuerrecht zur Beseitigung von Ungleichbehandlungen und zur Vereinfachung neu zu ordnen?, in: *Ständige Deputation des deutschen Juristentages* (Hrsg.), Verhandlungen des siebenundfünfzigsten deutschen Juristentages in Mainz 1988, Band 1, München 1988, S. F 1-96

Kirchhof, Paul (1994): Der verfassungsrechtliche Auftrag zur Steuervereinfachung, in: *Bühler, Wilhelm/Kirchhof, Paul/Klein, Franz* (Hrsg.), Steuervereinfachung, Festschrift für Dietrich Meyding, Heidelberg 1994, S. 3-20

Kirchhof, Paul (2001): Erläuterungen zum Karlsruher Entwurf zur Reform des Einkommensteuergesetzes, in: DStR 2001, S. 913-917

Kirchhof, Paul (2002): Der Karlsruher Entwurf und seine Fortentwicklung zu einer vereinheitlichten Ertragsteuer, in: StuW 2002, S. 3-22

Kirchhof, Paul (2003): Einkommensteuergesetzbuch – Ein Vorschlag zur Reform der Einkommen- und Körperschafsteuer, Heidelberg 2003

Kirchhof, Paul (2006): Die Besteuerung des Einkommens in einem einfachen, maßvollen und gleichmäßigen Belastungssystem, in: BB 2006, S. 71-75

Kirchhof, Paul u.a. (2001): Karlsruher Entwurf zur Reform des Einkommensteuergesetzes, Heidelberg 2001

Klotz, Werner (1972): Der Referentenentwurf des Einkommensteuergesetzes 1974, in: BB 1972, S. 34-38

Knepper, Karl H. (1987): Das Maßgeblichkeitsprinzip als Alibi des Fiskus für rechtswidrige finanzielle Einflussnahmen, in: DStR 1987, S. 688-690

Knobbe-Keuk, Brigitte (1989): Möglichkeiten und Grenzen einer Unternehmenssteuerreform, in: DB 1989, S. 1303-1308

König, Rolf (1997a): Ungelöste Probleme einer investitionsneutralen Besteuerung – Gemeinsame Wurzel unterschiedlicher neutraler Steuersysteme und die Berücksichtigung unsicherer Erwartungen, in: ZfbF 1997, S. 42-63

König, Rolf (1997b): Wirtschaftliche Effizienz und Steuerreformen, Heidelberg 1997, zugl. Habilitationsschrift Universität Augsburg 1996

König, Rolf (2004): Theoriegestützte betriebswirtschaftliche Steuerwirkungs- und Steuerplanungslehre, in: StuW 2004, S. 260-266

König, Rolf/Wosnitza, Michael (2000): Zur Problematik der Besteuerung privater Aktienkursgewinne – Eine ökonomische Analyse, in: ZfB 2000, S. 781-801

König, Rolf/Wosnitza, Michael (2004): Betriebswirtschaftliche Steuerplanungs- und Steuerwirkungslehre, Heidelberg 2004

Koniarski, Lothar (1984): Einkommen als Maßstab steuerlicher Leistungsfähigkeit, München 1984, zugl. Dissertation Universität Regensburg 1984

Kraft, Gerhard/Bäuml, Swen O. (2004a): Verfassungswidrigkeit der Spekulationsgewinnbesteuerung bei Wertpapieren: Eine Analyse der jüngsten Urteile des BVerfG und des BFH sowie ihrer Folgen für die Konzeption der Besteuerung privaten Veräußerungsgeschäfte, in: DB 2004, S. 615-620

Kraft, Gerhard/Bäuml, Swen O. (2004b): Verfassungswidrigkeit der Besteuerung privater Wertpapier-Veräußerungsgeschäfte: Analyse des Urteils des BVerfG v. 9.3.2004 im Kontext der jüngeren BFH-Rechtsprechung und seiner Auswirkungen auf das System der kapitalorientierten Einkommensteuer, in: FR 2004, S. 443-451

Krüger, Roland (1995): Führen Werbungskosten zu Überschußerzielungsvermögen, Frankfurt am Main u.a 1995, zugl. Dissertation Universität Osnabrück 1995

Krumnow, Jürgen (1994): Die deutsche Rechnungslegung auf dem Weg ins Abseits?, in: *Ballwieser, Wolfgang u.a.* (Hrsg.), Bilanzrecht und Kapitalmarkt, Festschrift für Adolf Moxter, Düsseldorf 1994, S. 679-698

Kruschwitz, Lutz/Schneider, Dirk/Husmann, Sven (2003a): Investitionsneutrale Systeme unter Sicherheit, in: WiSt 2003, S. 328-333

Kruschwitz, Lutz/Schneider, Dirk/Husmann, Sven (2003b): Investitionsneutrale Steuersysteme vor dem Hintergrund der Diskussion um Einkommen oder Konsum als Steuerbemessungsgrundlage, in: WiSt 2003, S. 394-398

Kruse, Heinrich W. (1997): Auslegung auf Gesetz vorbei, in: *Kley, Max D./Sünner, Eckart/Willemsen, Arnold* (Hrsg.), Steuerrecht, Steuer- und Rechtspolitik, Wirtschaftsrecht und Unternehmensverfassung, Umweltrecht, Festschrift für Wolfgang Ritter, Köln 1997, S. 413-425

Kümpel, Thomas (2004): Abschied vom bilanziellen Gläubigerschutz ab 2005?, in: DSWR 2004, S. 239-242

Küpper, Hans-Ulrich (2004): Cash Flow und/oder Vermögen als Basis von Unternehmensrechnung und Besteuerung?, in: *Dirrigl, Hans/Wellisch, Dietmar/ Wenger, Ekkehard* (Hrsg.), Steuern, Rechnungslegung und Kapitalmarkt, Festschrift für Franz W. Wagner, Wiesbaden 2004, S. 101-126

Kußmaul, Heinz/Klein, Nicole (2001): Überlegungen zum Maßgeblichkeitsprinzip im Kontext jüngerer nationaler sowie internationaler Entwicklungen, in: DStR 2001, S. 546-550

Lambrecht, Claus (2006): Kommentierung zu § 32a EStG, in: *Kirchhof, Paul* (Hrsg.), EStG KompaktKommentar, 6. Auflage, Heidelberg 2006

Lammerding, Jo (2005): Abgabenordnung, Finanzgerichtsordnung und Nebengesetze, 15. Auflage, Achim 2005

Lang, Joachim (1981a): Die Bemessungsgrundlage der Einkommensteuer, Köln 1988, zugl. Habilitationsschrift Universität Köln 1981

Lang, Joachim (1981b): Liebhaberei im Einkommensteuerrecht, in: StuW 1981, S. 223-234

Lang, Joachim (1987): Die einfache und gerechte Einkommensteuer, Köln 1987

Lang, Joachim (1993): Entwurf eines Steuergesetzbuchs, Bonn 1993

Lang, Joachim (1994): Steuergerechtigkeit durch Steuervereinfachung, in: *Bühler, Wilhelm/Kirchhof, Paul/Klein, Franz* (Hrsg.), Steuervereinfachung, Festschrift für Dietrich Meyding, Heidelberg 1994, S. 33-48

Lang, Joachim (1995): Unternehmenssteuerreform, in: *Elschen, Rainer/Siegel, Theodor/Wagner, Franz W.* (Hrsg.), Unternehmenstheorie und Besteuerung, Festschrift für Dieter Schneider, Wiesbaden 1995, S. 399-418

Lang, Joachim (2003): Konsumorientierte Besteuerung von Einkommen aus rechtlicher Sicht, in: *Ahlheim, Michael/Wenzel, Heinz-Dieter/Wiegard, Wolfgang* (Hrsg.), Steuerpolitik – Von der Theorie zur Praxis, Festschrift für Manfred Rose, Berlin, Heidelberg 2003, S. 325-344

Lang, Joachim (2005a): § 8 Einführung in das besondere Steuerschuldrecht, in: *Tipke, Klaus/Lang, Joachim* (Hrsg.), Steuerrecht, 18. Auflage, Köln 2005

Lang, Joachim (2005b): § 9 Einkommensteuer, in: *Tipke, Klaus/Lang, Joachim* (Hrsg.), Steuerrecht, 18. Auflage, Köln 2005

Lang, Joachim u.a. (2005): Kölner Entwurf eines Einkommensteuergesetzes, Köln 2005

Langheim, Kurt (1984): Wann scheitert die Außenprüfung am Prüfungsort?, in: DB 1984, S. 1119-1121

Lauth, Bernd (2000): Endgültiger Abschied von der Einheitsbilanz?, in: DStR 2000, S. 1365-1372

Leffson, Ulrich (1987): Die Grundsätze ordnungsmäßiger Buchführung, 7. Auflage, Düsseldorf 1987

Leisner, Walter (1983): Von der Leistung zur Leistungsfähigkeit – die soziale Nivellierung, in: StuW 1983, S. 97-102

Liesenfeld, Christiane (2004): Konsumorientierte Einkommensteuer und internationale Steuerordnung, Frankfurt am Main 2004, zugl. Dissertation Universität Mainz 2003

Maassen, Kurt (1972): Trennung von Handelsbilanz und Steuerbilanz?, in: FR 1972, S. 145-150

Maiterth, Ralf/Sureth, Caren (2006): Unternehmensfinanzierung, Unternehmensrechtsform und Besteuerung, in: BFuP 2006, S. 225-245

Meade Committee (1978): The Structure and Reform of Direct Taxation, Report of a Committee chaired by James E. Meade, London 1978

Mellinghoff, Rudolf (2005): Verfassungsgebundenheit des Steuergesetzgebers – unter besonderer Berücksichtigung der neueren Rechtsprechung des Bundesverfassungsgerichts, in: *Siegel, Theodor u.a.* (Hrsg.): Steuertheorie, Steuerpolitik und Steuerpraxis, Festschrift für Peter Bareis, Stuttgart 2005, S. 171-195

Merkenich, Kurt (1982): Die unterschiedlichen Arten der Einkünfteermittlung im deutschen Einkommensteuerrecht, Berlin 1982, zugl. Dissertation Universität Köln 1981

Meyer, Robert (1887): Das Wesen des Einkommens, Berlin 1887

Mitschke, Joachim (1986): Umrisse einer integrierten Neuordnung von direkten Steuern und Sozialtransfers, in: Wirtschaftsdienst 1986, S. 461-467

Mitschke, Joachim (1988): Ökonomische Analyse einkommensteuerlicher Einkunftsermittlung und Alternativen steuerlicher Einkommensperiodisierung, in: StuW 1988, S. 111-132

Mitschke, Joachim (2004): Erneuerung des deutschen Einkommensteuerrechts, Gesetzestextentwurf und Begründung, Köln 2004

Mösbauer, Heinz (2005): Steuerliche Außenprüfung: (Betriebsprüfung), Steuerfahndung, Steueraufsicht, 2. Auflage, München, Wien 2005

Moll, Bruno (1930): Lehrbuch der Finanzwissenschaft, Berlin 1930

Moll, Walter (1911): Entstehung und Ziele der Einkommensbesteuerung, Berlin 1911

Moxter, Adolf (1982): Betriebswirtschaftliche Gewinnermittlung, Tübingen 1982

Moxter, Adolf (2003): Grundsätze ordnungsgemäßer Rechnungslegung, Düsseldorf 2003

Müller, Christian (2000): Das vertragstheoretische Argument in der Ökonomik, Duisburg 2000, zugl. Dissertation Universität Duisburg 1999

Musgrave, Richard A. (1959): The Theory of Public Finance, New York, Toronto, London 1959

Mutén, Leif (1996): Dual Income Taxation: Swedish Experience, in: *Mutén, Leif u.a.* (Editor), Towards a Dual Income Tax?, London, The Hague, Boston 1996, S. 7-21

Naust, Hermann (1983): Direkte Steuern und intertemporale Allokation, Köln u.a. 1983, zugl. Dissertation Universität Saarbrücken 1983

Neumann, Friedrich J. (1889): Grundlagen der Volkswirtschaftslehre, Tübingen 1889

Neumark, Fritz (1970): Grundsätze gerechter und ökonomisch rationaler Steuerpolitik, Tübingen 1970

Niehus, Rudolf (2001): „Auch für Einzelabschlüsse gelten grundsätzlich die IAS"? – Ein Betrag zu den (möglichen) Grenzen einer „Internationalisierung" der Rechnungslegung im Einzelabschluss –, in: WPg 2001, S. 737-752

Paulick, Heinz (1972): Kann auf den Grundsatz der Maßgeblichkeit der Handelsbilanz für die Steuerbilanz für die Zukunft verzichtet werden?, in: *Pleyer, Klemens/Schultz, Dietrich/Schwinge, Erich* (Hrsg.), Festschrift für Rudolf Reinhardt, Köln 1972, S. 275-290

Paus, Bernhard (1983): Verlust eines privaten Darlehens als Werbungskosten, in: FR 1983, S. 502-505

Paus, Bernhard (1988): Probleme der Rückstellungsbildung, in: BB 1988, S. 1419-1421

Pezzer, Heinz-Jürgen (1991): Bilanzierungsprinzipien als sachgerechte Maßstäbe der Besteuerung, in: DStJG 1991, Band 14, S. 3-27

Pöllath, Reinhard (1998): Steuerreform durch Besteuerung „privater" Veräußerungsgewinne?, in: DB 1998, S. 2033-2037

Pohmer, Dieter (1994): Steuervereinfachung und „gerechte" Steuerlastverteilung, in: *Bühler, Wilhelm/Kirchhof, Paul/Klein, Franz* (Hrsg.), Steuervereinfachung, Festschrift für Dietrich Meyding, Heidelberg 1994, S. 21-31

Pohmer, Dieter/Jurke, Gisela (1984): Zu Geschichte und Bedeutung des Leistungsfähigkeitsprinzips, in: FA 1984, S. 445-489

Pollak, Helga (1990): Anmerkungen zur Gerechtigkeit der Konsumausgabensteuer, in: *Bea, Franz X./Kitterer, Wolfgang* (Hrsg.), Finanzwissenschaft im Dienste der Wirtschaftspolitik, Tübingen 1990, S. 69-85

Popitz, Johannes (1926): Einkommensteuer, in: *Elster, Ludwig/Weber, Adolf/Wie-ser, Friedrich* (Hrsg.), Handwörterbuch der Staatswissenschaften, Band 3, 4. Auflage, Jena 1926, S. 400-491

Popper, Karl R. (2005): Logik der Forschung, 11. Auflage, Tübingen 2005

Rademacher-Gottwald, Claudia (2003): Das steuerliche Arbeitsvermögen – ein Beitrag für mehr Steuergerechtigkeit, in: FR 2003, S. 336-344

Rappl, Peter (2003): Kommentierung zu § 9 EStG, in: *Herrmann, Carl/Heuer, Gerhard/Raupach, Arndt* (Hrsg.), Einkommensteuer- und Körperschaftsteuergesetz, 21. Auflage, Köln 1996, Stand: Juli 2003

Rathenau, Walther (1917): Vom Aktienwesen. Eine geschäftliche Betrachtung, Berlin 1917

Rau, Hans-Gerd (1974): Ziele der Einkommensteuerreform, in: BB 1974, S. 122-128

Raupach, Arndt (1985): Der Niedergang des deutschen Einkommensteuerrechts – Möglichkeiten der Neubesinnung, in: *Raupach, Arndt/Tipke, Klaus/ Uelner, Adalbert* (Hrsg.), Niedergang oder Neuordnung des deutschen Einkommensteuerrechts?, Münsteraner Symposion, Band I, Köln 1985, S. 15-132

Raupach, Arndt (2002): Die Neuordnung des Körperschaftsteuersystems, in: DStJG 2002, Band 25, S. 9-36

Rawls, John (1998): Politischer Liberalismus, Frankfurt am Main 1998

Reimer, Monika (2001): Die steuerliche Erfassung privater Veräußerungsgewinne, Frankfurt am Main u.a. 2001, zugl. Dissertation Universität Mannheim 2001

Reinhart, Stephanie (2005): Die Besteuerung privater Veräußerungsgewinne, München 2005, zugl. Dissertation Universität Regensburg 2004

Reutershan, Simon (2003): Die Besteuerung der Veräußerungsgewinne von Anteilen an Kapitalgesellschaften im Privatvermögen und ihre Rechtfertigung, in: StuB 2003, S. 1028-1034

Riechers, Arndt (1996): Das „Unternehmen an sich", Tübingen 1996, zugl. Dissertation Universität Tübingen 1996

Rieden, Wolfgang (1972): Die betriebswirtschaftliche Bedeutung der Übertragung stiller Rücklagen gemäß § 6b des Einkommensteuergesetzes, zugl. Dissertation Universität Köln 1972

Robisch, Martin/Treisch, Corinna (1997): Neue Entwicklungen des Verhältnisses von Handelsbilanz und Steuerbilanz – Anhaltspunkte für eine Tendenzwende?, in: WPg 1997, S. 156-169

Rödder, Thomas (1991): Gestaltungssuche im Ertragsteuerrecht, Wiesbaden 1991, zugl. Dissertation Universität Köln 1991

Rombach, Gerhard (1988): Das Maßgeblichkeitsprinzip im System einkommensteuerrechtlicher Gewinnermittlung, Pfaffenweiler 1988, zugl. Dissertation Universität Augsburg 1988

Roscher, Wilhelm (1858): System der Volkswirtschaft, Band 1: Die Grundlagen der Nationalökonomie, Stuttgart, Augsburg 1858

Rose, Gerd (1985a): Überlegung zur Steuergerechtigkeit aus betriebswirtschaftlicher Sicht, in: StuW 1985, S. 330-344

Rose, Gerd (1985b): Der Bundesfinanzhof und die betriebswirtschaftliche Steuerplanung, in: *Klein, Franz/Vogel, Klaus* (Hrsg.), Der Bundesfinanzhof und seine Rechtsprechung, Festschrift für Hugo von Wallis, Bonn 1985, S. 275-289

Rose, Manfred (1989): Argumente zu einer „konsumorientierten Neuordnung des Steuersystems", in: StuW 1989, S. 191-193

Rose, Manfred (1991): Plädoyer für ein konsumbasiertes Steuersystem, in: *Rose, Manfred* (Hrsg.), Konsumorientierte Neuordnung des Steuersystems, Heidelberg 1991, S. 7-34

Rose, Manfred (1994): Eine konsumorientierte Neuordnung des Steuersystems für mehr Entscheidungsneutralität, Fairneß und Transparenz, in: *Bühler, Wilhelm/Kirchhof, Paul/Klein, Franz* (Hrsg.), Steuervereinfachung, Festschrift für Dietrich Meyding, Heidelberg 1994, S. 233-251

Rose, Manfred (1998): Konsumorientierung des Steuersystems – theoretische Konzepte im Lichte empirischer Erfahrungen, in: *Krause-Junk, Gerold* (Hrsg.), Steuersysteme der Zukunft, Berlin 1998, S. 247-278

Rosen, Harvey S. (2005): Public Finance, 7th Edition, Boston u.a 2005

Rützel, Georg (1995): Handels- und Steuerbilanz in Zeiten schleichender Inflation, Bergisch Gladbach, Köln 1995, zugl. Dissertation Universität Münster 1994

Ruppe, Hans G. (1979): Möglichkeiten und Grenzen der Übertragung von Einkunftsquellen als Problem der Zurechnung von Einkünften, in: DStJG 1979, Band 1, S. 7-40

Sachverständigenrat (2003): Steuerreformoption II: Duale Einkommensteuer, in: Jahresgutachten 2003/04, Ziff. 584-601 (URL: http://www.sachverstaendigenrat-wirtschaft.de/download/ziffer/z584_601j03.pdf, Stand: 10. Oktober 2006)

Sachverständigenrat (2006): Reform der Einkommens- und Unternehmensbesteuerung durch die Duale Einkommensteuer, Expertise im Auftrag der Bundesminister der Finanzen und für Wirtschaft und Arbeit vom 23. Februar 2006, Wiesbaden 2006 (URL: http://www.sachverstaendigenrat-wirtschaft.de/download/press/dit_gesamt.pdf, Stand: 10 Oktober 2006)

Samuelson, Paul A. (1964): Tax Deductibility of Economic Depreciation to Insure Invariant Valuations, in: Journal of Political Economy 1964, S. 604-606

Schanz, Georg (1896): Der Einkommensbegriff und die Einkommensteuergesetze, in: FA 1896, S. 1-87

Scheer, Christian (1998): Steuerpolitische Ideale – gestern und morgen, in: *Krause-Junk, Gerold* (Hrsg.), Steuersysteme der Zukunft, Berlin 1998, S. 155-198

Scheffler, Wolfram (2001): Auswirkungen des Karlsruher Entwurfs zur Reform des EStG auf die Steuerbilanz, in: StuB 2001, S. 904-914

Schenk, Matthias/Brusch, Friedrich (2005): Eine neue Kapitalsteuer für Deutschland, in: DStR 2005, S. 1254-1260

Schick, Walter (1980): Das Rechtsinstitut Außenprüfung – Grundstrukturen und tragende Prinzipien, in: DStR 1980, S. 275-279

Schlarb, Eberhard (1984): Unfallbedingte Wertminderung des Kfz als Werbungskosten?, in: DStR 1984, S. 332-334

Schmalenbach, Eugen (1922): Die steuerliche Behandlung der Scheingewinne, Jena 1922

Schmalenbach, Eugen (1962): Dynamische Bilanz, 13. Auflage, Köln, Opladen 1962

Schmidt, Christian H. (2005): Das neue Kontenabrufverfahren auf dem Prüfstand: Verfassungswidriger Informationszugriff oder verfassungsrechtlich gebotene Durchsetzung der steuerlichen Belastungsgerechtigkeit?, in: BB 2005, S. 2155-2166

Schmidt, Jürgen (1989): Die Einbeziehung der Überschußeinkünfte in die Betriebsprüfung, in: DStR 1989, S. 669-673

Schmidt, Kurt (1960): Die Steuerprogression, Basel, Tübingen 1960, zugl. Habilitationsschrift Universität Bonn 1959

Schmidt, Kurt (1995): Die Besteuerung nach der Leistungsfähigkeit, Reflexionen über ein altes Thema, in: Jahrbuch der Fachanwälte für Steuerrecht, 1995/1996, S. 31-47

Schmidt, Reinhard H./Terberger, Eva (1997): Grundzüge der Investitions- und Finanzierungstheorie, 4. Auflage, Wiesbaden 1997

Schmiel, Ute (2005a): Rechtskritik als Aufgabe der Betriebswirtschaftlichen Steuerlehre, Berlin 2005, zugl. Habilitationsschrift Universität Duisburg-Essen 2004

Schmiel, Ute (2005b): Werturteilsfreiheit als Postulat für die Betriebswirtschaftliche Steuerlehre?, in: ZfbF 2005, S. 525-545

Schmiel, Ute (2005c): KMU als Untersuchungsgegenstand der Steuerwirkungsanalyse, in: ZfKE 2005, S. 21-36

Schmiel, Ute (2005d): Steuerhinterziehung als Straftatbestand – eine Analyse in wirtschaftsethischer Perspektive, in: Zfwu 2005, S. 155-172

Schmiel, Ute (2006a): Rechtsformneutralität als Leitlinie für eine Neukonzeption der Unternehmensbesteuerung?, in: BFuP 2006, S. 246-261

Schmiel, Ute (2006b): Erkenntnisfortschritt in der Betriebswirtschaftlichen Steuerlehre: Ein methodologisches Konzept zur Herleitung von Muster-Hypothesen, in: *Zelewski, Stephan/Akca, Naciye* (Hrsg.), Fortschritt in den Wirtschaftswissenschaften: Wissenschaftliche Grundlagen und exemplarische Anwendungen, Wiesbaden 2006, S. 147-169

Schmölders, Günther (1960): Der fehlende Einkommensbegriff, in: StuW 1960, S. 76-84

Schmoller, Gustav (1863): Die Lehre vom Einkommen in ihrem Zusammenhang mit den Grundprincipien der Steuerlehre, in: Zeitschrift für die gesamte Staatswissenschaft 1863, Neudruck 1976, S. 1-86

Schneeloch, Dieter (2003): Besteuerung und betriebliche Steuerpolitik, Band 1: Besteuerung, 4. Auflage, München 2003

Schneider, Dieter (1971a): Gewinnermittlung und steuerliche Gerechtigkeit, in: ZfbF 1971, S. 352-394

Schneider, Dieter (1971b): Eine Reform der steuerlichen Gewinnermittlung?, in: StuW 1971, S. 326-341

Schneider, Dieter (1976): Besteuerung von Veräußerungsgewinnen und Verkaufsbereitschaft: der fragwürdige „lock-in-Effekt“, in: StuW 1976, S. 197-210

Schneider, Dieter (1978): Steuerbilanzen. Rechnungslegung als Messung steuerlicher Leistungsfähigkeit, Wiesbaden 1978

Schneider, Dieter (1979): Bezugsgrößen steuerlicher Leistungsfähigkeit und Vermögensbesteuerung, in: FA 1979, S. 26-49

Schneider, Dieter (1983a): Betriebswirtschaftliche Gewinnermittlung oder ökonomische Analyse des Bilanzrechts?, in: ZfbF 1983, S. 1040-1065

Schneider, Dieter (1983b): Betriebswirtschaftliche Steuerlehre als Steuerplanungslehre oder als ökonomische Analyse des Steuerrechts?, in: *Fischer, Lutz* (Hrsg.), Unternehmung und Steuer, Festschrift für Peter Scherpf, Wiesbaden 1983, S. 21-37

Schneider, Dieter (1983c): Rechtsfindung durch Deduktion von Grundsätzen ordnungsmäßiger Buchführung aus gesetzlichen Jahresüberschußzwecken?, in: StuW 1983, S. 141-160

Schneider, Dieter (1984a): Der Einkommensbegriff und die Einkommensteuerrechtsprechung, in: FA 1984, S. 407-432

Schneider, Dieter (1984b): Leistungsfähigkeitsprinzip und Abzug von der Bemessungsgrundlage, in: StuW 1984, S. 356-367

Schneider, Dieter (1985a): Grundzüge der Unternehmensbesteuerung, 4. Auflage, Wiesbaden 1985

Schneider, Dieter (1985b): Besteuerung unrealisierter Wertsteigerungen bei Grundstücken zur Vermeidung eines Sperreffekts?, in: ZfbF 1985, S. 79-80

Schneider, Dieter (1987): Reform der Unternehmensbesteuerung durch „Eckwerte" oder durch Cash-flow-Besteuerung, in: BB 1987, S. 693-699

Schneider, Dieter (1989a): Reform der Unternehmensbesteuerung aus betriebswirtschaftlicher Sicht, in: StuW 1989, S. 328-339

Schneider, Dieter (1989b): Cash-Flow-Besteuerung als klägliche Konterrevolution gegen den „ökonomischen" Gewinn, Diskussionspapier 130 der technischen Universität Berlin

Schneider, Dieter (1992): Investition, Finanzierung und Besteuerung, 7. Auflage, Wiesbaden 1992

Schneider, Dieter (1994): Grundzüge der Unternehmensbesteuerung, 6. Auflage, Wiesbaden 1994

Schneider, Dieter (1995): Betriebswirtschaftslehre, Band 1: Grundlagen, 2. Auflage, München 1995

Schneider, Dieter (1997): Betriebswirtschaftslehre, Band 2: Rechnungswesen, 2. Auflage, München 1997

Schneider, Dieter (1999a): Ist die Einkommensteuer überholt? Kritik und Reformvorschläge, in: *Smekal, Christian/Sendlhofer, Rupert/Winner, Hannes* (Hrsg.), Einkommen versus Konsum, Heidelberg 1999, S. 1-12

Schneider, Dieter (1999b): Abbau von Steuervergünstigungen durch Skalpierung der Maßgeblichkeit und Verlustverrechnung als „Stärkung der Investitionskraft"?, in: DB 1999, S. 105-110

Schneider, Dieter (2000a): Mängel in der ökonomischen Begründung einer Steuerfreiheit für Kapitaleinkünfte, in: StuW 2000, S. 421-430

Schneider, Dieter (2000b): Otto H. Jacobs' „Das Bilanzierungsproblem in der Ertragsteuerbilanz" und dessen Stellung in der Wissenschaftsgeschichte steuerlicher Gewinnermittlung, in: DB 2000, S. 1241-1245

Schneider, Dieter (2001): Betriebswirtschaftslehre, Band 4: Geschichte und Methoden der Wirtschaftswissenschaft, München 2001

Schneider, Dieter (2002): Steuerlast und Steuerwirkung, München 2002

Schneider, Dieter (2003): Problemfelder und Methoden des Rechnungswesens allgemein und einer Konzernrechnungslegung als internationale Gewinnsteuerbemessungsgrundlage im Besonderen, in: BFuP 2003, S. 652-669

Schneider, Dieter (2004a): Steuervereinfachung durch Rechtsformneutralität?, in: DB 2004, S. 1517-1521

Schneider, Dieter (2004b): Folgt die Tugend gewinnsteuerlicher Bemessungsgrundlagen den Zahlungsströmen?, in: StuW 2004, S. 293-304

Schneider, Dieter (2006): Reform der Unternehmensbesteuerung: Niedrigere Steuersätze für zurückbehaltene Gewinne oder höhere Finanzierung aus Abschreibungen?, in: BFuP 2006, S. 262-274

Schön, Wolfgang (1994): Der Bundesfinanzhof und die Rückstellungen, in: BB 1994, Beilage 9

Schreiber, Jochen (2003): Kommentierung zu § 5 EStG, in: *Ebling, Klaus* (Hrsg.), Blümich – Einkommensteuergesetz, Körperschaftsteuergesetz, Gewerbesteuergesetz – Kommentar, 14. Auflage, München 1994, Stand: Februar 2003

Schreiber, Ulrich (1987): Rechtsformabhängige Unternehmensbesteuerung?, Köln 1987, zugl. Habilitationsschrift Universität Mannheim 1985

Schreiber, Ulrich (2002): Gewinnermittlung und Besteuerung der Einkommen, in: StuW 2002, S. 105-115

Schreiber, Ulrich (2005): Duale Einkommensteuer und Besteuerung der Unternehmen, in: *Schneider, Dieter u.a.* (Hrsg.), Kritisches zu Rechnungslegung und Unternehmensbesteuerung, Festschrift für Theodor Siegel, Berlin 2005, S. 569-590

Schreiber, Ulrich/Finkenzeller, Martin/Rüggeberg, Claudia (2004): Reform der Einkommensbesteuerung durch die duale Einkommensteuer?, in: DB 2004, S. 2767-2776

Schreiber, Ulrich/Spengel, Christoph (2006): Allgemeine Unternehmenssteuer und Duale Einkommensteuer, in: BFuP 2006, S. 275-288

Schulze-Osterloh, Joachim (2000): Handels- und Steuerbilanz, in: ZGR 2000, S. 594-603

Schwenk, Anja (2003): Die Wirkung impliziter Steuervorteile des Bilanzrechts, Wiesbaden 2003, zugl. Dissertation Universität Tübingen 2001

Schwinger, Reiner (1992): Einkommens- und konsumorientierte Steuersysteme, Heidelberg 1992, zugl. Dissertation Universität Tübingen 1991

Segebrecht, Helmut (2005): Die Einnahmen-Überschussrechnung nach § 4 Abs. 3 EStG, 11. Auflage, Herne, Berlin 2005

Seipl, Johann/Wiese, Jörg (2004): Nochmals: Verfassungswidrigkeit der „Spekulationssteuer", in: Stbg 2004, S. 234-237

Siegel, Theodor (2000a): Konsum- oder einkommensorientierte Besteuerung? Aspekte quantitativer und qualitativer Argumentation, in: ZfbF 2000, S. 724-741

Siegel, Theodor (2000b): Juristen und Ökonomen: Kooperation oder Mauerbau?, in: StuW 2000, S. 257-260

Siegel, Theodor (2004): System der Einkommensteuer und Rechtsformneutralität, in: *Dirrigl, Hans/Wellisch, Dietmar/Wenger, Ekkehard* (Hrsg.), Steuern, Rechnungslegung und Kapitalmarkt, Festschrift für Franz W. Wagner, Wiesbaden 2004, S. 193-208

Siegel, Theodor (2006): Besteuerung von Veräußerungsgewinnen bei Anteilen: Verringerung der Bereitschaft zum Aktienerwerb bei Doppelbelastung, in: BB 2006, S. 314-317

Sigloch, Jochen (1987): Abschreibungsfreiheit und Zinsbesteuerung, in: *Schneider, Dieter* (Hrsg.), Kapitalmarkt und Finanzierung, Berlin 1987, S. 169-186

Sigloch, Jochen (1990): Verzerrende Wirkungen von Bemessungsgrundlagen und Tarif auf Unternehmensentscheidungen nach der Steuerreform 1990, in: StuW 1990, S. 229-239

Sigloch, Jochen (1998): Steuervereinfachung im Rahmen der Unternehmensbesteuerung, in: *Krause-Junk, Gerold* (Hrsg.), Steuersysteme der Zukunft, Berlin 1998, S. 89-153

Sigloch, Jochen (2000): Ein Valet dem Maßgeblichkeitsprinzip?, in: BFuP 2000, S. 157-182

Sigloch, Jochen (2004): Unternehmenserfolgsbesteuerung zwischen Einkommen und Konsum – Bestandsaufnahmen und Anwendungsperspektiven, in: *Dirrigl, Hans/Wellisch, Dietmar/Wenger, Ekkehard* (Hrsg.), Steuern, Rechnungslegung und Kapitalmarkt, Festschrift für Franz W. Wagner, Wiesbaden 2004, S. 209-227

Sinn, Hans-Werner (1985): Kapitaleinkommensbesteuerung, Tübingen 1985

Smith, Adam (1789): Der Wohlstand der Nationen, 5. Auflage, London 1789, Übersetzung München 1974

Söffing, Günter (1995): Für und Wider den Maßgeblichkeitsprinzip, in: *Förschle, Gerhart/Kaiser, Klaus/Moxter, Adolf* (Hrsg.), Rechenschaftslegung im Wandel, Festschrift für Wolfgang Dieter Budde, München 1995, S. 635-673

Söhn, Hartmut (1988): Neuordnung des Einkommensteuerrechts zur Beseitigung von Ungleichbehandlungen und zur Vereinfachung, in: ZRP 1988, S. 344-348

Sørensen, Peter B. (1994): From the Global Income Tax to the Dual Income Tax: Recent Tax Reforms in the Nordic Countries, in: International Tax and Public Finance 1994, S. 57-79

Sørensen, Peter B. (2001): Recent Innovations in Nordic Tax Policy: From the Global Income Tax to the Dual Income Tax, in: *Sørensen, Peter B.* (Editor), Tax Policy in the Nordic Countries, Wiltshire 2001, S. 1-27

Spengel, Christoph (2003a): International Accounting Standards und Unternehmensbesteuerung in der Europäischen Union, in: IStR 2003, S. 29-36 (Teil I) und S. 67-72 (Teil II)

Spengel, Christoph (2003b): Internationale Unternehmensbesteuerung in der Europäischen Union, Düsseldorf 2003, zugl. Habilitationsschrift Universität Mannheim 2002

Spengel, Christoph (2006): IFRS als Ausgangspunkt der steuerlichen Gewinnermittlung in der Europäischen Union – Steuerbelastungskonsequenzen im Länder- und Branchenvergleich, in: DB 2006, S. 681-687

Stapperfend, Thomas (2005): Die Unternehmensbesteuerung in den Entwürfen zur Reform des Einkommensteuerrechts, in: FR 2005, S. 74-82

Stein, von, Lorenz (1852): System der Staatswissenschaft, Band 1: System der Statistik, der Populationistik und der Volkswirtschaftslehre, 1852, Neudruck Osnabrück 1964

Steinmann, Horst u.a. (1975): Vorüberlegungen zur methodischen Basis und Programmatik einer Betriebswirtschaftslehre in praktischer Absicht, Arbeitspapier des Betriebswirtschaftlichen Instituts der Friedrich-Alexander-Universität Erlangen-Nürnberg, 2. Auflage, Nürnberg 1975

Stiftung Marktwirtschaft (2006): Kommission „Steuergesetzbuch“, Steuerpolitisches Programm, Berlin 2006 (URL: http://www.stiftung-marktwirtschaft.de/module/ Steuerpolitisches_Programm30.1.06.pdf, Stand: 10. Oktober 2006)

Stiglitz, Joseph E./Schönfelder, Bruno (2000): Finanzwissenschaft, 2. Auflage, 3. Nachdruck, München u.a. 2000

Strunk, Günther/Kaminski, Bert (2001): Steuerliche Gewinnermittlung bei Unternehmen, Neuwied, Kriftel 2001

Strutz, Georg (1927a): Kommentar zum Einkommensteuergesetz vom 10. August 1925, Band 1, Berlin 1927

Strutz, Georg (1927b): Handbuch des Reichsteuerrechts, Berlin 1927

Stuhrmann, Gerd (2003): Einkunftserzielungsabsicht unter Berücksichtigung der Besteuerung privater Veräußerungsgewinne, in: StB 2003, S. 82-83

Suhrbier-Hahn, Ute (2003): Besteuerung von Spekulationserträgen – Vorschläge zur Neugestaltung, in: DStR 2003, S. 354-361

Summers, Lawrence H. (1987): Should Tax Reform Level the Playing Field? Harvard Insitute of Economic Research, Discussion Paper No. 1295, Harvard University, Cambridge, Massachusetts, January 1987

Swoboda, Peter (1994): Betriebliche Finanzierung, 3. Auflage, Heidelberg 1994

Swoboda, Peter/Köhler, Christian (1971): Der Einfluss einer Kapitalgewinnsteuer auf den Aktienkurs und die Dividendenpolitik von Aktiengesellschaften, in: ZfbF 1971, S. 208-231

Thönnes, Marco (2005): Investitionsentscheidung „Finanzgerichtsverfahren“, Ermittlung und Quantifizierung entscheidungsrelevanter Daten, Berlin 2005, zugl. Dissertation Universität Duisburg-Essen 2005

Thürmer, Bernd (2004): Kommentierung zu § 9 EStG, in: *Ebling, Klaus* (Hrsg.), Blümich – Einkommensteuergesetz, Körperschaftsteuergesetz, Gewerbesteuergesetz – Kommentar, 14. Auflage, München 1994, Stand: März 2004

Tietzel, Manfred (1985): Wirtschaftstheorie und Unwissen, Tübingen 1985

Tipke, Klaus (1967): Betriebsprüfung – unzulässiger Eingriff in die „Unverletzlichkeit der Wohnung“ (Art. 13 GG)?, in: DStR 1967, S. 79-80

Tipke, Klaus (1971): Steuerrecht – Chaos, Konglomerat oder System?, in: StuW 1971, S. 2-17

Tipke, Klaus (1973): Die dualistische Einkünfteermittlung nach dem Einkommensteuergesetz, in: *Kruse, Heinrich W.* (Hrsg.), Festschrift für Heinz Paulick, Köln 1973, S. 391-401

Tipke, Klaus (1990): Einkunftsarten-Kästchendenken versus Systemdenken, in: StuW 1990, S. 246-251

Tipke, Klaus (1994): Vom Konglomerat herkömmlicher Steuern zum System gerechter Steuern, in: BB 1994, S. 437-445

Tipke, Klaus (2000a): Die Steuerrechtsordnung, Band 1: Wissenschaftsorganisatorische, systematische und grundrechtlich-rechtsstaatliche Grundlagen, 2. Auflage, Köln 2000

Tipke, Klaus (2000b): Gedanken zu einem Steuergesetzbuch, in: StuW 2000, S. 309-315

Tipke, Klaus (2001): Steuerliche Ungleichbelastung durch einkunfts- und vermögensartdifferente Bemessungsgrundlagenermittlung und Sachverhaltsverifizierung, in: *Drenseck, Walter/Seer, Roman* (Hrsg.), Festschrift für Heinrich W. Kruse, Köln 2001, S. 215-238

Tipke, Klaus (2002): Der Karlsruher Entwurf zur Reform der Einkommensteuer, in: StuW 2002, S. 148-175

Tipke, Klaus (2003a): Die Steuerrechtsordnung, Band 2: Steuerrechtfertigungstheorie, Anwendung auf alle Steuerarten, sachgerechtes Steuersystem, 2. Auflage, Köln 2003

Tipke, Klaus (2003b): Kommentierung zu §§ 193 und 200 AO, in: *Tipke, Klaus/ Kruse, Heinrich W.* (Hrsg.), Abgabenordnung, Finanzgerichtsordnung, Köln 1961, Stand: Juli 2003

Tipke, Klaus (2004a): Zwischen materiellem Steuerrecht und Steuerverfahrensrecht, in: StuW 2004, S. 3-23

Tipke, Klaus (2004b): Kommentierung zu § 30a AO, in: *Tipke, Klaus/Kruse, Heinrich W.* (Hrsg.), Abgabenordnung, Finanzgerichtsordnung, Köln 1961, Stand: März 2004

Treptow, Harald (1999): Konsequenzen der Internationalisierung für die Steuerbilanz, in: IStR 1999, S. 1-12

Uhländer, Christoph (1996a): Vermögensverluste im Privatvermögen, Berlin 1996, zugl. Dissertation Universität Bochum 1994/95

Uhländer, Christoph (1996b): Über Privatvermögensverluste im Einkommensteuerrecht, in: FR 1996, S. 301-308

Ulbrich, Rudi (1975): Das Leistungsfähigkeitsprinzip der Besteuerung, Bern, Frankfurt am Main 1975

Vogelgesang, Horst (2005): Grundsätzliches und Aktuelles zur Abgrenzung des gewerblichen Grundstückshandels von der privaten Vermögensverwaltung, in: *Carlé, Dieter/Stahl, Rudolf/Strahl, Martin* (Hrsg.), Gestaltung und Abwehr im Steuerrecht, Festschrift für Klaus Korn, Bonn, Berlin 2005, S. 187-220

Wachter, Winfried (1965): Probleme der Gewinnermittlung nach § 4 Abs. 3 EStG, Steuerkongreß-Report 1965, S. 104-115

Wacker, Roland (2000): Kommentierung zu § 4 EStG, in: *Ebling, Klaus* (Hrsg.), Blümich – Einkommensteuergesetz, Körperschaftsteuergesetz, Gewerbesteuergesetz – Kommentar, 14. Auflage, München 1994, Stand: Februar 2000

Wagner, Adolph (1891): Die Reform der direkten Staatsbesteuerung in Preussen im Jahre 1891, in: FA 1891, S. 71-330

Wagner, Adolph (1892): Grundlegung der politischen Ökonomie, Teil 1: Grundlagen der Volkswirtschaft, Leipzig 1892

Wagner, Franz W. (1974): Zum gegenwärtigen Programm der betriebswirtschaftlichen Steuerlehre, in: DB 1974, S. 393-398

Wagner, Franz W. (1976): Einkommensbesteuerung und Inflation – Ein betriebwirtschaftlicher Beitrag zum steuerlichen Einkommensbegriff, in: StuW 1976, S. 228-239

Wagner, Franz W. (1986): Der gesellschaftliche Nutzen einer betriebswirtschaftlichen Steuervermeidungslehre, in: FA 1986, S. 32-54

Wagner, Franz W. (1989): Die zeitliche Erfassung steuerlicher Leistungsfähigkeit, in: *Hax, Herbert/Kern, Werner/Schröder, Hans-Horst* (Hrsg.), Zeitaspekte in betriebswirtschaftlicher Theorie und Praxis, Stuttgart 1989, S. 261-276

Wagner, Franz W. (1992): Neutralität und Gleichmäßigkeit als ökonomische und rechtliche Kriterien steuerlicher Normkritik, in: StuW 1992, S. 2-13

Wagner, Franz W. (1994): Periodenabgrenzung als Prognoseverfahren – Konzeption und Anwendungsbereich der „einkommensapproximativen Bilanzierung“, in: *Ballwieser, Wolfgang u.a.* (Hrsg.), Bilanzrecht und Kapitalmarkt, Festschrift für Adolf Moxter, Düsseldorf 1994, S. 1175-1197

Wagner, Franz W. (1995): Leitlinien steuerlicher Rechtskritik als Spiegel betriebswirtschaftlicher Theoriegeschichte, in: *Elschen, Rainer/Siegel, Theodor/Wagner, Franz W.* (Hrsg.), Unternehmenstheorie und Besteuerung, Festschrift für Dieter Schneider, Wiesbaden 1995, S. 724-746

Wagner, Franz W. (1997a): Kann es eine Beseitigung aller steuerlichen Ausnahmen geben, wenn es keine Regel gibt?, in: DStR 1997, S. 517-521

Wagner, Franz W. (1997b): Zur Klarstellung von Regel und Ausnahme einer systematischen Besteuerung, in: DStR 1997, S. 2007-2009

Wagner, Franz W. (1998a): Aufgabe der Maßgeblichkeit bei einer Internationalisierung der Rechnungslegung?, in: DB 1998, S. 2073-2077

Wagner, Franz W. (1998b): Kann die Reform der Rechnungslegung und Steuersystem leisten, was die Finanzmärkte fordern?, in: *Becker, Manfred u.a.* (Hrsg.), Unternehmen im Wandel und Umbruch, Stuttgart 1998, S. 51-73

Wagner, Franz W. (1999a): Eine Einkommensteuer muss eine konsumorientierte Steuer sein, in: *Smekal, Christian/Sendlhofer, Rupert/Winner, Hannes* (Hrsg.), Einkommen versus Konsum, Heidelberg 1999, S. 15-35

Wagner, Franz W. (1999b): Die Integration einer Abgeltungssteuer in das Steuersystem – Ökonomische Analyse der Kapitaleinkommensbesteuerung in Deutschland und der EU, in: DB 1999, S. 1520-1528

Wagner, Franz W. (2000a): Unternehmenssteuerreform und Corporate Governance, in: StuW 2000, S. 109-120

Wagner, Franz W. (2000b): Korrektur des Einkünftedualismus durch Tarifdualismus – zum Konstruktionsprinzip der Dual Income Taxation, in: StuW 2000, S. 431-441

Wagner, Franz W. (2000c): Welche Kriterien bestimmen die internationale Wettbewerbsfähigkeit der Methoden steuerlicher Gewinnermittlung?, in: BFuP 2000, S. 183-203

Wagner, Franz W. (2001): „Karlsruher Entwurf zur Reform des Einkommensteuergesetzes" – Anmerkungen aus der Perspektive ökonomischer Vernunft, in: StuW 2001, S. 354-362

Wagner, Franz W. (2002a): Welche Kriterien sollten die Neuordnung der steuerlichen Gewinnermittlung bestimmen?, in: BB 2002, S. 1885-1892

Wagner, Franz W. (2002b): Neue Ziele für die Steuerbilanz: Investitionsanreize statt Imparitätsprinzip, in: *Mayer, Horst* (Hrsg.), Aktuelle Schwerpunkte der Entwicklung im Steuerrecht, Stuttgart u.a. 2002, S. 71-89

Wagner, Franz W. (2003): Die real existierende Einkommensteuer ist eine konsumorientierte Besteuerung, in: *Ahlheim, Michael/Wenzel, Heinz-Dieter /Wiegard, Wolfgang* (Hrsg.), Steuerpolitik – Von der Theorie zur Praxis, Festschrift für Manfred Rose, Berlin, Heidelberg 2003, S. 369-390

Wagner, Franz W. (2004): Gegenstand und Methoden betriebswirtschaftlicher Steuerforschung, in: StuW 2004, S. 237-250

Wagner, Franz W. (2005a): Steuervereinfachung und Entscheidungsneutralität – konkurrierende oder komplementäre Leitbilder für Steuerreformen?, in: StuW 2005, S. 93-108

Wagner, Franz W. (2005b): Zu Meriten und Defiziten der Rechtskritik durch die Steuerwissenschaften, in: *Schneider, Dieter u.a.* (Hrsg.), Kritisches zu Rechnungslegung und Unternehmensbesteuerung, Festschrift für Theodor Siegel, Berlin 2005, S. 611-631

Wagner, Franz W. (2005c): F.1. Besteuerung, in: *Bitz, Michael u.a.* (Hrsg.), Vahlens Kompendium der Betriebswirtschaftslehre, Band 2, 5. Auflage, München 2005, S. 407-477

Wagner, Franz W./Dirrigl, Hans (1980): Die Steuerplanung der Unternehmung, Stuttgart 1980

Wagner, Franz W./Schwenk, Anja (2003): Empirische Steuerwirkungen als Grundlage einer Reform der Gewinnbesteuerung – Ergebnisse aus den DAX 100-Unternehmen, in: *Schwaiger, Manfred/Harhoff, Dietmar* (Hrsg.), Empirie und Betriebswirtschaft, Entwicklungen und Perspektiven, Stuttgart 2003, S. 373-398

Wagner, Franz W./Schwinger, Reiner (1991): Der Einfluss einer Cash-flow-Steuer auf Finanzierung und Rechnungslegung, in: *Rose, Manfred* (Hrsg.), Konsumorientierte Neuordnung des Steuersystems, Heidelberg 1991, S. 495-521

Wagner, Franz W./Wissel, Harald (1995): Entscheidungsneutralität der Besteuerung als Leitlinie einer Reform der Einkommensteuer, in: WiSt 1995, S. 65-70

Wagner, Siegfried (2005): Zweifelsfragen bei der Besteuerung privater Veräußerungsgeschäfte nach § 23 Abs. 1 Satz 1 Nr. 2 EStG, in: DStZ 2005, S. 251-260

Walz, Wolfgang R. (1980): Steuergerechtigkeit und Rechtsanwendung, Heidelberg, Hamburg 1980, zugl. Habilitationsschrift Universität Hamburg 1980

Wassermeyer, Franz (1982): Kosten eines Unfalls auf der Fahrt zur Essenseinnahme, in: DStR 1982, S. 557-558

Watrin, Christoph/Lühn, Michael (2003a): Die Besteuerung privater Veräußerungsgeschäfte im internationalen Vergleich, in: IWB Nr. 21 vom 12.11.2003, Gruppe 2, S. 1717-1732

Watrin, Christoph/Lühn, Michael (2003b): Besteuerung privater Veräußerungsgeschäfte nach dem StVergAbG-E, in: DB 2003, S. 168-173

Weber-Grellet, Heinrich (1994a): Adolf Moxter und die Bilanzrechtsprechung, in: BB 1994, S. 30-33

Weber-Grellet, Heinrich (1994b): Maßgeblichkeitsschutz und eigenständige Zielsetzung der Steuerbilanz, in: DB 1994, S. 288-291

Weber-Grellet, Heinrich (1997): Maßgeblichkeitsgrundsatz in Gefahr?, in: DB 1997, S. 385-391

Weber-Grellet, Heinrich (1998): Bestand und Reform des Bilanzsteuerrechts, in: DStR 1998, S. 1343-1349

Weber-Grellet, Heinrich (1999): Der Maßgeblichkeitsgrundsatz im Lichte aktueller Entwicklungen, in: BB 1999, S. 2659-2666

Weber-Grellet, Heinrich (2006a): Kommentierung zu §§ 5 und 23 EStG, in: *Schmidt, Ludwig* (Hrsg.), Einkommensteuergesetz, Kommentar, 25. Auflage, München 2006

Weber-Grellet, Heinrich (2006b): Rechtsprechung des BFH zum Bilanzsteuerrecht im Jahr 2005, in: BB 2006, S. 35-40

Wedelstädt, von, Alexander (1989): Der Ort der Außenprüfung nach § 200 Abs. 2 AO, in: DB 1989, S. 1536-1538

Wenger, Ekkehard (1981): Unternehmenserhaltung und Gewinnbegriff, Wiesbaden 1981

Wenger, Ekkehard (1983): Gleichmäßigkeit der Besteuerung von Arbeits- und Vermögenseinkünften, in: FA 1983, S. 207-252

Wenger, Ekkehard (2003): Das Leistungsfähigkeitsprinzip im Einkommensteuerrecht: Von Schwadroneuren usurpiertes Beutegut oder ökonomisch interpretierbare Leitlinie einer rationalen Besteuerung?, in: *Ahlheim, Michael/Wenzel, Heinz-Dieter/Wiegard, Wolfgang* (Hrsg.), Steuerpolitik – Von der Theorie zur Praxis, Festschrift für Manfred Rose, Berlin, Heidelberg 2003, S. 179-199

Wetzel, Hans-Peter (1984): Die Auswirkungen des Bilanzrichtlinie-Gesetzes auf den Maßgeblichkeitsgrundsatz der Handelsbilanz für die Steuerbilanz und umgekehrt, Konstanz 1984, zugl. Dissertation Universität Konstanz 1984

Wilk, Ekkehart (2006): BB-Forum: Anforderungen an Reformvorschläge zur Unternehmensbesteuerung, in: BB 2006, S. 245-248

Wissel, Harald (1997): Einkünfteerzielungsabsicht und Einkommensbegriff, Hamburg 1997, zugl. Dissertation Universität Tübingen 1996

Wissenschaftlicher Beirat beim BMF (2004): Flat Tax oder Duale Einkommensteuer? Zwei Entwürfe zur Reform der deutschen Einkommensbesteuerung, Schriftenreihe des BMF, Berlin 2004

Wittmann, Franz (1986): Der Einfluß der Steuern auf die Investitionsentscheidungen der Unternehmen, Eine empirische Analyse, Frankfurt am Main 1986, zugl. Habilitationsschrift Universität Augsburg 1985

Wittmann, Rolf (1993): Besteuerung des Markteinkommens – Grundlinien einer freiheitsschonenden Besteuerung, in: StuW 1993, S. 35-46

Wöhe, Günter (1959): Zur Problematik der Werturteile in der Betriebswirtschaftslehre, in: ZfhF 1959, S. 165-179

Wöhe, Günter (1980): Der Einfluss der Besteuerung auf die Wahl der Unternehmensform, in: ZfbF 1980, S. 519-538

Wöhe, Günter (1983): Die Aufgaben der Betriebswirtschaftlichen Steuerlehre und das Postulat der Wertfreiheit, in: *Fischer, Lutz* (Hrsg.), Unternehmung und Steuer, Festschrift für Peter Scherpf, Wiesbaden 1983, S. 5-20

Wöhe, Günter (1988): Betriebswirtschaftliche Steuerlehre, Band 1, Halbband 1: Die Steuern des Unternehmens – Das Besteuerungsverfahren, 6. Auflage, München 1988

Wöhe, Günter (1991): Kritische Anmerkungen zu einigen grundsätzlichen Mängeln des geltenden Steuersystems, in: *Herzig, Norbert* (Hrsg.), Betriebswirtschaftliche Steuerlehre und Steuerberatung, Festschrift für Gerd Rose, Wiesbaden 1991, S. 287-307

Wöhe, Günter/Döring, Ulrich (2005): Einführung in die Allgemeine Betriebswirtschaftslehre, 22. Auflage, München 2005

Wolff-Diepenbrock, Johannes (1994): Zur Entstehungsgeschichte und Systematik des § 17 des Einkommensteuergesetzes, in: *Kirchhof, Paul/Offerhaus, Klaus/Schöberle, Horst* (Hrsg.), Steuerrecht, Verfassungsrecht, Finanzpolitik, Festschrift für Franz Klein, Köln 1994, S. 875-887

Wosnitza, Michael/Treisch, Corinna (1999): Leistungsfähigkeitskonzeptionen und steuerliche Behandlung des Existenzminimums, in: Die Betriebswirtschaft 1999, S. 351-368

Zeitler, Franz-Christoph (2003): Rechnungslegung und Rechtstaat, in: DB 2003, S. 1529-1534

Zimmermann, Peter (1978): Das Problem der Gerechtigkeit in der Einkommensbesteuerung, dargestellt und untersucht an den Beispielen der Ermittlung der Einkünfte aus Gewerbebetrieb und aus nichtselbständiger Arbeit, Frankfurt am Main 1978

Zimmermann, Peter (2001): Zur Zukunft des Maßgeblichkeitsprinzips aus dem Blickwinkel seiner Entstehung, in: StuB 2001, S. 806-809

Zisowski, Ute (2001): Grundsätze ordnungsgemäßer Überschuldungsrechnung, Bielefeld 2001, zugl. Dissertation Universität Duisburg 2001

Verzeichnis der Gesetzesmaterialien

Begründung zum EStG 1934, in: RStBl. 1935, S. 33-60

Begründung zum EStRG 1975, in: Bundestags-Drucksache 7/1470, S. 210-322

Begründung zum PrUmsG-E 2003, in: Bundesrats-Drucksache 560/03, S. 10-21

Begründung zum REStG 1920, in: FA 1920, Neudruck 1969, S. 591-631

Begründung zum REStG 1925, in: Verhandlungen des Reichstags, III. Wahlperiode 1924/25, S. 19-79

Begründung zum StÄndG-E 1964, in: Bundestags-Drucksache IV/2400, S. 41-89

Begründung zum StEntlG 1999/2000/2002, in: Bundestags-Drucksache 14/23, S. 124-204

Begründung zum Zweiten StÄndG 2003, in: Bundestags-Drucksache 15/1562, S. 24-60

BilReG 2004: Gesetz zur Einführung internationaler Rechnungslegungsstandards und zur Sicherung der Qualität der Abschlussprüfung (Bilanzrechtsreformgesetz – BilReG) vom 4. Dezember 2004, in: BGBl. I 2004, S. 3166-3182

EG-Verordnung 2002: Verordnung (EG) Nr. 1606/2002 des Europäischen Parlaments und des Rates vom 19. Juli 2002 betreffend die Anwendung internationaler Rechnungslegungsstandards, in: Amtsblatt der Europäischen Gemeinschaften 2002, Nr. L 243/1-4

EStG 1934: Einkommensteuergesetz vom 16. Oktober 1934, in: RGBl. I 1934, S. 1005-1030

EStRG 1975: Gesetz zur Reform der Einkommensteuer, des Familienlastenausgleichs und der Sparförderung (Einkommensteuerreformgesetz 1975), vom 5. August 1974, in: BGBl. I 1974, S. 1769-1801

EURLUmsG 2004: Gesetz zur Umsetzung von EU-Richtlinien in nationales Steuerrecht und zur Änderung weiterer Vorschriften (Richtlinien-Umsetzungsgesetz – EURLUmsG) vom 9. Dezember 2004, in: BGBl. I 2004, S. 3310-3330

EU-Zinsrichtlinie 2003: Richtlinie 2003/48/EG des Rates vom 3. Juni 2003 im Bereich der Besteuerung von Zinserträgen, in: Amtsblatt der Europäischen Union 2003, Nr. L 157, S. 38-48

GeldEntwG 1923: Gesetz über die Berücksichtigung der Geldentwertung in den Steuergesetzen vom 20. März 1923, in: RGBl. I 1923, S. 198-209

Klassen-EStG 1851: Gesetz betreffend die Einführung einer Klassen- und klassifizierten Einkommensteuer vom 1. Mai 1851, in: *Kletke, G.* (1865): Die Klassen- und klassifizierte Einkommensteuer im Preußischen Staate nach dem Gesetz vom 1. Mai 1851, Hamm 1865

ÖStRefG 2000: Österreichisches Steuerreformgesetz 2000 vom 14. Juli 1999, in: BGBl. für die Republik Österreich I 1999, S. 831-864

PrEStG 1891: Preussisches Einkommensteuergesetz vom 24. Juni 1891, in: FA 1891, S. 331- 352

PrUmsG 2003: Gesetz zur Umsetzung der Protokollerklärung der Bundesregierung zur Vermittlungsempfehlung zum Steuervergünstigungsabbaugesetz vom 22. Dezember 2003, in: BGBl. I 2003, S. 2840-2845

RAO 1919: Die neuen Steuergesetze, Reihe 2: Reichsabgabenordnung nebst Einführungsverordnung, Reichsnotopfer, Umsatzsteuer, Steuernachsicht, Textausgabe, Berlin 1920, S. 1-138

REStG 1920: Reichseinkommensteuergesetz vom 29. März 1920 (mit Berücksichtigung der Abänderungen durch Gesetz vom 31. März 1920 und 21. Juli 1920), in: FA 1920, Neudruck 1969, S. 573-590

REStG 1925: Einkommensteuergesetz vom 10. August 1925, in: RGBl. I 1925, S. 189-214

StÄndG 1921: Gesetz zur Änderung des Einkommensteuergesetzes vom 29. März 1920 vom 24. März 1921, in: RGBl. I 1921, S. 313-324

StÄndG-E 1964: Entwurf eines Gesetzes zur Änderung des Einkommensteuergesetzes, des Körperschaftsteuergesetzes, des Spar-Prämiengesetzes, des Wohnungsbau-Prämiengesetzes und anderer Gesetze vom 19. Juni 1964, in: Bundestags-Drucksache IV/2400, S. 2-39

StÄndG 2007: Steueränderungsgesetz 2007 vom 19. Juli 2006, in: BGBl. I 2006, S. 1652-1658

StEhrlG 2003: Gesetz zur Förderung der Steuerehrlichkeit vom 23. Dezember 2003, in: BGBl. I 2003, S. 2928-2932

StEntlG 1999/2000/2002: Steuerentlastungsgesetz 1999/2000/2002 vom 24. März 1999, in: BStBl. I 1999, S. 304-398

StGEG 2006: Gesetz zur Eindämmung missbräuchlicher Steuergestaltungen vom 28. April 2006, in: BGBl. I 2006, S. 1095-1096

StRefG 1990: Steuerreformgesetz 1990 vom 25. Juli 1988, in: BGBl. I 1988, S. 1093-1140

StSenkG 2000: Gesetz zur Senkung der Steuersätze und zur Reform der Unternehmensbesteuerung (Steuersenkungsgesetz – StSenkG) vom 23. Oktober 2000, in: BGBl. I 2000, S. 1433-1466

StSpEG 2005: Gesetz zum Einstieg in ein steuerliches Sofortprogramm vom 22. Dezember 2005, in: BGBl. I 2005, S. 3682

StVergAbG-E 2002: Entwurf eines Gesetzes zum Abbau von Steuervergünstigungen und Ausnahmeregelungen (Steuervergünstigungsabbaugesetz – StVergAbG), in: Bundestags-Drucksache 15/119, S. 3-58

UntStRG 2008: Unternehmenssteuerreformgesetz 2008, in: Bundesrats-Drucksache 348/07

Zinsabschlaggesetz 1992: Gesetz zur Neuregelung der Zinsbesteuerung (Zinsabschaggesetz) vom 9. November 1992, in: BStBl. I 1992, S. 682-692

Zweites StÄndG 2003: Zweites Gesetz zur Änderung steuerlicher Vorschriften vom 15. Dezember 2003, in: BGBl. I 2003, S. 2645-2675

Entscheidungsverzeichnis

BFH (1951): Urteil des Bundesfinanzhofs vom 23. Februar 1951 – IV 150/50 S, in: BStBl. III 1951, S. 79-80

BFH (1960): Urteil des Bundesfinanzhofs vom 17. Mai 1960 – I 35/57 S, in: BStBl. III 1960, S. 306-309

BFH (1961): Urteil des Bundesfinanzhofs vom 28. September 1961 – IV 5/59 U, in: BStBl. III 1961, S. 32-34

BFH (1962): Urteil des Bundesfinanzhofs vom 2. März 1962 – VI 79/60 S, in: BStBl. III 1962, S. 192-195

BFH (1963): Urteil des Bundesfinanzhofs vom 21. November 1963 – IV 345/61 S, in: BStBl. III 1964, S. 183-184

BFH (1969a): Beschluss des Bundesfinanzhofs vom 3. Februar 1969 – GrS 2/68, in: BStBl. II 1969, S. 291-294

BFH (1969b): Urteil des Bundesfinanzhofs vom 8. Oktober 1969 – I R 94/67, in: BStBl. II 1970, S. 44-45

BFH (1971): Urteil des Bundesfinanzhofs vom 2. November 1971 – VIII R 1/71, in: BStBl. II 1972, S. 360-361

BFH (1975): Urteil des Bundesfinanzhofs von 16. Januar 1975 – IV R 180/71, in: BStBl. II 1975, S. 526-529

BFH (1977): Beschluss des Bundesfinanzhofs vom 28. November 1977 – GrS 2-3/77, in: BStBl. II 1978, S. 105-109

BFH (1982): Urteil des Bundesfinanzhofs vom 19. Oktober 1982 – VIII R 97/79, in: BStBl. II 1983, S. 295-297

BFH (1983): Urteil des Bundesfinanzhofs vom 13. Dezember 1983 – VIII R 64/83, in: BStBl. II 1984, S. 426-428

BFH (1984): Urteil des Bundesfinanzhofs vom 23. Februar 1984 – IV R 128/81, in: BStBl. II 1984, S. 516-518

BFH (1985a): Urteil des Bundesfinanzhofs vom 8. Oktober 1985 – VIII R 234/84, in: BStBl. II 1986, S. 596-599

BFH (1985b): Urteil des Bundesfinanzhofs vom 28. November 1985 – IV R 323/84, in: BStBl. II 1986, S. 437-439

BFH (1986a): Urteil des Bundesfinanzhofs vom 24. Juli 1986 – IV R 309/84, in: BStBl. II 1987, S. 16-17

BFH (1986b): Urteil des Bundesfinanzhofs vom 23. September 1986 – IX R 113/82, in: BStBl. II 1987, S. 219-220

BFH (1987): Urteil des Bundesfinanzhofs vom 11. August 1987 – IX R 163/83, in: BStBl. II 1989, S. 702-705

BFH (1989a): Urteil des Bundesfinanzhofs vom 14. Februar 1989 – IX R 109/84, in: BStBl. II 1989, S. 922-925

BFH (1989b): Urteil des Bundesfinanzhofs vom 11. April 1989 – VIII R 288/84, in: BStBl. II 1989, S. 621-623

BFH (1989c): Urteil des Bundesfinanzhofs vom 11. April 1989 – VIII R 302/84, in: BStBl. II 1989, S. 697-701

BFH (1989d): Urteil des Bundesfinanzhofs vom 14. November 1989 – IX R 197/84, in: BStBl. II 1990, S. 299-306

BFH (1989e): Urteil des Bundesfinanzhofs vom 29. November 1989 – X R 100/88, in: BStBl. II 1990, S. 1060-1062

BFH (1990a): Urteil des Bundesfinanzhofs vom 12. Januar 1990 – VI R 29/86, in: BStBl. II 1990, S. 423-426

BFH (1990b): Urteil des Bundesfinanzhofs vom 4. Juli 1990 – GrS 1/89, in: BStBl. II 1990, S. 830-837

BFH (1990c): Urteil des Bundesfinanzhofs vom 12. Juli 1990 – IV R 137-138/89, in: BStBl. II 1991, S. 13-14

BFH (1991): Urteil des Bundesfinanzhofs vom 18. September 1991 – XI R 23/90, in: BStBl. II 1992, S. 135-137

BFH (1992): Urteil des Bundesfinanzhofs vom 17. November 1992 – VIII R 25/89, in: BStBl. II 1993, S. 146-149

BFH (1993): Urteil des Bundesfinanzhofs vom 19. Oktober 1993 – VIII R 14/92, in: BStBl. II 1993, S. 891-894

BFH (1997a): Urteil des Bundesfinanzhofs vom 18. Februar 1997 – VIII R 33/95, in: BStBl. II 1997, S. 499-508

BFH (1997b): Beschluss des Bundesfinanzhofs vom 29. Oktober 1997 – X R 183/96, in: BStBl. II 1998, S. 332-339

BFH (1999a): Urteil des Bundesfinanzhofs vom 22. September 1999 – XI R 46/98, in: BStBl. II 2000, S. 120-121

BFH (1999b): Urteil des Bundesfinanzhofs vom 23. September 1999 – IV R 1/99, in: BStBl. II 2000, S. 121-123

BFH (2001): Beschluss des Bundesfinanzhofs vom 10. Dezember 2001 – GrS 1/98, in: BStBl. II 2002, S. 291-294

BFH (2003a): Urteil des Bundesfinanzhofs vom 20. Februar 2003 – III R 10/01, in: BStBl. II 2003, S. 510-514

BFH (2003b): Urteil des Bundesfinanzhofs vom 2. Oktober 2003 – IV R 13/03, in: BStBl. II 2004, S. 985-987

BFH (2003c): Urteil des Bundesfinanzhofs vom 14. Oktober 2003 – IX R 56/99, in: BStBl. II 2004, S. 227-229

BFH (2003d): Beschluss des Bundesfinanzhofs vom 21. Oktober 2003 – VII B 95/03, in: BFH/NV 2004, S. 191-193

BFH (2004a): Urteil des Bundesfinanzhofs vom 15. April 2004 – IV R 54/02, in: BFH/NV 2004, S. 1451-1453

BFH (2004b): Urteil des Bundesfinanzhofs vom 5. Mai 2004 – XI R 7/02, in: FR 2004, S. 950-952

BFH (2004c): Urteil des Bundesfinanzhofs vom 1. Juni 2004 – IX R 35/01, in: BStBl. II 2005, S. 26-31

BFH (2004d): Urteil des Bundesfinanzhofs vom 29. Juni 2004 – IX R 26/03, in: BStBl. II 2004, S. 995-999

BFH (2004e): Beschluss des Bundesfinanzhofs vom 30.11.2004 – IX B 120/04, in: BStBl. II 2005, S. 287-288

BFH (2005a): Urteil des Bundsfinanzhofs vom 7. September 2005 – VIII R 90/04, in: DB 2005, S. 2725-2730

BFH (2005b): Urteil des Bundesfinanzhofs vom 17. November 2005 – XI B 222/04, in: BFH/NV 2006, S. 538-539

BFH (2005c): Urteil des Bundesfinanzhofs vom 29. November 2005 – IX R 49/04, in: BB 2006, S. 190-193

BFH (2005d): Beschluss des Bundesfinanzhofs vom 29. November 2005 – IX B 80/05, in: BFH/NV 2006, S. 719

BFH (2005e): Urteil des Bundesfinanzhofs vom 1. Dezember 2005 – IV R 65/04, in: BStBl. II 2006, S. 259-265

BVerfG (1951): Beschluss des Bundesverfassungsgerichts vom 23. Oktober 1951 – 1 BvR 201/51, in: BVerfGE Band 1, S. 14-66

BVerfG (1953): Urteil des Bundesverfassungsgerichts vom 17. Dezember 1953 – 1 BvR 147, in: BVerfGE Band 3, S. 58-162

BVerfG (1958): Urteil des Bundesverfassungsgerichts vom 24. Juni 1958 – 2 BvF 1/57, in: BVerfGE Band 8, S. 51-71

BVerfG (1959): Beschluss des Bundesverfassungsgerichts vom 14. April 1959 – 1 BvL 23, 34/57, in: BVerfGE Band 9, S. 237-250

BVerfG (1961): Beschluss des Bundesverfassungsgerichts vom 30. Oktober 1961 – 1 BvR 833/59, in: BVerfGE Band 13, S. 181-204

BVerfG (1964): Beschluss des Bundesverfassungsgerichts vom 27. Mai 1964 – 1 BvL 4/59, in: BVerfGE Band 18, S. 38-49

BVerfG (1969a): Beschluss des Bundesverfassungsgerichts vom 9. Juli 1969 – 2 BvL 20/65, in: BVerfGE Band 26, S. 302-314

BVerfG (1969b): Beschluss des Bundesverfassungsgerichts vom 7. Oktober 1969 – 2 BvL 3/66 und 701/64, in: BVerfGE Band 27, S. 111-132

BVerfG (1972a): Beschluss des Bundesverfassungsgerichts vom 8. März 1972 – 2 BvR 28/71, in: BVerfGE Band 32, S. 373-387

BVerfG (1972b): Beschluss des Bundesverfassungsgerichts vom 19. Juli 1972 – 2 BvL 7/71, in: BVerfGE Band 33, S. 367-387

BVerfG (1973a): Beschluss des Bundesverfassungsgerichts vom 31. Januar 1973 – 2 BvR 454/71, in: BVerfGE Band 34, S. 238-251

BVerfG (1973b): Urteil des Bundesverfassungsgerichts vom 5. Juni 1973 – 1 BvR 536/72, in: BVerfGE Band 35, S. 202-245

BVerfG (1976): Beschluss des Bundesverfassungsgerichts vom 23. November 1976 – 1 BvR 150/75, in: BVerfGE Band 43, S. 108-125

BVerfG (1978): Beschluss des Bundesverfassungsgerichts vom 19. Dezember 1978 – 1 BvR 335, 427, 811/78, in: BVerfGE Band 50, S. 57-114

BVerfG (1980): Beschluss des Bundesverfassungsgerichts vom 3. Juni 1980 – 1 BvR 185/77, in: BVerfGE Band 54, S. 148-158

BVerfG (1982): Urteil des Bundesverfassungsgerichts vom 3. November 1982 – 1 BvR 620/78, 1335/78, 1104/79, 363/80, in: BVerfGE Band 61, S. 319-357

BVerfG (1984a): Beschluss des Bundesverfassungsgerichts vom 22. Februar 1984 – 1 BvL 10/80, in: BVerfGE Band 66, S. 214-226

BVerfG (1984b): Urteil des Bundesverfassungsgerichts vom 17. Juli 1984 – 2 BvE 11, 15/83, in: BVerfGE Band 67, S. 100-146

BVerfG (1991): Urteil des Bundesverfassungsgerichts vom 27. Juni 1991 – 2 BvR 1493/89, in: BStBl. II 1991, S. 654-670

BVerfG (1992): Beschluss des Bundesverfassungsgerichts vom 25. September 1992 – 2 BvF 4, 5/89, in: BVerfGE Band 87, S. 152-181

BVerfG (1998): Beschluss des Bundesverfassungsgerichts vom 30. September 1998 – 2 BvR 1818/91, in: DB 1998, S. 2247-2249

BVerfG (2002): Urteil des Bundesverfassungsgerichts vom 24. Oktober 2002 – 2 BvF 1/01, in: BVerfGE Band 106, S. 62-166

BVerfG (2004): Urteil des Bundesverfassungsgerichts vom 9. März 2004 – 2 BvL 17/02, in: BStBl. II 2005, S. 56-72

BVerfG (2005): Beschluss des Bundesverfassungsgerichts vom 22. März 2005 – 2 BvR 2357/04, 1 BvQ 2/05, in: NJW 2005, S. 1179-1183

BVerfG (2006): Beschluss des Bundesverfassungsgerichts vom 18. April 2006 – 2 BvL 8/05 (URL: http://www.bundesverfassungsgericht.de/entscheidungen/lk20060418_2bvl000805.html, Stand: 10. Oktober 2006)

FG Brandenburg (2004): Beschluss des Finanzgerichts Brandenburg vom 24. Mai 2004 – 3 V 974/04, in: DStR-Entscheidungsdienst 2004, S. 956-957

FG Düsseldorf (2004): Beschluss des Finanzgerichts Düsseldorf vom 27. Juli 2004 – 8 V 2806/04, in: DStR-Entscheidungsdienst 2004, S. 957-958

FG Münster (2005): Beschluss des Finanzgerichts Münster vom 5. April 2005 – 8 K 4710/01 E, in: EFG 2005 Nr. 14, S. 1117-1130

ÖVfGH (2000): Urteil des österreichischen Verfassungsgerichtshofs vom 15. März 2000 – G 141-150/99-12, in: ÖStZ 2000, S. 232-235

RFH (1936): Urteil des Reichsfinanzhofs vom 25. März 1936 – VI A 182/36, in: RStBl. 1936, S. 769

RFH (1937): Urteil des Reichsfinanzhofs vom 21. Oktober 1937 – III A 146/37, in: RStBl. 1937, S. 1248

Verzeichnis sonstiger Quellen

Ausführungsanweisung (1891): Ausführungsanweisung des Finanzministers vom 5. August 1891, in: FA 1891, S. 353-451

Bankenerlass (1949): Erlass des Direktors der Verwaltung für Finanzen vom 2. August 1949 – III S 1171-23/49, in: DStZ Ausgabe B 1949, S. 242

BMF (1971): Gutachten der Steuerreformkommission 1971, in: Schriftenreihe des Bundesministeriums der Finanzen, Heft 17, Bonn 1971

BMF (1990a): Schreiben des Bundesministeriums der Finanzen vom 31. August 1990 – IV B 3-S 2253 a-49/90, in: BStBl. I 1990, S. 366-373

BMF (1990b): Schreiben des Bundesministeriums der Finanzen vom 20. Dezember 1990 – IV B 2-S 2240-61/90, in: BStBl. I 1990, S. 884-888

BMF (2001): Schreiben des Bundsministeriums der Finanzen vom 9. Juli 2001 – IV A 6-S 2240-35/01, in: BStBl. I 2001, S. 512-513

BMF (2003a): Schreiben des Bundesministeriums der Finanzen vom 19. Februar 2003 – IV A 6-S 2240-136/02, in: BStBl. I 2003, S. 171-172

BMF (2003b): Schreiben des Bundesministeriums der Finanzen vom 20. Oktober 2003 – IV C 3-S 2253 a-48/03, in: BStBl. I 2003, S. 546-553

BMF (2004): Schreiben des Bundesministeriums der Finanzen vom 26. März 2004 – IV A 6-S 2240-46/04, in: BStBl. I 2004, S. 434-441

BMF (2005a): Schreiben des Bundesministeriums der Finanzen vom 6. Januar 2005 – IV C 1-S 2000-363/04, in: BStBl. I 2005, S. 29-36

BMF (2005b): Schreiben des Bundesministeriums der Finanzen vom 10. März 2005 – IV A 4-S 0062-1/05, in: DStR 2005, S. 522-524

BMF (2006a): Ergebnis der steuerlichen Betriebsprüfung 2005, Bericht des Bundesministeriums der Finanzen vom 3. Mai 2006 (URL: http://www.bundesfinanzministerium.de/cln_06/nn_3792/DE/Steuern/Veroeffentlichungen_zu_Steuerarten/Betriebspruefung/003.html, Stand: 10. Oktober 2006)

BMF (2006b): Schreiben des Bundesministeriums der Finanzen vom 21. September 2006: Einordnung in Größenklassen gem. § 3 BpO 2000; Festlegung neuer Merkmale zum 1. Januar 2007 – IV A 7-S 1450-29/06 (URL:http://www. bundesfinanzministerium.de/lang_de/DE/Service/Downloads/Abt_IV/BMF_ Schrei-ben/127,templateId=raw,property=publicationFile.pdf,Stand: 10. Oktober 2006)

Erleichterungs-Verordnung (1920): Verordnung über Erleichterungen der Anzeigepflicht nach § 189 RAO vom 27. Januar 1920, in: RGBl. I 1920, S. 126-127

Erlass (1920): Erlass des Reichsministers der Finanzen vom 1. Juli 1920, in: RStBl. 1920, S. 377-380

IFD (2005): Bericht Nr. 1 von Initiative Finanzstandort Deutschland, Frankfurt, Juni 2005 (URL:http://www.finanzstandortdeutschland.de/BaseCMP/documents/ 5000/IFD_Finanzstandort_Bericht_Nr-1_Teil-2_de.pdf, Stand: 10. Oktober 2006)

Kleine Anfrage (2006): Rechtliche Mängel bei Kontenabfragen, in: Bundestags-Drucksache 16/418

Landtag Nordrhein-Westfalen (2000): Antwort der Landesregierung auf die Kleine Anfrage 56 vom 5. Oktober 2000, in: Landtags-Drucksache 13/248

OFD Hannover (2001): Verfügung der Oberfinanzdirektion Hannover vom 12. März 2001 – S 2256-57-StO 223/S 2256-79-StH 215, in: DB 2001, S. 785

Kolibri 360 GmbH
Ferdinand-Jühlke-Straße 7
99095 Erfurt, Deutschland
produktsicherheit@kolibri360.de